U0627406

足迹

ZUJI

中铁三局集团有限公司 / 编

人民东方出版传媒
People's Oriental Publishing & Media
東方出版社
The Oriental Press

图书在版编目（CIP）数据

足迹 / 中铁三局集团有限公司 编 . —北京：东方出版社，2022.10
ISBN 978-7-5207-2910-9

Ⅰ . ①足… Ⅱ . ①中… Ⅲ . ①铁路局—概况—中国Ⅳ . ① F532.6

中国版本图书馆 CIP 数据核字（2022）第 142660 号

足迹

（ZUJI）

中铁三局集团有限公司　编

责任编辑：杜丽星　胥　一
责任审校：赵鹏丽
出　　版：东方出版社
发　　行：人民东方出版传媒有限公司
地　　址：北京市东城区朝阳门内大街 166 号
邮　　编：100010
印　　刷：北京雅昌艺术印刷有限公司
版　　次：2022 年 10 月第 1 版
印　　次：2022 年 10 月北京第 1 次印刷
开　　本：787 毫米 ×1092 毫米　1/16
印　　张：28
字　　数：470 千字
书　　号：ISBN 978-7-5207-2910-9
定　　价：140.00 元
发行电话：（010）85924663　85924644　85924641

编委会

序

时光荏苒，岁月如歌，中铁三局已走过波澜壮阔、辉煌发展的70年。

70年里，从初创时的艰苦卓绝到改革开放后的发展壮大，从硝烟弥漫的抗美援越、援朝战场，到冰天雪地的东北林海，再到历史悠久的三晋腹地，一代代三局人用勤劳和智慧、热血与忠诚，为新中国建造了不胜枚举的精品工程，创造了一项项科技含量高、推广应用广的技术创新成果，涌现了一大批体现时代精神、引领企业风尚的最美奋斗者，为新中国基础设施建设事业作出了突出贡献。

与此同时，一代代三局人用感天动地的英雄壮举和奋进不息的家国情怀，淬炼出艰苦创业、敢打必胜、高效优质、求实创新的企业特质，谱写出一曲曲可歌可泣、催人奋进的创业之歌。

白山黑水，见证了企业艰苦创业的历程，巍巍太行，铭记着企业锐意进取的足迹。

《足迹》一书，以生动的笔触、独特的视觉，多角度、全方位地记录和反映了中铁三局人艰苦创业、锐意进取的光辉历程，弘扬和讴歌了三局人前赴后继、开拓创新的拼搏与奋斗精神。

70年的历史长河百转千回，那些在时光中闪亮的，是精神的凝聚和价值的沉淀。

《足迹》一书，是中铁三局人的集体记忆。全书以“开路先锋”“先进风采”“责任担当”“家国情怀”四个章节，生动记述和展现了企业由小到大，由弱到强，由过去单一铁路建设和运营管理，到成为集铁路（高铁、地铁）建设、公路、桥涵、民用建筑、海外投资工程等为一体，具有“六特六甲”资质的超大型综合性集团公司的辉煌历程。该书人物真切，事例典型，可歌可泣，文风淳朴，意蕴深刻；值得阅读，值得收藏。

历史的画卷，在砥砺前行中铺展；新时代的华章，在接续奋斗中书写。2022年是我们踏

上实现第二个百年奋斗目标新赶考之路的开局之年，也是企业深入实施“十四五”发展规划，全面建设行业领先、国内一流企业的关键一年。站在新的发展起点，中铁三局将继承老一辈艰苦奋斗、无私奉献的光荣传统，在习近平新时代中国特色社会主义思想指导下，坚决贯彻中国中铁“建设具有全球竞争力世界一流企业”的战略思想，坚持做强做大做优以交通工程施工总承包为主体的主营业务，更加注重提高发展质量和效益，创造更加波澜壮阔的光辉未来。

党委书记　董事长

总经理

2022 年 4 月 1 日

目录

史海钩沉

开路先锋

先进风采

责任担当

家国情怀

镌刻在林海雪原间的记忆

张安全　徐建军

新中国成立初期，为加快社会主义建设步伐，党中央决定从1953年起实行发展国民经济的第一个五年计划。当时，举国上下，百业待兴，计划中的一批批项目纷纷上马，国民经济的快速发展需要大量的木材。

我国东北部的大兴安岭、小兴安岭和长白山，统称“东北林区”。全区共有森林面积6.8亿亩，是我国规模最大的原始森林。木材蓄积量超过全国总量的一半，也是我国重要的林业基地。但这些木材生产基地地处偏僻，交通不便，致使林区宝藏无法开采利用。

为解决当时资源供需矛盾，缓解木材供应的紧张局势，政务院（现国务院）指示，要求铁道部尽快调集队伍，修筑通往东北兴安岭林区的铁路，一条新中国的能源铁路。1952年4月1日，铁道部库图段铁路工程处成立。先后有来自衡阳铁路局的千余名钢铁战士，凯旋的4000余名志愿军战士，由国家统一分配来的曾在解放战争中南征北战的数百名复转军人和公安干警，由铁道部从上海、天津和东北各铁路局抽调出的具有丰富铁路建设经验的干部、工程技术人员和老铁路职工等4支队伍开赴林区，承担起修建我国面积最大、蕴藏着无尽瑰宝的原始森林——大兴安岭林区铁路的艰巨任务。

大兴安岭中的“兴安”系满语，意为“极寒处”，大兴安岭即因气候寒冷而得名。这里是罕见的高寒地带，气温最低可达零下57摄氏度。在如此恶劣的环境下，库图段工程处的全体干部职工无所畏惧，以顽强的毅力，与大自然展开了英勇的搏斗！他们爬冰卧雪，战天斗地，披荆斩棘，攻坚克难，夜以继日地奋力向大兴安岭纵深掘进。经过百般努力，历尽千辛万苦，战胜了无数的艰难险阻，最终他们创造了人间奇迹，建成了这条中国境内唯一穿越森林与草原、驶过永久冻土地带的铁路，圆满完成了祖国和人民赋予的光荣任务，谱写了中国森林铁路建设史上一段异彩纷呈的璀璨华章。

忆当年，老一辈三局人以超常的毅力、大无畏的精神，克服了险恶的自然环境造成的难以想象的困难，以苦干加巧干、顽强拼搏的精神，创造性地总结出 “一列挑土法”。这是一种人尽其长、全靠拼体力来提高工效的组合劳动形式。工人们称它为“一稳（在塔头塘便道上行走要稳）、两满（两个筐的土要满）、三快（快装、快走、快回）”的挑土法。挑土人的行动由一人统一指挥，从装土到卸土，依次序鱼贯行进，避免互相碰撞干扰而窝工，从而加快运土速度。“一列挑土法”还注意了劳力的合理搭配，做到人尽其长。班组里的青壮年男职工一律挑土，老年人、妇女则在土源装土或平整路基。整个过程实行装筐、挑土、平整路面一条龙的流水作业。

创业初期的三局人，就是这样依靠手中的简陋工具，发扬高度的自我牺牲精神，依靠聪明才智，通过几年的顽强拼搏，在国家“一五”“二五”期间，相继完成了牙林线、长林线、浑白线、汤林线、京承线等铁路建设。1964年，中铁三局又承担起大庆石油专用线——通让线施工。到1966年末，共修建铁路547公里，形成了大兴安岭林区铁路交通网，为支援国民经济建设作出了卓越的贡献。

牙林线——该线位于内蒙古自治区呼伦贝尔盟北部，是大兴安岭林区铁路的主要部分。它起自滨洲线的牙克石，至伊图里河站，分中、东、西三线，伸入大兴安岭林区。因它从牙克石至林区，所以叫牙林线。这条铁路线，三局新建605公里，共完成土石方640万立方米，桥梁4284延长米。1952年4月开工，1968年12月交付运营，施工200个月，先后停建期达102个月。“一五”期间通车里程为239公里。

长林线——该线位于吉林省东南都、长白山北麓。它起于吉林省大阳岔，经湾沟、松树镇而达长白山林区，终点在老安图以东五公里处，全长273公里。因属长白山林区铁路，所以该线叫长林线。该铁路沿线富有木材、煤、铁矿等重要资源。修建该线，不仅有利于开发森林及煤、铁矿藏，满足日益发展的经济建设的需要，而且于国防亦具有不可忽视的重大意义。三局新建路段为大阳岔至二岔之间168公里。1955年8月开工，1965年12月竣工，施工期为178个月，其中停建期为26个月，“一五”期间通车里程为19公里。

汤林线——该线起于黑龙江省北部五营站，由五营往北经新青延伸于小兴安岭腹地林区的乌伊岭，全长98公里。五营至新青段92公里，于1955年2月开工，1957年12月交付运营。

京承线——该线起自北京枢纽原东便门车站，经怀柔、密云，出长城至天道河子，过兴隆县达上板城，与锦承线接轨后到达承德。它是北京通往东北地区的第二条铁路线的组成部分。这条铁路，三局新建167公里，1955年11月开工，1960年10月交付运营，施工期59个月，其中停建期为12个月。

“一五”“二五”期间，除了完成上述任务外，三局还承建了其他一些铁路，但最主要、最艰巨的任务还是东北林区铁路。这些铁路，都是老一辈铁三局人，手握简陋的工具，硬是用双手和肩膀把路基一尺一尺地加高，一米一米地向前延伸！他们自进入林区十多年如一日，默默地把自己的青春年华完全铺筑到了东北林区铁路线上。成千上万人的血汗洒在了林区铁路线的每根枕木和每道钢轨上。所以，许多老工人师傅、老领导都深有感触地说：“东北林区的铁路网，是我们老一代三局人用自己的双手铺出来的，是用双肩挑出来的！”

除此之外，更值得一提的是，让三局在东北乃至在全国闻名的，还有松花江大桥加固工程。

松花江大桥——全长1006米，始建于1901年。由于钢梁材质欠佳，早在1914年时，有的钢梁便产生了裂纹，以后逐年增多，到1962年时，全桥的钢梁裂纹已达1500余条。大桥的个别桥墩被洪水冲斜，桥墩下部也被洪水调空，大桥的险象越来越明显了。加之哈尔滨市是东北的交通枢纽，随着运输任务的逐年加重，老松花江大桥已不堪负荷，随时都可能发生严重事故。为了防患于未然，铁道部决定为大桥抽换8孔76.8米的钢桁梁、11孔33.5米的

钢梁，而且要就地局部加固，9 号墩局部修补，17 号墩凿除重建，同时加设双侧人行道。

接受任务后，局领导把任务交给了第三工程处。工程上马之前，局领导将工程的意义、技术要求及困难情况向其主要负责人详细交底，要求他们不能讲条件，有条件要干，没有条件创造条件也要干！决不能退缩，决不能给三局人丢脸！

施工开始后，三处的广大干部、职工咬紧牙关，克服生活上的各种困难。他们在紧挨大桥的江心岛和偏僻角落支起了帐篷，盖起了简易工棚。

技术人员更是憋着一股劲儿，细致地了解大桥的结构，从大桥的具体情况出发，边干边学，充分发挥集体的智慧和力量，反复研究、论证，最后制定了一整套换梁加固的施工方案。松花江大桥换梁加固的施工方案大体上是这样的：大桥共有 19 孔，其中 18 孔采用栓铆结构和“三孔联孔拖拉法”，第 19 孔采用栓焊结构和“单孔拖拉法”。在卸旧架换新的梁过程中，采用了“浮托”“浮拖”“浮运”以及临时支墩的桥梁架卸拖拉法。三处广大技术人员在既有经验的基础上，又进行了一些成功的创造，主要是在纵拖 76.8 米钢桁梁时，大胆地放弃了传统的手摇绞车，使用了更稳妥可靠的电动卷扬机，在 6‰的坡度上实现了稳妥拖拉，创造了三千吨钢桁梁移动平均速度 115.8 米的当时国内最高纪录。

在拖拉方法上，技术人员们巧妙地布置和倒换滑车组，采取前一孔制动绳为后一孔牵引绳的方法，分段倒用，这样就大大节省了倒缆的时间，提高了拖拉的效率。在施工过程中，施工技术人员和职工们还通过反复试验，摸索和总结出了在不同的低温条件下使用千斤顶及小顶替代大顶进行拖梁的施工经验，均取得了较好的效果。

另外，在清除 9 号墩的深水石笼和 17 号墩的基础凿除重建时，则利用天然冷气冻结法，较快地完成了两个桥墩的施工任务，从而保证了在严冬季节拼铆钢桁梁等工程的顺利进行。

在整个施工过程中，由于采取了许多新的施工方法，终于保质按期地完成了大桥换梁加固的任务。在交付时，哈尔滨铁路局一次验收合格，并在验收交接会议上竖起了大拇指连连夸奖说：“真没有想到，你们三局的松花江大桥换梁加固施工，能做出这样好的优质工程。”同时，许多兄弟单位也发来贺电，表示热烈祝贺，铁道部也向全路通令嘉奖三局人的“敢打必胜”和创新精神。正是这项施工任务的出色完成，使三局人在全国出了名！三局三处的名字也铭刻在了宏伟壮观的松花江桥上。

中铁三局的前辈们就是这样，以苦干实干践行使命，用责任担当诠释对祖国和人民的忠诚，从此开始了艰苦卓绝的创业历程，共和国铁路建设的宏伟蓝图也徐徐展开。

选自曹宝峰主编：《南征北战四十年》，北岳文艺出版社 1992 年版

筑时代精品，领行业先锋。中铁三局自 1952 年建局以来，从北国的林海雪原到风光旖旎的锦绣江南，从沟壑纵横的黄土高原到鸥鸟翔集的东海之滨，从热带丛林到亚非腹地，纵横九州，缔造坦途，足迹遍布全国 31 个省、直辖市、自治区和海外的十几个国家。中铁三局先后承建 600 多项国家重点工程和海外工程，完成了 80 余条、近 15000 公里的新线、复线铁路建设，在急、难、险、重工程上尽显大国央企风采，将一项项精品工程、优质工程镶嵌在共和国广袤的大地上，在新中国铁路建设史上铸就了一座座丰碑。

开/路/先/锋

勇当“陆地飞行”时代先锋

——中铁三局征战高铁主战场纪实

郭争鸣　张安全　王远庆

当不断飞奔的中国铁路一路“飙”进高铁时代，空前规模的铁路建设大潮澎湃而起。近年来，中铁三局把征战高铁建设主战场当作一个大考场，咬定“建设世界一流高速铁路”的质量目标，在高潮迭起的高铁建设大会战中勇于担当时代先锋，书写出了中国高速铁路建设主力军的辉煌篇章。

昂起高铁建设的龙头

从牛背上的中国到高铁上的中国，最巨大的变化就是“速度”。“中国速度”已成为中国发展的代名词，横空出世、光彩熠熠的高铁，成为中国递给世界的一张亮丽名片。

“十一五”规划实施以来，随着京津城际、武广客专、郑西客专等几条高速铁路的顺利开通，中国已成为世界上高速铁路发展最快、系统技术最全、集成能力最强、安全系数最高、运营里程最长、运营速度最快、在建规模最大的国家。中国铁路实现“陆地飞行”的历史时刻已经到来！

当代中国铁路人的伟大使命，就是要以建设世界一流高速铁路为目标，以敢于担当的信心和勇气，推进我国高铁事业可持续发展，并要以对国家和人民的勇敢担当和炽热情感，努力奋斗，在中华大地建立起一座以“无私奉献”命名的历史丰碑。

早在20世纪90年代后期，中铁三局集团就参加了中国首条铁路客运专线——秦沈铁路客运专线的建设。近几年，中铁三局集团又先后参加了京沪、大西、沪昆、合宁、武广、郑西、石太、广珠、胶济、海南东环等铁路客运专线和城际铁路的建设。随着铁路跨越式发展战略的深入推进，中铁三局集团这支为共和国铁路建设事业建立卓越功勋的铁军劲旅，以与大动脉同步提速的积极姿态，以争当铁路建设排头兵的精神风貌，集全部之力，聚全部之财，倾全部之智，为建设世界一流高速铁路作出了名副其实的贡献。

在高速铁路领域早动手、早准备的超前意识，使中铁三局集团公司有了 “到中流击水”的胆识和渴望。

集团公司党委指出：“各级领导干部要坚决摒弃不适应形势、不符合发展要求的思维习惯，把思想高度统一到铁路建设新理念上，以崭新的竞争观、效益观和发展观，干好高速铁路工程。”

集团公司多次强调：面对大规模的高速铁路建设，全公司上下要牢固树立“干高铁、想高铁、融入高铁”的“高铁意识”，以“知行合一，永争第一”的全新理念，努力在更高起点上持续奋进，勇创一流。

理念优化思想，思想推动行动。在高速铁路和客运专线施工中，中铁三局集团站在“心系祖国，放眼世界”的高度，以必胜的信念和勇创一流的姿态，迎接挑战，一路高歌，屡创佳绩。据统计数字显示，2006 年至 2009 年 4 年间，集团营销额中铁路项目占 60% 以上，营业额中铁路项目也位居同行业前列。2009 年，有 8 台 900 吨架桥机在京沪高铁、石武客专和海南东环线同时作业，共架设 900 吨箱梁 2944 孔。截至 2010 年 11 月底，集团共完成高速及客运专线铁路 900 吨箱梁架设 8878 孔，无砟道床铺设 797 公里，正线铺轨 1089 公里，是同行业完成任务量最大的单位之一。

咬定“管理”不放松。高速铁路及客运专线的建设备受党中央、国务院重视，备受全国人民关注，备受世界瞩目。近两年，中铁三局建设者树立全新的建设理念，采用全新的管理制度，努力实现标准化管理。

公司各项目认真落实铁道部“六位一体”工作要求，遵循“开工求快，过程求实，管理求精，结果求好”的工作原则，抓住源头策划，抓牢过程控制，抓好精细管理，抓出企业品牌。公司上下无条件组织落实“252”架子队管理模式，把企业管理目标统一到大规模铁路建设工程目标中去，又好又快地建设中国铁路。决策层亲力亲为，严格要求，使中铁三局集团上下形成了抓标准化管理的热潮。公司制定了管理制度标准化、人员配备标准化、现场管理标准化、过程控制标准化实施细则，出台了施工测量复测制度、施工技术交底制度等几十项质量控制管理制度，将创优目标层层分解，细化到班组和员工，层层签订质量包保责任状，实施质量奖惩，精心打造让子孙后代放心的一流工程。

创建精品是关键。建设世界一流的高速铁路，高质量、零缺陷是目标，严标准、明责任是手段。科学健全的体系、严格标准的管理、有效的运行机制保障，是中铁三局雕琢精品工程的“芯片组”。“好中求更好，快上谋更快，强上争更强”的铮铮誓言，弘扬着三局“知行合一，永争第一”的决心和信念。三局以“高起点、高标准、高质量、高效率，建设世界一流高速铁路”为目标，以强烈的责任感，冲击极限迎接挑战；以神圣的自豪感，创建精品铸就丰碑。几年来，三局参建高速铁路和客运专线施工总里程达 1211 正线公里，位列同行业前列。事实雄辩地证明：无论是常规铁路建设，还是在疾驰的中国“高铁时代”，中铁三局一直是冲锋在前的时代先锋。

2010 年，三局更是龙腾虎跃，再度吹响“干高铁、想高铁、融入高铁”的集结号，先后中标承建沪昆、大西、兰新二线等高标准铁路工程建设任务。特别值得一提的是，在沪昆客运专线大通道，更是连续参加了浙江段、湖南段、贵州段和云南段的建设。

京沪高铁建设中，中铁三局仅用 92 天就完成了 607 单线公里的铺轨任务，日最高铺轨量达到 14 公里。杭长客专浙江段 1 标与 2009 年开工建设的杭甬客专 1 标一样，具有建设环境复杂、施工任务重、工期压力大、安全风险高、工艺技术新、相互制约影响纷繁的特征，参建员工发扬“敢打必胜、攻无不克”的拼搏精神，借助杭甬客专施工优势，配齐资源，人不卸甲，马不停蹄，率先在全线开工。大西客专、山西中南部铁路通道太岳山隧道等项目在标准化建设上，由表及里，细致入微，受到业主的高度认可，他们称赞中铁三局人“精神面貌焕然一新”。杭长客专湖南段 2 标坚持样板引路，全面推进工程建设。卢春房副部长视察工地时对该标段路基 CFG 桩桩头环切工艺给予了充分肯定，建议全路推广。石武客专河南段项目仅用 43 天就完成了鹤壁北梁场的建设任务，并通过精心组织，科学施工，使制梁台座最高工效达到每月 10 孔，4 月下旬连续一周创造了日架梁 6 孔的纪录，5 月创造了月架梁 125 孔的纪录，175 天完成 376 孔梁的预制架设。宜万铁路地处山区，山高谷深，线路最大坡度达18‰，风险巨大，参建员工敢于突破，勇于挑战，连续取得轨节生产、轨排桥梁运输、铺轨架梁三大战役的决定性胜利，于9月9日实现全线贯通。哈大客专项目仅用13天时间就完成了铁岭西站8组无砟道岔的铺设，创造了哈大线单站铺设高速道岔时间最短的纪录，而且成为全线第一个完成高速无砟道岔铺设的标段。新建兰新铁路第二双线项目以保架梁为主线，攻难点，抓重点，树亮点，6月28日成功预制首孔箱梁，10月9日在寺儿沟特大桥成功架设全线首孔900吨箱梁，拉开了兰新铁路架梁的大幕，带动了全线的建设进程。

九天做盘星做子，大地为琴路为弦！“重视合同，确保质量，准时交付，严守承诺”，不只是中铁三局人耳熟能详的口号，更是中铁三局人实实在在的行动。多年来，需要交付的铁路工程项目百分之百兑现了合同条款。如今，踌躇满志的中铁三局人站在高铁建设的前沿充满了信心，因为他们深知，干好每一项工程，跨入世界铁路建设的一流行列，企业就一定能抓住国家基础设施建设蓬勃兴起的机遇，不断做强，加快发展，并迎来光辉灿烂、充满希望的未来。

科技领先打造精品工程

高铁是当代新技术、新工艺、新材料、新设备集大成的产物，除了没有翅膀，其复杂程度几乎与航空航天技术不相上下。让中国高铁冲到世界第一的速度，没有强大的科技创新动力是不可能办到的。

铁路被喻为一个国家的经济“大动脉”，它的建设水平和速度，很大程度上显示了一个国家的科技和经济发展水平，而高速铁路更是汇集和引领世界先进技术的杰出代表之一，除了没有翅膀，其复杂程度几乎与航空航天技术不相上下。在高速铁路建设带来的挑战面前，中铁三局全面实施“科技兴企”战略，坚持“大科技”格局，不断进行技术创新，加速科技成果转化，加快技术改造和产业升级，科研经费投入数千万元，为高铁建设提供了强有力的科技创新动力。

中铁三局承担着国家《中长期铁路网规划》中多条高速铁路、客运专线和城际轨道交通

工程的施工任务，在“高标准作业、高科技保障、高品质取胜”质量理念的指导下，加强全员系统培训，积极适应高铁技术标准的要求，先后组织和参加各专业和工种的培训80多期，有效地提高了使用先进设备、仪器的能力，提高了实施新工艺、执行新标准和预控风险和质量的能力。与此同时，中铁三局立足施工现场，以自主研发为主，鼓励开展“院、校、企”合作机制，围绕工程重难点和质量通病持续开展技术攻关活动，通过“引进、消化、吸收和再创新”协同机制和激励政策，对高铁技术的关键工艺、材料和设备进行了系统的研究开发，并完成多项技术的集成创新，圆满地完成了高速铁路的建设任务。

中国幅员辽阔，地形、地质之复杂，是国外同行不曾遇到的。郑州至西安路段，是全世界唯一铺设在黄土地带的高速铁路，用铁道部总工程师何华武同志的话说：“黄土缺少支撑力，遇雨就沉降变形，像水浸过的面包一样。”高铁路基架在这样的土质上，如果固化不好，轨道就变成“面条”了。为建设世界一流水平的高速铁路，中铁三局组织技术骨干，全力开展了大断面黄土隧道施工技术，黄土路基施工技术，高速铁路软土、膨胀土路基及路基沉降控制技术等关键技术的研究。在隧道施工中，通过优化和发展浅埋暗挖法施工技术，并将其运用到砂质黄土超大断面隧道、下穿建构筑物等工程中去，采用双侧壁法、CRD法、台阶法及环形预留核心土法等交叉组合隧道开挖方法，遵循“短开挖、少扰动、强支护、实回填、严治水、勤量测”的原则，实现了工序的有序转换，控制了地层变形，保证了施工过程安全和质量，在实践中提出了砂质黄土隧道预留变形量建议值，为准确划分变形管理等级提供了宝贵依据。在黄土路基施工中，通过对多种改良黄土的科学试验，在分析成千上万的试验数据和多次实践的基础上，提出了我国高速铁路湿陷性黄土填料改良技术及路基沉降观测和评估分析方法，就凭着这样的集体智慧和创新勇气，攻克了郑西线黄土地基的湿陷性难题，并实现了“零”沉降！

备受世界瞩目的京沪高铁，开启了铁路建设大发展时代。京沪高速铁路是我国《中长期铁路网规划》中投资规模最大、技术含量最高的一项工程，也是我国第一条具有世界先进水平的高速铁路。中铁三局紧紧围绕京沪公司“高标准、高质量地创建精品工程、和谐工程、资源节约型工程、环境友好型工程和创新型工程”的建设目标，先后主持和参加铁道部5个重大、重点课题的研发任务，将软土地基沉降控制、大跨度桥梁徐变变形控制、特殊结构桥梁施工技术、无砟轨道技术、无缝线路铺设技术、CA 砂浆配制等关键技术作为科研攻关的重点，依靠理论创新、技术创新、工艺创新和管理创新，攻克了深水大跨桥梁建造、特殊结构桥梁建造、深厚松软土地基沉降控制、无砟轨道板制造和铺设等一系列重大技术难题，在高铁技术领域占据了一席之地。

高速铁路是新技术、新材料和新工艺的集大成者。在近年来修建一条条高速铁路的实践中，中铁三局攻坚克难，大胆创新，在引进、消化、吸收、再创新的基础上，大力发展具有自主知识产权的核心技术，形成了 900 吨箱梁制运架设备和工艺、大跨度连续箱梁和特殊结构桥梁施工及其控制技术、大断面浅埋偏压隧道施工技术、过隧道 900 吨整孔箱梁后浇翼缘板施工技术、无砟轨道综合施工技术、高速铁路桥上减振型无砟轨道板试制和 CA 砂浆研制技术、高速铁路桥上无砟轨道板施工成套设备技术等多项科研成果。这一项项科研成果的取得和推广应用，标志着中铁三局开始问鼎世界最先进的高铁施工技术。

先进设备仪器的运用和先进技术的学习考察，为中铁三局高速铁路高起点进入、高标准建设、高质量取胜提供了有力的保证。中铁三局集团先后投资 8 亿多元引进一批具有世界先进水平的 TCM60 铺轨、GAAS80 焊轨、MDZ 养路机组、运架梁机和盾构机等大型先进设备。公司还多次分批组织高级管理技术人员专门赴德国、法国、日本等国进行了高速铁路方面的学习考察，对无砟轨道结构型式及其在路基、桥梁、隧道上的铺设方法和道岔铺设等技术和工艺进行了认真细致的观摩学习。中铁三局在科技领先打造、雕琢精品过程中投入了大量的资源。

追求科技领先，筑造精品工程。中铁三局从 2001 年到 2010 年，开发新技术 262 项，其中获国家级科技进步特等奖一项，获得省部级科技成果 46 项、科技进步奖 17 项，授权专利 39 项（发明 6 项），获得国家级工法 10 项、省部级工法 101 项，企业级工法 169 项。凭借雄厚的实力和优秀的企业文化，中铁三局先后荣获山西省“科技奉献奖”先进集体二、三等奖，连续十几年被山西省评为“AAA”级资金信用等级企业，被中国施工企业管理协会评为技术创新先进企业。2008—2010 年，中铁三局连续三年被认定为“国家高新技术企业”。 2010 年 2 月，中铁三局技术中心获山西省 2009 年度省级技术中心建设成就奖。

热血铸就高铁丰碑

发扬艰苦奋斗的奉献精神，践行唯美唯实的创新精神。科学、优质、安全、高效地完成高速铁路建设任务，既是中铁三局的一份政治责任，也是企业提升实力和发展壮大的重要舞台。

中铁三局这支队伍，历来是以能打硬仗、技术精湛享誉业内的。随着我国铁路建设规模的急剧扩大，快速培养和提升队伍整体素质，打造一支高素质的高铁工程精锐队伍，成为赢得高铁建设攻坚战胜利的关键。

中铁三局集团极力秉承人力资源是企业发展第一资源的先进理念，以“三支百人队伍”建设为载体，以加快“三高人才”培养为重点，超前做好“人员、机械、技术”三大储备，特别是做好人力资源的充足储备和优化配置。同时，积极依托高速铁路、客运专线等在建项目，举办桥梁、隧道、无砟轨道施工技术研讨班，对管理和施工人员进行集中培训。坚持举办多门类、多工种的员工岗位技能大赛，把员工技术比武、岗位练兵与劳动竞赛有机结合起来，极大地提高了员工队伍的整体素质和企业核心竞争力。

集团以“建设世界一流铁路”为目标，建立起了高效、优质的企业标准化管理体系。先后编写并出台了《标准化工地》《铁路工程标准工艺》《安全看板管理》等9本标准化管理系列丛书，强力推进工程项目标准化建设。通过目标分解、自我控制、流程管理、绩效考核等一系列手段，最大限度地推进了项目管理和工程创优，最大限度地调动了职工的劳动积极性，让高铁建设成为全局的“支柱工程”“窗口工程”“效益工程”。

集团全面唱响“捍卫质量、保卫安全”主旋律，高强度地拧紧“安全阀”，坚持预防为主、关口前移、现场控制的指导原则，对高空作业、隧道、架梁、路基高边坡、挖孔桩和既有线施工等关键环节进行重点管理，坚决执行安全质量巡视制，对违反“战地纪律”的当场给予处罚，并要求限定时间内整改完成，及时将安全隐患消灭在了萌芽状态，确保了安全生产无事故。在工程质量的控制上，中铁三局严格把好原材料进场关、试验配合的生产关、混凝土出厂检测关。无论钻孔桩、承台、墩身还是连续梁、无砟轨道和附属工程施工，都实行首件制，召开质量观摩会，用样板引路。严标准，不给精品工程留下遗憾，“宁做恶人，不做罪人；宁可现在得罪人，不做历史罪人”，是中铁三局一以贯之坚守的建设理念和信条。

集团还深入把和谐理念融入项目文化建设之中。大力加强“工地生活、工地卫生、工地文化”建设，努力打造“温馨职工之家”。同时，进一步强化项目文化策划，竖宣传标牌，建工地书屋，编画册书籍，送慰问演出，工地处处“星光灿烂”。在每条高速铁路建设的工地上，迎风高扬的中铁三局的旗帜显得格外鲜艳。

集团公司党委开展的“项目党旗红、全面争先锋”主题活动，犹如一声震耳春雷、一团燃烧的烈火，给中铁三局各个项目带来了勃勃生机，时时刻刻在鞭策、激励着每一个参战将士，处处呈现出风正人和、争创一流的大干态势。在京沪高铁近 3 年的施工中，受到铁道部、山西省、京沪公司和集团公司等各级表彰的先进人物有近千人次，其中 90% 是共产党员。

风雨历练智者，成功传承品质。多年来，中铁三局各级党政工团组织始终用崇高的责任感、使命感去激励和鼓舞全集团干部员工的斗志，使得每一位干部职工都怀着“建设世界一流高铁”的豪情壮志，干每一项工作都是斗志昂扬、激情澎湃，干每一项工程都是精雕细琢、精益求精，用一腔热血，铸就了一座座高铁建设的历史丰碑。

铁流滚滚路正长。今天，中铁三局树立全新的建设理念，采用全新的标准化管理制度，努力在高速铁路建设中争创一流施工质量、一流技术管理水平。企业先后获得“全国工程建设质量管理优秀企业”、“全国‘安康杯’竞赛优胜单位”、全国“五一劳动奖状”、“省级文明和谐单位”、全路“火车头”奖杯等诸多荣誉。

选自《铁路工程报》2011 年 1 月 21 日第 2 版

开启中国铁路高速新时代

——中铁三局京沪铁路五标建设纪实

源清　争鸣　春良　劲松

2008 年 1 月 6 日，是中铁三局人值得纪念的日子。这一天，新建京沪高速铁路土建工程施工总价承包招标公布了开标结果，中铁三局中标 TJ–5 标，中标价为 113 亿元。标段起于安徽省滁州市，经南京、镇江，止于江苏省常州市城北区，江北段和江南段正线长度 171.176 公里。主要工程量有路基土石方 782 万立方米，桥梁 70 座 125.112 公里，隧道 8 座 3.834 公里，车站 3 座，正线铺轨 607.270 公里。

京沪高速铁路五标，是中铁三局集团公司有史以来承建的最大的一项铁路工程。集团公司把合同履约作为压倒一切的中心工作，工程中标后迅即展开施工调查，并于 1 月 13 日在镇江召开了京沪项目策划总结会。广大参建员工从四面八方火速集结，跑步进场。

京沪高速铁路大兵团作战，如同一个比实力、比精神的大赛场，是对各级领导干部和参

建员工一次前所未有的大考验。

2008年1月中旬进场后，京沪八工区迅速组织人员开展交接桩、复测临建等施工准备工作。本着“特事特办、急用先征、待用缓征”的原则，党政领导挂帅，快速行动，突出重点，积极展开征地拆迁工作。3月1日，大湖山特大桥DK1040+900处钢筋场地临时用地协商完毕，八工区成为南京段第一家拿到施工用地的单位。此外，经过多方努力，在征地补偿款未到位的情况下，大湖山特大桥11号墩至锁石隧道出口永久性征地取得实质性进展，为京沪线施工尽快走上正轨创造了一个良好的开局。京沪十三工区在3月试桩开钻后，加大人力和机械的投入，5月形成大干局面，施工现场人停机不停。只要一有作业面，马上组织人员和机械进场。为了搞好现场管理，队长杨志强和班子成员分工负责，分片包干，每公里都安排一名施工人员全天候驻守。通过充分发挥工程技术人员、施工员和工班长的作用，调动参建员工的积极性，形成全员管理格局，保证了现场管理有序可控。为了解决施工干扰，工区领导走村串户，苦口婆心地做工作，赢得村民的理解与支持。工地临近一个养猪场和一个鱼塘，历经一个月的谈判，才最终达成协议。

圆郢子隧道全长1097米，地质结构复杂，浅埋、偏压、滑坡以及Ⅰ、Ⅳ、Ⅴ级围岩等不良地质交替出现，隧道开挖和安全控制难度大。担负施工任务的京沪一工区针对不同地质情况，分别采用台阶法、三台阶临时仰拱法、三台阶七步开挖法、双侧壁导坑法等施工方法进行开挖，软围岩地段坚持“先预报、短开挖，弱爆破、强支护，勤量测、早封闭”，有效地保证了隧道施工稳步推进。

京沪三工区承建的跨老312国道特大桥，地处安徽省滁州市南谯区，是五标江北段架梁的起点。沿线有三个鱼蚌混养水塘，长达700多米。9月10日征地下来后，三工区迅速组织人员和机械展开水塘填筑攻坚战，仅用6天时间便完成了近3万立方米土方的填筑，为跨老312国道特大桥剩余钻孔桩施工赢得了宝贵时间。

京沪五工区除了全长1.3公里的跨合宁高速公路特大桥，还有一段1.32公里的路基是各方面关注的焦点。12月1日大桥局大型架梁设备将要通过这里，时间紧迫，刻不容缓。10月7日，大桥局交给桥台部分书面资料后，队长李文波直接负责组织，围绕架梁通道一段，配足人力和机械，24小时循环作业。这段路基需要填筑土方8万立方米，按照既定的节点工期，每天需完成2000立方米的工程量。五工区投入3台CFG桩机、2台压路机、1台推土机，仅每天晚上穿梭于工地的运料车就有20多辆，施工现场呈现出一派震人心魄的大干场景。

京沪十四工区管段有4座桥梁，根据工程特点，队长汪德志注重在资源整合上下功夫，在提高工效上做文章。高峰时段，4台旋挖钻机每天成孔十几根，其中一台旋挖钻机创造出每天成孔6根的好成绩。镇江京杭运河特大桥主跨两个墩，一个墩有15根桩，桩基直径2.2米、深70余米。一个桩基钢筋笼重约25吨，吊装作业时易变形，十四工区培养了几个班组骨干，形成固定搭档，不仅确保了质量，也加快了进度。第一个钢筋笼下孔作业用了12个小时，后来只需8到10个小时。驻地附近42个成型连片的桥墩，成为京沪工地的一道风景。

中铁三局集团公司管段计划生产箱梁500孔，压力不言而喻。由桥隧公司筹建的滁州梁场、西村梁场和汤山梁场，由建安公司筹建的镇江梁场和丹阳梁场，克服设备存在缺口等困难，精心安排，精心组织，为尽快形成生产能力作出了极大的努力。镇江梁场、滁州梁场于7月12日正式投产，丹阳梁场、西村梁场分别于9月1日和9月25日正式投产，后增设的汤山梁场也于10月27日正式投产。

二

建造世界一流的高速铁路，是中铁三局集团公司参建员工共同的心声。建设者以严细的作风、严格的管理、严密的组织，努力筑造一流的工程、一流的业绩和一流的信誉。

京沪十二工区大年初五征得第一块400米的红线用地后，迅速将第一台旋挖钻机开进工地，实现了京沪高速铁路第一桩的成功浇筑，继而又成功地完成了第一台、第一墩，为集团公司管段各单位作出了表率。全线综合评比，十二工区两次获得第一名，彰显了参建员工勇争第一的风采。队长刘桂云处处率先垂范，紧张忙碌和超负荷工作造成身体不适，医生给他开的中药，常常是熬好后放凉了还没来得及服下，又奔波于生产第一线。建点初期，材料主任秦宝占在交通受阻、通信不畅的情况下，仅靠一辆自行车跑遍整个镇江，经过多方比较选定了可供高速铁路使用的地材地料，并在资金短缺的情况下进足了开工必备的钢材和水泥。

京沪六工区管段地处南京市境内，特殊的地理位置决定征地拆迁等工作异常艰苦。承建的秦淮河特大桥全长12616.63米，横贯南京市3个区，跨越3条河、3条路，全桥共有9处特殊结构，施工难度极大。桥隧公司从抓队伍作风建设入手，理顺各种关系，强化施工管理，加大培训力度，合理调配资源，出台奖惩措施，逐步扭转了施工生产的被动局面。截至10月19日，秦淮河特大桥已经完成孔柱660根，主跨的钢平台已经搭设完成，河中心第一根孔柱也已经试柱成功。

京沪九工区管段穿越南京市和镇江市的两个镇、3个行政村，地理位置复杂，其中柏庄大桥跨337省道，螺丝冲1号大桥两次上跨水库。每一工号图纸到位后，技术人员都要进行严格的审核和实际踏勘，制定符合现场实际的施工方案。测量中严格执行复核制度，保证每一个数据都准确无误后，编制出详细的技术交底书，交由现场负责人按标准组织施工。7月25日管段全部拉通后，施工生产走上了快车道。

900吨轮胎式搬梁机整机重达551吨，结构系统、程序系统非常复杂，主要部件均为进口。搬梁机如果不能尽早投入使用，将直接制约镇江梁场的生产，甚至影响京沪线的铺架。在搬梁机未实现行走驱动力的情况下，镇江梁场通过人工、机具安装搬梁机主梁，这样的方法当时在国内是首例。从9月23日开始安装，到10月7日基本组装完毕，比搬梁机生产厂家安排的工期提前了23天。国内这样的大型设备转场最快纪录是15天，而镇江梁场只用了14天，刷新了国内最快安装纪录。其间，组装人员克服重重困难，历经16次方案优化，每天工作都在14个小时左右。搬梁机生产厂家的技术人员说："像中铁三局职工这样玩命干的人，我还从来没见过。"

电务工区负责全线"三电"迁改。春节前，电务公司党委副书记、京沪项目经理王文元和大伙儿穿着雨鞋全线走了一遍，基本摸清了迁改底数。2008年雨雪冰冻灾害发生后，当地电力通信设施标准提高，这给"三电"迁改工作增添了新的难度，落实工艺标准、取费标准等基础性的工作，就花了两三个月的时间。开始时，人家不了解，看见他们软磨硬泡的劲头儿，以为是个人承包的工程。镇江电业局有间办公室，王文元和副经理郝玉海是那里的常客，去的次数多了，俨然一副主人的样子，也不管有人没人，自己拿杯子沏茶喝。用真诚感动人家，用智慧争取时间，"三电"迁改路子越走越宽，9月以来签了几千万元的

合同。五标段年底架梁工期关死，他们突出重点，围绕先架方向加大迁改工作力度，并狠抓已签合同的落实和现场监控。

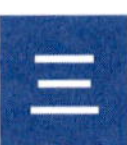

三

当今建筑市场的竞争，已建立在一个新的平台之上，谁忽视了质量，无异于自行退出历史舞台。在京沪高速铁路建设中，中铁三局集团公司的建设者不仅做到工程进度有序推进，工程质量上更是精雕细刻。

京沪经理部成立了以总工程师为组长的科研开发领导小组，统筹负责全线科研工作，明确将施工中的重点、难点和关键工序，如软土地基沉降控制、大跨度桥梁徐变监测控制、无砟轨道技术、无缝线路铺设技术、CA 砂浆配置等作为科研攻关的重点，努力做到关键技术攻关与工程建设同步推进。全线共在集团公司科研立项 14 项，约占集团公司科研项目的一半。

京沪经理部严格执行施工规范和验收标准，依靠工艺改进和技术管理水平的提升，不断提高工程质量。

按照铁道部“四个标准化”管理要求，为预防和减少质量通病，加强现场监控，制定了《工序过程质量控制检查标准化实施细则》，对工序过程质量检查的范围、频次、程序、项目、内容及方法等进行了明确规定。工艺标准推行“专家论证、样板引路”，根据设计图纸和人员、设备配置情况，制定工艺试验方案，经专家评审后组织实施。对工艺实施过程中的试装工艺及时进行总结，并在全线推广。推广过程中，将做得最好的单位作为样板，再次组织现场观摩，从而起到统一标准、共同提高的作用。对关键工序、特殊过程，做到“三统”，即统一方案，由经理部组织各工区设计、编制制梁场建场方案和桥梁特殊结构施工方案，经专家评审后，分类下发各工区实施；统一工艺，由经理部组织编制连续梁、路基、隧道的施工工艺细则，各工区按此工艺施工；统一工装，全线的模板、挂篮由经理部负责设计、招标制作。

京沪二工区是从合宁线转战过来的队伍，在桥梁和路基质量控制上形成了一套严密的管理体系。管段虽然没有重点项目，但参建员工誓让非重点变“亮点”。在对原材料产地进行现场调查的基础上，对每一批原材料都要通过实验室进行技术检验，确认各类指标合格后方可进场使用。在石料产地建立了碎石除尘设备，在搅拌站建立了黄沙清洗设备，在 AB 料加工现场建立了岩石破碎设备。混凝土搅拌站有专人负责对混凝土的用料、搅拌时间、材料配合比等进行现场监督和管理，保证出厂的混凝土各项技术指标符合设计要求。

京沪十五工区承建的路桥过渡示范段，虽然只有 450 米，但它是京沪铁路总指挥部用于指导全线施工而确立的示范项目，深受各方面的关注，德国监理每周要来工地检查两次，还有不定期的抽查。十五工区在施工工艺、质量控制、安全保证、环境保护等方面都投入了较大的人力和物力，队长贾广林带领工程技术人员多次优化施工方案，并运用系统的概念和方法，保证每一个环节和每一道工序都是最佳最优的。2008 年 8 月 29 日上午，由京沪高速铁路股份有限公司总工程师赵国堂带队，京沪高速铁路各指挥部主要领导、6 个标段的总工程师、监理单位及外方监理共计 60 余人，对路桥过渡示范段进行现场观摩，十五工区向各位领导、专家汇报了示范段的工程概况、施工工艺及施工过程的质量控制等情况。通过听取汇报、现场观摩、大会交流，京沪铁路总指挥部领导和各位专家对路桥过渡示范段工程施工给予了充分肯定。

10 月 14 日和 16 日，京沪高速铁路股份有限公司总经理李志义来到五标检查指导工作。当他看到路基段已基本拉通、桥墩林立时，高兴地说："中铁三局的工地已形成了规模，现场比较规范，桥墩混凝土质量很好。"在预制梁场，当他得知采用新梁图后全线 49 个预制梁场中，只有中铁三局管段的 3 个梁场和一标段 2 个梁场恢复生产时，称赞中铁三局预制梁施工准备工作充分，动作较快。

四

向管理要进度、要质量、要安全、要效益，是京沪经理部决策层的共识。建设者树立全新的建设理念，采用全新的管理制度，形成了以经理部为龙头、各施工单位广泛参与的标准化管理格局。

京沪经理部下辖 6 个工作组、17 个综合工区、1 个铺架工区、1 个电务工区、6 个制梁场和 3 个轨道板预制场。扁平化管理模式，使经理部直接管理到各工区和梁场，减少了项目管理中间环节，提高了整体执行力，有效地压缩了管理费用。

京沪高铁跨京杭大运河特大桥开通运营

《京沪高速铁路土建工程五标段项目管理办法》涵盖安全生产、工程质量、环境保护、技术管理、征地拆迁、机械、物资、财务管理等 30 多项管理办法和规章制度，对管理目标、工作内容、工作标准、工作程序作出了明确规定。经理部将各部门和各工区执行情况纳入考核范围，从而确保实施有规范、操作有程序、过程有控制、结果有考核。

人是实施标准化管理的根本要素。开工以来，京沪经理部及各工区累计举办培训班 162 期，累计培训人员 6000 余人次，培训内容不仅涉及移动模架法、支架现浇箱梁、挂篮悬臂浇筑连续梁拱、提篮拱、系杆拱、V 型刚构、复杂结构等施工技术课程，还包括安全质量、物资管理、机械管理、财务管理、标准化建设等内容。

安全事关生命，责任重于泰山。京沪经理部围绕安全生产“零事故”目标，坚持“安全第一、预防为主，全员参与、综合治理”的原则，建立健全安全生产管理体系，落实安全岗位负责制和各项安全管理制度，确保安全生产有序可控。结合京沪高速铁路建设的实际，严格落实国家和行业相关规范标准要求。针对跨越既有铁路、既有公路、通航航道的桥梁施工等高风险作业，制定专项安全施工方案，并经过铁路运管、交通管理、航道管理等相关部门专家的论证，形成了标准化的安全施工作业程序。

现代化的铁路工程，需要依现代化的水准建造，而现代化的水准需要用先进的工装作保障。在集团公司的统一部署和调配下，京沪五标主要施工机械设备陆续进场 1900 余台套。按照集团公司机械设备集中管理的要求，各参建子分公司所属的基础公司、机械公司对管段内的桩机、挖掘机等机械设备实施集中管理。机械设备入场前和使用过程中，加强检查、维修和保养，保证机械设备处于完好状态，保障施工生产的需要。特别值得一提的是，为了实现集团公司“大型铺架设备实现第三次周转”的战略部署，一方面京沪线一再优化施工方案，另一方面郑西等客运专线表现出了大局意识，在施工任务仍很艰巨的情况下，想方设法保证大型铺架设备能够早一天转场京沪线。

五

中国铁路建设跨越式发展，举世瞩目，催人奋进。

集团公司领导在京沪高速铁路土建五标建设工作会议上明确提出，要抓住京沪高速铁路建设的良机，实现塑造品牌、提升效益、科研成果、锻炼人才 4 个方面的丰收。

京沪经理部高度重视企业形象策划工作，从抓好现场和驻地建设入手，积极做好项目文化建设工作。编制了《中铁三局京沪高速铁路土建工程五标段企业形象规范图案集》，各参建单位严格按照图案集中规定的尺寸、字体、字号和颜色制作宣传标识。全线共制作各类标牌 1000 余块，彩旗 3000 面，实现了各工点和各工号形象标识的和谐统一，充分展示了企业的良好风貌。

京沪线参建员工中青年人占 80% 以上。为进一步引导、团结和动员广大团员青年在京沪高速铁路建设中充分发挥生力军作用，全线各参建单位团组织深入开展以创建青年安全生产示范线、青年创新创效示范线、青年突击队示范线、项目团建示范线为主要内容的“激扬青春活力，奉献京沪高铁”主题实践活动。7 月 18 日，京沪经理部和集团公司团委联合举办了主题活动启动仪式，青年突击队员庄严宣誓，要团结协作、英勇突击，安全生产、创优争先，在京沪高速铁路建设中用青春和汗水书写辉煌的人生。9 月 12 日，京沪经理部和集团公司团委还联合举行表彰会，授予来自生产一线的 10 名优秀青年技术人员“中铁三局京沪项目青年岗位能手”荣誉称号。

选自《铁路工程报》2008 年 11 月 7 日第 4 版

建功秦沈铸辉煌

孙清华

国家重点工程秦沈铁路客运专线西起河北省秦皇岛站，东至辽宁省沈阳北站，全长404.64正线公里，其铺设施工方法在我国铁路建设史上尚属首次，完全不同于以往施工的铁路一级干线。

中铁三局首先承建的秦沈铁路客运专线，线下工程A11和A21标段里程长度分别为4.3公里和20.75公里，其中，A11标段为试验段，地处辽宁省凌海市，路基土石方30.8万方，涵洞12座，大凌河特大桥2214延米。A21标段地处沈阳市于洪区和新民区，有涵洞111座，大中桥8座，路基土方设计总填方235万方，软基插塑排水板37.8万延米，袋装砂井196万延米，预压土41万方。特别值得一提的是A21标段是秦沈线的“瓶颈”工程，全管段都处在水稻田和河汊上，成为全线软基处理工程量最多、施工难度最大的地段。合同工期两年半，除去冬季和路基加载预压期，实际有效工期仅为14个月。

针对该线“设计标准高、技术含量高、质量要求高和施工工艺新”的特点，再加上中铁三局集团公司管段工程种类齐全、任务量大、干扰多和工期紧等诸多不利因素，坚持高起点、高标准、严要求，首先汇集了9个富有多年高速公路和铁路桥梁施工经验的施工单位，又将2000余名精兵强将投入到秦沈客专建设，同时又拿出2亿元的资金，购置先进的施工机械、级配碎石拌和站、散装水泥拌和站和混凝土运输罐车等大型设备百余件。所有参战单位都配置了全站仪、核子密度仪、K30试验仪等检测仪器，为全线工程创优创造了条件。

二

开工后，集团公司秦沈指挥部按照 “安全保工期、优质创信誉、管理求效益、全面争第一”的指导思想，迅速确定了“指导、监督、协调、控制、服务”五项职能和“工程创优、区域经营、效益良好”三大任务，制定了20余项管理办法和实施细则。

“只有落后的领导，没有落后的工人。没有严明的纪律，就没有过硬的队伍。”这是集团公司秦沈铁路客运专线工程指挥部年轻的指挥长赵占虎常挂在嘴边的两句话。身经百战的赵指挥长来到秦沈线后，在管理上注重以人为本，提高领导干部和职工的自身素质，他认为质量问题归根到底是队伍的素质问题，秦沈线的成败，关键时刻看指挥员，关键部位看技术员、看骨干操作员。

集团公司秦沈指挥部要求每一个领导干部要认真起到表率作用，时时处处做到：胸怀坦荡，言行一致，服从大局利益，确保政令畅通有指挥力；吃苦在前，享受在后，甘于奉献，确保班子团结协作有凝聚力；开拓创新，勤奋学习，求真务实，确保不失职、不渎职有战斗力；廉洁自律，作风正派，遵章守纪，确保自身形象有说服力。

他们在秦沈线一改传统做法，各队在秦沈线不设管理机构，本着精干高效的原则，由指挥部直接对作业层。这样既有利于生产指挥，又减少了管理费用的支出。

在工程质量上，他们始终坚持第一管理者亲自抓工程质量，层层制定了创优规划和创优措施，真正落实质量责任制，把质量目标与责任目标层层分解，具体落实到责任人。指挥部指挥长与指挥部副职、部门负责人和各队分别签订了《秦沈客运专线铁路工程质量责任状》，按照职责对工程质量实行终身负责制。同时还成立了以指挥长为首的质量管理领导组，积极开展全面质量管理活动，优化施工工艺，提高工程质量，多创名优工程。

在集团公司承担施工的5个标段中，A21标段施工难度最大，存在问题最多，拆迁最困难，干扰最严重。A21标工作的好坏，直接影响到集团公司在秦沈的成败。1999年9月接到图纸后，他们深感工期紧迫、责任重大，投标时A21标没有加载预压任务，而设计图纸要求15公里长路基需加载预压，预压期10个月。全线近40公里18家施工单位，集团公司就占了15公里，这样无形中就把A21标工期往前提了一年，这对工期是个挑战，主体必须提前完成。公司指挥部的领导认真分析，反复论证，作出争取主动、超前谋划和抓形象进度这三项决策，使各项工作开展得井然有序，快速稳妥地向前推进。

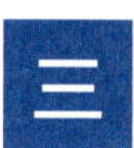

在A21标段施工中，参战的一、二、三、四、五、六队，在指挥部的统一部署下，奋勇争先，你追我赶，在秦沈线拉开了比学赶帮超的竞技场面。

一队施工工区段位于集团公司管段最北头，全长3.35公里，他们施工管段内软基处理，淤泥都在8米以上。面对新工艺新技术等许多新的课题，他们边学边用，克服了许多困难，在摸索过程中，逐步完善各项管理办法和施工方法。工作中他们突出一个“实”字，坚持把每件事情都办好、办到位。在施工中他们层层把关，严格控制每道工序，坚持做到最好。5米涵洞做得非常漂亮，业主评价是全线最好的。他们还是全线第一个在沉降观察方面采用微机处理技术和现代化的管理手段的队伍，因沉降观察这道工序很重要，每个月沉降必须小于3毫米，经过仔细观察全部达标。

二队的领导班子工作起来严肃认真，突出一个“细”字，他们将工程质量视为自己的生命，严格过程控制，严格质量奖惩制度，保证工程整体创优，使职工认识到谁砸企业的牌子就等于砸自己的饭碗，不能有过去大锅饭的旧思想。他们同时把每项工程看成艺术品，每道工序都要保持精细，他们还注重发挥青工优势开展一些活动，队部20名管理人员中，90%以上都有大专或本科学历，学习气氛浓厚，他们自我加压加担子，已经意识到没有知识储备更新，将来是不可能适应市场发展需要的。在A11标大凌河特大桥施工中，为保证大桥墩身外观质量，他们定做了大型整体拼装模板，墩身与墩帽一次浇筑，避免了施工缝。桥台及涵洞出入口八字墙采用了德国进口技术制造的酚醛复膜作为内膜，使混凝土的表面光滑漂亮。最后他们和六处共同承担施工的A11标段实现了全线第一家开工，第一家竣工，比合同工期提前443天，秦沈铁路客运专线建设总指挥部和工程总公司总指挥部同时发来贺电。2000年7月，在业主站前综合质量评比中他们荣获优秀奖，还受到总指挥部重奖，并被树立为全线验样板示范段。

秦沈客运专线

三队是一支能打硬仗的队伍，从小机械化队伍发展到一支特别能战斗的大队伍，有着丰富的施工经验，他们加强以效益决定分配的方式，实行多劳多得、少劳少得、不劳不得的原则，令职工心服口服。在管段软基处理施工中，鱼塘最深处达6米，水面达百亩。为了解决这一难题，三队翻阅了大量类似工程的资料后，确定了最佳方案，既经济又便于施工，在取得有关设计部门的认可后，面对9万多方的填石量和紧迫的工期，他们经过精心计算、合理组织、精心安排，使各种机械配合流畅，24小时不停地作业。同时，会同安质人员现场跟踪，不留任何事故隐患。短短40天的工夫他们就完成了这项工程，喜悦的泪水挂在英雄的脸上。自开工以来，他们连续6次获得集团公司指挥部“秦沈杯”流动红旗，被评为“2000年工程进度先进单位”，同时还被集团公司评为“优秀文明工地”。

四队有一个比较年轻的领导班子，平均年龄37岁。他们把年轻好胜的心态转化为率先垂范、敢为人先的行动，以人格的力量影响和带动职工，把“保旗夺杯”视为上对企业下对职工承担的第一责任。该队在秦沈线承担了全长3.66公里的施工任务，他们克服了施工难度大、征地拆迁干扰大等种种困难，在A21标6个参建单位中创下了全线第一家开工，涵渠第一家完工，大王庄中桥现浇梁第一家开盘，路基土方填筑第一家全部拉通，预压土第一家全部填完的纪录。

五队在A21标承担3.59公里长的施工任务，包括28座涵洞，1座中桥，53万方路基土石方工程，特点是软基处理长，土方运距远，涵洞密度大，施工环境差，工期要求急。在软基处理施工中，五队队长李冠东，这个来自上海铁道学院的高才生，亲自编写有关技术资料和施组安排，担当软基处理施工的重任。他在全面分析地质情况后，按照有关设计要求，分别采取了粉喷桩、旋喷桩、搅拌桩、袋装砂井、土工格栅等新工艺，凭借科技攻关成果和借

鉴以往软基处理成功的经验，将ISO9002质量标准贯穿于施工生产过程，有效地解决了软基处理中的诸多难题。为解决冬季涵节预制难题，五队在工地附近找到了一个已经废弃的飞机棚，在棚内搭设了32个火炉将水罐加热，将搅拌机、砂石料、钢筋制作和绑扎全部移入大棚施工，配置专人24小时看炉子，观测温度表，保持恒温，他们将365个涵节一个冬天全部预制完毕。

六队在A21标承担1.5公里的施工任务，其中跨102三号大桥是集团公司在秦沈客运专线的重点工程，也是秦沈铁路全线同类中最大的桥，该桥设计为钢构连续现浇梁，这是一种新型设计，在我国铁路史上首次采用这种设计。该桥“两台五跨”全长108延长米，全桥仅用钢材就达230多吨，其中长104.94米、直径28米的主筋达94根，钢筋焊接点为3600多个，需灌注混凝土1414立方米，规模之大前所未有，气势恢宏前所未见。队长于天生率领职工动脑筋，想办法，精心施工，合理安排工期，严把施工中的每道工序。当时，沈阳地区进入10月，天气逐渐寒冷，加之102国道改移之后，在时间上已把他们“逼上梁山”，他们调集了7台电焊机，20余名电焊工在大桥上三班倒作业。他们抱着一个心愿——尽快稳妥地把混凝土浇筑到模板里，到那时不管东南西北风，秦沈这一仗就要打赢。结果他们比计划时间提前3天主体全部完工，比计划时间提前11天开通，经过精心策划施工后的大桥造型独特，内实外美给人一种赏心悦目的感觉，受到业主和各界领导的称赞，称之为秦沈线上的“一颗明珠”。

选自《铁路工程报》2001年10月16日第1版

打造中国“地标”式高端客专

——中铁三局武广客运专线建设纪实

郎军　郝金鹏

中铁三局集团公司承建武广客运专线 XXTJIV 标 6 单元工程，位于湖南省衡阳、郴州两市境内，正线长度 105.5 公里，是全线最长的标段。合同价款 47.33 亿元。主要工程有：路基 51.274 公里，土石方 1853 万立方米；桥梁 127 座 45.163 公里（箱梁预制 1186 孔，现浇梁 135 孔，连续梁 4 联，连续刚构两联），其中特大桥 20 座，大桥 76 座，中桥 30 座，涵洞 173 座 4171 横延米；公跨铁立交 17 座，19977 平方米；隧道 29 座 9.06 公里；双块式无砟轨道 211 单线公里，车站两座（新衡阳站、新耒阳站），双块式轨枕预制 57.15 万根。新衡阳站、新耒阳站、耒河特大桥（664.39 米）、竹山屋特大桥（2369.19 米）、金星冲特大桥（3252.7 米）和丹水岭隧道（2203 米）是本标段的重中之重。

建设中，集团公司武广客运专线经理部带领各参建单位以“管理科学、组织有序、安全优质、节约环保、环境良好”为宗旨，不辱使命，克服了工期压力大、安全风险大、组织难度大等一系列前所未有的困难，在我国首条时速 350 公里的客运专线上创造出让世人瞩目的业绩。

服务诠释管理

武广客专 XXTJIV 标 6 单元工程工期压力大、管理跨度大、站前站后工程接口多。对基础沉降、结构变形和无砟轨道铺设提出了毫米级控制要求，施工生产管理面临空前的压力。集团公司高度重视武广客专的建设，2006 年元月成立了武广项目经理部，下设 7 个工程总队和 4 个专业工程队（场）。集团公司武广客专项目部分析了国家铁路投资的迅猛增长，造成各子分公司资源紧缺、劳动力和管理力量比较薄弱的状况，根据标段内工程特点，把经理部管理模式定位为服务基层，提出了“以做企业的思路做项目”的构想。在任务划分上，根据各子分公司的特长量力而行，如长大隧道和桥划归桥隧分公司。这一打破常规的做法，做到了扬长避短，分工明确，专业谋事，最终确保了工期和质量。

武广客运专线

进度创造奇迹

集团公司武广客专建设年年有主题，年年在攻坚，可以说是一个节点紧跟一个节点地奔跑，紧张有序，不断刷新着进度。

集团公司武广经理部根据不同施工阶段、不同工作重点，做到阶段抓、抓阶段，重点抓、抓重点，保证月、季、年度计划的完成。2006 年提出了“以路基为主线，桥梁创高产，隧道保安全，有序加快进度”的施工指导思想，2007 年提出“桥梁运架区段为主线，路基质量控制为重点，桥涵施工创高产，隧道安全快速、有序，确保业主节点工期目标”的指导思想，2008 年提出“以无砟轨道施工为主线，接口工程为先导，桥梁运架施工形成高潮，线下土建工程全面完成”的指导思想。正是这些正确的决策，掀起一浪高过一浪的大干高潮，确保了节点工期兑现。

桥隧公司管段 25.47 公里内桥隧密集相连，2203 米的丹水岭隧道和 3252.7 米的金星冲特大桥是全线重点控制工程，加上承担兄弟单位管段内现浇梁和隧道施工，管理跨度达 63 公里。开工以来，他们一直领跑全线。2006 年 5 月 23 日马山隧道正式开工，9 月 16 日贯通，是武广全线第一座贯通的隧道。群丰二号桥在全线第一家开工，拌和站在全线第一家投产。桐树下特大桥长 1485 米，两个月内孔桩施工完成 70%，最高产值每月达 2000 万元。2008 年六总队的施工主体转移到现浇梁施工，移动模架造桥机首次接触，桥一队队长徐吉忠带领大家总结经验，优化模板、支架设计方案，现浇梁从拼装支架到立模、绑钢筋仅用7天，成梁创造出11天一孔的惊人纪录，2006年11月8日提前一个月全部完成，其中给兄弟单位打增援84孔。

一总队承建全长664.39米耒河特大桥是全线十大重点控制工程之一，11、12、13号水中墩及连续梁是该桥施工的难点，受湘桂联络线影响，图纸2007年4月21日才到，比其他工程晚了整整14个月。2007年5月1日钻孔桩施工标志着大桥开工。3个水中承台每个使用钢筋量都在百吨以上，混凝土方量达1100立方米以上，为武广之冠，一总队每个承台仅用7天时间就完工，每个墩的3个墩柱只用两天完工，每个墩盖梁5天完工。2008年8月中旬，连续梁施工开始，一总队配备了3台塔式起重机、3套梁体悬臂施工菱形挂篮、3台混凝土泵送机，160人在3个T构同时施工，一个悬臂段施工循环缩短为6天。2008年11月14日6时，耒河特大桥经过一年半艰苦卓绝的鏖战，水中墩连续梁终于顺利合龙了，比计划工期提前10天。

二总队管段位于丘陵地带，水系丰富，既有公路利用不上，承建的43座桥结构物多，其中公跨铁11座，有连续梁、预制梁、斜腿刚构、钢构拱四种形式，虽然他们在两个月内将红线内地征完毕，但图纸晚到，施工进度缓慢。为加快进度，二公司总工程师、二总队队长张玉根出台了新的奖励机制，一周一个节点，一个节点一奖罚，高峰期全队三天三夜睡不了觉。在短短3个月内完成路基土石方和AB组填料40多万立方米，级配碎石20多万立方米，确保了铺轨和铺架，确保了无砟轨道施工，又在3个月内完成无砟轨道施工54公里。

三总队管段路基6公里，土石方147万立方米挖方，AB组填料50万立方米，在管段内路基土石方第一家开工、第一家完成声屏障，衡阳工务段对局管段静态初验，第一家通过。

四总队承担53公里无砟轨道施工，占局管段的四分之一。无砟轨道施工对环境要求较高，必须避开高温，往往得在夜晚施工，才能保证精确调试。队长韩建民带领技术人员攻克难题，他整合人力资源，打通物流通道。2008年3月初，600米曲线段无砟轨道试验段开工，4月底完工，8月顺利通过武广公司评估，这是局管段唯一的试验段。从每天完成50米、60米，到六个作业面一天完成800米，再到后来全面完成本段内任务后增援兄弟单位

20多公里，在局管段起到示范拉动作用。

五总队管段岩溶较为发育，小水大桥三根108米的桩是局管段最长的桩，在建安公司副总经理、总队长陈勇的带领下，对岩溶地区桥梁桩基施工的有效方法与工艺进行攻坚，由于灰岩地区地质情况复杂，岩面起伏大，注浆各项技术参数不易控制，施工时需根据实际地质情况随时调整各项技术参数，先做样板慢慢推进，高峰期各类钻机达100台，掌握了许多岩溶地段施工的先进生产工艺、方法，为今后同类工程的施工技术管理奠定了基础。

六总队承担106公里无砟轨道施工，春节期间，不分昼夜冒雨抢完全部任务，创造出日完成1.8公里的纪录。经理部无砟轨道于2009年3月按业主工期完工。

经理部下设6个梁场，共预制不同型号箱梁1186孔。针对路改桥变更设计预制梁增加的情况，经理部对4个梁场进行了扩能，增加到9个台座，高峰期瓦田坪、柏树梁场日产梁2孔，确保了2007年6月15日架梁工期，满足了桥梁架设所需。

科研提升实力

武广客运专线施工展现了全新的标准、全新的环境、全新的要求、全新的理念。时速350公里，挑战中国铁路建设的制高点，这在世界上也是首屈一指的。经理部以科技创新作为时速350公里的助推器。

经理部针对客专技术标准高，质量要求严，安全责任大的特点，结合新验标要求，提出了分阶段、分专业、分层次的培训学习方式，共办测量、试验、隧道、路基、桥梁等培训班10余期，受训人员达1万多人次。这些富有成效的措施，对于解决施工中的难题和保证工程质量起着至关重要的作用。经理部成立了由总工程师为组长，副总工程师为副组长，各专业工程师、各总队总工程师为组员的科技攻关领导组，确保形成完整的技术创新体系。根据客运专线建设特点及施工工序开展了“客运专线路基变形监测及剩余沉降推算研究”“客运专线造桥机研发与整孔箱梁施工技术研究”“客运专线大断面浅埋偏压隧道施工技术研究”“900T箱梁隧道口架设、过隧道架设、运架施工技术”“900T整孔箱梁预制及后浇翼缘板施工技术”“耒河特大桥综合施工技术研究”“武广客运专线Rheda2000无砟轨道综合施工技术研究”“武广客运专线过渡段路基变形控制技术及施工工艺的试验研究”“原位支架现浇箱梁施工技术”“竹山屋特大桥安全防护技术研究”“岩溶地区路基注浆加固的质量控制”“CFG桩在客运专线铁路路基加固中的应用”“岩溶地区桥梁桩基施工质量控制”“高性能混凝土施工控制”等科研课题研究，每项科研课题都安排了专人进行过程跟踪，并明确分工，确保在施工过程中做好技术资料及影像资料的收集整理工作，及时、分阶段完成技术总结，为施工工法、总体施工总结的编写积累了第一手资料，经理部 2009 年共完成 CFG 桩施工工艺及控制、CFG 桩铁路客运专线路堑边坡的应用、马山隧道施工技术总结、潜孔爆破技术在岩溶地区桥梁钻孔桩施工中的应用、武广客专耒阳大和制梁场规划设计、岩溶注浆施工工艺及质量控制、耒阳预制场经济技术分析、Rheda2000 双块式轨枕制造工艺及流水线方案设计、双线整孔箱梁的预制技术等科技论文 9 篇。这些科研项目对规范施工技术管理、优化施工技术方案、改进完善施工工艺、加快施工进度都起到了积极作用，为大面积的施工生产创造了必备的条件。

武广客运专线无砟轨道技术标准高，对测量工作提出了更高、更精密的要求，为了保证测量精度，测量人员避开气温高、干扰大的白天，只能在夜晚工作。CPⅢ网的建立是无砟轨道的生命，为此经理部成立了精测小组，每个节点都是异常艰苦。经理部专门设立了 50 万元的测量奖，铁道部武广质量监督分站对经理部的测量成果充分肯定，GPS 测量技术在铁路施工单位处于领先地位。经理部提出的在无砟轨道静态调整时使用新的 CPⅢ数据，不采用施工时的 CPⅢ测量数据，保证无砟轨道钢轨的平顺性，业主下发文件在全线推广。

严控安全质量

为把武广客专打造成世界一流的客专，打造成中国“地标”性的伟大工程，经理部追求工程质量精品化，出台了《安全质量管理自控体系文件》，制定了《工程质量安全专项整治活动方案》，确定了以规范施工管理为主题，以质量达标、安全可控为目标的专项整治实施方案，以整治隧道施工质量安全为突破口，延伸整治原材料控制、混凝土施工、路基填筑、桥梁制架跨既有铁路等施工质量，落实工程质量责任制，彻查彻改，不留死角确保工程质量

达标。经理部坚持预防为主、先导试验、培育典型、样板引路，在路基填筑、桥梁墩台身、桥梁预制、隧道防排水及二次衬砌过渡段施工现浇梁施工、接口预留等首件工程，全面推行评估制度，做到不评估不施工，评估通不过不施工，及时预防和纠正大面积施工可能产生的质量问题。经理部施工的预制梁、桥面系、隧道洞门、隧道防水板焊接、隧道接口预留等工程质量均受到铁道部、武广公司的好评。

3 年多的时间里，经理部在武广公司开展的各项目竞赛活动中均书写了不俗的业绩，2006 年经理部获得武广铁路建设开局之年“红旗单位”的光荣称号，在武广公司组织的建功立业劳动竞赛活动中，分别在 2006 年度和 2007 年度获得第一名和第三名的好成绩。在质量信誉评价活动中，全线 16 家施工单位进行评比，该经理部取得了 2007 年第二名、2008 年第三名的好成绩。金星冲孔桩施工质量一类达 98%，高性能混凝土桥墩外观质量受到卢春房副部长和武广公司的高度赞扬。

选自《铁路工程报》2009 年 7 月 10 日第 2 版

哈大客专无砟道岔施工侧记

孙清华

知行合一树品牌，永不懈怠争第一。在铁路建筑市场一直享有盛誉的中铁三局集团在哈大客专铺轨战斗打响后，一展雄风，拔得头筹。

2009 年 9 月 24 日，从哈大客专高速无砟道岔施工现场传来捷报，中铁三局集团公司哈大项目部比计划提前一天顺利完成全部 24 组高速无砟道岔铺设任务，成为全线第一个完成高速无砟道岔铺设的标段。特别是铁岭西站仅用 13 天就完成铺设 8 组道岔，创哈大线单站铺设高速道岔时间最短纪录。哈大公司发来贺电，称他们是“一支特别能战斗的队伍”。

高速无砟道岔是确保高速铁路平稳、安全、舒适运行的关键环节，在铺设过程中具有标准高、精度高和施工难度大等特点。

集团公司承建的哈大客运专线 TJ–2 标段道铺设共计 34 组，其中高速无砟道岔 24 组，分布在昌图西站、开原西站和铁岭西站。正线长轨铺设长度为 708.1 公里。6 月中旬正式开工以来，集团公司哈大轨道工程项目部从标准化管理入手，积极完善现场管理标准化实施细则，编印成册，人手一本，使标准化管理覆盖所有员工、所有业务流程、所有工程项目。

严细管理是集团公司哈大项目部的一个特点。按照无砟轨道的相关规范、验标和施工管理办法，集团公司哈大轨道工程项目部编写了具有较强操作性的道岔铺设、放散、精调等单项工程作业指导书和技术交底，严格执行无砟轨道质量自控体系和监理单位无砟轨道质量监理细则。施工中，特别配备了 11 名专职质检人员，对道岔出厂、装车、铺设初调、精调、混凝土灌注等每道工序进行初检和复检，两个数据相符方能转入下一道工序。同时配备 13 名安全员，扎实有效地开展防护工作，给生产一线增加了无数个“电子眼”“防火墙”“安全警察”。

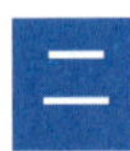

“勇于创新，改进工艺，提高工效”是中铁三局哈大轨道工程项目部的另一个特点。项目部针对高速无砟道岔部件尺寸大、精度高的特点，制定了详细的运输及装卸车措施。由于道岔进场时大部分路基未成型，不具备一次卸车到位的条件，因此产生二次倒运。为防止倒运过程中道岔变形，项目部集思广益，自行研制了简易倒运工具“炮车”和扁担梁，同时租用加长大吨位吊车配合，解决了道岔运输难题，既经济实用又加快了进度。

安装道岔需要支撑体系，该体系包括竖向支撑调整装置和侧向辅助拉杆调整装置，总称“工装设备”。项目部借鉴武广客专成熟经验对工装的侧向拉杆、托架及伸缩缝板等工艺进行改进。尤其是伸缩缝板，原设计采用聚乙烯泡沫板，质地软、不易固定，混凝土灌注时易被挤损跑偏。项目部经过反复实践，设计了泡沫板固定夹，有效地解决了灌注混凝土容易错位的通病，效果很好，得到了业主的认可。哈大公司还多次组织其他施工单位来观摩学习。

为解决 3 站同时施工而工装设备不足的问题，项目部在原有 4 套工装设备的基础上，想方设法从兄弟单位调来4套，并对其进行技术改造，迅速解决了道岔支立和加固难题，也为确保工期奠定了基础。

哈大轨道工程项目部这个年轻的团队，平均年龄只有23岁，却是一个团结向上、极具战斗力的集体。他们在有着丰富铺轨架梁施工管理经验的项目经理盛广海率领下，发挥年轻人特有的优势，以“建设世界一流客运专线”为已任，以“奋发有为 、勤奋好学、不畏艰苦、勇于拼搏”的精神，挥洒着智慧的汗水，在北国辽阔的土地上弹奏着一曲铁军壮歌。

高速无砟道岔精调是个新工艺，每组道岔进行混凝土灌注前要经过1遍粗调和3遍精调，规范要求精度极高，静态验收误差标准为中线2毫米、标高5毫米、轨距和支距1毫米。中铁三局哈大轨道工程项目部的小伙子们胆大心细，他们严格执行《客运专线无砟轨道铁路工程施工质量验收暂行标准》，调整尖轨、可动心轨密贴度和顶铁间隙，使各项几何尺寸满足规范要求。在使用先进的全自动轨检小车、全站仪、电子水准仪等设备时，他们进行允许偏差的控制，将误差降至最低程度，中线和标高都控制在0.3毫米。

为确保按期、优质、高效地完成施工任务，集团公司哈大轨道工程项目部的广大干部员工发扬“艰苦奋斗、敢打硬仗”的三局精神。在道岔初调和精调过程中，全天候24小时轮班作业，按规定时间完成作业流程，每次精调需要大约6小时，而且必须在晚上进行，以解决白天太阳直射造成全站仪数据不稳定的问题。

2009年的夏季东北地区遭遇百年不遇的大面积降雨，这给野外混凝土施工作业造成很大困难。项目部超前谋划，提前准备防雨设施，以保证施工不受影响。无论多么艰苦的作业环境都没有使他们退缩，他们在逆境中成长，在磨炼中进步。

10月23日，又有捷报传来，中铁三局集团公司哈大客运专线双线长轨铺设均按哈大公司要求如期完成沈阳方向铺轨。中铁三局人正以百倍的信心迎接更加辉煌灿烂的明天。

选自《铁路工程报》2010年12月3日第1、2版

谁言“蜀道难” 隧贯万重山

——中铁三局桥隧公司成兰铁路10标工程建设纪实

桥宣

在辽阔的中华大地上，秦岭与巴山自西向东交错横亘，绵延数千里，成为南北方分界线。“尔来四万八千岁，不与秦塞通人烟”，千百年来，唐朝诗人李白 “蜀道难”的感叹，似那万仞雪山半腰中的浮云，萦绕不散。

2008年，震惊世界的汶川大地震发生后，成兰铁路开始建设，铁路正线全长457.62公里，为国铁Ⅰ级电气化铁路，设计时速200公里，建成后从成都出发，2小时可到达九寨沟站，4小时可到达兰州站，造福藏、羌、回、汉等多个民族，是一条辟岭而出的抗震救灾之路、民族团结之路、和谐致富之路、旅游发展之路、经济腾飞之路、通江达海之路。同时，伴随成兰铁路的建成，川西北无铁路的历史将一朝打破，“蜀道难”的感叹终将成为绝唱，取而代之的是穿山铁流的铿锵作响。

攻坚克险，挑战“地质博物馆”

中铁三局成兰铁路10标段工程位于四川省阿坝藏族羌族自治州茂县、松潘县境内，线路南起平安隧道D8K170+850，北终止于解放村隧道DK189+358，正线全长18.702公里。标段内路基（含站场）土石方60753断面方；隧道3座，共计17996延长米，占线路长度的96.2%；桥梁两座，分别为太平四线大桥323.07延长米，解放村双线大桥379.87延长米。标段工程桥隧相连，隧道洞口地形普遍陡峭，存在岩堆及危岩落石，隧道洞口与桥台施工干扰大，施工组织复杂。

中铁三局参建的成兰铁路平安隧道全长28.4公里，设计时速200公里，双洞分修，为我国目前西南地区铁路施工第一长隧道。纵观世界铁路，强震带上修铁路绝无仅有，受2008年地震影响，平安隧道沿线地质地貌具有“四极三高”的特征，即“地形切割极为强烈、构造条件极为复杂、岩性条件极为软弱破碎、汶川地震效应极为显著；高地壳应力、高地震烈度、高地质灾害风险”，自然环境具有“原始、独特、敏感、脆弱”的特点。专家们把青藏铁路比喻成在“冻豆腐”上修铁路，把宜万铁路比喻成在“软豆腐”上修铁路，成兰铁路则是在“烂豆腐”上修铁路。平安隧道体现了成兰铁路建设的特点。

中铁三局所承担的平安隧道施工任务，全部位于岷江活动断裂下盘，线路走向平行于岷江活动断裂，总体穿越断层和多组倒转向、背斜褶皱组成的复式褶皱及其伴生的冲断层等复杂构造。隧道正常涌水量每天 6 万立方米，最大约每天 7.2 万立方米，一天的涌水便可蓄满 32 个奥运会标准大小的游泳池。隧道埋深大，区域性大断裂发育，地震活动频繁，开挖时局部极易出现大变形、岩爆等隧道灾害，是全隧风险最高、地质最差、难度最大的控制性工程，为极高风险隧道。无时不在、暗流涌动的风险，使得这条路段被冠以“灾害地质博物馆”的称号。一场直面困难、攻坚克难、智慧解难的战役悄然打响。

平安隧道

戮力同心，齐建平坦通途

成兰铁路建设过程中，桥隧公司成兰铁路工程指挥部坚持“成在诚信生态路、兰颐精品平安行、铁军誓建千秋功、路地共谱和谐曲”的建设理念，秉承“创新、协调、绿色、开放、共享”五大发展理念，高标准、高质量、高效率推动成兰铁路建设。面对繁重的施工任务、复杂的施工工序，桥隧公司副总经理、中铁三局成兰铁路指挥部指挥长王小平，指挥部党工委书记刘利权，总工程师赵治平，副指挥长高华、赵五喜等指挥部“一班人”，在施工组织中全面贯彻落实“工期、质量、安全、环境保护、投资效益、技术创新”六位一体的管理要求，以创建“精品成兰、创新成兰、绿色成兰、和谐成兰”为核心，精心组织，精心施工，精心管理，把“六位一体”作为标准化建设贯穿于项目施工的每一个环节、每一道工序、每一项作业，规范施工，不断创新，确保工程安全、质量、进度等全面领先。

创新驱动，激发技术活力。面对标段工程桥隧比高达99.98%、隧道穿越高烈度地震带、桥梁桩基基础为古堰塞湖松软土等不良条件，中铁三局集团公司职业道德模范、“火车头奖章”获得者、项目总工程师赵治平坚持在攻坚克难中积累经验，在开拓奋进中锻炼队伍，大力加强专业技术骨干人才、后备人才队伍建设，加大高新技术开发和推广应用。除了对技术人员进行集中技术培训，进行传统的“老带新”外，赵治平带领技术团队不断加强技术基础管理，全面提升技术管理水平，树立核心技术权威，严格工法总结和申报流程。2014—2015年，以西南地区第一长隧——平安隧道和太平站四线大桥等复杂工程为依托，成兰铁路工程指挥部共总结出三项省级工法，其中两项工法同时被评为2016年度中国中铁股份公司工法。

绿色环保，共建和谐生态。桥隧公司成兰铁路工程指挥部不断加大管段工程环保水保力度，进场初期就成立了生态环保领导小组，坚持“少扰动、多保护，少污染、多防治”的环保水保施工原则，结合实际制定了环境保护管理办法，利用各种宣传手段在工余进行环保教育，组织员工学习《环境保护法》《水土保持法》。根据工程实际，设置专门的垃圾池和弃渣场地，沿便道线路架设环保隔离带，建立腐殖土保护区。加大对施工工地周边的林木、农田、乡村道路及驻地环境的整治保护力度，对于生产废水进行多级沉淀处理，对施工便道和施工作业区域进行定时洒水，减少施工机械油料的跑、冒、滴、漏，切实做到“来时青山绿水，去时绿水青山”。

协调共进，实现均衡发展。中铁三局标段位于茂县、松潘县境内，是汉族、回族、藏族、羌族等多民族混居地区，在工程推进过程中，成兰铁路工程指挥部坚持“尊重业主、配合设计、服从监理、民族团结”的宗旨，坚持和谐合作、谋求共赢、权责平衡、诚信优先的理念，在业主强有力的领导下，与兄弟单位精诚合作，与地方和谐共建，翻修乡村公路，开展各类联谊活动，共同绘就民族团结之花，树立起了良好的企业形象。标段工程被评为2015年度“中国中铁股份公司安全标准工地”，成兰铁路工程指挥部及相关工作人员也多次获得业主和上级单位授予的“先进集体”“先进标兵”“优秀个人”“先进工作者”等荣誉称号。

2016年10月11日上午10时许，213国道茂县太平乡胡尔村路段发生大面积山体滑坡，大块的岩石和山上泥土将路面全部覆盖，塌方量达到2000余立方米，导致通往九寨沟等川西地区主要景区道路交通中断。在事发周边区域施工的中铁三局成兰铁路工程指挥部接到险情通知后，第一时间赶赴现场参与抢险工作，从两个方向分别调集机械设备赶往塌方现场，同时多方位布置观察人员随时观察山体情况，配合茂县交管部门人员开展抢险。经过近7个小时全力紧张抢险，213国道恢复畅通。

多专全能，彰显专业化特色

中铁三局管标段穿越强震带的长大深埋隧道施工占线路全长的96.2%，针对不良地质容易产生的软岩大变形及硬岩岩爆危险，成兰工程指挥部充分发挥“桥隧”核心技术优势，打造隧道施工专业化品牌，努力培育专业化施工特色和差异化竞争优势，铸造百年不朽工程。有效管控安全风险，确保长大隧道施工平安。隧道施工中，指挥部副指挥长高华带领现场管理人员不断强化现场管理，把精细化、规范化管理融入施工各个环节中，进一步提升施工现场质量安全体系、文明施工、工程监理等管理水平。

不断加强超前地质预报和围岩监控测量力度，将风险锁进牢笼；强化隧道施工各种工序工法的规范应用，将事故扼在萌芽阶段；加强各种安全教育和培训，将安全意识常驻心中。此外，成兰铁路工程指挥部不断营造安全质量高压态势，指挥部班子成员率先垂范，对标段内各工区进行责任包保，严格贯彻“安全第一、预防为主、综合治理”方针，坚持“以人为本”的理念，以安全生产管理体系为核心，全面落实安全生产责任制，加强过程控制，狠抓安全教育和安全意识培训，提高了对事故的预防能力和应急处理能力。针对管段隧道风险段、危险源较多的特点，指挥部每个工点都聘请外部专家进行风险评估，并制定了专项风险评估方案和应急预案，在各隧道施工工点设置逃生通道、卫星电话及应急救援包，加强现场施作员工及协作队伍预防地质灾害及灾后职民工心理干预力度，确保了自开工以来无重大安全生产事故。

针对管段内地震带活动频繁的客观实际，指挥部不断加强控制量测的力度，各控制点由一年一次改为半年复测一次。对管段内罐车、渣土车司机等进行交通安全教育，确保国道213新线旅游通道的畅通安全。针对工序工种制定安全卡控手册，严格按照制度化、标准化、规范化加以执行。以指挥部月度安全大检查和指挥部安质部每周检查为抓手，对各风险源施工严密把控。在隧道施工进口设置进洞人员识别系统，掌子面安装摄像头，严格群众安全监督员职责，在各工点设置巡视连签簿，对上级领导检查出现的问题及时记录、整改，实现隐患排查、问题整改的闭环处理。

有效管控经济风险，提高项目管理效益。在现场施工中，成兰铁路工程指挥部广泛树立“大成本”管理理念，既从大的方面加以控制，又从小的角度予以调整。对混凝土拌和站及钢筋加工厂实行集中加工配送模式，物资采购严格执行招投标制度，尽力减少中间环节，有效实行集中管理。成立指挥部增收创效领导小组，制定各类工程经济管理办法，按经济单元划分进行全面经济活动分析，以管理组织化促进成本精细化。对成本发生的各个环节实施精细化管理，做到精细化操作、精细化控制、精细化核算、精细化分析，不断规范成本核算工号管理，严把经费支出控制关，千方百计降低成本，提高项目管理效益。不断加强施工组织管理措施，提高资源配置，使有效成本利用最大化。加大奖惩力度，充分发挥员工主观能动性及工作积极性，为工程优质快速推进奠定坚实基础。

有效管控工期风险，确保按期履约。中铁三局成兰铁路工程指挥部针对工程难度大、施工风险高的特点，围绕履约承诺，不断优化施工方案。副指挥长赵五喜不断钻研隧道施工的机械化配套技术，不断加大隧道施工机械化投入和机械设备的后勤保障力度，将凿岩台车、湿喷机械手、多功能地质钻机等大型机械引入隧道施工现场，有效解决了软岩变形、岩爆、涌水等不良地质问题，实现了安全、高效、环保作业。

按照“长隧短打”的思路，利用平导超前优势增加正洞施工面。根据围岩级别划定各级围岩的进度指标，明确施工任务，实行“日保旬，旬保月，月保季，季保年”方案，把施工计划层层分解，细化工序，责任到人，根据每个洞口任务完成量进行奖惩。适时开展各种主题劳动竞赛，成立“党员突击队”“青年突击队”，在施工中比干劲、赛成绩、争先进。

全力冲刺，艰辛与荣誉同行

2017 年 2 月 16 日，历经 38 个月艰苦鏖战，中铁三局桥隧公司参建的我国西南地区最长隧道——成兰铁路平安隧道按期顺利贯通，填补了我国强烈地震带、极端地质条件下特长隧道施工空白，也标志着成兰铁路全线隧道施工进入最后攻坚阶段。

在成兰铁路平安隧道顺利贯通表彰大会上，四川省总工会授予中铁三局成兰铁路工程指挥部“四川省重点工程劳动竞赛先进集体”称号，授予成兰铁路工程指挥部指挥长王小平、总工程师赵治平“四川省重点工程劳动竞赛优秀建设者”称号。成兰铁路工程公司授予中铁三局成兰铁路工程指挥部“重点工程建设先进集体”称号，授予中铁三局成兰铁路工程指挥部第一项目经理部“重点工程建设标准化项目部”称号，授予平安隧道 4 号横洞开挖班“重点工程建设优秀班组”称号，授予中铁三局成兰铁路工程指挥部常务副指挥长高华、党工委书记刘利权、实验室主任侯春凯“重点工程建设先进标兵”称号。中铁三局成兰铁路指挥部干部员工 1200 个日夜的执着坚守镌刻在川西高原的巍峨峻岭间。

选自《铁路工程报》2017 年 2 月 24 日第 5 版

通江大道腾巨龙

——商合杭铁路决战决胜无砟轨道施工纪实

庆利

2019 年 4 月 22 日，商合杭高铁重点控制性工程——裕溪河特大桥顺利合龙，为我国华东地区的第二条快速客运通道——商（丘）合（肥）杭（州）高铁于 2020 年上半年开通奠定了坚实基础。

裕溪河特大桥是我国时速 350 公里高速铁路大跨度斜拉桥建设中，首次使用钢箱桁梁结构形式，大桥主跨跨度达 324 米，是目前世界上最大跨度的无砟轨道高速铁路桥梁，其顺利合龙令世人瞩目。2019 年 10 月 13 日，工程静态验收开始，这个节点标志着线下工程的结束。

早在 2018 年下半年，全线路基段铺板试验在中铁三局管段开展，全线桥上铺板试验在中铁三局管段开展，全线揭板试验又是在中铁三局管段开展，而且短短 3 个月，兄弟单位以及其他线路建设单位前来观摩学习 50 余次，项目建设者紧紧抓住这块实验田的宝贵练兵机会，专门成立了无砟轨道铺设施工队，未雨绸缪、厉兵秣马。

“依法合规，敢于领先，精美精品，期到必成。”这是业主京福公司的建设理念，也是三局人决战决胜商合杭铁路的指导思想。为确保全线的关门工期目标，桥隧公司商合杭铁路 15 标项目的建设者们采取“野战军”式管理模式，上演了一场硝烟弥漫的无砟轨道施工大会战。

用功——炫酷组合套拳

无砟轨道施工，可以说开局就是决战，起步就是冲刺。项目常务副经理赵云飞临危受命，之前是项目安全总监的他于 6 月初全面接管项目，他深知：“不谋全局者，不足谋一域。”“谋一域”居多，“被动地”重点突破多；“谋全局”不足，“主动地”整体推进少。他团结带领项目部全体工作人员，紧抓国铁综合工程施工三条红线：用架梁红线，控制线下工程施工；

用铺轨红线，控制无砟轨道施工；用联调联试红线，检阅综合的施工成果。超前谋划，动态调整，全面攻坚无砟轨道施工这一块硬骨头。

为确保高效率、标准化推进无砟轨道施工，项目部通过一系列有效内外组合拳，为无砟轨道施工提供了强有力保障。

在培训交底方面，项目部采取技术理论方案交底与现场实际操作交底相结合的方式，对新进场人员进行了全方位系统培训交底。施工前，集中召开 10 余次技术专题交底会，并通过反复播放无砟轨道施工工序、工艺专题片，进一步聚焦标准化施工；负责无砟轨道施工的技术主管手把手对现场具体施工人员技术交底。特定、关键工序工艺更是单独交底，全力确保现场技术交底到位。

为全力冲刺无砟轨道施工，项目部制定专项考核制度，开展劳动竞赛，进一步提升参建人员激情。在施工高峰期，合理调整作息时间，采取三班倒，24 小时不间断循环作业。到饭点了，后勤人员会直接将饭菜送至施工现场。

在打好内部组合拳的同时，项目部还积极通过企地和谐构建，多举措打好外部收尾组合拳，为无砟轨道施工营造良好的施工环境。针对施工范围内老百姓反映的问题，项目部根据实际情况积极组织建立问题库，对照台账逐一销号处理；因大型运输车辆对乡村道路造成不同程度的破坏，根据施工进展，对所有道路进行了系统恢复；按照设计要求及当地环保要求，对所有 600 余亩项目用地进行了植被复垦复绿；同时积极联系当地政府、群众开展联谊活动，促进企地和谐，为项目无砟轨道施工营造和谐环境。

“在商合杭，最精确的是时间概念，最模糊的也是时间概念，可以精确到争分夺秒，也可以模糊到夜以继日。”项目党工委书记孔利用镜头和文字记录着大桥铺板施工中 87 个白昼与黑夜，“只要上了桥，就没有白天和夜晚的界限，有的只是现场问题是否解决的区别”。

9 月 2 日晚上 8 点，项目部常务副经理赵云飞检查完白天的准备工作后正要下桥，绷了一天的雨云开始降雨，而此时大桥的边跨精调和自密实混凝土灌注施工刚刚开始。为了不耽误工期，在桥上站了一天的赵云飞马上联系桥上 9 个现场技术人员，在桥梁桁架搭设遮雨布，冒雨施工。转眼到了凌晨 4 点，雨势突然变大，现场工人的工作热情被瓢泼的大雨逐渐浇灭，陆续返回宿舍，现场还剩 7 块轨道板没有精调。

“一个晚上固定精调108块轨道板，哪怕剩下1块都相当于增加一天工期。”半小时后，暴雨渐停，浑身早已湿透的赵云飞和现场技术人员挨个给工人打电话，硬是在天亮前完成了剩余工作。9月3日雨过天晴，赵云飞和现场技术人员短暂休息后，重新上桥开始了一天的工作。

用心——匠心彰显专业

争创鲁班奖是项目成立之初的既定目标，施工质量上的精雕细刻贯穿施工全过程。项目部承担着34双线公里、12208块CRTSⅢ型无砟轨道板的铺设任务。为确保无砟轨道施工精度，项目部集全项目技术骨干力量，专心于无砟轨道施工精度的“精雕细琢”上。

裕溪河特大桥桥面铺设采用拥有我国自主知识产权的CRTSⅢ型板式无砟轨道，无砟轨道灌注及设计精度均在3毫米以内，“3毫米”，一颗绿豆的大小。在一份由业主、设计、工务、铁科院、监理、施工多方单位签认的大桥初步验收单上，简单而清楚地写着“符合要求”几个字。

赵云飞明白这几个字的分量。“我们有些指标比原本苛刻的标准更加精准”，他自豪地说，“大跨度高速铁路桥梁铺设无砟轨道在国内甚至世界尚属首次，没有实例借鉴，我们是标准的践行者，同样也是制定者”。

实践是检验真理的唯一标准，而制定标准需要更加严苛的实践。裕溪河特大桥主跨采用钢箱桁梁结构形式，受温度影响桥梁最大变形在90.7毫米，而无砟轨道铺设精度固定在3毫米以内，如果采用传统方式铺设造成的结果无非有两种，一种是桥梁受损，一种是轨道板变形或离缝。将“大大咧咧”的“钢铁直男”和眼里不容沙子的“精致女神”撮合到一起，考验的不仅是超凡的耐心，更是对细节的极致把控。

建设者经过反复测定发现，只有当温度变化不超过3摄氏度时，桥梁的线性控制和无砟轨道铺设才能实现完美融合。特别是无砟轨道的精调环节受户外天气和温度影响很大，任何高温、雨天、大风、大雾环境都无法进行，这也意味着在夏季施工的黄金季节里，裕溪河特大桥的无砟轨道精调和自密实混凝土灌注只能在晚上8点到次日凌晨6点之间进行，其他的时段只能进行物资机械调配等准备工作。

裕溪河特大桥

在夜间施工中，无砟轨道从精调到铺设不允许出现间断，工序的连贯性要求极高，一旦遭遇极端天气等特殊情况造成施工中断，只能第二天重新再来。对于“看天吃饭”的建设者来说，一天的滞后也可能造成整体工期的延误。每一道工序都要考虑得周到细致，每一次衔接都要布置得严丝合缝，施工组织的难度超乎想象。

有人说，裕溪河特大桥的无砟轨道施工就像是摸着石头过河，前面的路没人走过，水深水浅没人告诉，能不能过得去全看胆量和技术。没有任何相同类型施工借鉴，建设者在动态施工中逐渐摸索，整个无砟轨道施工设计优化达到了 50 多次。

在京福客专安徽公司精心组织下，项目部最终采用等效荷载的方法，按照二期恒载进行预压，通过拟合桥面线形，最终实现轨道与桥梁结构的完美结合，确保了施工线形和设计线形的平顺性。通过对桥梁刚度、线形、列车—线路—桥梁动力仿真、轨道不平顺等课题进行攻关，为无砟轨道在大跨度桥梁上的成功应用提供了技术保证，形成大跨度斜拉桥无砟轨道 CPⅢ控制测量技术、施工线形控制技术和无砟轨道在大跨度钢梁上使用的验收标准，填补高速铁路行业相关技术空白。不仅如此，大桥投入运营后，还将采用桥—轨一体化健康监测管理系统，全面实时监测桥梁运营状况，为同类型桥梁建设提供数据分析和科学依据。

用情——担当诠释使命

如果说执着和坚韧是商合杭建设者的底色，那么对于工作的用心用情和对事业的使命担当则是他们最本色的标志。

夜以继日的坚守更是商合杭建设者日夜兼程的一个缩影，无砟轨道铺设队队长张浩亮、副队长周建伟、施工员赵一飞等是裕溪河这座桥上的“最熟面孔”，为了保证大桥无砟轨道施工顺利完成，披星戴月、风餐露宿已是他们的常态，他们步履匆忙，与时间赛跑，抢晴天，战雨天，与反常的天气打游击；他们搞创新，寻突破，与技术难关斗狠劲。

他们用奋斗与拼搏，将“特别能吃苦，特别能战斗”的铁兵精神根植在裕溪河大桥的钢铁巨龙上；将探索创新、精益求精的“工匠精神”镌刻于无砟轨道施工决战决胜的大会战中；将永不言弃、甘于奉献的职业操守铭记在职业生涯最辉煌的一段记忆中，迸发出强大的团队力量，影响带动了全队人人争先、个个奋勇。

铺板队党支部书记韩运强，之前是15标项目芜湖北、含山两个制梁场的书记，他心系企业、担当实干，勇于到条件艰苦的一线挥洒汗水、无私奉献，真心实意为职工群众干实事、谋福祉。2015年11月项目刚进场，两个梁场仅临时用地就达320多亩，跨安徽省芜湖市鸠江区和马鞍山含山县，地类分为基本农田、水塘、林地。此时正值严冬时分，为了尽快拿下用地、保障生产，韩运强看在眼里急在心里，每天五点多起床，坐车一个多小时，来到70多公里外的含山县林业局，站在门口等工作人员上班办理林地使用相关事宜。一次次的诚恳执着感动了含山县林业局的工作人员，韩运强顺利办妥了林地使用相关手续，梁场建设得以顺利推进。

2017年元旦刚过，工地遭遇到了60年一遇的大雪，最大降雪量达30厘米，在芜湖地区实属罕见。钢筋车间、混凝土拌和站料仓、员工驻地活动板房上的积雪压得房屋吱吱响，随时都有被压垮的风险。韩运强带头冒雪上房顶清理积雪，连续3天的清扫，确保了无一间房屋倒塌。2007年，奋战在郑西高铁建设工地的他罹患肠癌，经历两次化疗，他仍无法割舍对工作的热爱，始终坚守在商合杭施工一线。他常说：“企业信任我，我必须感恩企业，作为基层党组织的带头人，使党组织更好地发挥战斗堡垒作用，进而促进企业更好地发展，无论付出多大的辛苦都是值得的。”由于年纪大以及常年用药，他又被诊断出尿毒症，整天靠大把的药物维持着，但他以乐观积极向上的心态，仍然像一头不知疲倦的老黄牛，无怨无悔耕耘在工地上。

用忠诚践行初心，以担当不辱使命。韩运强严格要求自己，生活上艰苦朴素，多年来任劳任怨、默默无闻，勤勤恳恳、兢兢业业干好每一项工作，先后荣获桥隧公司“优秀共产党员”“先进党务工作者”等称号。

在商合杭铁路建设中，中铁三局建设者共总结技术革新小改小革（工法课题类）35 项，受到京福客专安徽公司表扬奖励 132 项，其中 A 级表扬 6 项、B 级表扬 21 项、C 级表扬 105 项。商合杭铁路项目及项目部 2017 年获得中国建筑业协会授予的“新技术应用示范工程”荣誉称号，被评为安徽省“安康杯”竞赛优胜单位；2018 年获得中国建筑业协会授予的“安全生产标准化工地”荣誉称号。

选自《铁路工程报》2019 年 12 月 20 日第 6 版

“三局智造”，与时代同步提速

——中铁三局京张高铁六标段建设纪实

源清　宋峰　承光

2019年12月30日，举世瞩目的北京至张家口高速铁路开通运营，百年京张承载起新的历史使命。

这条我国首条智能化高速铁路、2022年冬奥会“门户工程”的成功收官，也标志着中国高铁运营里程于2019年底达到3.5万公里，让更多百姓体会到“说走就走”的幸福感。

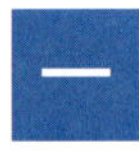

中铁三局承建的京张高铁站前工程六标段位于河北省怀来县境内，正线全长25.4公里，涵盖路基9.7公里，桥梁15.7公里，制架箱梁580孔，预制双块式轨枕40万根，正线、站线铺轨320公里，以及钢轨焊接、放散锁定、轨道精调等线路相关工程。

设计时速350公里的京张高铁，高寒、大风沙、地质复杂是其显著的地域特征，研发和使用的无砟轨道桥梁运用当今世界上最先进的智能技术，轨道和轨道间的误差只允许在1毫米以内。

中铁三局高度重视这项“天字号”工程，项目中标筹建时，时任公司党委书记、董事长刘宝龙和总经理郝刚就指出，要找准自己的“创新点”，打造自己的“闪光点”，体现出中铁三局的水平和实力，做到以快取胜、以质制胜。

中铁三局京张高铁项目管理团队肩负重托，项目部常务副经理张民栓和班子成员深感使命光荣、责任重大。2016年3月28日，项目管理团队进驻怀来；4月14日，项目部揭牌。参建的二公司、五公司两个综合施工劲旅，桥隧公司、线桥公司两个专业王牌队伍，紧锣密鼓，火速集结，调遣精锐力量和先进装备，从一开始就摆开决战决胜的架势。

“高标准起步，高科技保障，高水准作业。”从进场那天起，“三高”理念就成为中铁三局京张高铁项目管理团队和各参建单位的共识。

建设者精心策划、精细组织，统筹规划、倒排工期，把握关键、积极组织开展“詹天佑杯”劳动竞赛，各项工作齐头并进。为促进先期开工点用地保障协议的签订，各方携手共进、联建联动，为早开工、多开点、全面掀起大干热潮创造条件，到 2016 年 8 月中旬临时用地基本解决，红线用地解决了 70% 以上。

在长城脚下，在桑干河畔，在英雄董存瑞的故乡，短短几个月时间，中铁三局在京张高铁全线近 10 家站前施工单位中创出令人刮目的成绩，夺得全线关键工序转序的全部“七项第一”，成为京张高铁建设名副其实的“领头羊”。

——进场 22 天，在全线率先通过拌和站和中心试验室验收。

——进场 25 天，灌注全线第一根钻孔桩。

——进场 46 天，预制完成全线第一孔箱梁。

——进场 85 天，浇筑完成全线第一个承台。

——进场 95 天，浇筑完成全线第一个墩身。

——进场 100 天，填筑完成全线第一个路基综合试验段。

——进场 236 天，浇筑完成全线第一个连续梁 0 号块。

2016 年 8 月 11 日，中国铁路总公司副总经理卢春房、工管中心主任李志义一行来到京张高铁中铁三局管段检查指导工作。各位领导察看了怀来梁枕场和新保安高架特大桥施工现场，听取了情况汇报，浏览了管理手册、作业指导书、质量控制要点卡片等内业资料，对六标段施工进度、标准化管理、文明施工、桥梁下部施工工艺给予充分肯定，并希望中铁三局积极总结成熟经验在全线推广。

2016 年 8 月 15 日，京张高铁全线标准化管理现场观摩暨桥梁下部结构首件评估会在中铁三局管段召开，与会人员观摩了怀来梁枕场、路基综合试验段和新保安高架特大桥施工现场。在当天下午的经验交流会上，中铁三局项目部常务副经理张民栓作了《坚持开工标准化，打造绿色精品京张》的经验介绍。京张铁路公司董事长、总经理余泽西指出：通过这次现场观摩，中铁三局有很多亮点具有较强的针对性、指导性和示范性，希望中铁三局以点带线、以线带面，作出更大贡献。

中国铁路总公司及工管中心领导检查指导工作

“天佑精神鼓励我们攻坚克难，奥运精神激励我们夺金摘银”，这不只是中铁三局建设者耳熟能详的口号，更是他们披星戴月艰苦奋战的真实写照。一排排高耸的桥墩，一段段成型的路基，一孔孔飞架的桥梁，见证着三局人“来之能战，战之能胜”的铁军风采。

“品质担当、知行合一，尚优至善、永争第一”，是中铁三局多年倡导并践行的企业信条。

“敢与强的比，敢跟快的赛，敢向高峰攀”，是中铁三局大力弘扬并彰显的精神风貌。

公司党委书记、董事长郝刚，总经理李新远等领导同志十分关心、关注京张高铁建设情况，先后多次亲临工地指导、检查，现场办公，解决问题，给一线干部员工加油鼓劲。各参建单位党政主要领导也为“多快好省”建设京张高铁，投入了很多的精力，付出了很多的辛劳。

党建工作与工程建设深度融合，是中铁三局夺取京张高铁建设全面胜利的重要“抓手”。“项目党旗红，全面争先锋”“创岗建区”“党员先锋工程”“青春践行十九大，京张高铁立新功”“不忘初心绘蓝图，筑梦京张立新功”……特色鲜明的主题活动的扎实开展，增强了基层党组织的凝聚力、创造力和战斗力。

建设一流的工程，离不开精心的组织、精细的作风、精准的措施。

在京张高铁六标段，从项目部到各分部、各工区，建设者从消除浪费、优化流程、工艺创新等控制环节，积极践行精益管理，主动寻求项目管理向重质量、重安全、重效益转变。

落实“631”工作措施，抓住标准、制度、流程、职责、培训、评价六个环节，形成工作制度化、管理程序化、责任具体化的“三化”机制，让项目管理保障体系落地生根。

夯实基础，完善制度体系。遵循管理标准创新、作业标准提升的原则，建立完善统一、全覆盖、规范化的制度体系。制定了拌和站、试验室、梁场等临建工程管理标准，编制了“铁路工程安全质量管理手册”，细化了安全质量标准化达标升级考评、隐蔽工程影像资料采集及留存等管理办法，建立了质量巡检巡查制度并推进全员、全过程、全项目检查。建设期间，共制定完善9大类148项管理制度及管理标准、作业指导书。

流程再造，推进管理升级。树立“建养一体化”和“施工服务运营”的理念，对管理及作业流程进行优化、再造。严格落实京张铁路公司质量安全“三全”管理办法，“全面分解”，采用“清单式管理”，以责任矩阵形式分解细化专业，缩小考核单元、缩短考核周期，加强进度卡控点、安全质量风险点、投资产值点、成本控制点、文明施工形象点考核监控；“全员担责”，紧扣质量安全卡控重点、精品工程创建等管理目标，压实责任；“全程负责”，每周一次现场办公、一次计划考核、一次教育培训、一次专题会。同步推进路基、桥梁主体与相关工程，减少等待浪费，实现均衡生产。线下工程与制梁架梁同步策划，制运架相互匹配，突出大工期综合效益。

突出关键，风险动态管控。注重过程环节要素的波动变化，以问题为导向，分级管控，动态优化。推行工程项目安全质量隐患排查系统，编制质量安全风险公示图，应用“一图四表”进行识别评估、过程监控、结果评定。针对站前站后交叉作业专业接口多的实际，严格执行安全管理相关规定，确保现场管理到位。严格执行京张铁路公司下发的工程线管理办法，做好上线施工作业管理，依法合规履行上线作业审批程序及施工计划审核。

强化管理，狠抓过程控制。通过全线路基综合段、桥梁下部结构工程、无砟轨道工程、桥面系工程等多次首件评估，智能铺轨基地、双块式轨枕无人智能化生产车间等示范观摩，打造精品工段，引领精品工程创建。预应力张拉、地基处理等隐蔽工程，做到影像资料及时采集上传。应用二维码质量追溯系统，做到关键工序的人员、质量信息及时采集记录，实现工序质量可追溯。共创新工装工艺工法等30余项。

深化培训，提升能力素质。每年开工之初，聘请国内知名专家对管理人员进行集中培训，内容涵盖中国制造2025、人工智能、精益化管理及PHM全生命周期等。采用路基工序沙盘、桥梁工序实物实景实训实作、VR安全体验、3D动漫技术交底等方式，对作业人员进行全方位培训，实现技术参数实物化、质量标准具体化、操作要点形象化。

细化考核，落实精品创建。进行“争创精品工序，争做标准化班组，争当京张工匠”专项考核，开展“安全质量达标升级”“科技创新”“五小”活动，以精品工序建精品工号，以精品工号创精品工段，以精品工段筑精品工程。依照验标、精品工程标准及评估办法，进行现场组织实施。精品工序、精品工号考核，全员参与，共同创建。共评出19项精品工序。

一分耕耘，一分收获。建设期间，中铁三局管段先后实现京张高铁全线关键工序转序“十九项第一”，并成功举办国铁集团、京张铁路公司、中国中铁组织的路基、桥梁、无砟轨道工程首件评估，以及竣工档案等8次大型现场观摩交流活动。

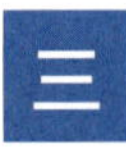

怀来，燕山脚下一颗璀璨的北国明珠，古长城、官厅湖、卧牛山、鸡鸣驿……一个个自然景观引起人们无限遐想和探索的兴趣。在这片热土上，“三局铺架”用1100个昼夜的风餐露宿、披星戴月，用坚忍执着和使命担当，演绎着“金字招牌”新的不朽传奇。

2016年10月26日10时58分，京张高铁怀来梁枕场，一孔32米900吨箱梁从身披盛装的架桥机腹腔中缓缓前行、下移，稳稳地落在新保安高架特大桥第100号桥墩上，中铁三局在全线4家架梁单位中率先擎旗。

全长15公里、由441孔900吨箱梁和4处连续梁组成的新保安高架特大桥，是全线第一长桥，尚未浇筑完成的连续梁犹如4道天堑横亘在建设者面前。他们决定在原有架桥机2次掉头的施组设计外，再增加2次。于是，一场见缝插针、争分夺秒的突击战全面打响！从2016年11月至2017年10月，架桥机先后4次掉头，一度被耽误的工期在建设者的奋力拼搏中一天一天抢了回来。

2017年12月20日18时，随着太平堡中桥箱梁架设完毕，六标段箱梁架设提前71天告捷，中铁三局成为全线第一家完成管段内架梁工程的单位。

没来得及端一下庆祝的美酒，也没来得及放松一下绷紧的神经，“三局铺架”又向五标段挺进。

土木特大桥桥间转移过程中，遇到了复杂的环境。运梁车驮运架桥机在路基上行驶，要连续下穿京新高速公路和地方道路上的两座桥，经检算，两座上跨桥，前者宽度差 6.5 米，后者高度差 4.2 米，需要把架桥机的 3 个支腿和上横梁全部拆掉，才能正常通过。建设者开动脑筋，制定了《架桥机低位托运方案》，经报批后实施，将常规在梁场进行的解体改为在路基上进行，不仅节约了时间，而且在国内开创了 JQ900B 型架桥机低位驮运的先河。

土木特大桥开始架梁时，两道难题又赫然摆在建设者面前。该桥有 35 孔待架箱梁处于 25‰下坡道，需要对架桥机进行改造，其中又有 5 孔上跨京包铁路运营线，需要在“天窗点”作业。下坡架梁导致架桥机前低后高，易向前倾覆，存在安全隐患。“天窗点”施工，时间紧，任务重。一系列困难没有削弱大家的斗志，反而激发起创新攻关的热情。经与设备制造厂家沟通，实施设备改造方案，架桥机 32 个走行电机全部更换成大功率的，前端 1 号柱用事先加工好的铁墩垫高，大坡道架梁得以安全顺利进行，又一次在国内开创了 JQ900B 型架桥机大下坡道架梁先河。

2018 年 4 月 26 日，官厅湖畔，在身着统一蓝色工装的机组人员熟练操作下，最后一孔 32 米 900 吨箱梁与官厅水库特大桥钢桁梁精准对接，“三局铺架”在全线 4 家架梁单位中率先完成所有架梁任务。京张铁路公司在贺电中称：“中铁三局发挥了示范引领作用。”

京张高铁的艰巨性、特殊性，决定着建设者前进的步伐一刻也不容停止。

2018 年 11 月 1 日，还是在开始架梁的位置，京张高铁全线铺轨工程正式拉开序幕。当天一大早，随着现场指挥员一声令下，出轨、固定、牵引、放置滚轮、取出滚轮、钢轨就位、固定……50 人的铺轨队伍分工明确，铺轨作业有条不紊。仅仅 35 分钟，两根 500 米长的钢轨同时铺设完成，准确到位。

正盘台隧道全长约 12.97 公里，为京张高铁第一长隧道，是京张高铁重要的控制性工程，也是京张高铁崇礼支线铺轨里程最长、铺轨技术要求最高、工况最复杂的隧道。该隧道地理位置特殊，处于连续长大下坡道，最大坡度达 30‰。在大坡道上铺轨需要确保两个方面，一个是机车输送的动力，另外一个就是机车的制动力，而原有的铺轨机设计爬坡能力无法满足施工需要。建设者集思广益、博采众长，优化作业方案和资源配置，通过创新施工工艺、改造机械设备等技术手段，突破了诸多制约。

京张高铁全线铺轨

中铁三局建设者突破一项项难关，实现了一个又一个节点。2019 年 1 月 16 日，官厅水库特大桥铺通；2019 年 5 月 21 日，正盘台隧道铺通；2019 年 5 月 29 日，八达岭隧道铺通；2019 年 6 月 4 日，草帽山隧道铺通。全线四大控制工程“一桥三隧”被相继攻克。

2019 年 6 月 12 日上午，在京张高铁清华园隧道北京端进口举行全线轨道铺通庆祝活动。在“三局铺架筑梦中国”醒目横幅的映衬下，WZ-500 型无砟轨道铺轨机牵引着全线最后一组 500 米长钢轨，缓缓行驶至接轨点。11 时，最后一个轨枕扣件被紧固，在炸响的鞭炮声中，京张高铁全线铺轨历时 7 个月宣告贯通。

四

“交通强国、铁路先行”“精品工程、智能京张”，构筑我国铁路智能化技术领先优势，三局人顺势而为、施展作为，积极贡献三局智慧、三局力量。

近年来，中铁三局科研瞄准超前点、站在高位点，持续推动科技成果在铁路项目管理、施工技术、工装设备等方面的转化应用，为铁路客运专线高起点进入、高标准建设、高质量取胜提供有力保障。

京张高铁建设过程中，中铁三局注重实现互联网、大数据、人工智能与高铁建设全过程深度融合，让高速铁路建设插上科学发展的翅膀。

京张高铁路基压实质量标准高、沉降控制难，建设者应用路基连续压实技术、水沟一次成型技术，解决了水沟渗漏的质量通病；研发“一字型”卡具，实现了六棱块准确定位；研发拱形骨架成套技术，拱形骨架机械开槽，边坡机械夯实，保证了坡面密实；利用固定式、可移动式两种自动喷灌系统，与传统灌溉方式相比苗木成活率提高了约30%；采用“限位”工装，做到了接触网预埋螺栓精确定位。

高速铁路对桥梁技术提出许多新的挑战和要求，建设者研发应用预应力孔道预埋胶管拔管机、预应力孔道压浆封气装置、检查梯预埋套筒定位工装等，推广应用智能压浆、自动张拉、智能喷淋养护等先进技术，提升了900吨箱梁预制工艺质量和作业工效。

怀来梁枕场位于新保安高架特大桥DK120+056处左侧，占地面积182亩，双块式轨枕生产区由钢筋加工车间、轨枕生产车间和养护车间组成。建设者总结和传承20多年无砟轨道研究和轨枕生产实践经验，率先打造全路首个双块式轨枕无人智能化生产车间，构筑“智能建造”领先典范。

基于工业机器人，研发模具清洁机器人、箍筋自动焊接机器人及自动残渣吸附机、全自动双枪喷涂机、全自动套管锁付机桁架自动安装系统、精准布料系统等先进工装设备，实现生产工序“无人化”。

开发基于激光传感、力传感、视觉传感等智能传感技术，赋予生产线“触觉和视觉”功能，实现对预埋件安装、混凝土精准布料等关键工序的智能复检。

开发轨枕外形外观质量智能检测系统，自动生成检测报告及数据分析报告，实现轨枕逐根检测和轨枕质量信息化追溯，为运维一体化奠定了基础。

引进MES制造执行系统、PHM故障预测与健康管理系统、SCADA数据采集与监视控制系统，以生产工序及智能设备为管控基础，实现“人、机、料、法、环”的数字化、智能化管控。

前后两个阶段的升级改造，轨枕生产车间设备效率显著提高，固化了工序质量操作标准，消除了人为作业质量偏差，提高了预制作业本质安全水平，形成了具有可复制性的科技成果。凸显四大成效：一是“减人”，单班作业人数由47人到18人最终至无人；二是“增效”，工效指标提高17%，日产量达到1500根；三是“提质”，产品废品率由2.5‰降到1‰

以内；四是“绿色”，实现绿色节能环保。国铁集团评价：真正发挥了“立标准、创标杆、起示范”的作用。

从线下土建工程到箱梁预制，从轨枕生产到轨道铺设，中铁三局建设者“精品工程、智能京张”的思想和行动从始至终，一以贯之。

开发、应用的智能养护系统，实现对桥墩、箱梁、双块式轨枕、无砟轨道、预制构件等混凝土产品的温度湿度双控，提高了产品养护质量。

引进、研发先进的设备和技术，铺轨作业实现指挥中枢信息化和智能化，装卸轨料群吊集成智能化，工程运输智能化，承轨台精度检测智能化，无缝线路放散锁定智能化，质量追溯全生命周期智能化。

全长12.01公里的八达岭隧道穿越世界文化遗产八达岭长城核心区域，铺轨施工过程中，一处并行水关长城，两次下穿八达岭长城，高铁线路与万里长城犹如两条巨龙多次交汇。由于隧道内常规通信手段无法使用，安全隐患增多，建设者开发智能工程运输指挥系统，使用电子防护器，实现隧道内工点与施工车辆、施工车辆与车辆间接近报警，保障了作业安全。

中铁三局建设者突出铁路工程与生态、环境的和谐，匠心独具，致力打造北方地区绿色景观示范工程。

桥区跨路等区段，精心施作，形成绿色景观；路堑堑顶、防护栅栏到路基侧沟范围，做到草灌结合，实现绿化生态无盲区。立足京张高铁总结形成的绿化施工经验，包括实施标准、工艺工法、施工参数等，以丰富的现场实践为铁路工程绿化北方标准的编制提供了依据。率先完成的路基综合样板段，顺利通过国铁集团组织的首件评估，引领京张高铁工程进展。创新应用形成的路基综合施工技术，受到各方关注，国铁集团、建设单位多次组织全线观摩交流。

京张高铁建设过程中，中铁三局坚持内业外业同步推进，积极做好竣工档案归档工作。

2019年初，京张铁路公司在六标段召开全线站前单位竣工档案资料观摩交流会，六标段以路基、桥梁、轨道、绿化等站前专业预立卷资料“抛砖引玉”。京张铁路公司在给中铁三局的贺电中说：“六标段继现场关键工序转序取得十八项第一后，又实现内业竣工档案归档预立卷第十九项第一，对全线创建‘精品工程、精品档案’起到引领示范作用。”

4 年弹指一挥间，三局人用汗水收获希望，用智慧闯关夺隘，用拼搏兑现承诺。

京张高铁全线历次信用评价中，中铁三局均名列前茅，尤其是 2017 年度、2018 年度连续 4 次夺得第一名，获得国铁集团最高的特别加分。

国家“AAA 级安全标准工地”，全国铁路总工会“火车头奖杯”，山西省“工人先锋号”、“五四红旗团委”，京张铁路公司“优秀项目部”，中国中铁“詹天佑杯”劳动竞赛先进集体、“先进基层党组织”、“红旗项目部”、“安全标准工地”、“节能减排标准化工地”……一座座奖杯，一枚枚奖牌，一项项荣誉，折射出中铁三局京张高铁建设者勇于担当的品格和无私奉献的情怀，也必将凝结成一道道不朽的记忆，永远载入中国铁路建设发展的史册。

选自陈云、陈文健主编：《智慧京张》，中国铁道出版社有限公司 2021 年版

丰沙铁路复线通车

《铁路工程报》记者

巍巍太行山麓，滔滔永定河畔，传来一曲振奋人心的壮丽凯歌——丰沙铁路复线经过大会战，于 1970 年 12 月 29 日胜利通车了。

人民战争威力无穷

“唤起工农千百万，同心干。”为响应伟大领袖毛主席关于铁路建设的一系列伟大号召，1970 年 8 月，中铁三局主力筑路大军会同河北民兵团、北京市密云民兵营、北京市门头沟民兵团、北京铁路局大同工程段和第三设计院等单位广大职工、民兵，云集丰沙，打响了一场大决战！

军号吹沸战斗的工地。白天，红旗接云天，车水马龙；夜晚，灯火连星斗，人海人山。“毛泽东思想指引下的人民革命是历史前进的火车头。”人民战争的滚滚气浪，撼天动地，倒海移山！

机器没上来怎么办？“一副铁肩两只手，敢把太行扛着走！”他们提着马灯进洞，抡起铁锤开山，挥起锹镐上阵，推起小车运土。铁锤打穿千尺长洞，小车运走座座高山。“自力更生”“艰苦奋斗”，有什么武器打什么仗。他们靠思想革命化战胜了重重困难，冲破了道道险关，使工程进展突飞猛进。

过去，丰沙铁路复钱开工十多年，寸轨未铺，片梁未架。大会战开始仅仅一个月，就削平了 161 座山头，打开了丰沙“东大门”，铺上了胜利轨，完成了 1 号桥头特大填方，架上了“志气桥”。

在架 1 号大桥时，天黑夜冷、照明不足，六七级的北风刮得高山沙飞石头跑，刮得人在

丰沙铁路永定河特大桥

桥上站不住脚。架不架？“架！”他们采取了防范措施，“任凭风云多变幻，革命的智慧能胜天”。共产党员站了出来，共青团员站了出来，广大革命职工站了出来！

在这样恶劣的天气里铺轨架桥该有多少困难啊！就拿穿棉衣戴皮帽来说吧，这在我们生活中是再平常不过的小事，冷，就穿就戴，热，就摘就脱，随随便便。可是冷天一把帽耳子放下来，就听不到口令，影响战斗；卷上去，风大又戴不住。穿棉袄招风，在高高的梁上作业站立不稳。他们索性把帽子一摘，把棉袄一脱，冒着零下一二十摄氏度的严寒战斗在大桥上。

在铺轨时，风把吊起来的 25 米长、上万斤重的轨节吹得偏出桥面，英雄的铺轨架桥战士们迎着狂风，冒着生命危险，一齐趴在几十米高的大桥边沿上，用脚硬是把偏出桥面的轨节蹬了回来。

“向前进，向前进！……”丰沙线上战歌嘹亮，群情激昂。一面面红色娘子军的大旗在路基边、在隧道旁迎风飘扬。这里，有女工连“铁姑娘”班的战士，也有广大革命家属。她们跟男职工一样，以无限忠于毛主席的红心，用改天换地的双手，为丰沙铁路建设、为支援世界革命作出了应有的贡献。

她们修桥、筑路，什么都干，放炮、开山，浑身是胆。

二处二段机关 20 来名家属，看到工地施工缺乏炸药，就组织起来，办起工厂，自己制造炸药。

制造炸药，这事非同小可，她们以前别说制造，就连见也没见过。可是不会又有什么可怕的。“从战争学习战争——这是我们的主要方法。”没有厂房，她们自己动手盖起小土屋做工厂。没有设备，她们就在小土屋里盘起两铺火炕，支起一口大锅，这就是她们全部“设备”了。就这样，她们一口大锅干革命，克服重重困难，历尽种种艰险，几个月的时间，就造出炸药六七万斤。

沿线广大群众，从白发苍苍的老人到六七岁的娃娃，也踊跃投入到战斗中。一天，被大家誉为“老愚公”的 70 多岁的杜大爷也来报名要求参战。在工地上，杜大爷重活儿累活儿抢着干，哪里危险往哪里冲。在激战中，他手被尖石划下一层皮，鲜血直流，但他泰然自若，包扎了一下又继续坚持战斗。大家开玩笑地说：“杜大爷，你真是为修丰沙复线掉了一块肉啊。”杜大爷听了哈哈大笑说：“别说掉块肉，提前修通‘五保卫’线，就是豁出命来也心甘。”

战天斗地炼红心

“胸怀朝阳斗志坚，英雄大战丰沙线，汗水溶化千层岩，双手打开万重山。”在红太阳照耀下，在火热的战斗工地上，无数英雄的筑路健儿，登悬崖，越深涧，劈高山，战激流，在巍峨挺拔的太行群峰间，修起通天大路，在汹涌澎湃的永定河上，架起五彩长虹。他们以无限忠于毛主席的红心，书写了无数改天换地的英雄篇章。李成和、郝玉喜就是这无数英雄中的两个。

李成和，在 11 号隧道大塌方时，为了抢救战友、抢救国家机器，迎着落石冲，向着险区闯。“为人民利益而死，就比泰山还重！”拱部裂口越裂越大，而他此时浑身是胆，巍然像一座铁打金刚。机器推出去了，同志们冲出去了，战斗在最里边的李成和刚冲到洞口，猛然轰隆一声巨响，500多立方的沙土铺天盖地猛砸下来，洞口用直径九寸多的圆木搭设的平台砸塌了。李成和为了抢救战友和国家财产，一条腿折断了，山坡上留下他斑斑殷红的血迹。

郝玉喜，被大家称为“锁不住”的人。在层峦叠嶂的太行山间，在激战的铁路工地上，到处传颂着他一不怕苦、二不怕死的动人事迹。

郝玉喜是河北民兵团的战士，当年才17岁，别看他年纪小，可改天换地的决心大！

盛夏，骄阳似火，柏树被烤得直流油，大地被晒得直冒烟。小郝跟大家一起在滚烫的石头上开山炸石。钢钎打秃了，再换一根；汗水把衣服浸透了，太阳又将其烤干。打一锤一把汗，真是一个汗珠摔八瓣，瓣瓣落在“抢”字上。

有一次，隧道里炮声隆隆，余音未落郝玉喜就顶着滚滚烟浪冲了进去。在这几百米深的隧道里，空气被含有一氧化碳的烟雾赶了出去，而烟雾却像被什么封在洞里一样，翻腾着，滚动着，就是不向外扩散。郝玉喜一冲进去就感到头昏眼花，尽管张着大嘴，仍然憋得难受。他不顾这些，抓起铁叉，拼命往车上装石渣。同志们让他休息，他说：“要像珍宝岛英雄那样，生命不息，冲锋不止。”说话间一个踉跄，昏倒在洞里。战友们赶忙把他抬出洞外。连长发现了，把他拉回来，并告诉卫生员要好好看住他，不许他再到洞里去，还找来一把大铁锁，把郝玉喜锁在屋里。可是当连长下工回来打开锁一看，屋里空荡荡的，不知什么时候，小郝跳出窗户上工去了。连长又激动又心痛，右拳往左手掌上一击，说道：“小郝呀，你真是个锁不住的人哪！”

靠毛泽东思想育人建路

丰沙铁路复线建设工地，不但是战天斗地改造大自然的战场，也是用毛泽东思想育人的大熔炉。

同志们发扬了不怕苦不怕死和连续作战的作风，有的病了发高烧，有的脚上打满了血泡，然而没有一个叫苦的，没有一个掉队的。他们说：“我们走的是长征路，越苦越累心里越甜，只要我们的脚板还能动，就要走到底。”

大会战中，广大职工把帐篷搭在野岭荒滩上，在施工中，宁肯多走十里路，不占农民一分田。就这样，他们不怕运距远，不怕行路难，翻山越岭，把土运往指定的山沟里，为生产队造田 30 多亩。

解放军把四个第一、三八作风带进丰沙线，播进广大群众的心田。大家称他们是“红色播种人”，王文托同志就是其中的一个。王文托是三处一营军代表，他重活儿累活儿抢在前，危险工作冲在前!

一天，激战中的 33 号洞忽然发生大塌方，流沙夹带着卵石连续不停地轰隆轰隆塌落下来。这塌方如不迅速制止，将会引起更大的塌方，那时不但整个隧道会被堵塞，战斗在里面的兄弟也会有被埋在里面的危险。时间如战鼓，阵阵催人急！在这紧急关头，只见冲上一个人来，猛向塌陷口扑去。行动是无声的命令！一个王文托冲上去，无数工人、民兵跟上来，霎时组成一道顶天立地的人墙，砂石停止了塌落，一场更大的塌方避免了。他们用壮志压倒万重山的英雄气概，绘制了一幅雄伟壮观的宏图。

如今，永定河畔飞驰的铁龙，正骄傲地鸣着长笛，翻山越岭。鏖战丰沙复线的筑路健儿，没有辜负首都人民的期望，经历五个月的日夜激战，终于建成了丰沙复线。

选自《铁路工程报》1971 年 1 月 19 日第 2 版

太行绘新图

《铁路工程报》记者

太焦铁路月晋复线胜利接轨通车了，又一条钢铁大道展现在太行群岭中！月晋复线的接轨通车是中铁三局广大职民工，争分秒，排万难，谱写出的一曲一不怕苦、二不怕死的胜利凯歌。

争分夺秒抢开工

1973 年冬，参加会战的筑路建设者，从四面八方激情满怀地开进了月晋复线工地。

当时，有的地段运输无路，施工无电、无水。如不能战胜这些困难，全线正线开工的时间就要受到影响。他们在篝火旁、马灯下，学习毛主席著作，学习大庆工人阶级的先进事迹。一场大干快上抢开工的攻坚战展开了。

三处二段四队的工人，接受了抢通一条便道的任务。这条便道要在几十米高的峭壁上穿过。向上，那耸立的岩石，高悬在空中像要随时倒下来；向下，那陡峭的崖壁，像刀割剑削，又高又深。工人们知难而上攀险峰，勇当劈山开路的先锋。他们身背钢钎、大锤，腰系缆绳，爬上悬崖陡壁，在高空抡大锤，打钢钎，凿炮眼。锤声叮当，震撼着群山。人们双手磨出了血泡，腿上、脚上被石棱、树刺划破了口子，鲜血直流。但是他们毫不在意，毅然决然地战斗在峭壁上，终于修通了一条 110 米的便道。

电务段二队的工人们，爬峭壁，涉激流，在崇山峻岭中架设了 16 公里长的高压线路。有一次，他们要穿越一个深山沟架线，从山顶上往下放线，线头放到半山腰时，突然被岩石缝死死卡住了，放不下去，拉不上来。工人们冒着生命危险，下崖拽出了线头，排除了故障。他们为了争取时间，还常常在大风雪里架设线路。按规定，刮四级风就不能高空作业，但是

他们为了尽快把电送到各个施工现场，坚持在六级的大风里越川飞谷架设线路。他们说：“风刮得再大，也动摇不了我们抢建月晋复线的决心！”

困难考验着人们，人们在战胜困难的斗争中胜利前进。筑路建设者们以“为革命愿吃千般苦，排万难抢通月晋路”的大无畏英雄气概，战胜了安摊建点中的重重困难，抢时间，争速度，打开了施工局面，揭开了正线施工的序幕。

攻坚克难打硬仗

1974 年春，广大职工、民工认真学习党中央有关文件和毛主席的重要指示。帐篷里、洞口边、桥台上，到处燃起了大干的熊熊烈火。广大职民工没有条件，就自己创造条件。提着马灯进洞，挥舞铁锤打钎，推着架子车、抬着大筐出碴。他们以大庆工人“泰山压顶不弯腰，艰苦奋斗创大业”的硬骨头精神顽强地战斗。战斗在 33 号洞出口工地的六处三段十三队职民工，当时仅有两台空压机、三辆土斗车，水、电供应也不正常。但是他们说：“困难纵有九十九，难不倒工人一双手。三辆斗车创高产，誓夺下导百米关。”在下导洞的掘进中，电停了，他们用手电照明，继续开钻打眼。风没有了，就放下风钻，立即拿起铁锹，人工装车出碴。一个小班，人们用三辆斗车，在 100 多米的运距里，来回推着斗车奔跑 108 趟，实现了他们提出的“停电不停钻，打着手电干；停风不停工，干劲不能松”的豪迈战斗口号。经过一个月奋战，下导洞掘进超过了 100 米。随后，他们又连续 7 个月超额完成了生产任务，提前打通了 33 号洞。

施工人员用风钻打眼

六处三段十一队在 34 号洞出口连续三个月创造了百米成洞。他们并不满足已有的成绩，而是勇往直前攀登新的高峰。一排在上导洞拉槽和压顶的战斗中，猛打猛冲，个个都像小老虎。风钻手田玉英腿部静脉曲张，脚脖子肿得像碗口那么粗，但他仍手握风钻，跪在石碴上，不停歇地打着炮眼。炮烟呛得喘不过气来，汗水湿透了衣服，他全然不顾。同志们劝他住院治疗，他回答说："多一个人就多一份力量，抢通月晋复线，是为了支援社会主义建设，莫说腿肿了，就是身上脱几层皮，掉几斤肉，也要干到底！"在他的带动下，人们干劲倍增，结果，一小班放了五茬炮，拉槽进度由 2.1 米猛增到 7.1 米。这一天，拉槽进度创造了 18 米的全线最高纪录。

筑路建设者们，以"宁愿汗水淹大山，不使工期误半天"的战斗豪情、大干苦干拼命干的革命精神、坚韧不拔的毅力，战胜了大自然设下的艰难险阻，使全线隧道进度在 5、6 月突破了千米关，最高日产成洞 58 米，刷新了全局日、月成洞米的最高纪录。一座座隧道接二连三地凿穿打通了。

自力更生建大桥

在大中桥的建设工地上，建桥的职民工，为了抢在洪水期前面把桥墩建好，人人信心百倍，个个干劲十足，冒着严寒下水挖基坑，顶着烈日登高灌注桥墩，日日夜夜艰苦奋战在河滩深谷。

二处三段三队担任建造 4 座大中桥的任务。他们说，要高速度建造大桥，必须坚持自力更生的方针，绝不能搞"等、靠、要"，等条件，要设备，还叫什么抢建月晋段？又怎么能高速建成大桥呢？"等、靠、要"只能是等长了时间，靠懒了思想，要短了志气。社会主义是干出来的，不是等出来的。只有大干、苦干、拼命干，才能大变夺高产。这些话充分表达了他们战天斗地的革命豪情和自力更生、艰苦奋斗的革命精神。

在冰天雪地的河滩上，北风呼啸的峡谷里，他们破土挖基坑。当初机械设备和架子车还没有运到，他们就抡起铁锤打钎放炮炸冻土，挥动镐锹刨冰铲泥挖基坑。冻土块用肩扛，泥沙用大筐抬运出基坑。工人们顶风雪，战严寒，以惊人的毅力、空前的速度，提前挖出了一座座桥墩基坑。

在零下 21 摄氏度的严冬里灌注混凝土，需要加入适量的防冻剂——氯化钙，才能保证桥墩的灌注质量。当时，眼看氯化钙就要用完了。刚下完大雪的公路又滑又陡，汽车不能运输，怎么办？是等还是干？党支部发动群众，组织了一支 60 多人的青年突击队，步行到晋城中心材料库。来回 50 里人抬肩扛 3000 斤氯化钙，及时解决了施工所需。他们用 6 个月完成了 4

座大桥的主体工程，其中2号桥提前108天胜利建成，为月晋复线接轨通车，赢得了宝贵时间。

在9号桥工地上，桥墩一天比一天增高，施工进入了关键时刻。这时，工地上既没有拦索吊，也没有杉木杆搭脚手架，混凝土灌注的提升成了一个难题。如果等待把拦索吊装好和从外面运来杉木杆，势必要耽误时间，影响建桥的工期。在困难面前他们决心把困难踩在脚下，夺取新胜利。架子工郭德恒几天来饭吃不香，觉睡不甜，时时刻刻在琢磨着解决办法。在党支部的大力支持下，他和同志们终于制作出一种以土代洋的设备，人们叫它“独角扒杆”。人们用这种土提升设备，灌注桥墩的混凝土900多立方米，提前一个多月建成了9号桥。

铺轨架桥谱新篇

新运处架桥队的职工们，争时间，抢速度，夜以继日地穿山涉水铺轨架桥。一条钢铁大道在崇山峻岭之中向前延伸着。

他们使用的架桥机是被宣布为不能再架桥，而必须进厂大修的架桥机。他们坚定地依靠工人群众，对架桥机各个部件都进行了仔细检查。他们自己动手检修架桥机，没有场地，就在停车线上检修，没有工具，自己就制造工具，没有吊车，就用倒链、千斤顶代替，利用20多天的时间，就把架桥机检修好了。

怀玉大桥，是一座小半径的曲线桥，两头紧连着隧道。按这台架桥机的性能，是无法架梁的。他们豪迈地说：“架桥工人铁打的汉，千阻万险只等闲，困难面前有我们，我们面前无困难！”在桥头召开工人、干部、技术人员三结合会议，群策群力，打破常规，共同研究制定出“曲线拨道重叠移梁”的方案。架桥开始了，天空乌云翻滚，电闪雷鸣，倾盆大雨向他们袭来。人们坚守岗位，冒雨奋战。负责落梁的工人们屹立在桥墩上，指挥着被架桥机吊起的近百吨重的大梁，准确地落在桥墩上。

经过一年的艰苦奋战，月晋复线胜利接轨通车了。胜利鼓舞了筑路战士的斗志，他们决心加快月晋复线收尾配套工程，为迎接国民经济新的跃进作出更大贡献。

选自《铁路工程报》1974年10月30日第2、3版

劈斩岭西

——来自邯长线的通讯

赵中庸

岭西告急！！！

岭西这座十几米高的岩石山，犹如巨大的屏风，傲然耸立在岭西 1 号隧道的门前，阻挡着西进的铺轨架桥大军。

岭西挖方工程，是邯长线重点工程的重中之重，必须在 1981 年 7 月 20 日前完成 25685 立方米的土方施工任务，确保铺轨机顺利通过。

“劈斩岭西，打开通路，确保铺轨！”

这是“长征一号”铺轨机发出的呼声；

这是局、处领导的殷切希望；

这是六处二段三队全体指战员发出的战斗誓言。

为早日攻克岭西，心急如焚的人们，每天都在和他们的对手进行着较量。

大型机械冲上去了。复杂的山地、立陡的坡度，使这些所向披靡的精锐武器难以施展，发挥不了威力。

边放炮、边施工，每天只能完成 100 多立方，费工费料，这样的低工效，难以在预期内完成任务。

打导坑、立排架、小爆破，没有料源，时间不允许。

……

一个又一个施工方案和初步尝试都失败了。

一个军人懂得，在战争年代，没按时完成军事计划，就要贻误战机，后果不堪设想。这里的铁路建设者们，也清楚地知道，不能按期完成施工任务，就会给铺轨架桥工程造成严重损失。时间的紧迫感，迫使人们在经验教训中，尽快制定出切合实际的施工方案。

为取得第一手资料，邯长总指挥长白如峰不顾疲劳和难忍的牙痛，一次次地亲临施工现场；副指挥长缪垂祖同志，时常久久地默立在施工蓝图前，用他那工程师的敏锐目光，审视着全线施工部署，思考着岭西挖方方案；六处三级干部会议室里，烟雾缭绕，烟灰缸里的烟灰一点点加厚，人们手中的茶水，由浓变淡，由淡变浅，厚厚的会议记录簿里，记下了与会指战员们的一条条锦囊妙计……经过反复比较，一个凝聚着集体智慧的施工方案——采取松动爆破，运用小型机械和人力东西夹击的战术，终于酝酿成熟了。

1981 年 4 月 14 日，隆隆的开山炮声，震撼着太行群峰，岭西的腹脏里翻滚出一团团硝烟烈火。刹那间，岭西这座十几米高的岩石山分崩瓦解，邯长线打响了决战岭西的主攻战。

岭西沸腾了!

每一天、每一小时、每一分钟，机械在剧烈地运动，人们在紧张地劳动，岭西在被移动……推土机一次次扑向碎石堆，紧张地给装碴机喂料，石碴又从装碴机运输带上不停地翻进翻斗车里；挥舞铁锹的人们忙碌在跑道上，迅速将障碍物排除；操纵风钻的人们双手憋足了力气，穿击一块块几吨重的岩石；运输小车队在路基上颠簸地奔驰着……在这互为牵连的流水作业中，任何一个部位出了毛病，都会给这场抢时间、争速度的拼杀战斗造成不可想象的拖延！料源不能缺！故障必须排除！这就是命令，是向每一个部门和有关人员发出的第一道命令。

三角带短缺，材料厂想尽一切办法买来了；翻斗车急需半轴，机械厂一分钟也没耽误；小车螺丝不够，修配所立刻送到现场……眼睛布满了血丝的修理人员，没有正常的休息时间，装碴机提升钢丝断了，午休时间接上了；小车车斗需要加固一层铁皮，工人们夜以继日地完成了；马达铜套坏了，维修时间长，他们立刻从工程段段部机关一台报废的机器上拆下马达铜套，火速运到工地……

水！水！！水在哪里？几十年没有过的干旱，使施工场地到处掀起一层层呛得人流泪的白色烟浪，拧开水龙头，听到的只是嘶哑的声音；水井里，看到的是干涸的淤泥；周围的树木，像患了贫血症的干瘪老人，无力地垂着脑袋……热浪在围袭着整个大地，空气仿佛划一根火柴就能立刻燃烧。人需要水、机器需要水，一切都离不开水！在这旱情严重、水资源短缺的时刻，救急的水车出发了……在用水供不应求的时候，人们省喝俭用，一盆洗脸水用一天，有时几个人同用一盆水，被汗水浸湿的背心，拧一把晒干了再穿。断水了，用干毛巾擦一擦身上的汗水。每天保证口干舌燥的人们的两顿稀粥喝不上了，食堂里那空空的饭锅和急待下锅的大米盼望着水的到来……在奋战岭西的日子里，人们断过饭、断过水，可工地上喝足水的机器，每时每刻都在不停地运转……这就是我们筑路工人为保施工作出的牺牲。

困难、灾害，没有动摇这支钢铁一样坚强的施工队伍。当个人和集体的利益发生冲突的时候，他们用实际行动，向党和人民交出了一份出色的答卷。

青年司机罗锦胜的父亲不幸去世，他抓紧处理完丧事，披星戴月赶回队里，又投入到紧张的工作之中；朱发民同志接到母亲病危的家信，焦急万分，但他想到施工正在节骨眼儿上，便默默地把信揣在怀里，扛着钢钎向工地奔去；在施工最紧张的时刻，小车班班长傅思熔同志顾不上给自己患肝炎的孩子看病，而是专心致志地把出了毛病的翻斗车一台台地修好。在麦收的季节里，成熟的麦子多么需要人们回去收割啊！可是许多家住农村的老师傅，把家里拍来的电报揣进兜里，压在床铺下，自始至终地坚守在工作岗位上。

1981 年 4 月 27 日，急不可待的“长征一号”铺轨机扬臂翘首，驶出涉县轨节场，拉开了邯长线铺轨的序幕。

150 米、1800 米……5 孔、10 孔……“长征一号”驱机前进，穿过弹音隧道；胜利型 130 吨架桥机紧紧相随，跨过索堡沟大桥。铺架大军挥师西进，直指悬钟——清漳河——塔庄——大树沟……

为迎接西进的铺架大军，各支劲旅士气高涨，相继攻下了一个又一个重点工程：

靳家会 2 号隧道整体道床按期完工；小会 4 号隧道大挖方提前 25 天竣工；清漳河特大桥提前完成双铺任务。

时间在飞速地消逝，人们在赶超着时间，岭西一天天地被分解、搬迁……

岭西在奋战，大树沟在奋战，涉长段各施工现场攻克了一个又一个堡垒，扫除了一道又一道障碍。

1981 年 6 月 20 日，翻斗车运走了岭西挖方工程的最后一堆碎石土，长达 200 多米的宽阔、平坦的路堑，豁然展现在人们面前。岭西挖方工程提前一个月完工了！

选自《铁路工程报》1981 年 7 月 11 日第 1 版

为三局荣誉而战

——侯月线保交付战役纪实

郭争鸣　王欣生

1995 年，是国家“八五”计划的最后一年。

“要想富，先修路”，中国改革开放的设计者们，充分认识到制约国民经济发展的“瓶颈”是交通运输，并集中人、财、物力修建铁路，使我国铁路建设进入了前所未有的大发展时期。

侯月线是国家“八五”计划中铁路建设的重点工程之一。它西起山西侯马，穿太行山、中条山南下，经沁水进豫北平原到河南济源市，并利用焦枝铁路引入月山编组站，全线过 9 个县、市，全长 261.61 公里。

侯月线是晋煤外运的又一条南通道，它西接侯西铁路，东连新焦铁路，直通新菏、菏兖、兖石等线，建成后可横贯鲁、豫、晋、陕，形成平行陇海铁路的又一条东西走向的动脉。它南连焦枝铁路，构成北起大同、南至柳州的又一条南北通途。可见，侯月铁路对国民经济的发展有十分重要的意义。

1989 年，国家在紧缩投资的形势下仍然把侯月铁路建设投资列为国家重点工程项目。1990 年 1 月，侯月线逐步展开全面施工，铁路工程总公司、铁道建筑总公司的 10 支精锐之师，从大江南北汇集到山西、河南境内，摆开百里战场，逢山挖隧道，遇水建大桥，在太行山脉书写着现代“愚公移山”的篇章。

1994 年 11 月 20 日，侯月线迎来全线贯通的日子。各路英杰在嘉峰站受到铁道部部长韩杼滨、副部长孙永福的亲切接见。在现场办公会上，韩部长在勉励侯月将士的同时，提醒众将士“‘八五’计划不能施至‘九五’，侯月线保交付坚定不移”，并立下“谁误事，谁负责”的军令牌。

1995 年 1 月 11 日，侯月办在太原召开侯月线建设工作会议，确定了侯月一期工程单线电气化开通的目标。参战单位自然明白侯月线的分量，谁也不敢怠慢，把年底交付列入重要议程。

上级领导现场办公

如果仅是一期工程单线电气化开通，对三局人来说并无压力。压力，来源于三局刚刚承建的二期工程中莲月段复线33公里管段，亦要求与一期工程同步验交。这意味着，三局管段1995年工作量建安价值达2.1亿元，且实物工作量很大，居全线10家参战单位之首。

在一期工程建设中，三局能征善战驰名全线。六处铁军战鱼天，斗松山，使两大隧道提前贯通，为打开侯月线东大门，提前铺轨立下赫赫战功；一处施工的海子沟、端氏特大桥，六处施工的河口特大桥，均以质量好被评为全线样板工程；线桥总队在侯月线铺架中，安全铺架150公里，提前把红旗插在嘉峰，侯月办领导无不拍手叫好，称三局不愧是一支特别能战斗的队伍。

对侯月线的战况，三局领导十分关注。年初，在全局施工生产战略上就制定出“抢先、争中、保后”的指导思想，把侯月年底交付作为局头号重点工程。

统一思想，加强领导，集中力量，决战决胜

7月中旬，铁道部总工程师华茂昆冒着酷暑，带领部有关部门负责同志来侯月现场办公，再次明确了部党组关于侯月一期工程投入运营的要求。

在现场办公会上，华总在讲到集中力量突击重点工程时，要求土建这一块要把两头的侯马北、嘉峰、端氏、郑庄站，东头的沁河北、捏掌、沁阳站及区间当作重点来抓，一定要确保土建工程9月底干完。

参加现场办公会议的局侯月经理部领导，迅速将会议要求向局领导做了汇报，说明了侯月我局管段形势的严峻。

谁也不能砸三局信誉的牌子。郭守忠局长和刘成山代书记商量之后，决定成立局工作组进驻侯月，由主管施工生产的副局长王寿富蹲点指挥。郭守忠局长亲自打电话给参战各工程处的领导们，要求他们派一名管生产的副处长赶赴侯月一线，亲自指挥保开通的战役。

王寿富带领工作组到达济源后，马不停蹄地奔嘉峰，看端氏、沁阳、沁阳北、莲东、石河等施工现场。在调查研究的基础上，工作组和局侯月经理部指挥员们制定出保开通的重点控制工程，划分 14 个大片，每片、每个项目、每个工号都有具体人员负责，并宣布了误工期就地免职的战时纪律，并重新核定了岗位工资。

与此同时，局侯月经理部在全线发挥“集团优势”，人、财、物统一调度，集中力量攻克施工难点，经理部领导分工协作，每天晚上交班会定时召开，基层当天遇到的问题，晚上 12 点钟以前就会收到指挥机关答复的意见。

在三局信誉面前，局部利益服从大局利益的观念进一步增强。参战各单位党政领导纷纷前往侯月，帮助基层统一认识，解决实际问题。李雪飞、李长臣、郭启栋、王辉等一批饱经战火考验、战功卓著的指挥官会集侯月，一场艰苦、激烈的保开通大会战在太行山展开。

杨经理三次打赌三次输，却输出个第二方案的顺利进行

侯月经理部杨世福经理第一次打赌输在三队手里。

1995 年 6 月初，杨世福经理检查工地，看着三队管段 DK26+900 到 DK30+200 还差 8 万方土方，不禁火从心中来。他和运输处副处长、工作组组长王辉在现场拍了胸脯，你 6 月 10 日完成奖励 1 万元，拖一天罚你 1 万。王辉毫不示弱，当场一口成交。6 月中旬侯月办领导又来三队，望着成型的路基，夸杨世福经理真行，10 天就能使一个地方变样。

杨世福经理第二次打赌是输在中南工程处一段手里。

中南工程处一段刚来侯月时，全段仅有 4 名助理工程师，设备更是十分简陋：1 台客货车、1 台“东方红”、1 台发电机，除此之外，一无所有。1995 年 1 月 7 日，由原中南工程处侯月分经理部和石河养路队组建成的一段，却在侯月线上挑上了大梁。这支队伍除担负侯月一期工程嘉月段养路，以迎接大型养路机械的任务外，还承担了 2.7 公里的线下工程，其中，

长 448.72 米的沁河大桥，其施工难度之大，就连别的施工单位也望而生畏。

沁河地下水丰富，地质构造复杂。沁河桥 13 个桥墩，有 8 个是沉井基础，在沉井施工中还常遇孤石，必须爆破。别的不说，光沉井排水，就让人十分头疼。据说民工头用水泵抽了 3 天 3 夜，突遇停电仅短短的 4 分钟，地下水又回到了原来的位置。没有办法，必须用大口径的抽水泵。扬程 18 米的 6 台水泵一起排水，排水量达 1500 吨／小时，直抽得附近村庄的井都里没了水。

5 月，当地黄河管委会派人到经理部面见杨世福，要求位于河道中心的 2 号墩沉井必须在 25 日前完成，以疏导河道。面对这紧急情况，局经理部盖英志总工程师说是把最难的活儿交给了最没经验的施工队伍。杨世福的心里也直犯嘀咕。他马上赶到中南工程处一段，问他们能不能按时完成这项艰巨的任务。段长刘宏江和副段长魏承忠当即就立下军令状，说咱们打个赌，如果我们不能按时完成任务，那你就把我们开掉，我们不蒸馒头也要争（蒸）这口气。杨世福也是一个性情中人，他大手一挥，说：“好，那咱们就打一打这个赌。”

于是从这天起，全段上下就立即启动“白＋黑”大干模式。段领导和从三处返聘的老领工员王书义，日夜守在 2 号墩边寸步不离，困急了就躺在沉井边的草袋上眯一会儿。经过连续不停的日夜奋战，终于在 25 日这天，确保沉井下落到位，全段用斩钉截铁、说到做到的实际行动，兑现了自己的诺言，打赢了这场“赌”。

杨世福经理第三次打赌输在线桥总队侯月经理部经理戴选龙手里。

在局经理部指挥员的眼里，戴选龙可以说是难得的帅才。1993 年他率队到侯月铺轨 150 公里，架梁 317 孔，不但没出一点事，11 月 26 日红旗直插嘉峰，硬是保住了工期，工程总公司、建筑总公司侯月线的参战单位都敬佩他，说戴选龙没有克服不了的困难。

线桥人在莲月段只有 50 孔架梁任务，这对戴经理来说，真不够过瘾。他找到杨世福，要求为侯月线多作贡献。杨世福一口答应，把二处原来干的双绕段交给线桥总队养护。待线路养得够标准时，请洛阳分局工务段检查，才发现配轨出了问题，按规范必须重新串轨。老戴直呼上了贼船，捧了个刺猬！况且那是 1993 年铺上的轨，鱼尾板螺丝不但锈死，又被铁锤敲得死死的，以防止被盗。没办法，老戴下令调来一队队长王洪祥，硬是组织人用氧气割断螺丝。干了把赔本的活儿，老戴也没多少怨言。用他的话说，手心手背都是三局的肉。

戴选龙在侯月线没打过败仗，有人为他总结了 3 条：心中有数，手里有人，方法得当。心中有数，表现在他顾全大局的情怀。局指挥部一有难处，总愿找老戴的队伍上，老戴也从不给上级丢面子。6 月 10 日，局指挥部要求线桥人在 6 月 25 日之前铺完嘉峰站南北岔区 21 组岔子。时间紧，任务重，杨世福又采用激将法和戴选龙打了赌，按期完成奖，完不成罚。线桥人不分昼夜，在石河预铺好道岔，几天就运到嘉峰，南北岔区的活儿一天也没耽误，让他乖乖地掏了奖金；说戴选龙手里有人，是线桥职工那种攻无不克的干劲。哈尔滨工程学校毕业的技术主管王甲义，被戴选龙推到风口浪尖上摔打，成为威震八方的将才。线桥人承建的西向石河大桥，1994 年 10 月 8 日开工，12 月 20 日就主体完工。一队队长王洪祥，也是老戴的爱将，双绕段 2 公里线路串轨就是他当指挥，活儿干得利落干净；方法得当，是指戴选龙善于处理外部关系。有人送他绰号“铁道部戴部长”，因为不管是洛阳分局的，还是当地老乡，都和戴选龙有交情，他说的话如同行政命令，一路绿灯。老戴对队伍要求很严，在对外交往中侠肝义胆，绝不婆婆妈妈。各种因素综合到一起，使老戴在侯月线如鱼得水，仗一场比一场打得漂亮。

最后冲刺的电务处人

在侯月线全线 12 个车站中，嘉峰站是最大的一个。土建、安装、桥梁、建筑、站场改造，可谓是麻雀虽小，五脏俱全。

8 月 13 日，王寿富副局长带领工作组检查嘉峰现场后召开会议，帮助一处侯月经理部落实工期。嘉峰形势的严峻，从会议领导的发言中即可看出。施工处副处长赵德学面色严肃地说：“端氏—嘉峰段是侯月办要求保交付的三大重点之一，嘉峰又是全线唯一的区段站，剩余工作量大，劳力显得不足，要十分注意，不可麻痹大意。”局侯月经理部党工委书记赵金镖更为激动，他说：“这次看现场越看越怕，越看越胆小。不能四平八稳了，要拿出三局的气派。嘉峰是王府井，是南京路，要增加兴奋点，房建装修要搞得漂亮些。”一处人何尝不急。上半年由于地亩问题、变更设计问题、地方干扰问题，工期已明显滞后，要想扭转战局，确实需要花费大的气力才行。

事实上，一处从4月开始，已经投入大干了。5月，局经理部要求一处抢出两岔区8.3万土方。从5月13日开始，一处调集七、十、十五队展开会战。在大干过程中，七队组织党团员奉献周，晚上7点到11点加一班，表现出无私奉献的精神。各队的党政工领导轮流值日，到工地现场指挥，到6月7日，提前3天完成任务。

7月初，一分经理部又展开嘉峰站场抢修路面平整会战。为保7月10日完成的工期，经理部顾全大局，从阳电工地调回七队二班，十队的铲运机也撤回嘉峰。7月9日，6道、10道达到标准。

面对巨大的压力，一处人没有倒下，更加奋发图强。分部党工委书记来云林和经理郭毅先召开党政联席会议，统一队伍思想，认清形势的紧迫，并逐级建立岗位责任，制定会战奖罚措施，在经理部开展了“决战百日保交付”活动，针对端氏、嘉峰区间道砟缺乏的主要矛盾，经理部成立“党团员保交付突击队”，管理人员亲自上阵，以解决劳力不足问题。

8月6日中午，到站20车石碴。突击队员们顾不上吃午饭，一直干到下午4点30分，许多同志连饿带被雨淋，出现中暑现象。8月9日，嘉峰站东岔区上碴，经理部又组织42个工人去，从中午一直干到晚上6点30分。干部、党团员身先士卒的行为，鼓舞着职工群众。嘉峰离长治北家属基地并不太远，但在会战中，没有一个职工要求休双休日的。职工们说：“一处现在有不少队伍放假没活儿干，我们在侯月有活儿干不好，无颜见江东父老。”

“挥师侯月，再立新功。”侯月二分部从大京九战场凯旋返回侯月线后，提出这句令人激动的口号。二处人承担侯月线莲月段DK5+73—DK26+900管段及沁阳、捏掌两站的施工任务，两站一区间全长21.2公里，是保年底开通工程量最大的单位，所以有“侯月看三局，三局看二处”之说。

二分部手下两支队伍九队、一队，都是经过京九战场洗礼、久经考验的队伍，去年回侯月老战场干二期工程，没想到遇到重重困难。

一队在沁阳站及区间管段的10公里要同4个乡17个村打交道。拆迁的干扰，使一队在1994年只干了300万元的产值，形成拖拉机撵兔子——有劲使不上的局面。九队在捏掌站及区间，干扰虽比一队小些，但在1994年也仅完成400万元产值。

铁道部确定属二期工程的莲月段复线和侯月一期工程单线电气化一起验收，对二处人来

说确实压力相当大。尤其是一队，桥涵、土方、房建、铺轨，形成全面开花的局面。局领导关注着一队，二分部更关注着一队。一队成为保交付战役的焦点。

二分部经理季文顺、书记孙洪利都是二处名将，都是好强之人。二处的牌子砸不得。处长张焕义、书记许昌龄和工作组组长李长臣来到侯月，两个人异口同声说要当回汉子。

党政工团组织行动起来，职工大会、党团员会陆续召开，形势教育似春风化雨，增强了职工的“三感”意识。“8 月 14 个要点施工，要百分之百正点，给咱二处人长点威风”，季文顺眼里冒火，向一队、九队的头儿下了死命令。党工委书记孙洪利结合实际，带领班子在全经理部开展了“大会战，扭战局，大干 100 天”活动。班子成员分兵把口，点、线、面责任到位，限定工期。党团员到关键岗位，带头一展风采。整个战场龙腾虎跃，涌现许多感人的场面。

张启明，这位荣获部、总公司和局先进生产者称号的老先进，1994 年不幸患了脑血栓，病好之后来到侯月线。组织上考虑他病刚好，拟安排他去北戴河疗养。老张却考虑组织上把他从九队调一队，就是为加强一队搞线路的力量，在保交付的节骨眼儿上，怎么能安心疗养。他毅然谢绝了组织上的关怀，领着职工顶着烈日拼搏在沁阳站东西岔区上。

九队的安全员张新德，也是局先进工作者。他以党员的标准严格要求自己，在大干中身先士卒，严格管理，为安全生产作出贡献。

一队队长刘长财 1994 年才从副队长的岗位上走上第一管理者的位置。1995 年他就感到肩上沉重的压力。处长、书记来到侯月线时，这位刚强的汉子流了泪。

5 月，刘队长的爱人在石家庄骑自行车时陷进水井，左脚骨折，3 个孩子在外地，家里来电话让他回去照顾。他告诉妻子火线吃紧爱莫能助，一直坚持在工地指挥生产。7 月，孩子在高考后来电话希望父亲回去帮助填志愿，他说考上就成，什么学校都可以。孩子知道父亲为工作鞠躬尽瘁的秉性，直到考上大学才来电话告诉父亲，让他安心在侯月干好工程。

二处人，没有被困难吓倒。

8 月 18 日，捏掌站西岔区 DK22+064、DK22+494 处两头拨接现场，我们亲眼看到了二处人决战决胜的气势。拨接现场彩旗飘扬，标语醒目，“为铁三局争光，为二处人添彩”反映出他们的信心和决心。

给点的信号传来，东面拨接由副处长李长臣、二分部党工委书记孙洪利、九队书记张学君、九队副队长王风祥和施工员朱大民统一指挥，号子声此起彼伏，好不壮观。西面的拨接由队长段希学、领工员焦玉明亲自指挥，挥锹抡镐好不热闹，不到40分钟基本上结束战斗。东面由于处在曲线上，需要调换长短轨，速度明显慢些。队长段希学从西面一路小跑，来到东面亲自指挥。他十分熟悉拨接的活计，三下五除二将所有难题解决。

在现场，有两位人物引起我们的注意，一位是领工员焦玉明，现场指挥十分干练，一问，他确实有线路专家之称。焦领工回家探亲期间晚上说梦话直喊“1435”，老婆推醒他问这是啥保密数据，他哈哈一笑说这是咱铁路轨距。施工员朱大民沉稳老练，蹲在线路上眼睛一瞄，就知轨弯在哪里。这位老工人的儿子清华大学毕业后去深圳闯事业，有了房子有了钱，几次邀请父亲来深圳探亲。可父亲却舍不得那摆弄多年的铁轨，一门儿心思泡在工地上。

在侯月线保交付战役中，战役最长的莫过于电务工程处一段。他们负责承建侯月东段嘉峰至莲东间五站五区间通号工程，全长62公里，还有莲东站改工程和莲东至济源间6.2公里的信号自闭工程。

电务一段是支能打硬仗的队伍。1994年在铺设嘉济段71公里通信工程的光缆和电缆时，通信一班班长张树伟带领同志们在山峦起伏、坡陡壁立、桥隧相连的侯月线上就吃了不少的苦。在隧道里施工遇到运煤大列通过时，煤烟呛得人喘不过气来，同志们只好趴在潮湿的地上，等浓烟散去才能继续施工。待干完活儿钻出洞子时，大家满脸黑糊糊的，像个烧锅炉的。搞线路的兄弟部队看着这些往日腰扎皮带、手持仪表的“电工”这般辛苦，时常会给他们几杯凉开水，以表尊敬之情。

年底开通的任务下来，电务处领导十分重视，王学文处长、董敏书记亲自来侯月鼓舞士气。电务一队在施工条件不具备的情况下，主动出击，见缝插针，早干、多干，争取主动，工程进度一日千里，是局经理部最为放心的单位。

段长王风德、副书记魏向前亲自蹲点侯月，领着管理人员亲自参战。掀起百日大干热潮以来，材料运输量很大，一个工点就有2000吨货物。被称为“装卸队长”的调度王克福一声令下，段长、书记、材料、财务一起上，经常干到后半夜。

为了节省工费，信号班长王培林领着弟兄们当上了泥瓦匠，预制了1600多块电缆槽。

莲东工点负责人李树海，这位全处的标兵，为了保交付，毅然放弃了处里组织的赴深圳考察的机会。

干部、党员的先锋模范作用，极大地鼓舞着职工群众，保交付中好人好事层出不穷。

后勤负责人郭志广为了改善职工的生活，办了小卖店，养起了猪娃，和炊事员张明安每天工作到晚上 12 点，却忘记了自己的家。他妻子从长北捎来封信，内容只有“什么时间看孩子”。人非草木，孰能无情，我们的职工为了三局的荣誉，都默默忍受了。

正是在电务处人的努力下，嘉峰至莲东段的通信、信号工程有望在 9 月 30 日全部完成，10 月初验，年底开通交付的目标一定会实现。

选自《铁路工程报》1995 年 9 月 6 日第 2、3 合版

铸在"黄金十字架"上的丰碑（节选）

刘忠学　崔喜利

中原和鲁西南吟唱着同一支歌，它的音符是血汗，它的节奏是拼搏， 它的旋律是奉献。

——记者采访手记

据新华社记者报道：铁道部第三工程局筑路大军，在当地政府支持下，日夜奋战，使京九铁路商丘“黄金十字架”群体工程进度快，质量高。到6月底这项工程成型路基已大部分建起，共完成投资5500万元，占总投资的近百分之四十。

商丘地区位于我国东西、南北最长的陇海、京九铁路交会处，既是新欧亚大陆桥重要组成部分，又是正在动工兴建的京九铁路大型枢纽站之一，被人们称为“黄金十字架”群体工程。南连陇海、北通菏泽的菏商线南通道，是整个工程施工进度的控制工程。铁道部第三工程局第三工程处集中1800名精兵强将、130多台车辆，挥汗大战95天，建起桥涵22座，挖运土方80万立方米，沙石30余列车，人工铺轨5.8公里，于“七一”前胜利打通了这段通道，创造出我国铁路建设史上的奇迹……

奇迹，有目共睹，而创造奇迹的三局人的事迹却鲜为人知。

佟保国把自己“折腾”进医院，安谧的病房随之变成了嘈杂的指挥部，护士小姐恨不得给他输上安眠药

局工会副主席、京九铁路工程指挥部副指挥长、局京九铁路衡商指挥部指挥长佟保国“终于”住进了医院。他恨自己的身体不争气，不作脸，可大家伙儿却多少有了那么点安慰：住

进医院，他咋也能休息下了。也有当老佟面“解气”的：这回看你再折腾！

佟保国属于那种“玩命”的人，干什么工作非得干个明白、干出个样子、干出点名堂。主抓衡商段施工后，他心里没有别的，只有整个施工的控制工程——南通道。你就听吧，张口闭口“我的南通道”，对三处处长薛尚龙则左一声右一声“你的南通道”。如果想问个明白究竟是谁的南通道，他会瞪起眼珠子噎得你哑口无言：“按期拿不下南通道，挨杵的是三局，挨板子的是三处，丢人现眼的是我们这一帮窝囊废。着急也好，上火也好，到头来有一头算一头谁也跑不了，所以参战的将士都该拍着胸脯说：‘这是我们的南通道。’”

4 月 26 日零点，由于前期征地补偿款没有及时到位，当地 300 多名村民的铺盖卷遍布田野，把施工车辆围了个水泄不通。性急的青年司机咬破了嘴唇，“谈判”代表、三处工会副主席陶志启被当作“人质”扣压。佟保国下了死命令：“队伍必须保持冷静，任何单位、任何人不得以任何借口与村民发生冲突。”此时焦虑的佟保国踱来踱去：时间、时间，我的南通道。一场大雨，沟满壕平。佟保国在暴雨中一动不动地默立了半个多小时，叹道：“唉！南通道，我的南通道。”后在当地“支铁办”和乡政府、村委会的积极协调和推动下，才平息了村民们的不满情绪，让开了施工通道。

日渐消瘦、体力不支的佟保国病倒了。办公室、宿舍的写字台上、茶几上堆上了药瓶、药盒，随后吊瓶挂进了指挥长办公室。再以后，身不由己的佟保国被迫住进了医院。人们长叹了一口气，指挥长太累了，他该好好休息一下了。可熟悉他的人断定佟保国消停不了，很难说他给你再演出哪出戏来。果不其然，先是电话放在了床头，衡商指挥部副指挥长张春阳几乎每天一次到医院碰情况，没几天佟保国便来了个“灶王爷绑在腿肚子上——人走家搬”。安谧的病房变成了嘈杂的指挥部，什么汇报、分析、检查、落实，最后竟在病房里开起了指挥长会议。领导有领导的责任，

京九铁路铺轨现场

护士有护士的职责，小护士无法阻拦重大决策的部署不在病房里进行，只好把“气”撒在病人身上，一句两句，佟保国只当没听见，眯起眼睛像在闭目养神，说多了，他会慢悠悠地回敬一句：“那让我出院吧。”小护士气急了：“出院、出院，美得你，看哪天给你输上安眠药，‘死’上三天三夜，看你们再开会、开会。”佟保国不怕这个：“那好哇，用不用给护士小姐借个胆儿？”

铁道部部长韩杼滨记下了三处“大干一百天，拿下南通道”的诺言，薛尚龙和他的伙伴们不想自己打自己的嘴巴

三处处长薛尚龙不敢说大话，也从来没说过大话。尽管经过深思熟虑和周密安排，提出“大干一百天，拿下南通道”的口号，可是韩杼滨部长的好记忆力，还是给了他不少的压力。大京九工程举世瞩目，铁道部领导极为关注。韩杼滨部长在衡商段现场办公结束时，握着薛尚龙的手说：“你们‘大干一百天，拿下南通道’的话我记住了。”

南通道有多少工作量？为何称其为控制工程？南通道工程自商丘 516 道岔引出至商丘北站，全长 8.4 公里，是京九正线的组成部分，其中土方 84 万立方米，中桥两座，涵渠 22 座。8.4 公里通道的修建直接制约、影响到三局京九线由南向北铺轨，拿不下南通道，京九铺轨便是一句空话。

薛尚龙所面临的还不仅仅是这浩繁的工程量，最令他头疼的是令人棘手的拆迁工程。在 100 天的时间里，要拆除大棚、温室 191 个，计 47737 平方米；拆除房屋 617 间，计 11721 平方米；另有果树 11343 棵、乔木 38456 棵、灌木 16963 堆、坟墓 639 座、水井 114 眼。薛尚龙知道，老乡的一口井、一座坟、一棵树、一间房，能缠得上百、上千人的队伍停工两三天。虽说 3 月 26 日新闻发布会后施工干扰有了明显的转机，拖后 4 个月的工期开始“抢点”，但干扰问题还是没有从根本上解决。

乱麻，一团又一团的乱麻，需要薛尚龙理出个头绪来，设计与工期的矛盾、材料与工期的矛盾、资金与工期的矛盾、干扰与工期的矛盾，这一个又一个矛盾，需要企业决策人来解决。面对众多的矛盾，薛尚龙果断决定处领导分头负责，各个击破。3 月 1 日，由处长薛尚龙、

副处长李长柱、副处长刘志仁、处总工程师吕树忠、处工会副主席陶志启5名领导同志组成的前线指挥组投入工作。薛尚龙跑材料、跑资金；李长柱统筹协调地方关系、内部关系；吕树忠盯住质量，解决施工技术难题；前线指挥刘志仁、陶志启背上铺盖卷住工地，全权负责南通道抢建工程。

从此，处党政工领导没了星期天，没了节假日，连正常的工作程序都打乱了。连同大小交班会在内的会议，统统在晚上召开，领导的日常工作全部改在晚上处理。在大干一百天的日子里，处组织部部长、机关党委书记、计划科长等15名机关干部分别进驻前沿各队，全体机关工作人员定期到前沿工地参加劳动。5月15日，处长薛尚龙现场办公住在二队，那一夜，二队的机械轰鸣声没停过。在铺轨的最紧张时刻，两眼布满血丝的薛尚龙坐在调度室坐镇指挥，整整一夜没有合眼；处党委书记王政民结束了在石家庄的学习之后，放下提包便奔向工地熟悉情况；处党委副书记桑天康由于连日劳累，在铺轨冲刺时刻，因中暑晕倒在工地；处工会主席赵书和动员起一切可以调动的后勤力量，全力为前线将士服务。干部干部，干在前头。对两个顶呱呱的副手副处长李长柱和刘志仁，薛尚龙是十分放心的，外加上忙前忙后、张张罗罗的处工会副主席陶志启，薛尚龙可以说是十二分放心。作为指挥组常务副组长的李长柱，面临的难题太多了，征地、拆迁、土源，哪件事好办？哪件都不好办，可哪件都得办，必须办，哪件办不好都将影响南通道的工期。跑，李长柱上市县，找乡村，一次碰了钉子，两次吃了闭门羹。上午不行，下午；下午不行，晚上。李长柱深知肩负的责任重大，他诙谐地对同事说，我这个副处长是个名副其实的工兵团副团长，“危险”的职业，哪颗“地雷”扫不到，排不掉，都会阻止施工前进。陶志启是位公认的说干就干、不知疲倦的虎将，3月30日、31日连续两天拆大棚，他一眼没合，甚至连饭也吃不上，逼急了他会给你来上一句：“心急火燎的，吃啥也吃不出个味来，倒不如不吃。”非但如此，他和副处长刘志仁一起泡在工地，近在咫尺的家十天半月也顾不上回去看看。抓生产关键，是副处长刘志仁的一大特点。前线指挥，重任在肩，刘志仁把抢建南通道的施工安排得井井有条。

前线指挥员率先垂范，参战职工斗志昂扬。他们所创造的奇迹，为三局争得了荣誉，博得了地方政府的盛赞。7月6日，河南省商丘地区铁路建设指挥部通报京九铁路商北工程第一战役胜利结束：“京九铁路商丘北地区工程，由铁道部第三工程局第三工程处担负主攻任务……他们顽强拼搏，日夜奋战，终于在6月30日实现大干一百天及第一战役的目标……中铁三局衡商工程指挥部于1993年7月1日召开第二个大干一百天动员大会，誓夺区间土方、桥涵、铺轨全面胜利，冲出河南，进入山东。”

6月30日，衡商工程指挥部指挥长佟保国电告局京九铁路工程指挥部：“请转告韩杼滨部长，我部三处提前5天打通南通道。”

新华社记者笔下生花，称赞三处所创造的奇迹。而英雄们的业绩，映照出三代三局人的铮铮铁骨

他们普通得不能再普通，平凡得不能再平凡。他们不是叱咤风云的人物，却是一颗颗祖国铁路建设丰碑上的小小石子。

三处四队的共产党员、59岁的老工人郭玉川该退休了，然而他却要在京九线上留下最后一个纪念品。腊月二十九，郭玉川和他的伙伴们完成了商虞公路立交桥的钻孔桩，大年初三便又到工地挖承台，他实在丢不下干了一辈子的事业，尽管苦，他却对之有着深深的眷恋之情。第一经理部副经理刘振祥、丁礼富双双坚守在工地，虽然离家只有20分钟的路程，可他们却连续一个月没能回家一次。54岁的刘振祥患有类风湿，6月中旬的一天，他忍住疾病的折磨，在没有片刻喘息的工地整整工作了24个小时，最后累倒在工地上。汽车司机把刘振祥抱进汽车，送回家里，可几个小时后，他又神不知鬼不觉地出现在工地上。

二队队长夏雨福打从开工便盯在工地，每天睡觉都在后半夜3点以后，一个多月的时间，他体重降了十几斤。被职工称为运输大队长的三处第一经理部党工委书记赵万江在保铺轨的一个星期里，带领职工人工运上所有枕木，光是沙子就运上4500吨。第二经理部经理李伟武、党工委书记陈显鹏在大干一百天中，在全经理部倡导积极开展“党员干部当好一面旗、职工当好一个兵、技术当好一把手”活动。五队队长王伟冲锋在前，5月在DK642+325基坑换填施工中，三天三夜没下火线。七队队长史太民带领职工打增援，坚持现场交班，24小时连续作战。二队党支部书记李成刚5月18日到三队送吊车。在司机紧缺的情况下，李成刚在三队工地整整开了一夜吊车，而第二天来接班的，是三队党支部书记王林欣。

通道工程中的控制工程——3个5-9-5立交，堪称“卡脖子”工程，第一项目经理部经理文印智几乎是按天排工期。木工班班长安宪瑞带领13名职工坚守在工地上，他们连续两个月，每天工作16个小时以上，88天过去了，3座5-9-5立交完工了，二队创造了令人难以置信的奇迹。

二队的90名女工中有70人是孩子妈妈，为抢建南通道，她们无法照料入托入学的孩子。孩子大一些的，她们买上两箱方便面，由孩子自己照顾自己；孩子小点的，就委托给家中有老人的邻居代为照看。其中，全队唯一的女焊工、共产党员唐艳敏为通道工程作出了突出的贡献，无可争议地获得了火车头奖章。

由翟兴安、王景国率领的三队青年班在南通道工程拼杀征战，23名年轻人在一个月的时间里在队长赵景颐的精心指挥下，竟与全队职工一起奇迹般地“滚”出了5座桥涵。

新华社记者尹道夫在京九工地采访时，被三局人拼搏、奉献精神所感动，三局人所创造的业绩，被其称为“我国铁路建设史上的奇迹”。

谁没有父母双亲，谁没有妻子儿女，在祖国召唤他们的时候，他们义无反顾地奔赴疆场；而在亲人呼唤他们的时候，他们却只能在心底默默道声：原谅我吧，我的亲人

这些是一件件真实而感人的事情。

二队28岁的技术主管唐林要当爸爸了，可他却没有时间、没有精力照料好将要做母亲的爱人。夜以继日地工作使他无法离开工地，只好把妻子接到工地。5月1日，唐林把临产的妻子送到医院，当天晚上孩子便降生了。由于妻子做了剖宫产，唐林勉强在医院护理了两天，5月3日早晨便由医院匆匆赶回工地。

二队女技术员李霞只想着京九线上她所负责的桥涵，把家里催她回去盖房子的事忘得一干二净。7月20日，李霞高烧到39摄氏度，可她仍然坚守在工作岗位上。

二队领工员王海宝的父亲因病去上海手术，家里希望他到上海照料。想到没早没晚的施工，王海宝无法放下自己所担负的工作，只好求得父亲和家人的谅解。

1992 年国庆节刚刚结婚的四队技术员尹志长，原本计划 1993 年春节去探望岳父岳母，可到腊月二十九，他还在工地忙个没完没了。待到他忙完手中的工作赶到家时，年已经过得差不多了。

七队副队长何全录带领地亩员曹勤跑土源东奔西走，根本顾不上照顾患病的妻子，家里人都以为他出差了。5 月底，何全录病重的妻子住进了医院，院方下了病危通知书，而此时的何全录仍在为土源到处奔波。

新春佳节，谁不希望阖家团圆，可施工科副科长王洪斌、工程师应建林、阎子华却坐在武汉第四设计院招待所的床上，他们要等，等着把图纸背回商丘……

南通道的胜利开通，为京九铁路铺轨开辟了胜利之路。铁路建设物资，通过三处将士奋力拼搏修筑的通道，源源不断地运进商丘北站。钢轨、灰枕、扣件运进来了，轨节场以飞快的速度建起来了，长征Ⅱ型铺轨机通过南通道开进来了，铺轨工作一切就绪。

8 月 12 日，衡商段燃起铺轨礼炮。抢建南通道的三处将士，为大京九建设作出了卓越贡献。

选自《铁路工程报》1993 年 9 月 25 日第 2、3 版

有一种伟大叫平凡

——青藏铁路工地见闻

王树梅

写青藏铁路，必须写修建青藏铁路的将士。而写修建青藏铁路的将士，如果不写他们的奉献精神，那么，任何文章都将显得苍白。

——作者题记

金秋 10 月，记者来到了被称为“世界屋脊”的青藏高原。

汽车从格尔木出发，在蜿蜒的公路上疾驶。远处是连绵起伏的群山、白雪皑皑的冰峰。近处，一丛丛枯草把整个草原染成了驼黄色。大大小小的湖泊点缀其间，在阳光的照耀下，闪烁着蓝宝石般的光芒。草场、湖畔不时有羚羊、黄羊、狼和狐狸出没。青藏铁路犹如高原上的一条卧龙，忽左忽右，与青藏公路相伴而行。

青藏铁路是世界上海拔最高的铁路，因而被称为“天路”。它北起青海的西宁市，西止拉萨市，全长 1956 公里。其中西宁至格尔木段长 814 公里，已于 1984 年建成运营。目前正在建设中的格尔木至拉萨段，自青海省的格尔木市起，翻越昆仑山、唐古拉山、念青唐古拉山，涉过楚玛尔河、沱沱河、通天河，穿过 965 公里 4000 米以上的高海拔地区、50 公里的高原冻土地带，直达西藏自治区首府拉萨。

2001 年 6 月 29 日，举世瞩目的青藏铁路在格尔木南山口举行了开工典礼。短短两年多时间，经过几万名铁路建设者的日夜奋战，如今，绵延 1000 多公里的路基已横亘在青藏高原上。

站在路基旁，放眼望去，路基上方的网格护坡砌得整整齐齐，如同精雕细刻的工艺品，称得上是路基中的“极品”。一个个桥墩如雨后春笋，争先恐后钻出地面。光洁如玉的淡灰色桥墩，在蓝天白云的衬托下，显得格外壮美……

青藏线就像一部恢宏的巨著，我们的青藏将士以生命为代价，用艰辛，用汗水，在那上面写满了伟大，写满了奉献……

恶劣的环境，没有打败他们

（一）

2001 年 6 月，中铁三局集团公司接到青藏线 8 标段的中标通知书后，迅速组建了以指挥长刘登科、书记沈勇为首的青藏指挥部，并先后调遣了铁科公司（青藏一队）、二公司（青藏二队）、三公司（青藏三队）、四公司（青藏四队）、五公司（青藏五队）、六公司（青藏六队）6 支劲旅远征雪域高原。

上青藏之前，中央电视台播放了一部 7 集的电视专题片，介绍当年修建青藏公路和青藏铁路一期工程的情况。那时，由于医疗保障设施跟不上，在青藏铁路一期工程建设中，铁道兵付出了每公里牺牲一个战士的惨痛代价。专题片中展示的恶劣的自然环境、艰苦的施工条件，让从未到过高原的人们感到惴惴不安。

一队职工刚上山时，不同程度地出现了高原反应：失眠、头痛、心慌气短、恶心呕吐、没食欲、血压升高、体重下降……身强力壮的小伙子，走起路来步履蹒跚，像耄耋之年的老人，连去趟厕所都要在路上歇几歇。恶劣的自然环境，让人们感受到了生命的脆弱，心里充满恐惧，仿佛看到死神带着狞笑在身边徘徊。

一位30多岁的监理干部，到格尔木后出现高原反应，恐惧心理加重，躺在床上不起来，说什么也不敢上山。队长吴继森一气之下，把他撵了回去。

还有一个铲车司机，到了沱沱河后，看到周围的人出现高原反应，恐惧心理与日俱增，于是便天天跟在大夫后边，似乎只有在大夫身边，生命才有保障。有一天，大夫要下山送病人，他非要跟着去。下山后，他再也没敢上来。

也许现在说起来，人们会笑他们胆小。因为青藏线开工3年来，我们并没有一个人因为高原病倒下。但在当时，人们是无论如何也笑不出来的，尤其是身在高原的人，他们有着太多太多的切身体会。

在山上，人们听到过青藏铁路正式开工前，铁一院在勘测设计过程中，一位风华正茂的工程技术人员因患感冒而引发肺水肿，倒在了青藏高原上；人们亲眼看到过一对在拉萨做买卖的夫妻，在途经沱沱河时，同样因感冒引发肺水肿，妻子死在了我们指挥部的工地医院；人们还看到过，一个河南籍的民工，二十七八岁、身强力壮的小伙子，因高原病而导致昏迷，经抢救后，紧急送往格尔木医院……这一切，怎能让人不恐惧，怎能让人不胆小？毕竟，面对死亡，每个人的心理承受能力是不一样的。

当然，也有不信邪的。午向阳带领的六队刚上山时，就没有太多的顾虑。

建点前第一件事，当然是搭活动板房。板房基础所用的砖，都是从300多公里外的格尔木拉上来的。那天下午两点多，送来了两车砖。午向阳带着建点的所有人员：一个总工、两个工程师和一个大夫去卸砖。要是在平时，5个人三下五除二就卸完了。可他们卸了一车后，就干不动了。英雄气短，这句话用在这里再合适不过。几个人就像离了水的鱼，只剩下了喘。

刚开始卸车时，砖坯是5块一组，或横或竖堆码得整整齐齐。后来因为没有力气，几个人就一块一块往下卸。再后来，连哈腰的力气也没了，就用脚往车下踢。拉砖的司机看他们实在是干不动了，也来帮忙。两车砖，几个人竟足足卸了5个小时。

三队在建点时，买的是军用帐篷，自己不会搭，于是请在驻地附近施工的武警部队帮忙。

部队派几名武警战士帮着搭起了3顶帐篷，结果当晚被大风刮走了两顶，7个人只好挤到剩下的帐篷内。

第二天一大早，职工们跑了好远，找回了被风刮走的帐篷。为了把帐篷系得牢点儿，要用大锤把固定帐篷的铁杆打入地下。技术员张栋，一个敦敦实实的小伙子，自告奋勇抡起了大锤。三五下后，心慌气短，他把大锤一扔，“扑通”一声，仰面朝天躺在了地上，半天，才喘匀了这口气儿。

这就是青藏高原，它的冷峻和严酷，只有身临其境才能感受到。

这里的氧气十分稀薄，每年夏季的7、8、9这3个月，是高原上氧气含量最高的季节，只能达到平原含氧量的60%，而从11月到第二年的3月，只能达到平原的40%。在内地重症患者病房里才能看到的氧气瓶，是青藏线的常备品，无论是办公室、职工宿舍还是招待所，随处可见。在这里，戴着氧气面罩睡觉是司空见惯的，否则，夜里常常会因为缺氧而被憋醒。

这么低的氧气含量，别说是人，就是机械，也干不动活儿。因为海拔每升高1000米，机械的工作效率就下降10%。在这里，发电机的功率，只能达到平原的60%。一位机械领工员告诉我，一台载重量为8吨的汽车，到山上只能拉4吨，而且常干哼哼不走路，经常熄火。

就是在这种严酷的条件下，各项施工准备工作仍在有条不紊地进行。2001年8月20日，青藏铁路的3个实验段之一的沱沱河实验段，率先在三局管段响起了开工的礼炮。

青藏铁路铺轨现场

2001年10月1日上午，国务院青藏铁路领导组常务副组长、铁道部副部长孙永福、青藏铁路指挥部指挥长卢春房及铁道部工管中心负责同志一行20余人检查了一队施工的路基、取土场和试验段中桥。孙副部长对工程质量、进度十分满意，高兴地说：“质量很好，赶上高速公路了。”

由于沱沱河试验段工程干得漂亮，为集团公司赢得了信誉，铁道部、

青藏总指挥部决定把长江源特大桥和 5.6 公里路基工程划入由中铁三局施工的第 8 标段。

（二）

风，8 级以上的风，在冬日的荒野中肆无忌惮地呼啸着，没有遮拦的草原更增添了它的威力。

肆虐的风将巨型广告牌上的镀锌铁皮撕成一条条的铁片，小孩胳膊般粗细、支撑着广告牌的钢管，硬生生地被弯出了 90° 的折角。旗杆上的不锈钢金属球，迎风的一面被沙子打得坑坑点点，如同麻子的脸。

冬日的沱沱河镇，格外萧条。每年的冬季，驻地附近的藏族同胞、做买卖的人们以及唐古拉山乡乡政府的工作人员，都要撤到格尔木猫冬儿去。就连解放军的汽车团，在给驻藏部队送去最后一车给养后，也要把汽车封存起来，直到第二年的春天。

就在这时，一队接到了长江源特大桥开工的通知。按常规，职工们已在 11 月初陆续回家休假，下山的最后一拨人也到了格尔木，并已买了回家的车票。

军令如山。接到通知，山下的职工们马上退掉了车票。一位家住长治北的司机前脚刚刚迈进家门，后脚电话就追了过去。第二天，他二话没说又踏上了返程的火车。

没有一个人迟到，没有一个人掉队，15 名司机和领工员全部按时归队。因为他们是战士，战士就要听指挥；因为这里是战场，在战场上就需要拼搏！

11 月 24 日，在沱沱河畔的长江源特大桥工地，旋挖钻机在开工的爆竹声中把钻头伸向冰封的大地。

气温已经急剧下降到零下 30 摄氏度以下。为了御寒，职工们全副武装：皮帽子、羽绒服、棉靴、棉手套，技术室的几个年轻人把军大衣也罩在了羽绒服的外面。就是这样，衣服也很快就被风吹透了。人们的帽子、头发、眉毛上都挂满了霜，睫毛上挂着晶莹的冰珠，手脚冻得猫咬似的疼。实在冷得受不了，大家就搓搓手，跺跺脚，然后再接着干。

恶劣的施工条件，并没有降低青藏指挥部的工程标准，指挥长刘登科和一队队长吴继森把质量目标锁定在“保部优，争国优，创鲁班奖”上。

为了保证质量，职工们在现场搭起了挡风棚，又在里面生起了两个用油桶改装的大火炉。

搅拌站内，四台燃油暖风机供暖，搅拌混凝土用水加热到 70℃。混凝土搅拌运输车也穿上了“棉衣”。就连破土而出的桥墩，也像襁褓中的婴儿一样，每个墩柱都裹上了用来保温的毡子和塑料布。

当我们来到沱沱河畔时，一个个内实外美、光洁如玉的桥墩早已矗立在蓝天碧水之间。卧波长虹般的长江源特大桥，是中铁三局人立在长江源头的一座丰碑！

中秋节，被泪水打湿了的月亮

2001 年的国庆节和传统的中秋佳节恰巧碰在了一起。这一天，四队的职工中午吃完饭没休息，一气儿把当天的 4 节涵洞灌注完。下午 4 点，队里给职工们放了假，为的是让大家洗洗衣服，准备过节。

屈指算来，从 7 月 14 日建点，到现在已经有两个多月了。在这无人区内，没有固定电话，手机没信号，没有邮局。邮信要到 400 多公里外的格尔木去，还没有车。离他们最近的唐古拉山乡（集团公司山上指挥部所在地），也有 30 多公里。

自打上山以来，偶尔有人去指挥部办事，兜里总要揣上一把条子，条子上是职工的名字和家里的电话号码，为的是能给家里捎个信儿，报个平安，而有这种机会的人并不多。这两个月，他们过着与世隔绝的生活。

这天晚上，天上挂着圆圆的月亮。

四队的板房里，为了庆祝“两节”，队领导特地为大家摆了 3 桌。菜还算丰盛，有鸡、有鱼、有肉，10 个菜，还有月饼。平时山上不让喝酒，而今天每桌破例摆了两瓶吉林通化产的野山葡萄酒。

30 多名职工围坐在 3 张桌子前，不同的是，缺少了往日聚餐时那种欢乐。没有人说话，也没有人动筷子。气氛很沉闷。过了一会儿，有人打破了沉默：“现在，家里的人不知怎么惦记我们呢。”

一句话，戳到了人们的痛处，每逢佳节倍思亲，这种思念牵动着每个人的心。他们再也抑制不住了，有的人在啜泣，有的人哭出了声。这些在严峻的自然环境中、在艰苦的生活条

件下、在强烈的高原反应面前没有流泪的硬汉子，此刻却任凭泪水在脸颊上流淌。

饭是没情绪吃了，人们来到了外面的草地上。月亮很大很圆，有的人躺在草地上，望着月亮想心事；有的人对着月亮喊亲人的名字。那情景，任谁见了也会掉泪。那天傍晚，有的施工单位用大卡车拉着职工去唐古拉山乡。

据说，乡上所有的公用电话前都排起了长队。

父母在等待中变老，儿子在漂泊中长大

陆培军、刘宝珍夫妇是在青藏工地工作的 11 对夫妻中比较典型的一对。陆培军是局指后勤中心的主任，刘宝珍是一队的会计。婚后十几年的时间，两个人的日子几乎全是在工地度过的。

1986 年，当时的一处在大包线施工。1987 年，在一处材料厂工作的刘宝珍就和丈夫一起，来到了大包线，那时，他们的儿子陆鑫还在襁褓之中。从此，他们就开始了漂泊的生涯，侯月线、内昆线……由于夫妻二人都在工地，孩子便扔给了爷爷、奶奶。这一扔就是十来年。

1998 年的春节，是刘宝珍和丈夫第三年在外面过节了，陆培军想方设法找人把儿子带到了工地，一家三口算是过了一个团圆年。

儿子上初中后，转学到了太原，住在姥姥、姥爷家。原本两个人商定，工程一结束立即回家探亲。谁知 2001 年 6 月，一纸调令，丈夫上了青藏线，一起回家探亲的希望成了泡影。过了不到一个月，刘宝珍也接到了上青藏线的通知。

2001 年的春节，刘宝珍和丈夫又有两年没回家了。丈夫想儿子，在电话里问孩子："儿子，你长多高了？"刘宝珍在一旁听了，鼻子酸酸的。孩子从小到大，没有在父母身边待几天，要知道，父母对孩子的爱，是别人无法替代的。

刘宝珍的父母，只有她这么一个女儿。平时，老母亲见人家母女亲亲热热的样子，总要羡慕地多看几眼。孩子上初二时，刘宝珍的母亲患脑血栓住了院。病榻前缺少的是女儿的身影。

刘宝珍的母亲患病后，不能干家务活儿了，照看陆鑫的担子，又落在了陆鑫的爷爷、奶奶身上。两位老人从长治北来到太原，在物贸公司配件站的院里租了一套房子。

家里的老人有时也埋怨他们："人家出国，一年还有一次探亲假，可你们，回家比出国都难。"面对4位年过七旬的老人，刘宝珍和丈夫十分内疚，他们只能利用冬季放假的时间，弥补对老人、对儿子那份欠缺的亲情。

母亲的遗像和心中永远的痛

走进三队职工朱启法的家，墙上挂着的遗像不由得让人心头一沉，再看朱启法和他妻子臂上的黑纱，你会明白，他们还沉浸在刚刚失去亲人的悲痛之中。

朱启法70多岁的老母亲身体一直不好，自打他上了青藏线，老人家先后住了几次院，就在朱启法下山之前，她又住了十几天院。这两年，她感觉到自己的身体一年不如一年了。

每次住院，她都不让家里人告诉儿子，她说："我这病不要紧，吃点药打打针就好了。别让启法知道我病了，青藏线可不同其他地方，一着急上火就容易生病，那地方，生病会有危险。启法干的是电工的活儿，这活儿不能分心。再说，现在工地的活儿挺紧的，咱可别给领导添麻烦。"

朱启法从青藏线回来没几天，老母亲就去世了。一说起这事儿，朱启法就觉得内疚："本想这次放假回来好好陪陪母亲，没想到她走得那么快，连孝敬她老人家的机会都不给我……"

有人说，每个成功者的背后，都站着一个为之献身的女性。而在我们的青藏建设者身后，不但站着他们的妻子，还有他们的父母、子女、兄弟、姐妹……这许许多多深明大义、默默操劳的亲人，为前方将士分担着沉重的家庭重担。

写在青藏铁路线上筑路将士的奉献精神

从青藏线回来，我采访了集团公司总经理李志义，他说：青藏将士不仅为青藏铁路作出了贡献，也为中铁三局立下了汗马功劳。要宣传他们的精神，宣传他们的干劲。

说起青藏线，他很感动，他说职工们很不容易，凡是能在那里坚持工作的人都是伟大的、高尚的，因为，那是以生命为代价的。

在青藏线采访，那许许多多的可亲可敬的人、可歌可泣的事迹深深地感染着我们。

我想写青藏五队二工区大车班的班长孙乐喜。作为第一批押车上青藏的人员之一，从安摊建点开始，支帐篷、搭板房、平场地、砌砖墙，他一个人顶两个人。孙乐喜1.80米的个头，非常健壮，但高原对他的“偏爱”是更加严重的高原反应：嘴唇干裂，因缺氧而导致脸色发青，头痛得吃不下饭，睡不好觉。但这并没有让他躺倒。有人劝他别那么玩命，实在挺不住就歇一天。他笑笑说，只要别人能挺住，我就能挺住。他仍像往常一样坚持工作。

我还想写青藏六队机械技术主任侯源根。在补强工程开工时，因原本调进的12台旋挖钻机只有四台能正常使用，如果不尽快找到钻机，势必影响工程的顺利进行，他三天跑了近3000公里的路，跑遍了青藏线10个标段的十几家施工单位，见院就进，见门就登，终于找到了四台旋挖钻机，保证了补强工作的按期完成。

我想写青藏二队工会主席唐东升。在2.8公里路改桥施工中，他负责的395大桥桥台6号孔桩频频塌孔。为了不影响工期，他把自己铆在了工地上。风餐露宿，实在累得不行了，就躺在地上打个盹儿。一次队长到工地查看孔桩施工情况，发现唐东升躺在一个土坡上睡着了，看他睡得十分香甜，队长真是不忍心叫醒他。

我还想写青藏六队的工程师朱建峰和甘霞。小两口同在队技术室，朱建峰是下北广号特大桥的技术主管，一天到晚盯在大桥工地。甘霞负责内业资料，每晚都忙到12点之后。两个人同在一条线、一个队，却三五天见不上一面。甘霞心疼整天在工地忙碌的爱人，每当工作不忙的夜晚，她就到工地替爱人值一会儿班。

并不是每个人都有机会创造辉煌，并不是每个人都能留下悲壮，在平平常常的日子里，我们都很平凡。然而，就是在这平凡中，孕育着伟大。譬如青藏铁路，譬如青藏将士。

让历史告诉未来，青藏铁路是一条穿越生命禁区的路，是一条让青藏高原走出贫瘠通向幸福的路，是一条由平凡人修筑的不平凡的路。

让历史告诉未来，青藏将士是平凡的人，更是伟大的人。

让历史告诉未来，有一种伟大叫平凡！

选自《山菊》2003年第二期

深谷陡壁筑坦途

——中铁三局建设宜万铁路纪实

源清　喜利　胜利

“朝辞白帝彩云间，千里江陵一日还。”怡人的三峡风光，每天都吸引着成千上万的中外游客。然而，在穿越三峡库区的宜昌至万州铁路建设工地上，中铁三局的数千名建设者夜以继日地艰苦鏖战，他们以吃苦为乐，以奉献为荣，用自己的睿智和汗水保障着工程建设的不断进展。

蜀道之难

宜万铁路“集西南山区铁路地质之大成”，是典型的“地质博物馆”，其勘测设计和施工难度被国内铁路顶尖专家认为在世界铁路史上也十分罕见。同时，宜万铁路也是目前中国桥隧比重最大的铁路，全线共有 121 座隧道、179 座桥梁，桥隧占整个干线总长的 73.96%。桥梁和隧道建成后，还将创下诸多铁路史上的中国之最乃至世界之最，宜万铁路因此被业界称为“桥隧博物馆”。

中铁三局集团公司承建的宜万铁路 W4 标、N7 标、W12 标和 W25 标，依次分布于宜昌市点军区、宜昌市长阳县、恩施市建始县和重庆市万州区，前三个以桥隧为主的土建标长度分别为 13.114 公里、13.345 公里、14.300 公里，后一个以铺轨架梁为主、含有部分土建工程的铺架标，铺架里程长达 281.481 公里；4 个标段土建项目主要有桥梁 19 座，隧道 17 座，涵渠 26 座，车站 1 座，以及部分路基土石方附属工程。4 个标段中标合同价共计 12.04 亿元，合同工期为 3 年。

综观整条宜万铁路线，施工难度大，科技含量高，建设标准新，投资概算低。就集团公司管段的情况看，有两个显著特点：一是工程风险大，二是控制项目多。不少隧道的进口设

在悬崖绝壁上，有的桥台设在隧洞口内，根本就没有作业条件，因此通过打横洞的方式向两边掘进，是宜万线隧道施工的一个普遍现象。打过隧道的人都知道，隧道施工一级围岩为最好，二、三级围岩次之，四、五级属于软弱围岩，而集团公司管段隧道四、五级围岩占隧道总长度的一半以上。施工中稍不留神，就可能造成突泥、涌水和通天塌方。

7 标 3 座隧道，其中全长 3531 米的五爪观隧道进口设在滑坡体上，洞口旁边是危岩体，出口是悬崖峭壁，暗河从隧道距进口 440 米处通过；全长 2449 米的凉风垭隧道穿越 4 个断层；全长 7188 米的王家岭隧道穿越 5 个断层。王家岭隧道和五爪观隧道不但被列为全线的重点控制工程，还被宜万总指列入全线 13 座严重不良地质隧道名单。

五爪观暗河治理是五爪观隧道施工的“拦路虎”。2005 年 1 月中旬，暗河 297 米的平导洞贯通后，建设者仅用 70 天时间就将暗河内近 90000 立方米的巨状灰岩爆破清运完毕。厚 50 厘米、近 3000 平方米的暗河底板钢筋混凝土浇筑完毕后，进行了试验性注浆施工。记者在暗河现场拍摄时，恰逢王寿富指挥长、郭宪忠副指挥长来工地检查工作，他们和项目经理部的领导仔细察看了暗河河腔的情况。暗河河腔面积比篮球场还大，湍急的水流呈扇形潜入山体深处。现场负责人告诉我们，脚下前方 70 米的地方就是暂时停工的隧道掌子面，暗河最大涌水量每天达 89 万立方米，隧道施工中一旦造成涌水，后果不堪设想。为了确保万无一失，目前正在调整暗河治理方案，经有关方面确认后于 10 月正式实施。

4 标落布溪双线大桥，是全线的重点控制工程，也是宜万总指指定的科研项目。该桥全长 252.3 米，高 130 多米，主跨为 1 孔 178 米双线钢管劲性骨架提篮式钢筋混凝土箱拱桥，建成后将创“中国铁路第一”。在大桥工地，为了寻找拍摄角度，我们在项目经理部党工委书记张洁辉的引领下，小心翼翼地沿着工人们进入作业点时踩踏出的弯曲小路，来到正在刷坡的桥墩墩位一隅。透过长焦镜头，对岸的情景清晰可见，工人们在安全绳索的防护下，正在陡峭的山体上开出的桥台位紧张地进行钻孔作业。下面，就是深 130 多米的青龙峡谷，一眼望去，令人头晕。此时，让人对“一桥飞架南北，天堑变通途”有了全新的理解。

12 标马口河特大桥是全线 25 个重点控制工程之一，全长 572.25 米，最大跨度 100 米，上部结构为 T 构加连续梁，连续梁和 T 构采用挂篮悬灌法施工，技术含量高，施工工艺复杂。大桥共有 7 个高墩，最高墩身达 108 米，建成后将创集团公司又一项纪录。

25 标铺架工程，一次铺设 25 米的长钢轨，铺轨和架梁同时进行，共需架设桥梁 1100 多孔，而工期仅仅 12 个月。一条线，如此短的时间，如此大的工程量，这在线桥分公司的历史上是前所未有的。宜万线高桥林立，长隧密布，整条线路平均坡度为 17.2‰，且多为连续坡度，运输安全、通信联络等方面都面临着严峻的考验。

宜万线落布溪特大桥

宜万铁路全线共有 42 个标段，集团公司占了 4 个，由此可见任务之重和分量之重。集团公司领导多次深入宜万铁路工地调查研究、指导工作，给参建员工以极大的鼓舞。

全线坚持“安全保工期、优质创高产、管理求效益、全面争第一”的施工指导思想，坚持“团结、坚定、清醒、务实”的工作作风，坚持“快速、有序、优质、高效”的施工原则，全面实现项目管理的四大任务——兑现合同承诺，全面争第一；现场保市场，拓展经营开发；科学管理，实现最佳经济效益；以人为本，培养造就一批人才。

只争朝夕

作为宜万铁路建设的主力军，集团公司参建员工深知责任重大，他们以“时不我待，只争朝夕”的精神状态，全力投入到施工生产中。不断掘进的隧道，拔地而起的桥墩，日渐隆起的路基，见证着建设者奋斗的足迹。

7 标五爪观、凉风垭、王家岭 3 座隧道共计 13168 米，马虎溪、沙坡两座中桥计 126.22 米，桥隧占标段总长度的 99.6%。2004 年 6 月进场后，项目经理部经理李长臣和党工委书记冯连文等班子成员兵分四路，突出抓了四项重点工作。一是快速进场。6 月 17 日完成标段的交桩工作，施工队伍从渝怀、内昆等工地火速集结，进行施工准备。二是复测定位。6 月 10 日设计院进行现场交桩后，第二天便用 GPS 全站仪进行贯通测量。三是征地租地。在地方政府和有关部门的支持下，只用一个多月时间就完成了 80% 的征地工作，为迅速开工奠定了基础。四是物资准备。组织人员对当地的沙石料场进行调查、取样和检测，同时对用量较大的速凝剂、锚固剂进行招标采购。

2004 年 8 月 1 日，7 标王家岭隧道出口和五爪观隧道横洞相继开工，全线迅速形成大干态势。2004 年，7 标累计完成施工产值 4304 万元，为宜万总指下达计划的 101.3%，被宜万总指评为 2004 年度 A 级施工单位。良好的业绩和信誉，为集团公司此后中标 25 标、4 标和 12 标工程增添了筹码，为区域经营作出了贡献。

4 标项目经理部于 2005 年 1 月 15 日正式挂牌办公，在完成与设计单位现场交接桩以及隧道、桥涵、路基定位测量工作后，在宜万总指组织下进行了设计图现场核对。4 月，部分图纸到位，其他图纸按现场核对纪要约定陆续到位，而实际情况是，落布溪大桥路基排水系统图 6 月 15 日才到，而八斗方公跨铁桥和彭家坡一号、二号隧道图纸到 7 月上旬仍未到位。管段所在的桥边镇和土城乡地方道路3 月15日至5月17日封闭施工，造成施工材料无法进场，直接影响了天堰边大桥和八斗方隧道的施工进度。

“办法总比困难多”，项目经理贺留觊和党工委书记张洁辉的指导思想很明确：“东方不亮西方亮”，只要有一分的希望，就要尽百倍的努力往前抢。通过细致入微的工作，4 标在施工便道、火工品仓库等临时用地以及正式工程永久征地上取得进展，较短时间内完成永久征地总数量的 85%，完成临时用地总数量的 100%，创造了一个较好的外部环境。从 4 月底开始，堰湾 2 号隧道、柿子口大桥等重点工程陆续开工。进入三季度，整个管段逐步形成稳产高产的态势，施工生产步入快车道。4 标上半年完成产值仅有 5000 万元，而 7 月以来，每月完成产值都在 1500 万元以上。

W12 标项目经理部于 2005 年 1 月组建后，全力进行施工便道、临时房屋、供水系统、临电引入、场地建设等临时工程的施工，同时进行征地拆迁工作。随着施工图纸的陆续到位，4 月开始正式工程试验段的施工。由于种种原因，施工一直未能全面展开。

7 月初，项目经理雷为民和党工委书记陈伟等班子成员深入桥隧分部和六分部，召开干部职工大会，帮助分析存在的问题，寻求解决问题的办法，并一个项目一个项目地抓落实。

项目经理部、工程队和施工班组之间，建立起简明有效的信息管理系统，施工中做到目标明确、责权清楚、上通下达、步调一致，保证了施工组织设计的贯彻落实。针对管理跨度长的实际，六分部调整组建了两套生产指挥系统，按照目标分解和责任分工，进行专业化施工和生产指挥。技术管理也改革原有模式，细化管理单元，成立以东岳宫和马口河分界的两个技术室，测量与内业资料集中管理，技术人员驻扎现场加强过程控制，及时提供技术保障。经过上下的共同努力，12 标一举扭转了被动局面，区间路基和站场土石方逐渐实现稳产，隧道工程逐渐度过浅埋、破碎地段，路基附属工程、桥梁和涵洞工程全面展开。

25 标参建队伍于 2004 年 10 月进场后，一直受征地拆迁的困扰。建设者在确保崖上村隧道有条不紊地进行施工的同时，见缝插针，利用一切时机抢抓小桥涵和路基土石方的施工。万州站内 k152+413 涵洞为既有涵洞接长，接长 7.09 横延米，孔径大且涵顶填土高度小。为解决既有线加固、防护和施工等难题，项目经理部组成了以项目经理和总工程师为首的攻关小组，结合以往的施工经验和现场的实际情况，制定了优化施工和安全防护方案，9 月 25 日涵洞主体工程胜利竣工。项目经理张泉山告诉记者，最让人担心的是万州铺架基地的征地拆迁问题，虽然施工单位不是征地拆迁的主体，但压力最终要落到施工单位头上。集团公司指挥部和项目经理部一直积极主动地做有关方面的工作，早一天解决，就会多一分主动。

众志成城

当今基建市场竞争，已建立在一个新的平台之上，谁忽视了安全质量，无异于自行退出历史的舞台。在宜万线，集团公司的建设者把“国脉在我心中，国优在我手中”这句耳熟能详的口号真正地变成了行动。一些管理干部说，如果我们在安全质量上有什么闪失，不单是一条线的问题，将会影响集团公司在铁路系统的信誉评价。

依据《宜万铁路建设管理实施细则》，各标段均成立了以指挥长为组长的安全质量管理领导组，并结合各自标段实际制定了管理办法，建立了安全、质量、环保工作制度，健全了工程安全质量管理自控体系，完善了主要领导及各职能部门安全质量工作责任制。坚持从现场抓起，从工序抓起，强化人员、工序、工艺管理，强化过程控制。各项目经理部设专职安

质工程师，工区或作业队设兼职安质员，混凝土拌和站等关键岗位由职工操作。

宜万铁路山峦巍峨，地势险峻，不良地质普遍，岩溶广布而复杂，施工中随时都有可能遭遇突泥、突水和诱发地面岩溶塌陷及地表水枯竭的环境地质灾害。针对宜万线的高风险，集团公司 4 个标段均编制了应急预案，并加大监测、检测设备的投入，以高科技手段破解高风险难题。

7 标购置了 5 台地质钻机、1 套远红外线探水设备。在集团公司科技部的支持下，管段共进行 TSP203 预报 40 次，地质雷达探测 15 次，红外探水 299 次，地质钻孔累计 6125 米。超前地质预测共发现 3 个溶洞，预防了两次岩溶突水。7 标还配备了抽排水设备和各种抢险物资，并多次进行紧急情况下的逃生预演。

4 标落布溪大桥，坡陡谷深，钢管拱施工采用缆索吊扣，属特级高处作业，受风、雨、温度等气候和环境因素影响较大，施工过程中的监控、量测等工作难度大，而数据的精确程度直接影响工程质量。对此，集团公司成立了专家组，多次召开论证会，对施工组织设计、机械设备、劳力安排、安全质量措施等进行研究；项目经理部还成立了落布溪大桥项目队。4 标堰湾 1、2 号隧道工程，配备了 TSP203、红外探水、地质钻机等超前地质探测设备，并由专人负责安排、实施。选择隧道光爆、初期支护和衬砌做得好的项目，组织召开现场会，以点带面，不断推动、提高全标段的施工工艺水平。

12 标经理部加强与各方面专家的联系，充分发挥各类专家在关键技术、关键工艺等方面的指导作用。在开工前和施工过程中，对关键工艺不断进行研究、深化和优化，组织并鼓励管理人员、技术人员和操作人员应用新技术、新设备、新工艺，提高质量和效率。每项新工艺、新技术应用前，首先研究和制定方案，报业主、监理审批后进行工艺试验，成功后再全面应用和推广，并不断总结经验、指导施工。通过严把安全质量关，杜绝安全和质量事故的发生，保证工程不停工、不返工、不窝工，促进施工生产的顺利进行。

全长 1190 米的崖上村隧道是 25 标唯一一座隧道，位于万州火车站和长江大桥之间，处在两个反向曲线上，浅埋、偏压，上方有 24 座建筑物和 3 个水塘。为保证地面建筑物的安全和减少对周边居民生活的影响，建设者以“小心加小心，认真加认真”的态度，科学组织，严密施工。项目经理部提前与地方政府进行联系和沟通，做好宣传工作，得到地方政府和居民的支持和谅解。在居民委员会的配合下，项目经理部的技术人员对隧道上方的居民楼等建筑物进行了详细的摸底调查，建立了调查档案。通过采取全断面一次钻眼、三次爆破，并严格控制最大装药量的开挖方案，最大限度地降低了爆破震动的影响。隧道开挖已经超过 800 米，并顺利通过了武警三支队的营区和一栋居民综合楼。

宜万铁路地处三峡库区，所经地域被誉为 “中华之肺”和“神州氧吧”。集团公司的建设者站在造福子孙后代的高度，把环保、水保工作与施工生产同布置、同要求、同检查、同奖罚。每个隧道口都建起了污水沉淀池、净化池，弃土、弃渣时，做到先挡后弃。他们宁可多投入、多费力，也要尽最大可能控制施工噪声，保护绿地植被，杜绝水土流失。

在宜万线 4 个标段的施工现场，我们看到已成型的隧道衬砌面不漏不裂、线条顺畅，在明亮的灯光辉映下，犹如一座座熠熠生辉的宫殿。已拔地而起的桥墩，内实外美，接茬细致。

奉献国脉

逢山开路，遇水架桥，新线铁路建设者的工作性质，决定着他们长年累月与苦、脏、累、险相伴。为了国家的建设事业，为了企业的利益，他们识大体、顾大局，真正体现了“特别能吃苦，特别能战斗，特别能奉献”的精神。

在集团公司宜万指挥部采访时，王寿富指挥长特别叮嘱我们：“多写写基层的经理、书记和总工，多写写工程技术人员和现场员工，他们实在是太辛苦了！”

山峦起伏，地势险峻。进入工地不但既有道路需要拓宽，而且要劈山架桥修建临时便道。4 标、7 标和 12 标，每个标段扩建和新修临时施工便道都在三四十公里之上。进行外业测量时，工程技术人员可以说是吃尽了苦头。有的地方一眼望去只有几百米的距离，可真要到达目的地往往要在陡峭的山壁上爬行四五个小时。有时饥渴难耐，不管是山泉水还是地表水，大家都忍不住要喝上几口。据 12 标六分部总工程师韩向朝介绍，为了使便道修得适用、经济，该部比选了 3 个方案，技术人员翻山越岭找点位，一出去就得大半天。全部便道修建完，用了近 3 个月的时间。

7 标项目经理部总工程师魏家君是位长年在工地摸爬滚打的桥隧专家。家里多次催促他带上高中的孩子去北京诊疗，都因工地实在太忙而未能成行。他把全部心力用在施工生产上，解决了许多关键性技术难题。他结合标段实际，编写了包括 8 个部分共 46 页的《高风险、复杂地质条件施工预案及应急预案》，受到驻地监理的首肯并被介绍到其他标段。

写这篇文章的时候，我们在想，无论如何都要提一提各标段项目经理部的书记。书记兼任行政职务这一新的用人机制，为他们充分发挥才能扩展了空间。7 标党工委书记冯连文、12 标党工委书记陈伟、4 标党工委书记张洁辉，除了抓好党群工作，把更多的精力投入到施工生产之中。在征地拆迁和对外协调中，他们跑政府、下乡村，以自己出色的工作赢得各方面的尊重，为施工生产排除了一个个干扰。

在 12 标罗家坝隧道工地，我们见到两个年轻的工程技术人员正在放线测量。两个小伙子是六分部新分配来的大学毕业生，来自东北的叫赵志强，来自江西的叫黄江。问他们工地苦不苦，两个人淡然一笑，回答道："大家白天跑现场，晚上作内业，夜里 12 点之前基本没睡过觉。苦是苦点，不过时间一长就适应了。"

李汉奇是 7 标桥隧分部王家岭隧道的现场主管领工员。隧道里的环境很差，如果遇到特殊情况，他在洞里一待就是一天。有时大家劝他休息一会儿，他总是说："还有别的事呢，一会儿再说吧。"朴素的言语，折射出一位共产党员的情怀。

用汗水收获希望，用拼搏兑现承诺。向您敬礼！奋战在宜万铁路建设工地的中铁三局将士。

选自《铁路工程报》2005 年 10 月 18 日第 1 版

匠心构筑煤运大通道

——中铁三局蒙华铁路依靠专业化队伍建设精品工程纪实

华言

全长1800多公里的蒙华铁路，是国家“北煤南运”的重要战略通道，也是国内第一条南北走向的最大规模煤运专线。蒙华铁路于2015年8月正式开工建设，中铁三局参战将士发扬“勇于跨越，追求卓越”的企业精神，牢记“知行合一、永争第一”的企业信条，调集精兵强将，发挥专业化队伍优势，精心组织施工，用匠心塑造精品，取得突出业绩，成为全线领头羊，赢得业主高度赞誉。

超前策划，专业化队伍唱主角

中铁三局承担施工的MHTJ-24标段位于湖北省荆州市，线路全长51公里，其中路基长度23.6公里，桥梁长度27.4公里，新建车站3座。标段内预制、架设预应力混凝土T梁2050单线孔。整个工程具有工程量大、软基处理量大、土源少和施工难度大等特点。

2015年7月28日，中铁三局集团高度重视蒙华铁路建设，在接到蒙华铁路中标通知书后，第一时间组织专业人员奔赴现场展开施工调查，同时调集精兵强将和先进设备进场，积极推进专业化队伍建设。针对蒙华铁路工程规模大、施工难度大、技术标准要求高的特点，项目部按照“高起点、高标准、高质量地建好蒙华铁路”的要求和《蒙华铁路项目管理实验活动推进方案》，科学组织、严细管理、精心施工、优化施组，积极开展技术攻关，在较短时间内取得突出业绩。

中铁三局蒙华铁路项目部以“开展项目管理实验室活动”为契机，倾力打造专业化管理队伍、专业化作业队伍、专业化人员调配中心；全面建立专业化晋升体制、专业化考核标准和体制，持续培育和增强企业核心竞争力。在项目整体专业化队伍管理模式下，经济效益、

蒙华铁路项目党建带团建活动

机械设备利用率、成本节约、团队能力等均有提升。

中铁三局蒙华项目部在专业化队伍建设中，严格把控专业化队伍管理人员来源、各类机械操作手来源，完善队伍管控制度，强化专业知识的教育培训，签订诚信保证书，关键工序使用自有专业化施工队、机械装备，规范作业行为，健全相关奖惩办法等，打好专业化队伍建设基础。他们从施工、技术、机械、物资、安全、质量、劳务、成本、财务、党群等各个管理环节入手，借助项目管理实验东风，真正实现“两管两创”，即细抓施工现场管理，创高经济效益；狠抓专业化队伍管理，创新管理模式。

自开工以来，中铁三局蒙华项目部在施工产值和征拆任务量上，是全线完成得最多、最快的单位。在蒙华公司湖北段实现了开工仪式在三局管段举行，在湖北段全线施工建设中完成了第一个施工控制网的复测，第一个拌和站验收通过，第一个桥墩、桩基、承台完工等。2015 年 9 月，中铁三局蒙华项目经理部率先建起的 5 号混凝土拌和站成为全线第一家顺利通过验收的单位；11 月上旬，2 号混凝土拌和站、钢筋加工场和制梁场均被业主指定为全线标准化管理示范点。项目施工工作快速推进，得到了股份公司、建设单位领导的高度认可。2016 年 9 月 28 日，中铁三局蒙华项目部制梁场以大梁类 93.8 分、小梁类 94 分的高分通过了国家工业产品许可证审核组的审核。项目经理部和各工区多次荣获蒙华公司先进集体称号，项目部还被评为“中国中铁股份公司成本管理先进项目部”。

凝心聚力，匠心塑造精品工程

中铁三局蒙华项目部结合标段施工特点，注重发挥专业化队伍优势，深入推进科技创新工作，努力把蒙华铁路建设成科技路、创新路。他们将科技创新目标分解到各个工区，重点开展路基连续压实施工技术、CFG 桩头三维定向环切技术、后张法预应力 T 梁自动化与信息化施工技术、下承式挂篮快速施工技术、3 孔 32 米连续梁斜腿刚构支架梁现浇技术、多级控制网 GPS 优化组合测量技术、已成型路基压实度快速无损检测技术 7 项先进技术的推广应用工作。这些工作的组织实施，为落实好股份公司蒙华铁路管理实验室活动和“中国中铁蒙华杯”创建要求奠定了基础。

为全面提升专业化队伍的整体综合素质，中铁三局蒙华项目部在工区选定了 25 名现场具有带班能力，工作责任心较强、业务水平较高的一线施工人员作为班组长，进行现场质量控制要点的质量培训，施工作业指导书、技术交底、施工安全交底的技术培训。培训考试合格后，统一制作班组长上岗证及控制要点卡片，并签订质量安全责任书。每月对选定的班组长进行考核。

中铁三局蒙华项目部决心让每一支专业队伍都具有很强的施工能力，成为拉得出、过得硬、打得胜的好队伍，建设精品工程，创出“拳头产品”，在业主和业内树立良好的信誉和形象，成为支撑公司做强做优做大的强有力的保障，真正成为施工生产上的主力军。

通过加强专业化队伍建设，中铁三局蒙华项目部专业化队伍发展日趋规范，施工产值的贡献度明显提高，总体经济效益均取得较好结果。在开工后的近 5 个月时间里，中铁三局蒙华项目部通过工程施工进度、安全质量、管理效益等方面检查考核，真切感受到了专业化队伍为企业所带来的益处。项目部在工程建设中整体取得了很大的收获，工程安全质量优质，管理效益大幅提升，多次得到上级单位的表彰和奖励。

2015 年，中铁三局蒙华项目部荣获蒙西华中铁路股份有限公司湖北指挥部“工程建设先进单位”荣誉称号，项目总工程师武双兆荣获 2015 年度铁路总公司颁发的“火车头奖章”；获得山西省安全生产监督管理局 2015—2016 年度安康杯竞赛“安全示范班组”荣誉称号。2016 年，项目部荣获中国中铁“安全标准工地”称号，共有 36 名同志荣获优秀管理者、优

秀工作者、优秀班组长等荣誉称号；项目经理部还荣获了山西省总工会“工人先锋号”荣誉称号；“黄果职工创新工作室”所作出的QC成果荣获集团公司一等奖，并被股份公司推荐至全国范围发表。2016年8月，“黄果职工创新工作室”获得了山西省总工会的命名。2017年4月，一工区员工刘海港荣获铁总“火车头奖章”，三工区班组长毛永兵被授予“中铁三局工程项目优秀班组长”称号。

选自张宗言、陈云主编：《千里浩吉》，大桥书局2020年版

松花江上建桥人

——吉林临江门斜拉大桥施工纪实

何忠祥

吉林临江门斜拉大桥

在北国江城吉林市，一座现代化的城市公路桥——松花江临江门钢索斜拉大桥，犹如一道卧波长虹，在中铁三局六处400多名桥工的精心编织下，正以惊人的速度跃然升腾。

临江门钢索斜拉大桥是东北地区第一座钢索斜拉大桥，号称“东北第一桥”。为了使这座大桥早日造福江城百万人民，六处参建将士用惊人的胆识和辛勤的汗水，奏出了一曲曲雄壮的松花江战歌！

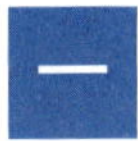

初到吉林，白雪皑皑，天寒地冻，滴水成冰。工人们要在松花江南岸营造自己的栖身之地，要在距江水咫尺的砂砾上平整出施工场地，谈何容易。几镐下去，在坚硬的冻土表面只留下一个小小的白点。无奈，只得用火烤，用滚沸的开水浇。他们硬是在三尺冻土之上搭起了一排排活动板房，埋好了数百米施工管道。入夜工人们蜷缩在一起，“穿棉衣戴皮帽，围着火炉睡大觉”。这座钢索斜拉大桥长685.711米，宽25米，主桥为两跨132.5米独塔斜拉桥扇形双面索，门形塔高65米，空心桥墩，沉井基础，包括主桥、引桥和南北两座沿江地道。这

种技术性极为密集的公路桥全国仅有 5 座。

“誓创一流”，六处每一位参建职工坚定不移。施工中，每完成一盘混凝土，他们都像郎中配药一样，细致入微，分毫不差；每绑扎一次钢筋，都像织女绣花一样，有条不紊，心细如丝。在这里，一切先进的技术为我所用，他们采用拉钩法、扩槽法、打周边眼和四步开挖法，攻克了一道道难关，确保了上乘的工程质量。

主墩沉井基础是整个工程的拦路虎。它要穿过 13 米砂卵石层和 9 米花岗岩层。而在 25 米以下的未风化岩层，地下水以每小时 2500—3000 立方米的速度喷涌而出。于是，由 60 人组成的突击队，身穿水裤，在齐腰深冰冷的水中开始了抽水、打钻、爆破、出碴，立体交叉循环作业，12 台抽水机不停地轰鸣。为了抢工期，工人们有时要在这恶劣的条件下连续工作 8 小时之久，一个班下来，两腿麻木，全身瑟瑟发抖。就这样，工人们坚持了 8 个月，直到沉井基础按设计高标准准确就位。

资金紧缺，制约着工期的进展；三大材涨价，更使施工进入困境。然而，建桥人宁肯自己迟发工资、停发奖金，也要确保大桥施工。更可贵的是，他们把自己有限的积蓄也贴在了大桥上，凑钱购料已成常事。在三分之一的双职工家里，至今还看着黑白电视机。1992 年冬，因资金不到位，工人们被迫停工放假。上车之前，有谁不是囊中羞涩呀！

困难吓不倒铁打的汉。建桥人硬是在一年半的时间内，创出了同类型大桥的制梁、架梁和钻孔桩施工速度的 3 个第一！

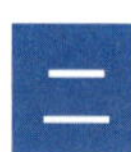

“立功在岗位，奉献在大桥”是建桥职工奉献自我的豪言壮语。处原党委书记朱天仁，退休后不甘寂寞，领衔挂帅当了工程指挥长。不少人劝他坐享清福，可他却对建桥情有独钟。在大桥工地，无论春夏秋冬，还是阴雨风晴，每天都能看到他手执拐杖，头戴安全帽指挥生产的身影。他说，这是我 65 岁的选择。

钢筋班班长李万超，经他手已完成钢筋制作 2500 吨，几万根钢筋都是他带领全班弟兄用人工从地面拉到 20 米高的作业平台上。6 月的一天，他加班到凌晨两点，当他拖着疲惫的身子走到家门口时，一头便栽倒在地打起了呼噜。天亮后，来探亲的妻子看到丈夫累成这个样子，怜爱的泪水如断了线的珠子不停地往下掉。

28 岁的工程队队长温德智，一上任就赶上引桥架梁。他索性将行李搬到工地，13 个昼夜吃住在现场。

党支部书记刘亚军，白天同工人一起战斗，晚上挑灯夜战搞业务。爱人从山西携子来吉林，风景如画的公园近在咫尺，可他们却从未相伴而游。

主管领工员张文昌，父亲病危，弥留之际想最后再见儿子一面。家里三番五次发电报催他回去。拿着电报，血肉铸成的汉子心在哭泣，他有理由离开大桥工地，但是他不能……

为了高质量地建成大桥，六处的领导轮番从邯郸来工地现场办公。总工程师安成贵，报到后的第三天，便风风火火地赶到吉林，在松花江上摸爬滚打 20 个月。他胸中装的只有这座大桥……而这些，仅仅只是建桥人无私奉献的缩影。

白山松水作证。六处建桥人以竞争拼搏、科学求实、协作勤俭的精神，完成了松花江上建桥人的自我塑像。他们的功绩将永远镌刻在东北苍茫的沃土上。

选自《铁路工程报》1994 年 3 月 2 日第 2 版

缚住苍龙过吕梁

——写在太中银铁路吕梁山隧道胜利贯通之际

张安全　崔新伟

2009 年 9 月 16 日 17 时，随着“轰隆”一声炮响，由中铁三局集团公司承建的太中银铁路吕梁山隧道胜利贯通。自 2006 年 3 月隧道开工以来，参建员工在地质结构复杂、环境恶劣、施工条件极差的情况下，发扬顽强拼搏、奋勇争先、争创一流的大无畏精神，克服了重重困难，夜以继日艰苦鏖战，终于降服了横亘在太中银“咽喉”地段的吕梁山隧道这条“苍龙”。

铁骑亮剑，隧道沙场急点兵

太原至中卫、银川铁路全长 944 公里，穿越宁夏、陕西北部，直达山西中部。作为一条新的大运力能源通道和高原铁路，它是国家中长期铁路网规划的一条重要干线，是连接我国华北、西北的一条快速便捷通道，也是国家西部大开发的重点工程，建成后对促进西部地区的大开发、大发展具有重要的政治、经济意义。

吕梁山隧道是太中银铁路全线最长的隧道，隧道横向贯穿吕梁山脉，全长 20.7 公里，是当时国内在建的第二长隧道，以其地质状况复杂、独头掘进超长、施工条件艰难而成为全线关键控制性工程。集团公司担负了出口端左线 10.675 公里、右线 10.66 公里的建设任务。这是建局以来所承担施工的最长隧道之一。

与国内同级别的隧道相比，该隧道穿过全风化花岗岩砂土岩层及 2.2 公里砂砾层、220 米吴城断裂带等，而且不良地质地段节理裂隙发育，渗水涌泥严重，稳定性较差，易坍塌，再加上处于土石分界线，被专家称为“地质魔宫”。

面对这个施工中的“拦路虎”，作为我国建筑业的“巨型航母”——中国铁路工程总公司麾下“主力战舰”的中铁三局集团，把攻克吕梁山隧道的重任交给了曾在铁路沙场铁骑纵

太中银铁路吕梁山隧道

横、骁勇善战，并在各种特殊地质隧道施工中具有优势的四公司和桥隧工程公司，同时，又在全公司范围内调集精兵强将，组成太中银铁路项目经理部。各路人马从四面八方火速进场，立誓要用“铁嘴钢牙”咬碎“拦路虎”的筋骨。

决战之际，隧道沙场急点兵。集团公司领导亲临现场作战前动员，反复强调，能在家门前承建吕梁山隧道施工任务，是铁道部领导和地方政府对我们的信任和鞭策，事关企业的形象和信誉，事关老区经济的繁荣和发展，我们一定要按照部领导提出的要求，迎难而上，奋力拼搏，以优异的战果向部领导和老区人民交上一份令人满意的答卷。

面对任务繁重、工期紧迫、资源不足、压力巨大的现实情况，该项目果断提出“高标准、新理念，建设太中银铁路”的工作要求，并及时调整思路，抓主要矛盾，进一步明确主攻方向，确立了“治水不当，进度难上；通风不畅，环境不让；电力不足，水土难服；运力不够，早晚难受；指挥不周，场面难收；技术不硬，现场难弄；人气不行，功到难成；关系不顺，

干活没劲”的“八种理念”。随后，项目部临建变电站，分建搅拌站，增建泵水站，自备加油站，新建轨枕场，妥善地解决了前期施工中出现的“肠梗阻”现象，有效地满足了现场施工需要，有效推动了施工进度。

科技攻关，千难万险踩脚下

打过隧道的人都知道，铁路隧道围岩的级数越大，地质就越复杂，四、五级围岩总是与破碎、软弱、渗水、落石、坍滑等紧密相连。隧道施工的行话是“欺硬怕软”，再硬也不怕，越硬越不会塌方。

开工不久，吕梁山隧道就给了建设者一个“下马威”。由于地质突变，出现涌泥、塌陷。面对这种情况，具有丰富长大隧道施工经验的项目经理何超沉着冷静，迅速调集有关科技、工程技术人员合力攻关，吹响了科技攻关的“集结号”。

第一关，攻克隧道通风的难题。吕梁山隧道属特长隧道，隧道单头掘进长度较长，最长达 3 公里左右，且斜井进去后四个作业面施工，洞内的通风、供电、排水及交通条件极差。隧道通风排烟的效果直接关系到隧道内施工人员的安全。科技攻关小组经过详细的考察和科学论证，根据各个作业面风量、风压情况，最终采用压入式、接力式、巷道式、混合式通风方式，引进了先进的通风设备，顺利解决了这一问题。

第二关，攻克围岩高压堵水关。吕梁山隧道多种不良地质条件交错，地下水比较多。各工作面附近地下水位在 20—200 米，每天的涌水量达 50—1500 吨。特别是要穿越吴城断裂断层破碎带，该断层破碎带长达 220 米，影响带达 450 米，岩体稳定性很差。受断裂带影响存在股状涌水和较大的裂隙水，突泥突水像梦魇一样困扰着吕梁山隧道的正常施工。为此，施工人员建立了三级泵站，用多个口径为 20 厘米的钢管 24 小时不间断向外排水。同时，攻关小组采用国际先进技术，坚持先预防、早治水、管超前、严注浆的施工原则，并采用了速膨高分子材料 RSS 浆液，通过先进的注浆方法，有效解决了隧道内高压涌水难题。

第三关，科学制定施工方案。分别采用台阶法、三台阶临时仰拱法、三台阶七步开挖法等施工方法进行开挖。软围岩地段坚持“先预报、短开挖，弱爆破、强支护，勤量测、早封闭”，有效地保证了隧道施工稳步推进。同时，该项目认真贯彻“开工必优、一次成优、确保部优、争创国优”的质量总目标，以创国优拿“鲁班奖”为质量宗旨，不断优化施组设计，科学合理地安排组织施工。

施工中运用了 TSP203 地质超前预报系统、隧道雷达无损探测仪、红外探水、无尺监控量测等高科技仪器进行对隧道施工的全程监控，有效规避了施工安全风险。同时采用光面控制爆破湿喷砼、整体衬砌液压台车等先进工艺和设备，开挖衬砌质量多次受到各级领导好评。铁道部领导曾先后两次到隧道施工现场检查工作，看到隧道衬砌平整光亮、喷射混凝土均匀厚实、施工安全设施齐全、施工现场文明有序时，高兴地对陪同人员说：“看来三局这支队伍，我们是选对了！”

开工以来，项目部正是以科技为先导，以“洞内均衡、洞外和谐”为管理理念，精心组织，科学部署，积极开发和应用新技术、新工艺、新材料和新工法，先后攻克了隧道内岩爆、突泥和大面积涌水等地质灾害，成功解决了长大隧道通风排烟，斜井长距离反坡排水等施工难题，从而确保了施工进度的有序推进和稳步提高。

长缨在手，缚住苍龙过吕梁

今日长缨在手，定能缚住苍龙。对中铁三局这些“缚龙手”来说，手中缚住吕梁山这条“苍龙”的长缨，既有高科技这把“利器”，还有他们始终坚持和遵循的一整套行之有效的刚性管理模式和“铁规”。

推行扁平化管理模式，缩短管理链条。项目经理部率先在中铁三局实施真正意义上的扁平化管理，设置项目部、作业队两级管理机构，充分利用现有人力资源，实行一人多岗，以制度管人，进一步提高工作执行力。项目经理部 20 多人不仅直接对业主、设计、监理、地方开展工作，还直接进行现场管理，提高了全体工作人员的主动性和工作效率。

高擎安全质量这把“利剑”。安全问题始终是建设者头上高悬的一把利剑，他们常把质量和安全比作一对“孪生姐妹”。中铁三局实行全员负责制，提倡全员管理、全员参与。坚持“管生产必须管安全”“管技术必须管安全”的原则，将安全责任链接到各个层级，层层签订责任状。实行 24 小时全天候旁站监控，建立安全旁站、现场监控和施工生产巡视记录。运用科学的技术和管理方法，全方位、全过程地预控隧道施工风险。由于安全管理到位，自进场以来未发生过任何安全事故。

“严”字当头，提高执行力。严格按照设计规范施工，严格过程控制，每一个工序都严格做好现场作业人员的技术交底，安排足够的技术管理人员现场把关，抓好全面安全质量管理。人人都将规章制度视为一座“火炉”，谁触摸了它，就会被烫伤。项目部 20 多名管理人员一律挂牌上岗，忘记挂牌就是忘记了岗位，忘记了责任。规定刚刚宣布就有一名管理人员忘记挂牌上班，二话没说，这名管理人员主动把 100 元罚款交到了财务。建立拌和站时，因现场物资管理人员疏忽，造成部分水泥受损。项目部材料主管和工点材料保管员不仅按价赔偿，还被罚款 1000 元。管理制度成了“铁规”和人人必须遵守的“斑马线”。

发挥强大的政治优势，振奋广大员工奋力拼搏的信心和精神。开工以来，经理部党工委坚持“围绕项目抓党建、抓好党建促项目”，开展多种形式的主题教育实践活动，广泛开展“一个岗区一盏灯，一个党员一面旗”“我为党旗添光彩”“创建党员先锋工程”“党员手中有精品、党员身边无事故”“党员创效立功”“青年安全监督岗”等活动，同时还开展了以“五比五看”为主题的“太中银杯”劳动竞赛大干 100 天活动，先后评选和表彰优秀党员、先进生产者、优秀工作者、生产骨干和优秀人才 100 多人次。这些活动的开展真正起到了鼓舞士气、提高勇气、增强人气的作用，为工程建设注入了强劲的精神力量和干劲。

就这样，在全体参建员工的努力下，一个个重要的节点工期顺利完成。2008 年第四季度大战期间，项目部所属 3 个工区紧紧抓住有利战机，开展“大战 90 天，确保阶段性计划目标完成”活动，极大地调动了一线员工的生产积极性，施工生产高潮迭起，在太中银铁路 31 家参评的质量信誉评价中该项目获得第三名的好成绩。优异成绩的背后，饱含着员工们为建设吕梁山隧道所付出的努力。在大山深处，这个英雄的群体发扬特别能吃苦、特别能战斗的无私奉献精神，战岩溶、斗涌水的壮歌一次次在青山绿水间唱响。

选自《铁路工程报》2009 年 10 月 30 日第 1、3 版

用心用智做城市地铁建设先锋

——中铁三局城市轨道交通工程建设纪实

清华　保民　承光

近年来，中铁三局在建的地铁项目已经超过 80 个，在有地铁建设的城市中都能看到中铁三局建设者的身影。

2017 年 6 月 11 日，在青岛地铁 1 号线海底隧道工程施工现场，经过中铁三局广大参建员工的艰苦鏖战，顺利突破海底隧道整个海域段 35 米宽最大、最难断裂带，标志着国内首条最长地铁过海隧道施工中最大的拦路虎被清除，这一阶段性胜利为后续工程顺利推进奠定了坚实基础。现场员工欢呼雀跃，这是他们艰苦付出的回报，是综合实力的见证。6 月

12日，中央电视台《新闻联播》专题报道“砥砺奋进的五年·重大工程”，将镜头对准中铁三局建设的青岛地铁1号线过海隧道，并对现场施工人员进行了采访。公司自媒体转发相关报道后，不到一天时间，点击量超过2000人次，好评如潮，每个员工都感到无比自豪和自信。

“以现场保市场”战略定位提供一站式服务

“保现场是根本，拓市场是目标，现场干不好，何谈市场。”中铁三局集团管理层一贯重视施工现场管理，“以现场保市场，滚动发展”的思想在每个项目上都已深入人心。目前，中铁三局城市轨道交通工程建设市场越来越宽广，遍布祖国大江南北。

2016年3月，在郑州市轨道交通2号线工程建设中，针对多种施工技术、复杂工序转换、潜在风险多等难题，中铁三局积极组织技术攻关，依靠方案先行、施组优化，同时开展精细化管理、劳动竞赛等活动，在国内首次采用“先隧后站式”施工方法，使一期主体工程比计划的节点工期提前了整整10天。该项目2015年两次获得全线安全质量评比第一名，2016年获评河南省“市政公用工程省级安全文明标准工地”。

重庆北站（含环线站）是全线重点控制工程，也是国内当时最大的地铁枢纽站，与地面最大埋深达38米，囊括了除盾构施工外几乎所有的隧道施工工艺。2014年4月，中铁三局重庆轨道交通10号线3标项目部克服重重困难，在全线率先进场施工。2016年，项目部全面完成中国中铁重庆地铁建设指挥部下达的产值任务，受到指挥部和重庆市轨道集团的好评。

广州市轨道交通21号线2标天河公园站是当时亚洲最大三线换乘地铁站，换乘节点基坑最大跨度135米，基坑深度30多米。整个工程具有施工难度大、技术难点多、地下管线多、安全风险高等特点。2014年开工以来，中铁三局项目部广大员工在施工中引进先进的BIM技术和6S管理，提升了项目管理水平与员工队伍素质。项目部荣获广东省十项工程劳动竞赛“优胜集体”称号、天河区环保局授予的“扬尘控制示范工地”荣誉称号、广州市住房和城乡建设委员会授予的“全市建筑施工质量安全示范工地”荣誉称号。这一项目填补了中铁三局集团在地铁超大基坑、超深基坑施工技术方面的空白。

依靠技术创新谋求更大的发展

青岛地铁1号线海底隧道是国内首条最长过海地铁隧道，规划线路全长59.97公里，跨海隧道全长8.1公里，其中过海段长约3.49公里。海底部分最深处达85米，其中水深就有40多米，隧道拱顶距海底88米。整个工程具有施工难度大、科技含量高、安全风险大和工期紧等特点。海底施工最大难题就是预防突泥涌水和塌方现象，施工现场作业面容不得半点马虎，一旦有失误或处理不当的地方，后果将是毁灭性的，无法挽回。

2015年开工以来，中铁三局海底隧道项目部严格过程控制，不断应用新技术、新工艺，连续攻克多项技术难关。精准超前地质预报和精确帷幕注浆是项目部在施工中采用的主要手段。为有效降低施工风险，项目部根据围岩情况，坚持“科技探海”“安全掘进”，先后投入孔内三维成像仪，配合地质钻机形成清晰画面，探知围岩情况；建立大型注浆模拟实验系统，研究断层破碎带注浆参数，选用多功能地质钻机，对断层破碎带进行超前钻孔取芯，核实前方地质情况；选用三臂凿岩台车，进行超前探水孔打设、断裂破碎带帷幕注浆钻孔打设及爆破钻孔打设；使用湿喷机械手进行初期支护，机械手每小时喷射混凝土15立方米，回弹率小于15%；投入移动式液压栈桥，在正洞施做底板与仰拱的同时，为其他工序的人员和车辆从栈桥上正常通行提供了安全保障。

资料显示，青岛地铁1号线是目前青岛市机械化程度最高的在建地铁线路。中铁三局先后投入资金3000多万元，配置了矿岩多功能地质钻机、三臂凿岩台车、湿喷机械手以及全液压自行式栈桥和全液压衬砌台车等国际或国内领先的机械设备。这些设计先进的“变形金刚”在实际工作中发挥了巨大作用，有效破解了国内首条也是最长的地铁过海隧道的施工难题。

海底隧道自开工以来，项目部连续保持安全生产的良好纪录。该项目先后获得“山东省市政工程安全文明工地”“青岛地铁安全生产先进单位”“青岛地铁1号线优秀项目部”“青岛地铁1号线安全文明标准化示范工地”等荣誉称号，被列入山东省创建绿色施工科技示范项目，还代表青岛市地铁公司接受国家住建部专家组调研、观摩，并获得一致肯定和好评。

创新是科学技术的生命力。作为国内首条最长过海地铁，青岛地铁1号线过海段施工备受人们关注。青岛地铁1号线也是青岛市城市轨道交通线网“一环四线”的重要组成部分，

青岛地铁 1 号线海底隧道贯通现场

建成之后，将会大大缩短黄岛区到主城区的时间。地铁 1 号线的开通对青岛市城区经济快速发展具有重要意义。

多年来，中铁三局在城市轨道交通工程建设中，不断依靠科技创新，不断提升管理水平，致力应用新装备、新技术，在国家城市轨道交通建设的广阔市场中乘风破浪，不断创造一个个地铁工程精品。

刊载于《中国日报》等二十余家新闻媒体，2017 年 7 月 7 日

在艰难中起飞

——中铁三局六处上海地铁工地纪实

任志聪

行路难，行路难，古往今来曾留下多少感叹！

在上海地铁工地，中铁三局六处职工们走过的就是这样一条极其艰难的路，可喜可贺的是他们终于胜利地走过来了。那一串串深深的脚印，让我们赞叹，更让我们思索。

1985 年底，六处四段的 100 多名职工，风尘仆仆地聚集到上海，开始了地铁试验段漕河泾沉井工程的筹备工作。

这不是一个普通的时刻，他们是在指令性计划锐减、全处面临严峻考验的形势下来到这里的。像所有委外工程一样，全处职工、家属把生存和发展的殷切希望都寄托到了项目上！

然而，这里却是一开始就困难重重——工期紧、工程量大、资金短缺、设备不对口，还有那因为人地两生而处处遇到的“白脸”……

怎么办？退回去吗？不，他们从一上来就做好了背水一战的准备。困难是压不倒他们的。

刚到上海，工地没有建好，职工们只好暂住在市政二公司招待所，这时，段里一时无能力支付住宿费。在这种情况下，职工们纷纷主动掏腰包拿出了自己的钱。是的，在此困难时刻，大家已经自觉地把自己的命运和企业的命运紧紧维系在一起了！

动工迫在眉睫，然而甲方负责拆迁的场地还没腾出来。工期是定死的，拆迁耽误一天，施工便要被拖后一天，焦急啊！几个领导一商量，决定立即抽调一部分人员帮甲方做拆迁工作。

就这样，他们在没有条件的情况下创造条件，边建点边筹备，打响了沉井施工的第一枪。

“我们去上海干的是沉井工程。”

“小意思，小意思。”

在来上海的途中，几个青年人还这样议论着。

“沉井”，单从字面上理解，对六处这支常年进行基建施工的队伍来讲，可谓是小菜一碟。然而，他们没有想到的是，首先开工的 2 号沉井竟是这样难。

负责沉井工程的甲方——上海地铁公司对工程要求是非常严的。他们不但经常派人检查工程进度，还常常突然来检验施工质量。奋战在这里的建设者们付出了极大的努力。绑扎钢筋时，他们常常为了一些小毛病，硬是挤进只能容下一个人的钢筋笼里操作，而最使人头疼的还是近 8000 立方米的基础开发工作。

漕河泾港是一条污水河，又臭又脏。抽干水后淤泥深达十几米，跳进里面臭气熏得人几乎喘不过气来，两只脚还得经常移动，稍不注意淤泥就会淹没了胶鞋，铁锹铲下去费好大劲才能提起来。对此，他们横下了一条心，无论有多大困难都要把这项工程拿下来。

5 月 3 日，挖泥工程到了关键时刻，要下沉井了。为了确保工期，他们开展了劳动竞赛。

四班职工在班长王新民的带领下，几乎每天都刷新挖泥纪录。最多的时候，他们每天人均挖泥 7 立方米。其他工班也不示弱，一直紧紧地咬着“比分”。

铁锹挖断了就换把新锹继续施工，手磨破了缠块纱布咬着牙干……就这样，他们从开始下沉井到沉井就位只用了短短半个月的时间。

或许，这也是一种规律：越是在逆境之中，越要承受更多的磨难。

在他们就要走向胜利之际，老天爷又来考验他们了。5 月 23 日，是封底灌注的日子，雨却突然下了起来。

已是傍晚时分，还没有一点要停的意思。沉井内四处是钢筋，行走非常不便，不少人的裤子被刮破了，而能走人的地方却又滑又泥泞。有的人摔倒了勉强站起来。大家各就各位冒雨操作。他们浑身湿淋淋的，也分不清哪里是汗水，哪里是雨水。雾雨蒙蒙的灯光下，人在动、影在晃；职工在喊、机器在吼……

凌晨3点多，他们终于结束了战斗。大家虽然很疲惫，但每个人脸上都露出了胜利的微笑。

是的，他们已经叩开了胜利的大门！

5月31日，上海地铁试验段漕河泾2号沉井完工了。六处在上海承揽外委工程首战告捷，赢得了信誉。上海地铁公司的领导这样说：“你们在保质保量的情况下，仅仅3个月的时间就拿下了这么艰巨的任务，真是个奇迹！”

是的，这是个奇迹，这是个在经过艰难跋涉后创造的奇迹。

他们终于在艰难中起飞了。这一切来得是多么不容易啊！

选自《铁路工程报》1986年7月30日第2版

实干筑精品 匠心塑品牌

——中铁三局广州地铁 11 号线建设纪实

洪明慧

“十四五”的宏伟规划，镌刻出城市建设新蓝图。羊城地铁的施工现场一派繁忙景象，由中铁三局承建的广州地铁 11 号线建设如火如荼，建设者们用智慧和汗水、责任和担当，谱写了一曲以新发展理念引领企业高质量发展的华彩乐章。

广州地铁 11 号线是广州市第一条地铁环线，串联五大老城区，建成通车后环线一圈仅需 1 小时，将有效完善广州地铁线网结构，为羊城人民提供便利的出行服务。

“四抓四保”提升技术攻关合力，展实力

中铁三局承建的广州地铁 11 号线，线路总长为 3.5 公里，包含 2 个车站，3 个区间。管段均位于广州市最繁华的天河区，周边高楼林立，地面多位于城市主干道，管线纵横交错，施工围蔽离居民楼最近处仅有 2 米，施工边界条件极为复杂，是全线施工难度最大、安全风险最高的区段。

华景路站是广州市首次采用洞桩法施工的全暗挖双层地下车站，位于中山大道正下方，路面每分钟单向行车约 120 辆，工程地质多为软弱破碎地段，沉降控制既是难点又是关键。华景路站至华师站暗挖区间存在 442 米暗挖工程，工程地质复杂多变且风险大，该段设计断面多达 10 余种，转换频繁，最大暗挖断面达 318 平方米，属华南片区最大断面，采用双层初支拱盖法施工，亦属首例，开挖步序繁多，受力转换复杂，施工难度不一般。

面对这些难啃的“硬骨头”，项目部直面挑战，在施工过程中，先后 7 次邀请广州、北京、青岛等地的专家与参建各方共同分析论证，对方案进行优化，并运用“四抓四保”的方式，有效提升技术攻关的合力，确保施工生产有序推进。抓地质情况核查，保开挖安全。对

该区段地质进行施工补勘及洞内物探，了解地层分布及地下裂隙水情况，提前制定针对性措施，确保开挖安全。抓可视化技术交底，保劳动效率。对现场技术人员和班组采用 BIM 模型及三维动画方式，进行可视化技术交底，让施工人员清晰直观地了解工序标准、效果及施工组织步骤，确保交底简单明了、通俗易懂，全面提高劳动效率。抓信息化管理，保施工安全。全区段覆盖视频监控，并运用监测平台、风险预控系统等多种软件辅助施工，24 小时实时跟踪监控作业面动态及风险管控措施落实情况，确保施工安全。抓工序管理，保方案落地。制定施工卡控要点与卡控时间，对高风险作业实施领导带班 24 小时巡视，在施工过程中消除风险隐患，确保方案有效落地。

广州地铁 11 号线获得 7 项科技成果奖。中铁三局在施工实践中探索总结出了一套地铁项目复杂地质下的机械开挖施工工艺、紧临居民楼低噪声弱振动的爆破工艺、特殊地质下的新隧道暗挖工法工艺，以高标准的施工过程管控和高质量的施工工法创新，为项目的高标准建设奠定了坚实基础。

“网格化管理”提升安全成本合力，增效益

要建设一条高质量的地铁，就要有高水平的管理。项目部在攻克诸多施工技术难题时，以科学认真负责的态度，狠抓项目安全、质量、进度和效益，把“网格化管理”融入各项管理工作中，提高项目管理水平和经济效益。

安全“网格化管理”有效提升了项目安全管理水平，将项目岗位安全生产责任清单与安全可视化管理规定相结合，将施工现场划分为若干片区并明确片区施工、安全、物资、分包等责任人，负责本网格区域内安全管理工作的开展，网格区域负责人根据现场施工进展动态调整，项目根据网格化管理情况对网格区域负责人实行考核，建立严重违章约束机制。这种管理方式保证了现场质量卡控工作没有吃“大锅饭”的现象，让现场管理人员主动工作、主动管理，实现片区责任到人、管控到位，也可促进整改。

成本“网格化管理”既从大的方面加以控制，又从小的角度予以调整，将降成本指标层层分解落实到工段、班组及个人，让每位职工都明确自己所承担的指标，树立“现场降本是

最直接降本”的理念。制定网格化措施的同时，还制定了各类工程经济管理办法，按经济单元划分，以整体策划、现场严格把控、工经核算分析等对项目进行二次经营工作，使项目累计创造了 470 多万元的经济效益。

“四项行动”提升绿色文明施工合力，亮颜值

由于施工现场地处广州市最繁华的地段，为减少施工生产对居民生活的影响，助力建设绿色羊城，项目部积极创新，开展“四项行动”，着力提升项目绿色文明施工的合力。一是采用全封闭钢结构罩棚竖井施工的方法，一栋栋“盒子里的工地”拔地而起，全封闭的厂棚有效控制了施工过程中的扬尘、噪声和光污染；二是建立污水处理系统，生活区、拌和站实行雨污分离，工地废水达标排放；三是配备洒水车和雾炮机，对施工现场各个角落的扬尘进行综合治理，确保“零污染、零排放”；四是施工现场全部采用外挂式绿色植物围蔽，在净化空气的同时美化环境。

自开工以来，项目部开展蓝天白云保卫战、扬尘防治攻坚战等相关活动 10 余次，对现场人员进行扬尘防治“6 个 100%”及绿色施工标准的教育培训 20 余次，并制定专项保护措施、文明施工管理措施和考核办法。

有效的绿色文明施工管理，为项目创造了多个“第一”，成为全线第一批采用全封闭施工厂棚、第一个成功办理白天出土绿色通道、第一个采用悬挂式绿色围蔽的施工单位，其悬挂式绿色围蔽作为绿色施工优秀案例被广泛推广，成为展示央企形象的亮丽名片。

“服务型支部”提升便民服务合力，促民生

干一项工程，解一方难题。项目部坚持党建引领，着力发挥“红色引擎”力量，成立了“提高服务能力 践行群众路线”的服务型党支部，充分发挥基层党组织的战斗堡垒作用。

在支部建立以支部书记命名，以提升服务水平为核心的“强元工作室”，这里成为服务职工、服务居民、服务民工的根据地。同步成立“线上便民服务站”，及时发布施工信息、

动态掌握群众诉求、主动解决群众难题，便民利民的同时为施工生产营造良好条件。建立“困难群众档案库”，主动掌握所在地区的困难党员、群众信息，分析致困原因，研究扶贫方案，联合地方街道、社区等助力精准扶贫。通过“农民工实名制系统”，应用同步录像设备、人脸识别系统、指纹识别系统，确保人证卡合一，点对点精准发放工资，解决农民工工资发放难到位的问题。扎实推进便民服务“七个一”工程，了解居民诉求，增进互相了解，做细文明施工，发挥协同力量。以党建助力生产，以党建促进民生，真正以央企的责任担当和实际行动守百姓安宁，护一城繁华。

该项目 2019 年荣获广州地铁集团授予的“共建工作先进集体”“优秀项目部”等多项荣誉称号，2020 年荣获“广东省五一劳动奖状”，收到各界表扬信、感谢信 50 余封。

千淘万漉虽辛苦，吹尽狂沙始到金。中铁三局广州地铁 11 号线全体参建员工以钢铁般的意志，在艰难困苦的历程中，克服重重困难，团结拼搏，迈出了坚实的一步。他们将继续发挥团队优势，攻坚克难，坚定不移地把广州地铁 11 号线打造成公司在地铁建设最前沿的“宣言书”，助力广州轨道交通建设，向羊城人民交出一份满意的答卷。

广东公司宣传部供稿

有起点没有终点

——中铁三局北京地铁 5 号线工程扫描

喜利　争鸣　占平

2002 年 11 月，当中铁三局中标北京地铁 5 号线 4 标工程时，决策者们深知“赴京赶考”的深远意义，毫不迟疑地把这一工程定为“天字号工程”，时刻关注这里的一举一动，这种关注的确有它深刻的道理。

时任集团公司总经理李志义说：“北京地铁 5 号线工程是集团公司的窗口工程、形象工程、业绩工程，干好了，这里是集团公司在北京市场发展的起点；干砸了，这里是集团公司离开北京市场的终点。”

三局人要圆进军北京地铁梦。

四公司勇气可嘉接受“瓷器活儿”。

在地铁建设方面，三局人也曾有过遗憾。20 世纪 70 年代北京建地铁，鏖战丰沙线、苦斗大秦线的京师之旅错过了地铁发展的时机；之后的 80 年代、90 年代，北京 2 号线、3 号线地铁建设时由于各种原因也没有三局人的参与。作为国有大型施工企业，这不得不说是一种遗憾。

从党的十五大到党的十六大的 5 年时间，中铁三局迈上发展的快车道，从南到北，从东到西，各个战场凯歌高奏，生产经营连创新高。尤其在地铁施工领域，中国几个著名的大城市，如广州、深圳、上海、南京、天津等地的地铁建设中都有三局人的身影。

敢不敢“赴京赶考”，在京畿之地建功立业，这无疑是对中铁三局集团公司综合实力的检验，因为在这里施工不仅要有较强的施工技术水平，更重要的是要有大局意识。北京地铁 5 号线作为北京市重点工程、奥运工程，为三局人提供了展示才华的舞台。作为京师之旅的四公司，庄严地从集团公司接过这个光荣而沉甸甸的“令牌”。

5 号线 4 标位于繁华的磁器口和天坛东门，主要承担天坛东门至磁器口站区间和磁器口

北京地铁5号线磁器口站

站的施工任务。磁器口车站为三拱两柱结构，采用中洞法施工，这种施工方法不仅三局没用过，在国内地铁施工中也是“大姑娘上轿——头一回”。在城市中心区大跨暗挖施工，对地面沉淀要求极高，与之配套的夯进大管棚注浆加固地层技术和CAD工法，三局人也是头一回接触。面对“新”的难题，施工伊始，集团公司就成立了专家组，对5号线建设给予强有力的技术支持。

四公司深知“天字号工程”的意义。建点之初便倾尽全力投入，修建了可与军营相媲美的职民工宿舍，有标准漂亮的企业标识。5月26日，中央电视台记者到工地采访时，地铁管理公司总经理杨斌说：“中铁三局为5号线带了好头，为5号线争了光。”

在抗击“非典”战役中，5号线项目更是积极落实北京市政府“民工管理防控‘非典’六项标准”，做到宿舍、食堂、厕所及垃圾点消毒到位，职民工体温测量及进出人员管理到位，得到社区和新闻媒体的好评。6月8日，北京市副市长刘敬民来到工地，详细检查了防“非典”情况，对中铁三局集团公司文明施工及防“非典”工作给予高度评价。陪同检查工作的地铁管理公司董事长彭泽瑞向刘副市长汇报说：“中铁三局无论施工进度、安全质量，还是抗‘非典’工作都干得非常好，有大企业的风范，应该说5号线取得了初战告捷的成果。”

由于种种原因，地铁5号线项目施工进度有些滞后于施工计划，业主脸上露出了疑虑的神情。为了扭转被动局面，集团公司果断决策，加大管理力度，调换协作队伍，组织工作组现场办公、专家组研究方案，项目部3个副经理都到一线严抓细管。在哪儿跌倒在哪儿爬起来，集团公司领导下达死命令：“5号线不争第一就不是三局人。”

8月28日，5号线项目举办地铁暗挖技术培训班，集团公司工作组结合5号线实际，从技术的外业资料、区间隧道施工技术、车站暗挖施工技术等方面为参战的干部职工进行了详细的讲解，全体员工在学中干、在干中学，一天比一天进步。

9 月 9 日，地铁公司领导检查工作时，看到洞内现场整洁规范，工作面施工有序，说道：“前期我对中铁三局比较放心，因为你们是大企业，今天看完现场我就更放心了，希望你们在 5 号线争当‘头羊’。”

咱们三局人有力量，干好现场就是保市场，不拿第一誓不休。9 月 25 日，北京地铁管理公司在中铁三局项目部召开施工方案安全性咨询会，就 4 标段车站、风道、渡线及防水设计和施工方案进行全面研讨审核。与会专家在 25 日观看现场后的小结中，普遍认为现场整洁、施工有序、管理到位，整体工作较前一阶段有很大提高。在 26 日图纸审核中，专家们认为图纸设计合理。在 27 日的会审中，专家们听取项目部施工组织方案后，青年专家组首先对施组进行评审，认为中铁三局领导重视现场，由集团公司领导和专家组指导施工现场规范有序，掌子面开挖坡度规范、尺寸严格、封闭快捷、结构圆顺，施工测量采用激光指导，向实时穿孔式控制，创造性监控了拱顶沉降并对中线方向控制的影响。施组方案做得最好，细腻稳妥，环节紧扣，有利安全。

资深专家组一行 8 人，对青年专家组评估结果表示赞同，组长崔玖江在代表发言中说：“中铁三局作为一个老企业有创新意识，在监测系统、开挖运输上都有创新，施工方案很成功，你们在施工技术上有深厚的功底，结合现场实际管理严格了，到位了。”

方案一定，项目经理就把撒手锏放在抓现场落实上，进一步明确了各岗位的安全生产责任制；对施工突发事件应急处置预案进行详细编制，备足现场抢险物资；实行安全员现场站岗监督制度；井口提升设备安排专人检查和维修；现场施工采取交班制度，整个现场井然有序，进度逐渐加快。

10 月 4 日，地铁集团公司领导来到磁器口车站检查工作，座谈中他说：“上海地铁出事以后，中央对地铁施工安全问题十分重视。”10 月 8 日，朱镕基总理到北京地铁考察。26 日，北京市委召开书记办公会，专门研究了地铁施工安全问题。31 日，市委书记刘淇又到隧道局施工的 5 号线进行检查，他说：“你们中铁三局是新参加北京地铁施工的，一定要干好，这既是对业主负责，也是为国家负责，同时也是为你们企业负责，你们把 5 号线干好，为年底10号线、4号线的开工积累暗挖经验，有的是硬仗要打。”

集团公司领导当场向上级领导表态，中铁三局一定不辜负领导的期望，在确保安全的情况下，优质高效地完成好5号线施工任务，向地铁建设管理公司交上一份满意的答卷，今后继续为奥运工程建设作出贡献。

参建北京地铁5号线的三局员工，面对重重困难打出了自己的威风。10月27日，在北京地铁建设管理公司2003年下半年安全文明施工大检查中，中铁三局以高分名列全线参战单位先进行列，使三局人的形象再放光彩。

11月6日，工程总公司副总经理孟凤朝来到5号线工地检查工作，在总结检查工作时他说：“进北京施工不容易，但也不能轻易出去，前段时间我还很担心你们能否干好5号线工程，今天看完工地我就不再担心了，下一步三局在北京还是有活儿干的。我相信有着良好发展态势的中铁三局在北京一定能够实现第一的荣耀。”

选自《铁路工程报》 2003年12月9日第1版

纵横金陵

——中铁三局南京地铁 10 号线建设纪实

唐承光

六朝古都南京，虎踞龙盘，濒临长江天险。

2013 年 11 月 24 日凌晨 2 点，当最后一节轨排在南京地铁 10 号线长江大盾构地段顺利接轨并浇筑完毕时，施工现场一片欢腾，首次进军南京地铁市场的中铁三局线桥公司比建设单位要求工期提前 6 天实现双线轨通。

南京地铁 10 号线途经江北的浦口、江南的建邺和雨花台 3 个行政区，是南京首条过江地铁线。线路起于安德门站，终至城西停车场，全长 21.6 公里，共有车站 14 座。线路跨长江连接主城与浦口新区，对于加强城市内外联系，促进浦口新区发展，形成南京沿江开发、跨江发展的都市发展格局有着重要作用。全线铺轨任务由线桥公司承担，含正线及辅助线铺轨 32.5 公里、停车场铺轨 10.8 公里、道岔铺设 53 组。

2012 年 12 月 8 日，第一节轨排在珠江东路铺轨基地成功铺设，提前燃响了线桥公司建设南京地铁 10 号线的礼炮，开启了纵横金陵古城的“逐梦之旅”。

2013 年 10 月 10 日，南京地铁建设公司组织召开“10 号线百日大干动员会”，对线桥公司明确提出，11 月 30 日必须实现双线轨通。

项目部迅速召开班组长以上人员会议，把地铁建设公司的指令传达到每名参建人员。全体参建人员呕心沥血、不分昼夜、风雨无阻，在地上地下10个作业面同时开展工作，整个管段全面开花。一时间，机声隆隆、号音嘹亮、焊花闪耀。建设单位到现场检查时，看到工程进度快、质量高，连连称赞中铁三局是一支特别能战斗的队伍。

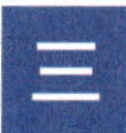

三

穿越长江大盾构是这支队伍从未遇到过的硬仗。

江心洲站至中间风井为长江大盾构地段，直径11米，是普通盾构直径的两倍，双线总长7.2公里，中心最低点距江面44.1米。为确保长江大盾构地段顺利铺轨，项目部设珠江东路和绿博园两个铺轨基地，由两端向中间相向铺设。由于是长大隧道，且由两端向中心最低点铺设，故两端铺轨均处于29‰下坡，给施工带来极大困难。

头上是滚滚长江东逝水，地下是隆隆机声铺轨忙。面对工期紧、任务重、移交迟、大坡道等重重困难，参建员工咬定节点不放松，打响了抢工期、保安全、求质量之战，在地层深处燃烧激情，向南京人民奉献着光和热。

后门已经关死，因移交铺轨作业面不及时耽误的时间要抢回来。项目部加强劳力组织，安全和技术人员全程监控。物资部门加强与甲供材料单位沟通，确保商混等物资及时供应。电工、钳工跟班作业，机械和照明线路出现故障及时排除。边沟浇筑采用先进设备，将单独柴油动力10立方米混凝土搅拌罐固定在平板车上进行作业，减少了作业人员数量，降低了劳动强度，避免了道床的二次污染。根据大盾构疏散平台高度，对既

南京地铁10号线盾构区间

有重型支墩进行改造，以调高和垫平铺轨龙门吊走行轨，解决了铺轨门吊设备限界与疏散平台建筑限界不吻合的问题。

铺轨有条不紊地进行着，现场有一双鹰隼般的眼睛环视着这里的一切，这双眼睛的主人就是人称“安全守护神”的安质部部长朱兰锁。别看他是1米86的大个儿，“五大三粗的莽汉”跟他可是毫不沾边。他做起事来心细如发，任何隐患都逃不过他的慧眼，他对不戴安全帽、不关闭小型机具电源等违章操作及不文明行为进行罚款，对及时发现并报告隐患的举动建议领导给予奖励。一位协作队伍人员发现铺轨门吊走行轨有一处轻微纵向裂纹，不注意观察很难发现。他及时报告后，机组人员在裂纹处增设支墩，避免了一起可能发生的轨道车或铺轨门吊脱轨事故，此情况如果是在吊轨时发生，后果不堪设想。事后，他建议领导对这位农民工给予500元的奖励，并在交班会上表扬。

大盾构地段参建人员在人称“虎将”的项目部江南区负责人、项目副经理李政学的带领下快马加鞭，日夜兼程。他不仅铁路施工现场经验丰富，参加地铁建设同样干得风生水起。这位铁路工人的儿子，身上有着老一辈筑路者那种不畏艰难和愈挫愈坚的精神，内心更蕴藏着新一代筑路者渴望建功立业的荣誉感和使命感，他相信再大的困难也难不倒英雄的线桥人。

参建人员为使10号线早日建成，宁负白发高堂，宁舍儿女情长，他们内心的天平永远倾斜向国家和企业。他们顾不上要做白内障和胆结石手术的父母，顾不上回家看看已下病危通知单的老人，顾不上体弱多病的孩子，而是全身心地投入到南京地铁建设的事业当中。

正是这种知行合一、永争第一的昂扬锐气，科技攻关、大胆创新的蓬勃朝气，使铺轨速度不断加快，创造了连续30天日铺125米、最高一个作业面日铺140米的战绩，创出了无出其右的速度。

四

长江大盾构现场如火如荼，确保11月30日轨通目标实现的另一控制重点工程——文德路至雨山路区间铺轨也激战正酣。

10号线道床形式复杂，有普通道床、压缩型减振道床、隔离式减振垫浮置板道床、钢弹簧浮置板道床等形式。每种道床的长度都短，致使工序转换频繁。项目部合理组织劳力和安排工序，有效配置资源，确保了工序无缝衔接。其中左右线共 12 段合计 2.92 公里的隔离式减振垫浮置板道床为南京地铁首次使用。该道床形式工艺复杂、施工周期长，需进行两遍混凝土浇筑，道床才能成型，比普通道床要多浇筑一次。特别是文德路站设置车站隔离式减振垫浮置板道床，受车站结构的限制，传统走行轨安装工序和方法无法满足龙门吊铺轨的条件，调整施工工艺后需进行 3 遍混凝土浇筑，道床才能成型。文德路站至雨山路站区间设计变更后集中了全线 4 种道床形式，对工序衔接和施工组织造成较大困难。

有条件要上，没有条件创造条件也要上。平均年龄只有 25 岁的技术团队在项目部总工程师范明东的带领下开展科技攻坚。这位“80 后”是西南交大铁道工程专业毕业生，干练、睿智、沉着、自信是他的特征，从前期的工程量核定到实施性施组安排，从日常技术管理到科技创新，他都亲自上手，给技术团队作出了表率。他知识丰富，头脑中装满了各种信息，当同事们需要时，他总能用自己神奇的“百宝袋”给予回答，被员工誉为“哆啦 A 梦”。面对新的技术课题，他组织机械、技术等部门现场研究方案，调整支墩角度和高度，成功铺设龙门吊走行轨。他组织召开施工方案论证会，采用地下线龙门架一次变跨等措施保证了施工工序衔接，减少了工序转换时间。

文德路至雨山路区间铺轨在项目副经理、江北区负责人刘志权的带领下有条不紊地快速推进。他是最早进场的项目副经理，工作热情高，每天只要工地上有人干活儿，就能看到他不知疲倦的身影。他率领珠江东路、出入段线和城西路 3 个铺轨基地的筹建人员穿越风雨，跨越艰难，一路迅跑，迎接着正式铺轨的到来。

两次获得线桥公司“金牌员工”称号的现场领工员李守辉，带领职民工在城西路停车场和出入段线日夜奋战，是个“闲不住的人”。除了身处隧道无信号时，他的手机总是在响。他要协调各方关系，解决现场遇到的问题。城西路停车场处于城乡结合部，周边闲杂人员多，他告诫参建人员要文明施工，为施工顺利进行创造了良好的外部条件。

还有一个人功不可没，他就是经受北京和天津地铁施工历练、人称“大总管”的滕国军。他既是项目总调度，又是江南区调度，还是业主和土建施工单位的协调员。设备坏了，他通知机修。搅拌站混凝土供应不及时，他找供应商。他还要联系 20 多家土建单位，下达施工计

划，确保铺轨通道及作业面畅通无阻。

当然，这一切波澜不惊的后面，更有项目常务副经理韩卫国的殚精竭虑。他不仅经受了海南东环抢工期的艰苦锤炼，亦经过天津地铁多作业面施工的严峻考验。他中等身材，精明强干，浑身上下洋溢着一种亲和力，“组织协调能力很强”是领导、下属和业主对他的评价。他从到南京赴任的那一刻起，就透过眼前烟波浩渺的长江看到了存在于工程之外的非凡意义并感受到肩负的责任非同一般。“干一项工程，树一座丰碑”是他的工作信条。他把挑战视为机遇，把困难当作砥砺，用明晰的工作思路和管理理念将城轨交通的蓝图演绎为现实。

南京地铁建设公司给中铁三局发来贺电称：“贵公司于 2013 年 11 月 24 日实现了轨通目标，提前 6 天完成了我公司的要求，体现出了强有力的协调能力和组织能力，为后续施工创造了条件，为实现运营打下了坚实的基础，为贵公司赢得了荣誉！”

面对提前 6 天的佳绩，已经摘取南京市和江苏省文明工地桂冠的项目部参建人员没有停下拼搏的步伐。项目部参建人员正以一种敢于战斗、善于战斗的精神，主动出击、锲而不舍的动力，敢于负责、压倒一切的豪气奋力向前。前方的路，因为他们的参建，一定会更加精彩！

选自《铁路工程报》 2013 年 12 月 13 日第 4 版

跨隧道　穿古建　立钢柱

——中铁三局武汉地铁 6 号线、7 号线施工侧记

孙清华　杨晓峰　矫阳

正值 5 月，江城武汉，春意盎然。

伴着似锦繁花，武汉城市轨道交通建设如火如荼。据武汉当地媒体报道，2014 年，武汉共有 13 条地铁线路在建，其中，6 号线一期、机场线将竣工并试运营；新开工 8 号线二期、11 号线武昌段；继续推进 7 号线一期等 9 条线。

武汉居民很自豪，因为，武汉已开通运营的地铁线路长 126 公里，在建地铁线路 260 公里，力争到 2020 年建成运营地铁线路 400 公里。为此，2014 年，武汉一年内力争开通 2 条地铁线。

然而武汉居民并不知道，为建设这些地铁，数支建设大军正夜以继日地奋战在武汉的城市地下，攻克着一个又一个难题。

两座隧道最小净距 1.315 米

2014 年 3 月，中铁三局集团二公司承担的武汉市轨道交通 6 号线 13 标段正式开工建设。标段包含“一站两区间”，即江汉路站—大智路站区间、大智路站和大智路站—苗栗路站区间，两区间隧道双线总长约 3681 米。

当看到设计文件中的“在穿越武汉公路长江隧道引洞抗拔桩和民国时期古建筑群街地下，6 号线隧道上跨 2 号线隧道，68° 斜交，最小净距离为 1.315 米”时，6 号线项目经理许剑丰感到挑战来了。因为盾构机施工的扰动区域一般在 0—9.3 米，距离越近，干扰越大。“1.315 米这个距离，盾构施工几乎临近极限了。”许剑丰介绍说。

由于 2 号线隧道已经通车运营，施工必须在夜间运营“天窗”期。“我们只能严格按照计算准确的参数作业。比如，降低推进速度，并尽最大努力保持匀速；严格按计算好的

出土量出土并对既有 2 号隧道进行 24 小时监控。”项目总工周和平说。

功夫不负有心人。2016 年 4 月 30 日，武汉市轨道交通 6 号线一期工程第 13 标段车站、区间主体结构提前顺利完工，成为中心城区第一个全线盾构隧道顺利贯通的标段。

每栋老建筑下方斜插 700 根隔离钢桩

走进汉口老街，一系列迎江矗立的哥特式、洛可可式、巴洛克式建筑映入眼帘。这便是 19 世纪 60 年代至 20 世纪上半叶汉口租界的遗存，也是武汉近现代史的见证。老街正一段段被围着，原来，地铁 6 号线的建设正如火如荼。武汉地铁 6 号线全线连接汉阳和汉口，横跨汉江，全长 35.95 公里，设站 27 座，预计 2016 年 12 月 28 日开通。

地铁 6 号线 13 标被业主认为是最难的两个标段之一。“它集各种难度于一身：施工环境最复杂、车站降水最复杂、土方外运最难、施工组织难度最大、区间施工难度最大（坡度大、转弯半径小）、区间穿越古建筑群最多……”许剑丰一口气说出这么多“最”。

在古建筑群下施工，文物保护是第一要务。“地下施工最不怕的是高楼，楼越高桩基越深，也最抗干扰。而老建筑的地基则很浅，尤其是文物建筑，不允许有所损坏。”许剑丰这样说。

为解决施工与文物保护的矛盾，在经过充分论证后，项目部首创小直径钢管隔离桩方法，每根桩直径约 1300 毫米，每栋老建筑下方斜插 700 根，提前对历史建筑加固，成为武汉市区地铁施工古建筑保护的成功案例。

在地下盖挖逆做，64 根永久钢立柱施工偏差仅 ±5 毫米

正在施工的武汉地铁王家墩中心站，主体为地下三层五跨矩形结构。站在施工梯上往下看，26 米深处是一座巨大的施工基坑，最宽处为 58.6 米，最震撼的是有 64 根钢管立柱矗立其间。

这些钢管立柱是这个地铁站的承重结构，其安装定位及施工精度是这个标段最大的技术难点。

2014 年 7 月，中铁三局二公司担负施工的武汉市轨道交通 7 号线 4 标段开工。

标段有多难？先看看这一串数字。

基坑最宽处为 58.6 米，最深处为 26.9 米，东端与黄海路隧道共建段长 233 米，主体为地下三层四跨矩形结构，顶板以上覆土厚度为 3 米，基坑宽 54.1 米，深 26.9 米。

这些数字描画出未来的王家墩中心站的规模——国内地铁最大的中心站之一；同时也说明这一标段具有地下水位高、地质条件差、工期紧、安全风险大等特点。

为节省 2000 万元临时支撑的投资，车站设计为盖挖逆做施工，即三层车站，先做负一层，再做负二层，再做负三层。

顺施工梯下行 10 余米，在宽阔的站房工地端详这些高大的钢管立柱桩，一根根十分挺拔细滑。因为这些立柱是永久性的，在施工时是以艺术品的标准来做的。作为建成后车站的永久性结构，钢管柱施工安装精度要求极为严格：首先是立柱中心线和基础中心线允许偏差 ±5 毫米，其次是立柱不垂直度允许偏差最大不超过 15 毫米。

在施工时，项目部积极研究探索新工艺，在借鉴同行施工经验的基础上，结合项目自身的施工特点与设计院进行沟通，最终在“地铁站外侧墙快装整体模板”和“钢管柱桩施工”两个方面进行了技术创新，地铁钢管柱桩施工工法被评为“省级和企业级工法”并申报国家级发明专利。

这两个技术创新不但提供了安全的施工环境，而且提高了工效和施工质量，也为项目部节约了成本。仅地铁钢管桩施工工法在施工中的成功运用一项，就为项目部节省成本 700 多万元，赢得了业主及监理单位的一致好评。

选自《科技日报》2016 年 5 月 23 日 第 3 版

三个“最”字美名扬

——中铁三局石家庄地铁施工侧记

杨晓峰

地铁是一个城市的惠民工程，是一个城市的经济提速工程，是一个城市的助推发展工程。石家庄首条地铁开工建设两年多来，中铁三局二公司作为参建单位向当地人民交出了什么样的答卷？“三局人了不得，两年多完成地铁三个‘最’字号工程施工。”这是一位到项目参观的业内专家给予的评价。

多措并举，攻下第一个“最”字号堡垒

石家庄地铁 1 号线长约 23.9 公里，共设站 21 个。其中，由二公司施工的石家庄地铁 1 号线 09 标段留村站为地下两层侧式车站，是与远期规划的 6 号线同站台换乘车站。该站全长 242.5 米，宽 41.4 米，是 1 号线全线最宽的车站。

留村站开工前，参建员工担心，修建这么大的一个地铁车站，地上需要征地 15000 多平方米，改移污水、自来水和热力、电力等多条管线，如果有一项施工卡住“脖子”，想要在一年多的时间里完工，实属天方夜谭。

面对工期压力，以魏智强为首的项目部一班人挑灯认真研究施工方案，最终果断决定采取不中断石家庄市主要干道天山大街交通，车站分两期 13 段施工的大胆施工方案，以及采用新型旋喷机、增加周转料投入、加大安全质量管控力度等措施，保证了施工进度，确保了公司信誉。项目管理团队多次在建设单位召开的例会上受到“年轻有为，有胆有识”的评价。

2013 年 7 月，留村站在石家庄地铁 1 号线率先破土开工，项目部一班人及现场负责人扑下身子踏实做事，快速形成“人人做事、人人把关”的施工大干格局。工地几天就是一个大变化。一天完成全部围挡施工，三天完成地上主要建筑物拆除，开挖、浇筑……工程进度

纪录不断被刷新，成为 1 号线全线施工的领跑者。

2014 年 10 月初，留村站一期主体实现封顶目标。2015 年 6 月 20 日，留村站二期主体提前封顶。天方夜谭的说法变为现实，让同行们刮目相看。

驯服机械，解决第二个“最”字号难题

谈起石家庄地铁 1 号线 09 标段第二个“最”字，那当属 2014.4 米的白佛站至留村站盾构区间。项目部书记贺庆学说：“咱们负责施工的这个盾构区间是 1 号线最难施工的盾构区间，隧道呈‘V’字坡，并下穿白佛客运站、京港澳高速公路和八匹马雕塑等。建设单位及施工设计都有硬性要求，无论哪一个建筑物、构筑物，在施工中都不能受到影响。”

建设单位及施工设计规定了白佛站至留村站盾构区间施工的“红线”，项目部不能越雷池半步，否则就会受到清退出场的处罚，这将对企业信誉和施工能力造成重大影响。在“V”字坡、下穿的难题面前，是前进还是后退？项目部一班人挺起脊梁，果断选择了前进！

2014 年 4 月 15 日，披红戴花的“石家庄号”盾构机从白佛站载着参建人员的期望出发了。

一天、两天，一个月、两个月过去了，盾构机在掘进的同时，操作人员及技术人员相互合作，不断探索，不太听话的盾构机被“驯服”，解决了砂层地质盾构机掘进、成型管片同时上浮的施工技术难题，有效地保证了地表下沉量、人身和机械安全，完成了两个曲线半径 600 米、400 米的转弯并成功下穿了多个建筑物、构筑物。

2015 年 10 月 6 日，历经 539 个日夜的“石家庄号”盾构机到达彼岸——留村站，参建员工看着满身泥土的它露出了笑容。

攻难克险，确保第三个“最”字号贯通

石家庄地铁 1 号线 09 标留村站至火炬广场站区间 1059.75 米，是 1 号线全线最长的砂层暗挖区间，被称为第三个“最”。

在这个“最”字号工程施工中，客观因素导致暗挖区间 2 号竖井至火炬广场站区间隧道

石家庄地铁 1 号线青年突击队

开挖搁浅长达 7 个月。建设单位、监理公司等在全线施工例会上对该段“卡脖子”关键线路提出质疑。工期后门关死，留村站至火炬广场站区间隧道还能不能按时贯通呢？项目部参建员工坚定地回答：“能贯通得贯通，不能贯通也得贯通。”

参建员工有信心、有干劲，在施工过程中项目部成立的科研攻关小组发明了“双注浆”法和洞内喷淋法，运用效果良好，在石家庄地铁 1 号线全线推广应用。两项发明，破解了暗挖区间砂层暗挖易坍塌和洞内粉尘极大两大难题。工程进度、施工安全质量以及人身安全得到了保证。与此同时，技术人员 24 小时地上地下多点测量，保证了沉降量控制在设计要求范围内。

2015 年 11 月 25 日，历时 816 天的暗挖区间如期贯通。项目部摘掉了建设单位及监理公司疑问的“帽子”。

2016 年 4 月初，历时两年多，由二公司施工的石家庄地铁 1 号线 09 标段三个“最”字工程如期完工，项目部实现了建设单位提出的“2014 年主体工程年”“2015 年洞通年”目标，工程进入收尾阶段。其间，项目部收获了“安全文明示范工地”、扬尘治理“标杆工地”等 10 多项不同级别的荣誉，在石家庄建筑市场彰显了二公司修建地铁的项目管理及施工能力。

选自《铁路工程报》2016 年 4 月 22 日第 2 版

大漠深处舞巨龙，建设最美生态路

——中铁三局京新高速第二标段建设纪实

王军海

茫茫戈壁，京新高速，一条执着地穿越大漠戈壁无人区，使大漠戈壁变坦途的高速公路，拉近北京与新疆千余公里距离，飘扬在我国古今丝绸之路上的耀眼缎带。

作为全球穿越沙漠戈壁里程最长的高速公路，它是国家交通建设事业飞速发展的典型工程；作为继青藏铁路后又一具有典型艰苦地域特点的代表性工程，它是中铁三局企业施工组织、技术实力和精神风貌的可靠证明。

在神奇而又广袤的苍天圣地阿拉善，中铁三局京新高速第二标段的建设者们苦战 3 年，在千里荒漠排兵布阵，劈砂碎石，在无路、无水、无电、无信号、无人烟的区域挑战诸多“不可能”，胜利完成全部建设任务，并实现一次验收通过、一次工程成优的既定目标，开凿出通往祖国北疆，走向亚欧大陆的新坦途，在茫茫戈壁深处为企业赢得了信誉。

创新模式为施工建设奠定基础

中铁三局承建的管段位于阿拉善盟左旗境内，主线长度 121 公里，乌力吉口岸连接线长度 62.183 公里。工程内容涵盖主线及连接线范围内的路基、路面、桥涵、房建、交安设施等工程以及 430 公里范围内（中国中铁 2 标和中国建筑 1 标管段）的机电及绿化工程。合同价约 35 亿元。项目位于沙漠戈壁地带，线路穿过多处地质不良地段，如盐渍土、风积沙、弱膨胀性岩石等。无水、无电、无信号、无人烟，施工条件极其恶劣。阿拉善脆弱的生态环境，需要时刻保持环保高标准。施工时间集中，并且有效时间短，工程量及资源投入巨大。工程包含了高速公路从开工到交付的全部工程内容，交叉结合部位多。

从容背后是艰辛，光彩背后是付出。无论就管理跨度还是技术难度而言，对建设者们都

意味着巨大的挑战。根据项目施工线路长、专业多、工期短、条件差等特点，按照“专业分工，大兵团作战”的总体思路，中铁三局迅速成立指挥部，调集子分公司的精兵强将组建项目管理机构，负责项目的统一领导指挥，实行“扁平化”管理。为快速适应大标段管理新模式，高标准高质量地完成建设任务，指挥部大胆创新管理模式，将全线划分为 8 个工区，安排了 6 个综合子分公司负责土建施工，有效地确保了工序衔接有序。其中，安排具有房建和园林绿化资质的建安公司负责房建及绿化工程施工，安排具有公路机电资质的电务公司负责交安和机电工程施工。同时，指挥部根据项目管理实际情况编制了工程技术管理制度、工经管理制度、工地试验室管理制度、物资及机械管理制度、项目财务管理制度、办公室管理制度、食堂管理制度、安全管理制度、质量管理制度等多项管理办法和规章制度。对管理目标、工作内容、工作标准、工作程序作出明确规定，落实人员责任，完善考核制度，建立制度体系。将制度汇编成册，认真组织各部门及各工区学习，将制度作为管理的依据，将执行情况纳入考核范围，从而确保实施有规范、操作有程序、过程有控制、结果有考核。

统筹资源为施工建设集成优势

2015 年 1 月初中标后，中铁三局集团公司和下属参建子分公司迅速组织人员进行施工策划。同时，启动项目征地、测量、临建施工。到 1 月底，各工区驻地选址、征地、板房基础和板房搭建基本完成，便道累计修建约 60 公里，控制测量完成。在小型构件场、梁板预制场、混凝土拌和站、水泥稳定碎石拌和站、沥青拌和站等场站策划上，综合考虑运距、水源、工期、工区划分等，本着适度超配的原则布设场站，确保满足大规模快速施工的需要。

细化施组安排，实现快速施工。本着高起点规划、高标准配置、高质量管理、高效率推进的总体要求，按照总包部“四大战役”劳动竞赛的总体安排，细化施组安排，全面调动各种资源进场快速展开施工。充分考虑气候、季节、交叉施工对工期的影响，分别编制各阶段施工组织设计，结合重点、难点、关键工程进行施工安排，保证足够的设备及人员投入，合理安排施工工序，加强工序质量控制，加快工序转换。通过考核、评比等措施，充分调动各工区积极性。

协调地方政府，解决征拆难题。在项目前期征地过程中，121 公里的主线长度，约有 50 公里因受干扰不能正常进行便道施工和主体施工，严重影响了施工进度。项目部一方面同当地牧民做好沟通工作，另一方面同业主向盟、旗等地方政府汇报，完善征地相关文件和制度办法。旗政府专门派政协副主席带队的工作组进驻项目所在地阿拉善左旗乌力吉苏木，直接同牧民进行沟通，经过两个多月的努力，征地问题得到了圆满解决。在随后的施工过程中，项目部坚持与牧民多联系、多沟通、多帮助解决困难，始终保持良好关系。由于项目的有效施工期很短，前期的征地影响，给后续的各项施工均带来了不小的压力（本段开工的时候，其他项目部的路基土方填筑已经完成 50%）。但是随着在施工过程中不断调整施组和资源配置，圆满完成了施工任务。

合理分配任务，发挥集成优势。本项目包含 121 公里主线和 62 公里的连接线，合同价达 35 亿元，任务量大，专业全。中铁三局充分发挥各子分公司的特长，安排二公司、四公司、五公司、六公司、天津公司和运输公司负责土建施工；安排具有路面施工优势的二公司、五公司、六公司负责全部油面施工；安排房建专业公司建安公司负责全部房建施工；安排交安和机电专业公司电务公司负责全部交安和机电施工；安排测量公司负责控制测量，检测公司负责试验检测。在项目指挥部统一指挥、调度下，充分利用专业特长，利用各专业之间的空余时间，专业分工，交叉施工，动态调整，大兵团作战，保证了项目的施工工期最优，施工成本最优，大幅节约管理成本。这充分展示了中铁三局在高速公路项目施工总承包上的集成优势。

桥面系铣刨施工，项目采用统一租用，根据各工区桥面系和油面摊铺的实际进展情况统一调配设备，提升了施工进度，降低了施工成本。

充分利用冬休时间，优选 3 支架梁队伍（两支汽车起重机架梁，一支架桥机架梁），为各工区统一进行架梁作业。这样既减少了投入，又保证了架梁质量和安全。

水稳、油面施工采用动态监控、动态调整的施工措施。根据各站施工进展情况统筹安排，合理地利用管段的 8 个水稳站、4 个沥青站，十几个作业面的机械设备，对各工作面进行动态跟踪，及时调整施工任务，提高了路面工程的施工效率，节约成本，确保路面工程节点工期。

房建施工充分利用土建施工队伍的机械设备，优先组织完成各服务区、停车区、收费站

等场坪施工，基础开挖及回填，使房建施工与线路施工同步展开，同步交付。

高标准组建中心试验室。按照总包部的要求，中铁三局代表中国中铁总包部组建中心试验室。中铁三局工程检测中心领导亲自坐镇，从场地选择到设备配备，从人员选配到人员到位，快速高效地完成了中心试验室的组建。所有设备全部采用新购置的最新型的试验设备，投入资金 300 余万元。在整个施工期间，中心试验室多次迎接检查，从设备运行状态到工作人员素质，从试验操作过程到内业资料整理，得到了内蒙古自治区交通运输厅、业主、监理等单位的一致好评。

精细管理为施工建设铸造品质

如何把京新高速建设成一条精品路、品质路，是最迫切需要解决的问题。面对内蒙古西北部严酷的环境—— 一望无际的沙漠戈壁，面对困难，三局人没有畏惧、没有退缩，而是大力发扬“逢山开路、遇水架桥”的开拓精神，矢志不渝、勇往直前，在实干中总结经验、破解难题，以坚韧的毅力誓将京新高速建设之路进行到底。“施工经验 + 技术创新，认真总结 + 不断提高”是三局人破解难题的万能钥匙。

实行模块化管理，主辅同步推进。针对本条线路基工程量最大，桥涵结构物较少的特点，确定以路面的施工顺序为控制主线，以路基施工为控制重点，采用模块化管理，推动水泥稳定碎石和路基附属同步施工，取得了良好效果。模块化管理就是把路基 2—3 公里分成一个段落模块。在本段集中资源，迅速完成路基填筑施工（包括桥涵施工），然后迅速启动水泥稳定碎石施工和路基附属施工。施工一段，快速完工一段，逐段推进。这样改变了以往“摊大饼”的施工弊病，有利于各工序同步流水进行，缩短了管理跨度，减少了资源投入，展示了良好形象。

创新工艺工法，提升产品品质。针对缺水干旱状况，原有路基填筑洒水的工艺会造成水分散失过快、取水成本过高、现场停机待料等现象。通过采用新型闷料法施工，大量节约用水，环保经济，收到明显效果。同时对盐渍土路基施工和风积沙路基施工方法进行了技术攻关和总结，形成了企业工法。

针对本工程地区风沙大、气候干燥的特点，对于结构物采用“塑料薄膜＋透水土工布＋塑料布”三层覆盖包裹，自动控制滴灌养生的措施，有效地避免了结构物表面水分散失过快造成的表面开裂，确保了混凝土施工质量。

桥涵台背回填质量是桥头跳车的主因，项目采用分层划线，严格分层填筑的施工措施。在留好每层影像资料，做好每层监督的同时，采用国内领先的高速液压夯进行补强，实现了良好的台背回填效果。

在所有梁板预制场购置锅炉，自制蒸汽养生大棚，全部采用蒸汽养生。虽然增加了部分投入，但是加快了模板和台座的周转速度，减少了养生的时间和用水量，保证了梁板的质量，取得了良好的效果。全面推广使用智能张拉机和智能压浆机，实现了张拉压浆的机械化、智能化、自动化，避免了人为造成的超张拉或欠张拉、注浆压力偏大或不足等质量通病，确保张拉精度和注浆饱和度，有效提高了梁板的预制质量。

在水泥稳定碎石养护方面，通过不断摸索试验，总结出采用两布一膜、土袋压实的方式，具有保温保湿效果好、防风防干能力强、可重复利用等优点。

安全质量为施工建设矗立丰碑

蜿蜒游弋的京新高速，铺展是巨龙，矗立乃丰碑。安全质量是一个企业的生命线，过程安全保证企业的正常施工，质量过硬保证企业的良好口碑。项目部高度重视安全质量，对于安全质量，始终保持零容忍的铁腕态度。

编制作业要点，提高员工素质。为加强安全质量管理，保障项目部安全质量的总体目标，确保项目部安全质量可控、有序地展开，根据项目施工特点，项目部组织编制了《施工安全控制要点》《施工工序作业质量控制要点》手册，分发给管理人员和施工人员并进行培训，加强施工人员的安全质量意识和防范隐患的技能，有效提升了项目管理水平和预防安全质量事故发生的能力。

推行“五化”要求，提高工程品质。为了建设一条美丽的生态路，项目部按照“五化”（附属工程主体化、房建装修家庭化、黑色路面绿色化、机电安装精细化、交安工程艺术化）

要求，认真进行各项策划和管控。严格要求每一处附属工程，彻底改变以往对附属工程的认识。对于房建装修工程，每一个服务区均认真做好几套备选方案，与业主、监理一起认真比选，保证美观、实用、有特色。所有沥青拌和站均采用最先进环保的燃烧装置、除尘装置，安全节能环保。对于每一处机电设备，均采用高标准的安装工艺。优化交安工程的设置，做到与环境最大限度地协调。

推行班组长责任制，夯实质量基础。从2016年冬休复工以来，项目全面推行班组长安全质量责任制，共组建了桥面作业班组10个，浆砌附属作业班组19个，路面作业（含运输、滑模、摊铺等）班组15个，机电作业班组4个，交安作业班组 1个，共49个。各工区根据现场施工组织需要、作业班组组建情况等因素确定各班组长人选，以自己职工担任、择优选聘、由分包人授权委托的形式，挑选直接在现场带领工人作业、品行良好、责任心强、具有一定施工管理经验和较强管控能力的人员担任班组长。在水稳和油面的作业安全及质量、附属工程的施工质量等方面均做到了内实外美，取得了良好的效果，并涌现出一批优秀“班组长”、优秀“工匠”。

做好标识标牌，保证行车安全。项目施工过程中，土方运输、原材料运输、混凝土运输、水稳料和油面料运输等大量使用机械设备，确保施工便道行车安全是头等大事。为此，项目除了高质量地修筑施工便道外，决定按照道路等级规定，严格规范设置各种交通标识，增加施工方面的各种标识。在所有施工现场，大量使用水马、防撞墩等标准标识。所有机械设备均粘贴反光标识，所有作业人员均穿反光背心。随着全线路面的贯通，大量社会车辆上主线行驶。主线交通安全管控成为管控重点，为确保道路交通安全，在线路上设置执勤岗亭并安排值班人员进行24小时轮换值守，同时邀请当地公安边防派出所警员在乌力吉收费站共同值守，有效阻止和拦截外来车辆驶入主线，降低主线交通安全管控的压力。同时在线路上设置减速水马（每5公里一处）、各类限速警示牌、爆闪灯等安全设施，提醒通行的车辆注意安全。每天安排巡逻车对线路交通安全管控情况和道路封闭情况进行巡查，确保了主线交通安全良好可控。在整个施工期间，180余公里的施工现场未发生一起安全事故。

全面引入第三方单位，分别对“桩基无损检测”“支座检查”“孔道密实度”“箱梁承载力”“沥青用碎石”等薄弱环节及时进行检测和管理，确保质量薄弱点处于受控状态。

生态环保与施工建设齐头并进

“生态环境没有替代品，用之不觉，失之难存。在生态环境保护建设上，一定要树立大局观、长远观、整体观，坚持保护优先，坚持节约资源和保护环境的基本国策，像保护眼睛一样保护生态环境，像对待生命一样对待生态环境，推动形成绿色发展方式和生活方式。”这是习近平总书记 2016 年 3 月 10 日参加十二届全国人大四次会议青海代表团审议时的讲话。

面对习近平总书记的重托，面对阿拉善脆弱的生态环境，指挥部始终以“像保护眼睛一样保护生态环境，像对待生命一样对待生态环境”作为环保施工的宗旨。项目进场就认真策划如何最大限度保护环境，坚持每月定期开展“清除白色污染，守护一片绿色”垃圾清捡专项活动，确保施工和生活驻地的环境，避免和减少环境污染。同时开展“用四个空矿泉水瓶子换一瓶矿泉水”等活动，进一步减少白色污染，保护生态环境。对施工驻地、场站、取弃土场等临时用地，使用完成后均彻底清除干净，覆盖种植土，并种植梭梭、骆驼刺、沙柳等植物。

千年形成的沙漠戈壁滩，生态环境极其脆弱。环境保护与生态建设，必须贯穿道路施工建设的始终。为此指挥部本着不破坏就是最大的保护的原则，提出除了施工便道、场站、取弃土场、驻地等临时用地外，其他地方必须得到保护，严禁破坏，并制定了严格的管理和惩罚制度，取得了良好的效果，受到了当地牧民和地方政府的高度赞扬。

文化宣传为施工建设增光添彩

京新高速公路作为亚洲投资最大的单体公路建设项目，是世界上穿越沙漠最长的公路，也是“一带一路”标志性工程，工程施工受到了社会各界极大的关注。中铁三局项目部按照总包部的统一部署，积极开展文化建设和宣传工作，先后多次在中央和地方媒体上宣传报道项目建设情况，全面展示中国中铁形象。项目部在自标段起点 40 公里率先基本完工的范围内，建设了“中国中铁文化走廊”，优先全面完善路基路面附属工程，完善交安工程，设置宣传展板，悬挂宣传标语，为京新高速公路建设增光添彩，受到了社会各界的一致好评。

中央电视台《新闻联播》《新闻直播间》等多个中央和地方媒体滚动报道了京新高速建设成果。2016年10月28日，CCTV2《经济半小时》以“京新高速：穿越沙漠的巨龙”为题作了长达30分钟的专题报道，全面展示了京新高速全体建设者吃苦耐劳、攻坚克难、奋勇拼搏的时代风采，为项目建设获得社会理解、群众支持、舆论关爱提供了良好的外部氛围，在社会上引起强烈反响，员工也备受鼓舞。京新项目在《厉害了，我的国》大型纪录片中也进行了展示。

基层党建为施工建设凝心聚力

戈壁上炙热的阳光可以烤熟鸡蛋，肆虐的风沙可以吹裂肌肤，无情的暴雪可以把牛羊冻成雕塑。就在这样一个深处戈壁腹地、远离城市灯火的严酷环境里，中铁三局的建设者们一待就是三年，始终坚守着岗位。

头顶烈日照，身披朝暮寒，渴饮苦涩水，饥餐沙粒饭。这是每一位现场施工人员工作、生活的真实写照。艰苦的环境考验着每一个人的意志。没到过这里，就不会真正知道他们的艰苦，就不会懂得他们的牺牲和奉献，就不能领略他们顽强的拼搏精神和昂扬的斗志。指挥部党工委针对不同群体党员的实际情况，教育引领党员无论在任何岗位、任何地方、任何时候、任何情况下都铭记党员身份，大力发扬“特别能吃苦、特别能战斗、特别能奉献、特别能胜利”的铁军精神，充分发挥党组织的战斗堡垒和党员的先锋模范作用；通过开展“两学一做”学习教育实践活动、“沙漠戈壁党旗红，鏖战京新争先锋”党建主

党员先锋岗

题活动、“三面旗帜进班组，工匠精神筑精品”主题活动、“两学一做当表率，提质增效做贡献”主题活动、“弘扬工匠精神，争做工人专家”活动、“诚信敬业道德讲堂”活动、“感动京新”先进事迹、先进集体和优秀个人等主题活动及专题活动，丰富党员的生活，带动全体职工的工作热情，为京新高速公路项目施工保驾护航。项目部认真落实党风廉政建设责任制，突出元旦、春节、清明、五一、十一等节假日廉洁自律教育活动，将廉政建设置于广大职工群众的监督之下，确保了党风廉政各项制度的有效落实；邀请北京市丰台区检察院陈志红开展以“树立红线意识，坚守底线思维”为主题的讲座，提高全体参建人员的廉洁从业意识，防控“干部廉政风险”，为项目部建设营造了良好环境，提供了有力保障。

京新高速公路建设既为中铁三局创造了良好的业绩，更锻炼出了一大批具有沙漠戈壁地区施工经验的专业施工队伍。2017 年以来，随着新疆公路市场的陆续中标，京新项目所属的 6 个子分公司（四公司、五公司、六公司、建安公司、运输公司、电务公司）参建队伍均整建制地调到新疆参与公路施工建设。同时，许多参建人员得到了提拔重用，走上了领导岗位，为中铁三局在西北地区的滚动经营和发展奠定了良好的基础。

茫茫戈壁万里滩，漫漫黄沙袅袅烟。白天迎风沙，顶烈日；晚上天当被，地为席，戮力同心，战天斗地。中铁三局人以“知行合一，永争第一”的三局精神，在茫茫戈壁大漠上筑路架桥。历时 500 多天的有效施工工期，一条高品质美丽沙漠巨龙横空出世， 犹如一条黑色长龙游弋在茫茫黄沙中。回首往事，充满自豪和幸福；展望未来，充满自信和期待。三局人将不忘初心，拼搏奋斗，在新时代展现新作为，创造更加辉煌的业绩。

中铁三局京新项目部供稿

掘进，穿越秦岭

——中铁三局西汉高速公路秦岭隧道建设巡礼

青松　泉乐　源清

冒着绵绵的秋雨，顺着崎岖的山路，在汽车的颠簸中，记者进入巍峨的秦岭山脉北麓。

在群山环抱的山谷里，车辆穿梭，机器轰鸣，施工现场丝毫没有受阴雨天气的影响，一派繁忙的景象。和一辆辆大型的运砟车交错而过，我们感觉已经到了秦岭隧道工地。透过车窗外涟涟的雨水，半山腰上大型的彩色喷涂标识牌渐渐清晰起来。承担西汉高速公路秦岭1号隧道A、B两个标段施工任务的铁科公司和二公司的经理部，就设在这山坳之间。

秦岭1号隧道是中铁三局集团公司有史以来承建的最长的公路双线隧道。该隧道是陕西省“米”字形公路网骨架户县涝峪口至筒车湾高速公路的咽喉工程，也是我国国道主干线（GZ40）二连浩特至河口穿越陕西境内最艰巨的工程地段。工程跨越我国南北分界的秦岭主脉，地质构造复杂，工程施工难度大。

在二公司经理部，刚刚从隧道掌子面上回来的书记王会章向我们介绍说，穿越秦岭山脉共有1、2、3号3个特长隧道，其中总长6144米的1号隧道为全线之最。二公司与铁科公司分别承担A标段上行线出口段3275米和B标段下行线进口段3285米的施工任务。

西汉高速公路秦岭1号隧道

铁科公司和二公司经理部自进场以来，发扬敢打敢拼、强攻硬上的作风，严格管理，科学安排，在工程质量、安全生产、施工进度、安全文明标准工地建设等方面，都取得了优异的成绩。

自 2001 年 10 月 1 日正式开工以来，二公司经理部采取了各种行之有效的措施，克服各种困难，使工程进度稳步推进。他们投资 200 余万元，新购空压机、发电机、装载机、衬砌模板台车等大型设备 6 台，满足了施工需要。2002 年圆满完成了业主下达的生产计划，平均日进尺约 6 米。

二公司经理部先后投入近 50 万元，购买主要仪器设备 50 余台套，配设了公司最优秀的试验人员，加强了工地试验室建设。按投标承诺和陕西省交通运输厅质检站要求，积极开展临时资质认证工作。西汉公路共有 8 个试验室参加验收，最后只通过 2 家，A 标试验室为其中之一，受到业主和监理的好评。

为了确保工程创优，二公司经理部建立了完善的质检体系和质量保证措施。从料源的选定、原材料进场、配合比试验，直到施工的全过程，都按技术标准、施工规范进行严格的检验和控制。特别是光面爆破，多次调整眼距、角度及装药参数，使光爆质量大大提高，超欠挖得到明显控制。锚喷支护严格按施工配合比及工艺流程施工。在西汉公司、总监办及省交通运输厅质检站多次组织的质量大检查中，隧道开挖喷混凝上厚度、下整度，试件强度、锚杆抗拔力等均符合规范要求，合格率达 100%，为确保西汉公路建成一条名副其实的品牌路、环保路打下了坚实的基础。

A 标作为西汉公路全线的窗口工程，二公司经理部始终将文明施工作为重点工作来抓。投入资金，制作彩门 2 个，各类大型公告牌、形象进度图、现场平面布置图等 10 块；各种标志牌、警示牌共计 20 块；制作固定标语牌 36 块。生活办公设施做到干净整齐。洞内加强通风、照明和排水，为工人创造一个良好的工作环境，保证员工的身体健康和人身安全。

新技术的采用，使施工如虎添翼。在隧道的监控量测中，采用了国内最先进的断面自动测量仪，对隧道开挖、支护进行了及时而有效的监控量测，获得了宝贵的观测资料，对确保隧道的施工安全起到了重要作用。

陕西省高速集团、西汉公司领导多次到现场检查指导，对 A 标的施工进度、工程质量、安全生产、文明施工等方面均给予好评，并寄予厚望。陕西电视台、西安市电视台、高速公路杂志社等当地新闻媒体多次现场采访报道，其他兄弟单位也先后到工地进行参观。陕西省高速集团副总经理靳宏利在看完现场后说："将工程交给中铁三局二公司这样的队伍施工，我们放心，这样的队伍我们选对了。"

走进依山傍水的铁科公司经理部院内，整洁、优美的环境让人感到格外清新。项目党工委书记王兰印和常务副经理汤振山向我们介绍了参建以来的情况。

中标秦岭 1 号隧道 B 标段后，铁科公司副总经理郑杰连夜率领从公司各项目抽调的精兵强将"跑步入场"，第一个建点，第一个开工。此后炮声隆隆，隧道掘进日均 7 米，一路领先，铁科公司也因此成为秦岭特长隧道群 7 家施工单位的领跑者。

秦岭 1 号隧道 B 标最大埋深达 800 多米，而出口就"挂"在涝河右岸的半山腰上，拓建施工场地是当时最大的难题，铁科公司经理部首批进场职工用最短的时间在山坡上挖掘出一条施工便道，紧跟着在河畔填筑、浆砌了上万方土石，建成了料场停车场、空压机房、发电机房、循环水池等。仅用 20 天，"铁科人"出人意料地比计划提前 20 天点燃了进洞施工的礼炮。开工不久，秦岭山中已是冰天雪地，仅有的进山通道不时因雪封阻塞，大批材料、机械设备不能及时进场。西汉公司决定在涝峪口重修一条进山便道，并决定将这一艰巨任务交给 B 标完成。在零下十几摄氏度的严寒中，一面紧急征地拆迁，一面到处寻找砂石料，所需大型机械调不来，就租用附近村民的小型挖掘机、装载机、推土机，挖冻土、填硬土、层层碾轧，不到一个月便完成了 3.6 公里长的便道，解了冬季施工燃眉之急。各施工单位对此赞不绝口。

随着 2003 年的到来，西汉公司为了加快建设步伐，将工期提前一年。重新下达了年生产目标，月掘进必须完成 170 米以上，才能确保达到业主工期要求。那么，如何在安全生产情况下快速提高掘进能力呢？"铁科人"在思考中，逐渐理出了头绪：一是经过反复论证，一个成熟的掘进施工方案得到业主的同意，变台阶分步施工法为全断面开挖。二是根据秦岭 1 号特长隧道的实际，自制了简易实用的钻孔台架，此台架分 4 层共计 7 个平台，可容纳 24 台钻机同时操作，移动便捷，循环进尺明显提高，大大加快了施工进度，并进一步增强了施工安全系数。三是提出了施工面"三不空闲"原则，即不空闲一分钟、不空闲一个人、不空闲一个工作面。千方百计压缩每一道工序，做到了每个循环 9—10 个小时，2 天 5 个循环。四是注重光爆效果，严格限制超欠挖。

2003年6月、7月，掘进连续突破200米，虽然地质条件时好时坏，但掘进速度逐月加快，是秦岭特长隧道群施工最快的一个标段，多次受到业主的好评。7月11日，陕西省副省长洪峰视察B标工地时，听完郑杰经理关于施工情况的汇报后，动情地说："你们是西汉高速公路长大隧道的领跑者。"

随着时间的推移，秦岭1号隧道在一米米地前伸。

选自《铁路工程报》2003年10月31日第1、3版

春风吹绿北环线

——学习鲁布革试点工程漫记

王学哲

编者按：1987 年 10 月 13 日，局机关办公楼内一纸“招聘通告”，把济南北环复线经理部推上了中铁三局改革的前沿。

这是三局学习鲁布革经验，在改革大潮中迈出的较大一步。这一步，迈得对不对？用招聘方法组建的队伍能不能拉得动、打得胜？要弄清诸如此类的问题，请大家读一读《春风吹绿北环线》这篇文章，也许会从中找到令你满意的答案。

“鲁布革”的来历

1987 年 10 月 29 日 21 时 30 分，局济南北环复线项目经理部第一批人员抵达指挥营地。就在这个时刻，在中铁三局 36 年的筑路史上增添了一个崭新的内容：用鲁布革经验指导施工。

鲁布革是什么意思呢？鲁布革是位于滇黔界河——黄泥河下游的一个大型水电站的名字。1984 年，日本大成公司因夺标获胜而承建了鲁布革水电站。鲁布革工程是改革、开放、搞活政策在基本建设上的全面体现。这是我国首次利用世界银行贷款并实行国际招投标，引进国外先进设备和技术建设的水电站，被誉为中国水电基本建设工程对外开放的“窗口”。

国家计委对鲁布革经验概括了 4 条：一是要把竞争机制引入工程建设领域，实行铁面无私的招标承包制，这是最核心的；二是推进以建设项目为对象，对工程全过程负责的总承包制；三是施工现场的管理机构和作业队伍要精干，真正能打仗；四是科学组织施工，讲求综合经济效益。

三局将济南北环铁路复线确定为学习鲁布革的试点工程项目。1988 年 3 月 16 日，我们怀着早日领略这朵浪花的风采的急切心情，披裹着催人感奋的春风，扑向了齐鲁大地的怀抱。

济南北环铁路复线，上上下下都是学习鲁布革的气息，这气息像刚钻出地面的小草的气息：怡心悦目，香远益清。我们的采访就从这里开始了……

三局的队伍——“正规军”

我们看到了一个分经理部的班前大点名。充作讲坛的水塔基座上，分部经理振臂演说。100 多名职工，雄赳赳、齐刷刷地站立在院落中。从“讲坛”上望下去，一身身合体的制服，一顶顶长遮檐儿工帽，汇成了深米色的湖。蓝底白字的三局局徽臂章，在湖中组成了一条条笔直的纹路。有人说这队伍像军校学员，一个人的着装打扮，从来都是他内心色彩的流露。不光是在点名会上，现场不管是集中施工的大作业场还是几个人作业的小工点，老远就能从着装上辨认出三局人。

三局人认为，他们队伍的施工环境已经由山沟大漠转移到了沿海地区和大都市，施工队伍的外在风度是企业赢得信誉的一部分因素。事实有趣地做了肯定的回答。一次，一个队的几台车，因携带的证件不足而被监理扣留，司机们正在解释，恰好分部经理路经这里，他对监理说：“我怕他们擅自跑市里，所以把执照和养路票都留在了经理部，下不为例。”监理说：“我相信你的话，一看你们的着装就知道是‘正规军’，不会耍赖。”

三局人的“正规军”气派更主要地表现在他们高度的组织纪律性上。“破五破五”，意思是不过正月初五，年算没过完。正月初五的长治北站台上，却站满了相互告别的人。一个胖小子紧搂爸爸脖子把嘴儿亲得很响；一位漂亮的姑娘尚未褪尽新婚的羞涩，用电柱遮挡半张脸，跟夫君悄悄絮谈着；一位老工人已经踏上了车梯，老伴还在叮咛：“千万少喝酒啊！”

离别的酒啊，是苦涩的，从古至今，很少有人愿喝这离别的酒。然而，深明大义的三局人，却视之为壮行酒、胜利酒。

正月初七早晨，北环线各个工点的早点名开始了。齐刷刷，雄赳赳，一片片深米色，一道道蓝白相间的局徽。所有探亲职工，没有一个不按时归队的。

按劳分配原则得到了体现

北环线的分配宗旨只有一条：最大限度地调动每一位劳动者的积极性。他们设固定岗位临时工资和活工资两种形式。活工资分 5 种奖励类别：超定额奖、安全奖、质量奖、效益奖、节约材料奖。

我们有幸看到了机筑分部一个队正在发工资。人们笑逐颜开地围拢着会计姑娘，用拇指和食指“笨拙”地点数着满把攥的“大团结”。

当五分部一位推土机司机领到 30 元超定额奖的时候，周围爆出了笑声，他自己也忍俊不禁。原来，他在作业时不慎掘断了既有的电缆，受到了警告。不想，第二天他又在同一位置上把恢复的电缆再次推断了，只好乖乖地接受了 30 元的罚款处理。这种奖罚分明的管理方式，使每个人明确了自己的责任。

即便不被罚款，得些奖金又谈何容易！晴天里，庞大的载重车被扬起的尘土追赶着，尘土拌了油污、汗水腻味着司机。小雨天里，驾驶员的双眸像要瞪出眼眶，全身每根神经都紧绷着，稍微压偏辙印就有抛锚的危险。往往是上午绷了半天神经，中午饭碗刚撂下，又惦着检查一下车况。在行车中，方向舵可千万摆正，要是轮子啃了老乡的麦苗，每亩要赔偿 3000 元！

令人敬畏的指导书

在北环复线有种稀罕的文件叫“指导书”，只有巴掌大小，却甚有权威。细看，上面只印有几个简单的项目：被指导人、指导问题、指导人处理意见、处理结果、处理时间和得悉处理结果的时间。只因为它与被指导人的经济收入相关，所以在北环复线人人敬畏这严肃的小东西。

经理部和分经理部的管理干部有权随时签发指导书，指出施工中任一环节出现的犯规行为，提出改进意见和改进时间。如果在限定时间内未能按经理部的指导意见办或者发现了第二次犯规，则扣发班组月奖金额的 5%。倘若第三次犯规，班组奖金总额的 10% 就泡汤了。任何人对指导书都不敢掉以轻心。一次，一个工区在工作面大面积打开以后，工作人员检查出了片石中有土，经理部对这种危及质量的现象签发了指导书。工区急忙采取了措施，再进来的片石中就查不出带土的了。安检工程师一旦签发了指导书，连工程师和领导也不能更改，这就使安检工程师具备了监管安全质量的最终权力。于是，安检工程师说出的话，分量自然地重了起来。有一个分部的包工队砌的涵管基础不合要求，安检工程师便签发了指导书，那个基础推倒重来了。

指导书简化了管理手续，防止了护短扯皮的现象，人们把它看得越来越重。要是经理部人员在现场发现了什么漏洞或不得体的地方而表示遗憾，当晚他的电话便会频响，不止一个人向他解释："你白天指出的地方我们已经做了改正。"弦外之音是请千万别下指导书啊！

行将拆除的桥

济南洛口黄河老桥默默地横卧在沙色的古老的黄河道上。它像童话中常见的那种德国造桥头堡，拉着巨大黝黑的钢桁梁桥体，但似乎不是一条通途，而是阻挡黄河东去的堤坝。

这座桥建成于 1912 年，已经超期服役了 25 个寒暑。高大的桥墩被每年加高 10 厘米的河床淤沙埋没得成了一排"小矮人儿"，已经低于河坝两米。倘若洪水骤至，漂浮物跟桥墩缠在一起，要么桥毁路断，要么大水漫过河坝，泄入低于黄河床十几米的济南城！国务院接到铁道部、山东省关于拆除洛口黄河老桥的报告，几天之内就作了批复，而且要求他们比呈报的提早一年即 1989 年 6 月将桥拆完。修筑北环复线，正是拆除这座桥的前提。

一列火车轰鸣而过，大桥并无恙，我们不禁可怜起这座桥来。看样子它还能顶一阵子的。随之又想，有危险的东西是姑息不得的，必须拆除，而且要快。进而想到，一些老的管理办法不也如此吗？看样子还顶用甚至比新法更顺手省力。但是，这些老办法里不正是有一些威胁企业生命的危险东西吗？不适应企业发展的东西应该彻底革除。项目经理讲得好，他要按新路子走，如指挥机构精悍高效、工程施行合同管理、劳力按计划进出、分配上杜绝大锅饭等。

此刻，春风正捋着杨树的胡子，剥着柳树的芽苞，拂着广袤的麦田……北环复线融在一派明媚的春光里。

选自《铁路工程报》1988 年 5 月 11 日第 2 版

湘江大桥风云录

何忠祥　王思源

不管如何评价，我们必须承认这样一个事实，只有那么短短两年半时间，一支看上去并不怎么起眼的队伍，就硬是把一座用数万吨钢筋水泥铸就的大桥架在了滔滔北去的湘江上。她像一条银链，给这个南国城市的300多万人民带来了福音；她更像一座雄伟、精美的雕塑，使每个到这里的人都不得不慕名前往一游，然后带着惊奇和赞叹离去……

是的，这就是株洲湘江大桥，这座丰碑般的建筑的筑造者就是中铁三局六处的1000余名职工。

关于这座桥，两年多来人们曾有过各种各样的议论，有的甚至是十分悲观的预测。然而现在，中铁三局人终于用自己的行动向所有关注这座桥的人发出了胜利的宣告。

这是1988年9月27日，就在湘江大桥提前3天合龙之际，我们到了株洲。踏上宽阔的桥面，脚下滔滔的江水仿佛在诉说着什么。确实，这座桥凝聚了千余名建设者的血、汗水，甚至生命，是他们历尽了艰难、坎坷才取得的成就！

徘徊在历史的断层上，行行复行行，我们仿佛看到了他们的失败和成功。

回首往事，他们敞开了充满酸甜苦辣的心扉。

是的，难忘啊，难忘建设湘江大桥的900个日日夜夜！

湘江大桥

一

历史的画卷翻回到 1985 年。

隆冬，一个阴雨霏霏的早晨。一群身着铁路制服的汉子从刚刚停稳的火车上下来，冒雨走出了株洲火车站。

他们来自遥远的北方，他们是来此建桥的，然而迎接他们的没有掌声、鲜花，有的只是一阵冷水般劈头盖脸的议论。

“就这样一支队伍，8 年就想完成这样大的工程，莫不是开国际玩笑吧？”

“修铁路、打山洞这帮人是内行，建公路大桥他们肯定要砸锅……”

对此，他们像冬天的湘江水一样保持着沉默。的确，湘江大桥长 1192 米，宽达 24 米，由 32 个墩台组成，且整个投资只有 2400 万元。这在湘江的建桥史上，甚至在全国都没有先例，是够难的。但怕难就不来闯世界，就不冒这个险。建设者们憋着一股劲，咬紧了牙关。

1986 年 3 月初，他们就是这样顶着议论，在湘江西岸挖出了建设大桥的第一锹土。

中铁三局是被招标承包的改革大潮推到株洲来的。历史只给了一条路，别无选择，要想在商品经济的大潮中生存，他们只能冒险走进这个完全陌生的世界。

湘江大桥水中墩有 11 对沉井基础，这是下部工程一块最难啃的骨头，特别是 7 号墩沉井，由于地质情况复杂，施工进度上不去，而整个基础工程必须赶在汛期到来前抢出水面，给一开始的施工投上了浓重的阴影。面对甲方的要求，经理部经理张乐亭、党委书记贺育社急得嗓子都快冒烟了，他们双双盯在了担负这项工程的桥东八队。白天他们和工人一起在工地奋战；晚上深入工班、宿舍听取工程技术人员和工人的意见，一起制定新的施工方案。后来，他们和这个队的同志采取新的技术措施，调整承包办法，终于很快扭转了被动局面。改革把他们从铁路推向社会，第一次承建这样大型的公路桥梁工程，过去干指令性任务时形成的那套章法好像全乱了套。外部关系需要他们去应付，管理体制改革后的内部关系需要他们去理顺，加之工程的艰巨、陌生，时不时有各种批评向他们袭来。对此，他们不适应，也有过苦恼，但更多的是一次又一次鼓起勇气苦战。

在大桥 4 号墩基础施工中，曾发生过这样一幕：基桩钻孔已掘进 20 多米，钻头折断后突然掉入了孔底。在地面慢慢打捞，无疑保险得很，可时间不等人啊。关键时刻，只见经理张乐亭挺身站了出来，他不顾别人劝说，硬是冒着生命危险亲自下到孔底把钻头捞了上来。当泥人似的他从直径 1 米多的钻孔深处被拉上来时，几十名在场的工人都被感动了。

张桂杰是大桥工地上一位普通的工人。开工不久，爱人临产，来电报让他回去，他当时正顶在紧张作业的岗位上，因而未能及时动身。当他一周后怀着做父亲的喜悦迈进家门时，才知道爱人逝于难产，撇下刚刚落地的儿子，永远离他而去了。这位不屈的汉子安葬了爱人后，便迅速踏上了归程。他是一路流着眼泪回到队里的，第二天就强忍着悲痛出现在了工地上……

在大桥下部工程施工的一年多时间里，工地 1000 多名职工没有 1 个人休过星期天，有 200 余名职工没有休过探亲假，还有 10 多名青年职工甚至为此几次推迟了婚期。人们心里只有一个念头，那就是快些，再快些，确保工程按期完成。

他们是六处，也是三局首次闯进社会、在竞争中角逐的为数不多的队伍中的一支。当时他们还没有，也不可能有更好的方法去解决那些突如其来的矛盾和问题，他们只能靠着几十年来铸成的那种不畏艰难的拼搏精神去攻克一个个难关，只能这样在陌生的世界里摸索。

1987 年 4 月，大桥基础工程全部抢出水面，仅用了一个短短的枯水季节。当株洲市政府通报他们为一支“过得硬的建桥施工队伍”时，他们终于第一次露出了自豪的笑容。

确实，他们是有理由自豪的，因为曾为此付出过自己的一切。大桥施工虽然取得了初步进展，但前景却极不乐观，一场未曾料到的考验已在那里悄悄地等着他们了。

湘江大桥上部主要采用悬臂箱梁“T”构灌注，这项工艺在国内桥梁建设中占有领先地位。如果说在下部工程施工中，过去的老传统、老经验起了较大作用，那么现在第一次搞这样的工程，仅靠拼搏就远远不够了。

1987 年 5 月，难度最大的悬灌施工终于拉开序幕，但由于没有施工经验，近 8 个月的时间过去了，他们仅仅灌了一段半。更为严重的是紧接着又出现了质量事故，因刚打出的 5 号、

6 号墩拆模后箱梁出现了严重的蜂窝麻面，施工被迫停了下来。

这一停就是整整一个月。

面对估计不足的困难，施工的组织者们焦急万分。他们整天在工地上徘徊，眼睛熬红了，身体累瘦了，有的因过度操劳，一坐下即可睡过去，然而最终还是未能拿出一套奏效的攻坚办法。

就这样，到 9 月底，大桥建设工期竟被整整拖后了 5 个月。

株洲市的领导坐不住了，他们向六处、三局，甚至向铁道部提出抗议。

铁道部基建总局的领导生气了，他们在派出工作组协助攻关的同时，向三局提出了批评。在北京召开的一次专门会议上，总局局长蒋才兴生气地指着株洲市送给总局的一块匾，对三局有关领导说："这是上部工程完工时人家送给我们的，现在工程搞得这么糟，我们还有什么脸面挂，干不了你们就说句话！"

严峻的形势使三局和六处的领导陷入了深刻反思：难道我们真的干不了吗？不，我们是有这个能力的，只要充分认识自己的不足，用改革的精神去搏击，就一定能拨散这块乌云！

为此，局长沈德昌多次召集专门会议研究对策，频频派人前往株洲督战，帮助组织攻关。局党委书记张好志也亲率工作组蹲到了大桥工地，帮助解决问题。六处的主要领导更是调兵遣将，竭尽全力以解株洲之危。那段时间，湘江大桥施工几乎成了全局和六处的中心。每周的交班会上，首先讲的是大桥施工动态。要人给人、要物给物，一切为大桥工程开绿灯。

然而这时，在湘江大桥经理部领导层中竟出现了一股令人担忧的怨气。他们怨资金短缺，怨职工的积极性难以调动，怨悬灌工程的艰难……在这股怨气下，过去的信心和勇气开始动摇、减退了，大胆的施工方案听不进去了。

当内外多种压力像黑云压城般地袭来时，他们一下子被击昏了，只感到了沉重，而难以抬头去发现那同时出现的契机和希望。这一重压超过了他们的承受能力，使他们对形势的认识发生了严重的扭曲变形。

此时，严重拖后的工期已不允许他们进行这样的反思了。长期兵陷湘江注定了最终必然损兵折将。1987 年 9 月，决策者们不得不"挥泪斩马谡"，作出了调整湘江大桥经理部领导班子的决定。

从经理部到各个队，陆续有一些干部离开了大桥工地。他们大都是含泪离去的。他们壮志未酬啊！

杨世福就是在这个时刻受命出任六处第一副处长、湘江大桥经理部经理的。

1987年10月初，国庆假期没有休完，他就匆匆踏上了南去株洲的列车。

一上车，他的思绪便飞到了大桥工地。那里他是熟悉的。早在10个月之前，他就作为局施工处常驻负责人在大桥工地工作过。从1987年下半年起，在前任领导的努力下，悬灌的关键设施，两种吊篮就已制作完毕，职工们经过多次摸索也基本掌握了悬灌施工技术，可为什么总是摆脱不了被动局面呢？他想起了一件事，那是前不久在大桥工地，木工班一位老工人向他说了一番话："苦和累我们工人不怕，关键是给我们的报酬要差不多，现在一天累个半死下来连毛也没几根，心里气不顺啊。我们要求并不高，以后一天能给我们奖盒烟钱就行了。"看来问题的症结就在这里，有基本具备的客观条件，更需有广大职工的同心协力，只有政策对头，把大伙儿的积极性调动起来，才能渡过难关。

他终于为自己的发现而松开了紧锁的眉头。

湘江大桥照例用她那惯有的冷漠迎接着杨世福这个挑战者。但此时他已是成竹在胸了。下车后，他只用了短短8天时间，便把一个洋洋数千言的墩台承包办法推到了人们面前。

这一办法打破了以往按工种组合的旧的班组体系，依悬灌施工特点重新进行组合，实行全额包干重奖重罚，并把分配权下放给承包人。它一出台便受到了广大职工的欢迎。

是的，对于挽救工程危局来说，此时此刻能有一个好的政策实在太重要了。

有人对这一增加工费开支的办法提出质疑，杨世福引经据典地说："现在看这个方法是让大家多得了一点，是增加了工费开支，但从综合经济效益考虑，只要进度上去就能补回来。过去我们总拘泥于工程包价低而不敢大胆给工人，职工积极性挫伤的原因也就在于此。"

此时，三局和六处的领导也都盯在工地，在他们的大力支持下，10月10日，终于在大桥11号墩开始了墩台承包的试点。被改革推到前台，主动要求当承包人的是河西14队一位普通的工人许明友。这位出国干过劳务、见识过大场面的汉子早就憋着一股劲了。他带领60多名职工起早贪黑奋战在工地，每天都要工作十四五个小时。不知为什么，这个月的天总是阴沉着，雨也特别多。为了尽量多抢一点任务，他们经常是浑身湿透了，还像钉子似的冒雨坚持在各自的岗位上。就这样，到月底他们终于以月悬灌 10 个箱的好成绩圆满完成了试点工作。

11 月 19 日，承包兑现大会如期举行，当大伙儿看到墩台长许明友代表参加承包的职工从领导手中如数接过一沓厚厚的钞票时，全场群情振奋，立即爆发了一阵经久不息的掌声。

是的，1987 年 10 月中旬到 11 月中旬，是湘江大桥建设史上值得铭记的一个月。短短 30 天，他们不仅打破了那个“每月只能灌 6 个箱”的纪录，更重要的是使广大职工透过厚厚的云层看到了光明，使株洲市 300 多万人民感受到这仍然是一支可以信赖的队伍。墩台承包的办法在全桥推广开后，工地上很快出现了一个施工进度日新月异的好形势。到 1988 年 9 月 27 日，整个大桥终于实现了提前合龙。

国庆之夜，两年多来第一次放假的职工都摆起了喜庆的宴席、举杯同庆，人们都不禁想起了走过的路。那个不计个人荣辱名利，为大桥建设呕心沥血的中年人是原经理张焕义吧；那个两年多来一直盯在工地的老知识分子是老工程师邹志邦吧；那个每逢工程遇到困难，一准儿能在工地上见到的是局总工程师缪垂祖吧……历史应该铭记他们！

谁笑到最后，谁才是真正的胜利者。

1988 年 10 月 4 日，我们走进了湘江西岸杨世福那简陋的办公室。

他侃侃而谈，但大部分谈的都是局、处领导的支持和职工们的拼搏，他谈笑风生，却不乏冷静。多少让我们奇怪的是其中还隐隐夹着几丝忧虑。难道在胜利在望之际还有什么困难？

当我们把这个问题提出来后，他说：“大桥施工取得了决定性进展，但两年多来资金紧张的问题却始终困扰着我们。由于近年来原材料价格上涨幅度大，后期施工在资金方面还存在着不少问题。加之桥面工程十分繁杂，桥栏杆等又必须悬空作业，稍有不慎就会发生伤亡事故。而整个收尾工程给定的工期只有 8 个月，要想保证年底全桥正式通车，我们一点也不能松劲儿，从现在起就必须全力展开各项工作……”

看来夺取大桥建设的最后胜利，仍然需要他率众搏击，更需要他保持冷静的头脑。

走出他的办公室，我们再次来到了大桥工地。桥下，碧绿的江水异常平静地流淌着，一眼望去看不到什么曲折。宽阔的江面上，有几条船正在“突突突突”地驶过大桥……

然而这只是目力所及之处。在湘江深处，据说水流很急，特别是阴天下雨时，这里更是波涛滚滚。在她北去的路上，也是如奔腾的野马，半里一拐，斗折蛇行，充满曲折的。老船工说，这才是真正的湘江。

但无论如何，她还是奔入洞庭，进入长江，流入了大海。

我们这支队伍不正像这湘江中的一条船吗？乌云翻滚，风雨袭来时，她曾几度处于危难，甚至险些翻船。在漫长曲折的征途上她也曾有过迷惘、困惑和痛苦，但最终还是经受住磨难走过来了。

确实，没有谁能轻松地走进商品经济的王国，只有历尽了磨难的人才能获得成功。

咀嚼着历史的辩证法，我们就这样离开了湘江大桥工地……

选自《铁路工程报》1988年11月5日第3版

新技术成就太原的这颗 176 米超高“巨钻”

矫阳

在中国内陆省城太原，一座超高异形灰蓝色摩天大楼，以超凡的气宇矗立在繁华的市中心汾河岸边，在众楼宇中越拔出群。其地面楼高 176 米，底面八边，如削切的钻石；顶面四边，立面弧线；外立面为玻璃幕墙。在阳光的照射下，闪烁着夺目的光芒。

这是闻名世界的德国海茵建筑设计公司又一杰作，项目为“中铁三局科技研发中心”，从 2012 年底开工，于 2016 年 7 月底交付。

科技研发中心大楼

“4 年多时间建成这样一座超高异形摩天楼，我们创新运用了许多最前沿建筑技术。”2017 年 7 月 20 日，中铁三局建安公司总工程师、项目经理王志强告诉记者。

2017 年 6 月 30 日，项目喜获“全国工程建设优秀 QC 成果一等奖”。至此，“中铁三局科技研发中心项目”已斩获除鲁班奖外建筑界所有大奖。

“我们将冲击下届鲁班奖。”王志强说。

“切削钻石”设计，价值再增 3 亿元

2013 年初，德国海茵建筑设计公司接到“中铁三局科技研发中心项目”的设计请求。

“项目建设初期，当地政府提出要求，希望这座大厦能成为这个内陆省会城市的标志性建筑和代表 21 世纪水平的亮点工程，借此提升太原市在全国的知名度。”王志强说。此前，大楼已决定采用的设计较传统，外形中规中矩，高约 130 米，建设面积 4.85 万平方米。

经过比选，中铁三局集团选择了德国海茵建筑设计公司，其以“新工业建筑设计模式王者”享誉全球。此前，海茵在中国已有北京国际汽车展览中心及汽车博物馆和中国人寿研发中心等大手笔。

新设计方案好评如潮，被认为再次凸显了“讲求空间和形式，严谨、大气又不失灵气，将内涵和力量孕育在形式内部”的海茵风格。

大楼底部采用切削的钻石型体，向上逐渐放大，全玻璃幕墙外立面，造型新颖别致，时代气息浓厚。建筑高度由原来的 130 米增高至 176.39 米；容积率由原来的 5.86 提高至 8.92；建筑面积也相应增加了约 2 万平方米。“保守估计新增价值约 3 亿元。”王志强说。

“简洁而挺拔的体量充满力量感，通过建筑形式语言来体现中铁三局集团企业文化。”设计文件这样表述。

这样的超高异形建筑设计，开创了山西太原这个内陆省城建筑的先河。

BIM 建模三维可视，造楼如同搭积木

“如果没有采用 BIM 技术，我们这个项目的工期就无法保证。”项目总工桑明辉说。

BIM，建筑信息模型的英文缩写，为当今建筑行业的革命性技术。以建筑工程项目的各项相关信息数据为基础，建立起三维建筑模型。该模型具有信息完备性、信息关联性、信息一致性、可视化、协调性、模拟性、优化性和可出图性八大特点。

“通过 BIM 技术，让项目从一维图纸生成三维可视模型，并辅之以强大的信息，让建楼变得像搭积木。”桑明辉说。

从开工之初，中铁三局就把“科研中心项目”作为BIM技术的试点。项目施工开始，即采用BIM技术建成“科研中心项目”App，参与施工者全员下载并全过程运用。

打开“科研中心项目”App，一座虚拟大楼建筑即刻呈现出来，无论点击到哪部分，都会呈现出这部分建筑的透视结构，纤毫毕现。

大楼的密集钢筋与型钢柱连接，曾是一个重大难题。框梁相互重叠，钢筋叠加严重。在没有BIM技术时，全靠用图纸估算密密麻麻的钢筋位置，连接一个型钢柱需要20小时，且至少返工三四次。

如今有了BIM技术，这个难点迎刃而解。“在一个三维透视的虚拟场景里，建筑结构的每个细节都是透明的。”项目技术员张亚洲说，在透视状况下施工，连接一个型钢柱只需12小时，且基本没有返工。

通过BIM碰撞检查，优化土建专业设计缺陷82项、安装专业26项，大大减少了现场的变更与修改。2015年12月，在中国建筑业协会举办的“首届全国建设工程BIM技术应用大赛”上，“中铁三局科技研发中心项目”荣获二等奖。

地爬式水平钢梁，多角度自由爬升

“在这个项目中，我们研发出一款双曲渐变超高层建筑附着式升降脚手架，专门为建设超高异形建筑物外立面使用。”桑明辉说。

当代建筑形式越来越多样，而且曲线多变，用传统的脚手架是不能完成施工的。

“中铁三局科技研发中心项目”每个立面均为凸形的缓和曲面，外立面为一个双曲渐变的八边形，楼层均不在一个垂直面上，相差10—25厘米。

“对整个建筑而言，角部4个外立面似梯形，而4个正立面类似于倒梯形，且4个角一致向外侧倾斜。”桑明辉进一步介绍说。

传统的外立面施工脚手架有两种，分别为钢管悬挑和普通附着式升降。前者需要不断拆除和安装，安全隐患很大；后者只能沿直面进行作业，不能更改尺寸和角度。

能不能让脚手架变得像爬藤，可以自由选择角度和方向？

经过反复验算，结合两种传统的脚手架，项目部研发出一款地爬式水平钢梁。将钢梁的一端固定在已建好的混凝土楼板上，另一端固定架体的扶墙支座，将扶墙支座与附着式升降脚手架架体相连接。

脚手架真变得像爬藤了。“地爬式水平钢梁，可多角度自由爬升，灵活调整防护尺寸，较类似超高层项目单层工期缩短约 25%，确实也保证了施工安全。”桑明辉说，地爬式水平钢梁技术已形成一项科技成果，并申报省级工法。

“中铁三局科技研发中心项目”共推广应用了现代建筑业 10 项新技术，除新型设计、BIM 应用、附着式升降脚手架外，还有绿色施工、深基坑施工监测、钢结构及自密实混凝土技术等。

2017 年 7 月底，中铁三局科技研发中心大厦这颗巨大的“钻石”，被镶嵌在了中国内陆城市太原的汾河之滨，并闪烁着夺目光芒，引领着这座城市规划的现代化进程。

超高层异形建筑施工，属当代建筑领先技术。这座大厦的成功建设，标志着中铁三局建安公司在这一领域有了重大突破。

选自中国科技网 2017 年 7 月 25 日

信誉，镌刻在南浦大桥上

——写在南浦大桥浦东主引桥主体工程全面完工之际

王维民　于景龙　夏旬

1991 年 4 月 30 日，这一天是中铁三局施工史上应该重重地记上一笔的日子。就在这一天，由中铁三局承担施工的上海南浦大桥浦东主引桥主体工程宣布全部完工。

这一天是施工合同规定的最后期限。

在合同工期的最后一天实现工程竣工，这样的施工成绩值得夸耀吗?

当然值得。当你了解了这项工程的施工过程，当你知道了承担施工任务的三局职工为此而付出了怎样的艰辛努力，你一定会这样说。

当然，对于亲身参加这项工程的建设者来说，并不在意得到别人的夸赞，重要的是他们以自己的行动为三局赢得了信誉。

参加南浦大桥建设，既有令人羡慕的荣誉，也背负着失败的风险。1989 年 9 月 20 日，经过不懈的努力和开标答辩，三局一处在南浦大桥的第 4 标段浦东主引桥工程的投标中获得成功，以和中新公司联合投标的形式，把这项总承包为 4545 万元的工程拿到了手。在建筑市场竞争激烈的大环境下，能够拿到这样大的工程，值得庆幸！然而作为中标单位，三局早在投标时就掂出了这项工程的分量。

南浦大桥是上海市区第一座跨越黄浦江的大桥，全长 8.3 公里，投资 8.2 亿元，工程之大令世界瞩目。迄今为止，这是我国跨径最大、最现代化的大桥，也是世界上大型迭合梁斜拉桥之一。

浦东主引桥虽然只是这座桥的一部分，可是这项工程的施工难度也相当大。

其一是工程量大，工期紧迫。这项工程总延长米为 2284 米，桥墩的总长度接起来有 2480 米，375 片 T 梁和 428 片板梁需现场制作，承台 82 座，盖梁 82 个。此外还有预制方桩、桥面系等大量工程任务，总圬工量达 64000 立方米。这样大的施工量，工期只有 17 个半月，且技术难度大，一些施工技术、施工工艺是第一次接触的新课题。大型混凝土T型梁的架设，缺乏所需要的架梁机设备。桥的外观质量标准相当高，“不但成为一座建筑，而且要像一件工艺品，经得住观赏”，大桥指挥部这样传达上级领导的要求。

工期紧任务重，技术复杂，本已使施工单位压力不小。人们更未曾预料到的是，他们所承担的这项工程由于党和国家的一项新的重大决策，而平添了一份新的巨大压力。

1990年4月18日，就在三局浦东主引桥工地刚刚开工三个半月时，上海浦东一夜之间成为国人议论的热点。李鹏总理代表党中央、国务院，在上海安亭向国内外宣布，中央决定同意上海市加快浦东地区发展。上海市的一项振兴上海的市政规划发展成为党和国家进一步改革开放的战略实施计划。

南浦大桥作为开发浦东的基础设施，更加引起世人关注。由此，上海市政府、黄浦江大桥指挥部多次向参加南浦大桥建设的各家施工单位强调，作为浦东开发的开始工程南浦大桥，工期是不能更改的。“后门”已经堵死。

事关浦东开发，大桥工程的含义是深刻的，它带来的荣誉与风险也是巨大的。企业的信誉，开发浦东的重任，两者融汇成一副重担，压在三局建设者的肩上。

工程若不能按期完成意味着什么？谁掂不出它的分量？

浦东主引桥的工程进度曾经令人担忧。这样重要的工程，这样紧迫的工期，理所当然地成为全局第一项重点工程，局领导时刻关注着这项工程，全局职工一直关心着这项工程。除由一处承担这项工程的主要任务外，局里还作出了安排，由二处三队承担T型梁的预制任务，由五处上海预制场承担板梁的预制任务，从三处抽调数十名吊装工承担架梁任务，由科技开发部承担架梁设备的设计任务，由邯郸工程机械厂承担架梁设备的加工任务。

各单位雷厉风行，迅速调集队伍筹备开工，科技开发部仅用两个月的时间就完成了设计草图。

为了加强对这项工程的领导，局成立了指挥组，担任组长的副局长林道成同志亲自驻扎在施工现场进行指挥。

尽管三局对这项工程给予高度重视，采取了很多措施，工程的进展情况却不能尽如人意。

由于施工场地地表水位高，有10组墩位跨越厂区、公路干线，地下管道线路错综复杂，给基础挖掘工作带来了很多麻烦，直接影响了承台施工和制桩的进行。

T 梁场地打出第一片梁之后，和大桥指挥部提出的“内实外光”的高标准质量要求不符，制梁质量得不到认可，一直无法正式投产。

重重困难使浦东主引桥前期工程受到很大影响，工程进度比施组要求拖后了两个月。

严峻的形势使人焦急，令人担忧，局领导要求这项工程的每日进展情况要及时向局里汇报，每一次大交班会上，浦东主引桥的进展情况都要向局机关各部门通报。

三局人以自己的艰苦努力使各项工作在上海的高温季节 7 月出现了转机。

7 月 6 日，三局建设者用自己设计制作的单悬臂简易架梁设备架设板梁取得成功，成为整个南浦大桥工地第一家开始架梁的施工单位。

先后换了十几种方法，经过上百次试验，二处三队在 7 月终于使 T 梁制作达到了“内实外光”的理想要求，有关部门正式通知他们，T 梁制梁达到了设计要求。

摆脱了困扰的三队职工犹如猛虎下山，在狭窄的制梁场地见缝插针，日夜不停地赶制 T 梁。8 月，5 号台风席卷上海，市内所有露天作业的工厂都停产了，唯独三队的制梁场地没有停产。这个队的职工在台风刚刚过后立即清除场地雨水恢复生产的情景，在上海电视台进行了报道，使上海市民大受感动。

五处预制场地的 70 片板梁，经过大桥指挥部和设计单位对其进行抗拉、抗弯等静载试验，确定没有问题，预制梁场职工奋起直追，8 月一个月就生产了 65 片梁，这个数字是预制厂过去生产能力的两倍。

关键时刻，三局建设者创造了惊人的业绩。

二处三队的制梁场地只有 1500 平方米，预制厂刚建成的时候，大桥指挥部的梁国栋副总工程师——一位对制梁很熟悉的老专家巡视了场地以后说：“凭你们的设备、场地，一天只能生产一片梁，这完全是依据常规得出的结论。”

捷报接连传来。

9 月 20 日，大型 T 梁试架成功，板梁、T 梁架设同时进行；

9 月 22 日，82 座承台的灌注全部完成；

10 月 17 日，112 根墩柱的灌注全部完成；

10 月，全标段进入全面施工阶段。

在理顺关系、把架梁任务划归三处独立承包之后，11 月下旬以后，板梁架设由原来的 3 天一孔提高到两天一孔，T 梁架设一孔也仅需要 3 天时间，极大地提高了工作效率。

在 T 梁混凝土养护需“穿保护衣”，用锅炉蒸汽保温的冬季施工，月生产 63 片梁！1990 年 1 月，他们又一鼓作气，创造了月生产 76 片梁的纪录，终于提前 20 天完成了大型 T 梁的预制任务。梁国栋称赞说：“真不简单，这个速度在上海公路梁预制中是没有过的。”

一处的职工在突击完成承台墩柱的灌注任务之后，集中力量突击盖梁施工，在年末大见成效。

1991 年，元旦、春节期间工地未休假，大、小 T 梁的架设、盖梁的灌注和桥面的施工同步进行，工程进入决战阶段。以架梁为龙头，以桥面系施工为龙尾，大干 120 天立功竞赛活动取得赫赫战果。吃苦流汗，拼搏流血，牺牲奉献，经过一阶段的紧张鏖战，三局建设者终于抢回了耽误的工期。事实证明，三局人是说话算数的。关键时刻，三局人有高速度。

信誉镌刻在南浦大桥上。在浦东主引桥的施工中，三局建设者不仅能和时间赛跑，也能以优异的施工质量令人刮目相看。

1990 年 10 月，由上海市监理部门主持，设计单位参加，对南浦大桥 5 家板梁生产厂家进行质量评比，五处预制场生产的板梁被评为第一。

二处三队生产的 T 梁，以其混凝土强度高，又能达到“内实外光”而多次受到有关专家的称赞。

1991 年 2 月，有关单位组成的质量验收组对浦东主引桥进行检查验收，共检查了 82 个单项工程，有 80 个达到优良级，2 个为合格，合格率 100%，优

上海南浦大桥一景

良率97.6%。

这项工程创造了三局建桥史上质量和速度的佳绩。

南浦大桥分为主桥、浦西引桥、浦东引桥三大段，浦东引桥主体工程是最先完成的部分。

这些成绩的取得，凝聚着三局职工的心血和汗水，凝结着无数可歌可泣的动人事迹。开工以来，全体工人、干部始终保持和发扬三局人的光荣传统，团结协作，忘我工作，奋勇拼搏，无私奉献。为了大桥，他们放弃了节假日休息。很多职工虽然是第一次来上海，可时过大半年，他们只能在40多米高的桥面上隔江眺望风景绮丽的外滩。一些家在农村的职工农忙时顾不上回家，一些职工在妻儿老小生病时顾不上回去探望。

南浦大桥气势宏伟，蔚为壮观。今天，浦东主引桥首先以它巨龙般的完整身躯盘踞在上海浦东这块举世瞩目的土地上。在开发浦东、开放浦东的宏伟大业中，铁道部第三工程局留下了不可磨灭的足迹。

选自《铁路工程报》1991年5月15日第1、3版

水清岸绿入画来

——中铁三局二公司滹沱河生态修复工程施工侧记

山水　李亮

走近石家庄藁城区滹沱河漫水桥边，映入眼帘的是绿树成荫的道路，小桥流水的景观，古色古香的文化长廊，休闲健身的运动场，美轮美奂的艺术广场，浓情和谐的亲子园……让人意想不到的是一年前这里的景象还是沙化沙坑、杂草丛生、垃圾遍地，让这一切焕然一新的是荣获 2019 年“河北省先进集体”称号，也是全省唯一获此殊荣的施工单位——中铁三局二公司的建设者们。

从石家庄市区北部穿过的滹沱河是河北省一条骨干行洪河道，被誉为石家庄的“母亲河”。

历史上这里水丰土肥，孕育了石家庄的灿烂文明，但从 20 世纪 70 年代中期开始，滹沱河生态逐渐恶化，河道长期断流、土壤沙化严重、非法采砂猖獗、建筑垃圾遍地。为改善沿线生态，造福广大群众，石家庄市政府启动了滹沱河生态修复工程。

自 2018 年 7 月进场以来，二公司滹沱河生态修复工程二标项目部始终秉承“保护环境就是保护我们自己”的理念，清水道、绿两岸，日夜奋战；冒严寒、顶酷暑，克服万难，终于让“母亲河”重现生机。

天时地利与人和

滹沱河生态修复工程是石家庄市践行绿色发展理念、大力改善生态环境的民生工程，对于提升城市形象、优化城市空间布局意义重大。

滹沱河生态修复工程二标西起石家庄市藁城区金五路，东至藁城城区东，河道长 10.3 公里，施工内容涉及主槽防洪、水生态修复、初期雨水处理、生态绿化、道路工程等，工期一年。作为驻石家庄当地的国有企业，拥有天时地利人和的优势，二公司提出了“干好手中活儿，奉献家乡人”的奋斗目标，决心在家乡父老面前打一场漂亮的生态修复攻坚战，还家乡人民一个碧水蓝天的宜居环境。

为保证工程进度，公司组建了土建和绿化两个专业化项目部，并抽调精干力量，加强资源配置；合理编制施工组织，加强时间节点控制，形成了可实施的工作方法和计划。公司分管领导坐镇现场办公，统筹各方，有效地破解了工程建设中的瓶颈问题。项目部还邀请园林绿化、水利等方面的知名学者、教授组成专家组，到施工现场“把脉问诊”，解决“疑难杂症”，保证了工程顺利推进。

滹沱河上太阳照

荒凉的沙地、不规则的大坑构成了藁城人对滹沱河的最初印象，那是采河砂留下的痕迹。建筑垃圾、生活垃圾的偷运倾倒，则让河道几乎沦为了垃圾场。项目部进场以后，按照 10 年一遇行洪标准进行河槽疏浚，铺设防渗层，硬化河岸，积极打造“小水多绿、以绿带水”的生态湿地河道。随着水利部联合河北省政府开展的生态补水试点工作的推进，滹沱河再现唐人笔下“澄波泛月影，激浪聚沙文”的景象。

生态补水改善河道环境的同时也为现场施工带来了新的挑战。2019 年 2 月 16 日上午 8 时许，由于上游拦水坝突然决堤，水流量瞬间加大，二标段导流坝发生决堤事件，正在施工的廉州湖河槽疏浚河底防护减渗工程全部被水浸泡。发现险情后，项目部立即组织人员、机械设备进驻现场进行抢险作业，对决口导流堤坝进行封堵。土建项目书记齐秀林坐镇一线指挥抢险，经过 8 小时的不间断施工，决口于当天 16 时被成功封堵。

生态红线不动摇

项目部在施工过程中坚决履行央企社会责任，坚守环保红线毫不动摇。从 2018 年 10 月起，石家庄多次发布重污染天气预警，导致施工现场停工或半停工合计超过 90 天，有效施工时间被大大压缩。此外，滹沱河内采砂场被取缔，混凝土搅拌站停止原材料运输，渣土、砂石运输车被禁止上路行驶，鹅卵石、混凝土等物资出现短期供应紧张。

面对困难，项目部严格执行空气重污染预警有关规定，加强对工地和道路扬尘的管理，落实道路硬化、洒水抑尘、裸土覆盖、密闭运输、车辆冲洗等防尘措施。同时，优化施工方案、积极协调地方关系、主动寻找料源，最大限度地保证现场施工正常进行；制定奖罚措施，提高劳务分包单价，安排 24 小时轮班作业抢工期保进度，全力全速推进项目建设。

水清岸绿入画来

绿化生态工程是滹沱河生态修复的重要环节，也是实现“岸绿、景美”的关键，但二标段土壤以碱性砂土为主，保水保肥性差，不利于作物后期生长。要推进生态绿化，必须进行土壤改良。

为此，项目部多次邀请中国农大、河北农科院、河北农大的业内知名专家实地勘探、取样，进行土壤养分分析。通过数轮栽培实验、专家论证、讨论优化，最终确定了施加腐殖土、有机肥和混合肥的土壤改良方案。绿化项目书记王秀忠介绍，改良后的土壤种上耐旱、易成活的绿植，能有效缓解滹沱河土壤沙化的问题，形成有效的生态循环，改善周边的生态环境。目前滹沱河两岸已经种植栾树、国槐等 6 万多株，成活率超过 95%。

紫星园、紫星体育园、紫星亲子园……随着一座座景观在漫水桥边拔地而起，二标段形成了一条集景观绿地、疏林花田、景观林带于一体的绿色生态修复型景观长廊。

百里滹沱百里波，水清岸绿入画来。昔日的乱荒滩变成了林木葱葱的生态园，曾经肆虐的沙尘天气几乎消失不见，漫水桥附近成了当地人休闲娱乐的好去处。每到节假日，这里游人如织。随父母散步的孩子、在体育场中打球的青年、在河边放风筝的老人，组成了一幅色彩明快的假日郊游图。

一花一世界，一水一滹沱。在二公司的综合治理下，石家庄“母亲河”成为水清岸绿风光美、和谐繁华产业兴、特色彰显韵味浓、通畅亲水百姓乐的生态河、产业河、文化河、民心河。

选自《铁路工程报》2019 年 7 月 5 日第 2 版

逐梦紫之

——杭州市紫之隧道Ⅴ标项目精细化管理纪实

西南宣

山水湖皆景的杭州，是千百年来无数游人向往的天堂。长约 13.9 公里，素有“国内第一市政隧道群”之称的杭州市紫之隧道（紫金港路——之江路全长 14.4 公里）工程，南北走向穿越隽秀翠绿的西山，像一条玉带连接了壮观钱塘和西溪湿地，共同打造了集美景、休闲、生态于一体的旅游胜地。

紫之隧道工程总体规模为双向六车道，为机动车专用隧道。西南公司（后称桥隧公司）施工的土建工程Ⅴ标包含隧道、道路、通风井、地下风机房、防排水、管沟及路面、给排水（含消防）及附属工程的预埋结构等工程的施工及质量保修，其中主隧东线长 2690 米，主隧西线长 2650 米，北匝东线长 485 米，北匝西线长 495 米，最大开挖跨度约 25 米，属亚洲市政工程之最，合同价约 3.48 亿元，总工期 696 天。

紫之隧道Ⅴ标项目部 2013 年 9 月进场，已连续实现全线六个标段多个第一：2013 年 10 月率先完成标准化驻地建设，2013 年 11 月 3 日克服场地狭小、民房、加油站未拆除等困难开始洞口刷坡，并于 2013 年 12 月 10 日正式进入隧道开挖，2013 年底顺利完成年度目标任务，在紫之隧道指挥部年终参评的 6 家单位中获得第一名。

知行合一，造就品质建设团队

建设一个雷厉风行、果敢有力、合力强劲、敢于拼搏的战斗团队，是安全优质环保高效建设紫之隧道工程的基础。

进场之初，项目领导班子多次统一思想，明确参与紫之隧道建设是机遇也是责任，以“打造业主满意、人民放心工程”为建设理念，提升项目班子的责任感和荣誉感。要求班子成员以身作则，“讲团结、正风气、办实事、倡廉洁”，不断提高项目班子的影响力和领导力。项目领导班子分工明确，班子成员各司其职，互相沟通，努力将项目班子打造成团结有力、务实和谐的高品质领导班子团队。项目部要求各岗位管理人员认真履职，把“站在一线作业人员角度做好服务、管理、保障工作”作为日常工作准则，以高度的荣誉感和责任感，做好服务，加强管理，为工程项目“零事故、零故障、零缺陷”提供有力保障。

项目部以各职能部门管理职责为依据，以工程项目生产流程为线条，制定颁布了包括综合管理、成本管理、物资材料管理、设备管理、安全质量奖惩制度、计价计量管理办法等40多项制度和办法，将项目生产各个环节纳入制度化管理中。适时开展“八比八创”劳动竞赛，激发施工队内部各作业班组相互竞争意识，使隧道生产天天处于“比赶超”的劳动竞赛状态，施工生产高潮迭起。

32岁的项目经理何大为是这个建设团队的领军人，自2004年从石家庄铁道学院毕业后就扎根施工生产一线，先后参建过全长6022米涌水涌泥的万开高速公路铁峰山隧道、全长7851米的亚洲最大湿陷性黄土双线隧道——郑西高铁函谷关隧道，以及全长9185米，被中国工程院王梦恕院士誉为史上施工最复杂、难度最大的隧道工程的广珠铁路江门隧道。十年历练，勤奋善学、顽强坚韧的他从最初的一名普通技术员，一步步成长为技术型管理人才。

强基固本，建设品质管理体系

项目部按照中铁三局集团公司和业主单位的总体要求，结合项目精细化管理的具体要求，以“过程控制为重点，精细管理为核心，量化考核为杠杆”的思路，细化完善管理制度，将生产任务绩效化，实现项目管控制度化，通过精细化管理提高基础管理能力，进而建设高品质的隧道施工管理体系。

技术管理精思细研。紫之隧道V标匝道紧邻民房、加油站，工程特点可以概括为工期紧、工艺复杂、协调任务艰巨、施工断面大、种类多、技术标准高、环保要求高、安全风险大。针对其特点，为确保施工生产顺利进行，首先确保技术管理要超前，项目技术人员全员参与实施性施工组织设计的编制完善，结合本项目机械设备、施工经验、管理水平和技术规范验收

紫之隧道

标准，编制一套切合实际、经济可行的分项工程施工技术方案。施工中严格进行逐级技术交底，使工艺流程和安全操作进一步具体化，并根据关键节点动态合理调整安排工期，为工序衔接有序和均衡生产提供保障。

过程控制精耕细作。项目部将精细化管理理念融合到项目过程管理中，力求实现“人”“事”细致、有效结合。隧道开工之初，项目部就明确了精细化管理思路：让全员都精通精细化管理的要求，保证关键部位按精细化要求进行控制，建造合格精品工程，总结精细化管理的精髓并形成管理标准。对项目管理人员进行细分对象，细分职能和岗位，细化分解每一项具体工作，细化管理制度的各个落实环节。真正落实“进度分析到每一天、成本控制到每一分、物资采购零库存”。根据围岩情况明确工序循环时间，努力实现工序衔接零循环要求，有效地提高了单位劳动生产率。同时严把物资材料控制关，制定合理的材料采购、保管制度，建立材料价格信息和材料价格监管机制，有效控制工程成本，提高项目经济效益。

质量控制精雕细琢。质量是企业的生命，项目部认识高度统一，以“质量事故零容忍”的态度，明确紫之隧道质量管理三大目标：确保“西湖杯”“钱江杯”，争创“鲁班奖”。项目物资部和试验室共同对原材料的质量进行管理，严把材料关，坚决杜绝不合格材料进入施工现场，不定期进行抽检，从源头上保证了工程质量。项目部针对各工种特点和工艺的不同，编制下发了《作业人员工序流程卡》，严格落实技术工艺标准的控制和执行。坚持每道工序班组自检、现场质检工程师复检、监理工程师验收确认的程序，严格检查监管程序。同时项目部把外来检查、观摩作为宣传形象、展示实力、查找不足、促进管理的良好机遇，结合外部检查所暴露出来的不足和缺陷，认真查找原因并制定出相应措施，认真整改，并针对暴露出的问题制定相应的制度，进行规范规避，进一步提高了项目管理水平。

安全管理精准细严。紫之隧道埋深浅，施工中还遇到了20世纪80年代修建的供应整个杭州市饮水的引水隧道，施工现场又处于闹市区，车流量极大，施工高风险源多。项目部在安全管理方面做到了“4个到位”。一是全员安全意识到位。项目部通过常态化安全学习、每周安全例行检查等手段，对一线生产员工进行全方位的安全教育活动，在项目部树立起了浓厚的“重视安全、珍爱生命”安全生产氛围。二是安全管理和投入到位。建立健全安全生产管理制度，项目部成立了安全生产管理领导小组，设专职安全监督员、青年安全监督岗和群众安全监督员，坚持“管生产必须管安全”的原则。项目部与各施工队签订安全生产责任书和社会治安综合治理目标责任书，设立安全生产专项基金，确保安全管理和投入到位。三是施工技术方案安全措施到位。在施工技术方案中有针对性地编制安全技术操作规程，并在开工前对施工操作人员进行安全技术交底，加强事故的防范工作，重视施工过程安全巡查，及时发现和消除每一处危险源，杜绝违章作业。四是对火工品的管理到位。项目部创新性地把火工品管理库建在隧道内的联络通道中，实施24小时全方位信息化监管，加强对爆破物品领发的使用管理，杜绝爆破物品流失和被盗的发生。专门聘请太原市公安局民警来项目部培训爆破人员，考试合格才颁发从业证。建立突发事件应急预案机制，积极与地方政府、公安、消防等部门取得密切联系，强化了火工品的安全管理。

内外兼修，彰显品质项目文化

形象展示是企业文化建设的重要载体之一，紫之隧道V标项目部根据业主和中铁三局集团公司总体要求，结合项目实际，注重企业品牌展示，打造特色项目文化，努力与品质生活

杭州合拍。

建点初始，项目部按照股份公司项目文化建设的具体要求，高标准建设项目驻地，科学合理规划施工区域，强化视觉系统的整齐划一。项目驻地亮丽整洁、功能齐全，视觉冲击力强，花园式办公驻地吸引游人纷纷驻足。工地现场物料堆码整齐，人员机械井然有序，车辆出现场必须清洗，确保泥渣不外泄，隧道渗水经沉淀池过滤后循环用于喷淋降尘冲洗车辆，既经济又环保。大气的彩门、飘扬的彩旗，向市民展示了中铁三局的企业形象，提高了企业美誉度。

项目党支部按照“围绕生产抓党建、抓好党建促生产”的原则，充分发挥党组织战斗堡垒和党员先锋模范作用，积极创建学习型组织和优秀项目文化，打造优秀团队，为项目各项工作顺利开展提供了坚实的政治保障和精神动力。党员身先士卒，冲锋在前，特别是在重要岗位、关键工序以及急难险重任务面前打头阵、作表率、当先锋。2014 年 11 月，副经理马万峰荣获杭州市建筑行业“十佳金牌党员班组长”称号。

开工至今，项目部多次荣获杭州市紫之隧道建设指挥部季度劳动竞赛前三甲，荣获集团公司“项目文化建设示范点”称号，荣获建设指挥部优秀“青年突击队”称号。2014 年 12 月初，项目部被提名参评浙江省“安全文明标准工地”。

“聚正能量同建第一隧，集大智慧共筑中国梦”，项目彩门上的对联是项目部对市民的一句承诺，更是项目建设者的一种追求，愿他们紫之逐梦、梦圆紫之。

选自《铁路工程报》2015 年 1 月 1 日第 6 版

坦赞铁路结友谊

局宣

1967 年 9 月，在坦桑尼亚、赞比亚两国政府的共同要求下，中、坦、赞三国政府签订了关于建筑坦赞铁路的协定。修建这条铁路，对于获得独立不久的坦、赞两国政府彻底摆脱帝国主义的控制，发展独立自主的运输业，促进政治、经济、文化的发展具有重要意义，也有利于发展我国同第三世界国家的友谊，打开外交工作的新局面。

坦赞铁路自坦桑尼亚首都达累斯萨拉姆起，至赞比亚北方省城卡皮里姆波希，与赞比亚既有铁路相接，全长 1860 公里。全程共有桥梁 320 座，隧道和明洞 26 座，车站 93 个，房屋建筑面积 39 万平方米，以及 1976 公里的通信线路和全套通信信号设备。中铁三局承担了达姆段 502 公里、马通段 320 公里，共计 822 公里的施工任务。

1969 年下半年，三局接到了铁道部援建坦赞铁路的通知。当时远渡重洋到陌生的非洲大陆去修建铁路，这对任何人来讲都是一个未知数，但三局职工想到这是党和国家派我们去履行国际主义义务，便随时做好了出国准备。很快，三局通过优中选优，迅速组织起一支 5200 人的队伍，其中技工几乎占了全局优秀技工的二分之一，由当时的副局长张德顺带队开赴坦、赞。

这些职工在历时一个多月的万里航程中，经历了大风大浪。开工后，他们更是遇到了诸多难以想象的困难：

——自然条件艰苦。在地处赤道附近的非洲原始森林中修铁路，这里没有春夏秋冬，只有雨季旱季。旱季在 50 摄氏度的高温下，顶着烈日干活，天空泻下的阳光如烈火，汗刚出即被烤干，在皮肤上结下了一层盐花。3 个月的雨季中，一个月里有数次滂沱的大雨，对施工十分不利。职工们住的是活动板房，生活条件最艰苦，而劳动强度却是最大的。没有高报酬、高待遇，履行的只是国际主义义务。当铁路修建途经天然动物园时，更有狮子、大象等猛兽经常出没。还有如果被非洲蝇叮上一口，皮肤上就会有蝇卵；被大马蜂蜇一下，可能会丧命……但是，面对这种种情况，三局这支具有第一流思想觉悟和第一流施工水平的过硬队伍，经受住了一切困难和艰苦的考验。

——与非洲朋友语言不通。三局职工均以“专家”身份工作，少则带几个，多则带几十个、上百个非洲朋友施工。大多数职工文化水平不高，外语水平几乎为零， 这对与非洲朋友交流感情、指导工作都十分不利。

——国际政治斗争的影响。当时坦、赞境内还有英、美等国在帮助修建公路，我国与这些国家尚处于敌对状态，我们修建的铁路与他们修建的公路几乎平行，经常发生摩擦和纠纷，需要解决和处理。

——工期紧，质量要求高。我国领导人指示：坦赞铁路投资要少，设备要先进，工程质量要高。这条铁路要经得起历史的考验，经得起大自然的冲击，得到其他国家的认可，要通过铁路工人卓有成效的工作显示出中国的技术和能力。

这一切的一切，对三局职工来说都是十分严峻的考验。

而向来以能打硬仗著称的三局人经受住了这些严峻的考验。每天，三局职工顶烈日、战风雨，住草棚、睡地铺，因陋就简地安排生活，精益求精地设计施工。有时，筑路机具上不去，他们就抡起钢钎、大镐和铁锹；许多工人吃在工地，睡在机旁，日夜奋战，保证工程顺利进行。职工们利用业余时间开荒种地、养猪养鸡，既改善了职工的生活，又减轻了当地市场和人民的负担。赞比亚总统卡翁达曾把本国军队的后勤部长等官员带到三局驻地参观，号召本国军队向中国工人学习，自己动手，丰衣足食。

就是在这样的情况下，三局职工仅仅用了一年的时间，就完成了从达累斯萨拉姆到姆林间502公里的铺轨任务，第二年修通了难度最大的姆林至马坝间155公里的地段。1973年8月，又用一年零10个月的时间完成了赞比亚境内165公里的铺轨任务。1975年6月7日，胜利铺轨到达终点卡皮里姆波希，并于10月23日开始试办客货运营。之后又用一年时间，完成了全线收尾和配套工程。1976年6月，坦赞铁路胜利建成，总共用了5年零8个月的时间，实现了坦赞铁路计划6年，争取提前建成的豪迈誓言。

5年中，三局职工在为坦赞人民挥洒辛勤汗水的同时，也付出了流血和牺牲。来自三局

坦赞铁路铺轨现场

机筑处的机械钳工迟泽功在一次意外的机械事故中，为抢救坦桑尼亚朋友拜塔拉姆而身负重伤。三局老劳模邱庆坤在负责带领上百个非洲朋友到建桥工地打灰和绑架子时，由于语言不通，被5吨多重的发电机压成重伤，肺部大量出血还坚持工作，直到昏倒在工地上被送往医院急救。领导决定让老邱回国养伤，走的那天，整个工地的非洲朋友都来送他，眼含热泪高呼着“老邱”……

而今几十年过去了，坦赞铁路经受住了时间的检验，它像一座历史的丰碑矗立在非洲大地上，也矗立在中、坦、赞三国人民的心中。援建坦赞铁路的胜利，提高了中华人民共和国的国际威望，广交了第三世界的朋友，提高了我国的国际地位。1971年，中华人民共和国恢复联合国合法席位，在赞成的76票中，26票来自非洲国家。与此同时，援建坦赞铁路还锻炼和培养了三局的职工队伍和干部队伍，使三局人的政治素质、技术素质得到了很大提高，并为三局积累了丰富的海外施工的宝贵经验。

选自曹宝峰主编：《南征北战四十年》，北岳文艺出版社1992年版

一切皆缘“一带一路”

安进军

在有“千岛之国”之称的印度尼西亚，一条在国际上首个由政府主导搭台、两国企业合作建设的高速铁路项目——雅万高铁正在如火如荼地建设中。当地道路上开始飘扬着 CREC 标识的旗帜，不少印尼人也纷纷加入到工程建设中来。

这里成了中国的象征

这条连接印尼首都雅加达与其第四大城市万隆的高速铁路，全长 150 公里，是印尼乃至整个东南亚地区的第一条高速铁路，也是中国高速铁路从技术标准、勘察设计、工程施工、装备制造、物资供应，到运营管理、人才培训、沿线综合开发等全方位整体走出去的第一单项目。中铁三局作为由中国铁路总公司牵头成立的中方联合体参建单位之一，承担着全长 29.5 公里的施工任务。

在瓦利尼隧道工地，中铁三局项目部成了中国的象征，当地员工已经习惯用不太标准的“你好”“谢谢”等中文跟我方人员打招呼。恩赛普是甘加萨里的村民，受聘于项目部，任隧道工班长，任职以来的 10 个月中，他每月只回家一两次，平常都在工地上忙碌。“中方项目组的信任给了我极大的自信，我拼尽全力为保证隧道早日贯通多作贡献。”恩赛普说。

印尼属于人口大国，加之国家经济增长乏力，青年人失业问题日益突出，所以在当地能找到一份稳定的工作成了一件近乎艰难的事情。雅万高铁的建设，为工程沿线的人们带来了巨大的就业机会。Budi，一位印尼土著，在最终成功入职中铁三局雅万高铁项目后难掩激动的心情，表示将会借着中国“The Belt and Road Initiative”的东风，提升自我。雅万高铁项目更是聚集了众多海外华人翻译，他们虽生长在印尼，但是中华文化的根还深深印刻在血液中。许多华人，特别是年轻的华人依然讲得一口流利的中文，依旧过着中国的传统节日。雅万高铁项目为他们提供了一个亲近故土、亲近“根”的机会。据统计，该项目已为当地超过500名居民提供了就业机会。

印尼雅万高铁第一条隧道全线贯通

“授人以鱼，不如授人以渔。”中铁三局项目部在瓦利尼隧道工地设有高铁展示厅，通过图片、模型、沙盘等介绍建设情况与中国高铁发展现状。据项目负责人张立幸介绍，雅万高铁成了当地民众接触中国、了解中国的一个窗口，到瓦利尼隧道参观的人很多，有当地居民，也有印尼大中小学的师生。通过参观，印尼人对中国高铁的建设质量和工人们认真负责的态度产生了由衷的好感。瓦利尼隧道区段的安全员阿德就是在了解瓦利尼隧道的建设情况后，毛遂自荐来到项目工地投身建设的。他说：“中国先进的高铁技术正是印尼所急需的，我要为高铁建设尽力。我现在的工作是监管施工安全，我愿意一直工作到项目完成。”

把中铁项目当成自己的家

小车司机 Jajang 因为开车技术好，又能吃苦耐劳、随叫随到，不到半年就晋升为车班班长。当问起 Jajang 为什么选择来中铁三局雅万项目工作时，他说：“从雅加达到万隆只有 100 多公里，以往开车 3 个小时就能到，但随着汽车的增加，道路非常拥挤，现在开车要走七八个小时。得知中国企业正在建设印尼的首条高铁，大家都对这条高铁的建成非常期待。”

Jajang 很满意在中铁三局项目部的工作，他把身边的朋友、兄弟也介绍到了工地，项目部免费提供住房，每月有餐食补助，收入比以往多了不少。“中铁项目关心员工的生活，在驻地还专门为我们设置了祈祷室，尊重我们的宗教信仰，现在项目部就是我的家。”他说，

要努力工作挣钱，然后带着家人到中国去，去看看这个美丽国度。

Jajang 非常钟情中国文化。2019 年春节，他还和中方员工一起挂灯笼，并很用心地为不能回家过年的每一位中方员工都做了一张贺卡，上面写着“Happy New Year”。

“一带一路”架起友谊的桥梁

雅万高铁沿线经过许多山区村庄，通往山区村庄的道路大都是泥制山间村道，每逢雨季，则会因雨水冲刷而变得泥泞不堪，严重影响当地村民的出行。中铁三局项目部投入机械、物料，帮助当地村民拓宽道路，铺填碎石，赢得当地百姓的点赞叫好。

2018 年 9 月 29 日，印尼苏拉威西岛发生 7.5 级强震并引发海啸，300 余人因此丧生。灾区内电力设施及大量房屋建筑遭到破坏，受灾情况十分严重。中铁三局项目部心系灾区，第一时间组织中方员工向灾区捐款，送上雅万高铁参建员工的慰问与爱心。

中铁三局项目部还关注当地教育情况。沿线村庄多为欠发达地区，条件艰苦，许多学校设施简单，学生没有足够的必备学习用品。项目部先后组织人员向多所学校捐赠教育物资，为学生准备学习用品。

事虽小却暖人心，音不同心却相通。这一点一滴的关爱，正是中国和印尼友谊的基石。

印尼地处热带，自然条件优越，气候宜人，但也多发登革热、疟疾等热带病。中铁三局项目部翻译小方就不幸感染了登革热，但却意外收获了深厚的友谊。他的经历在项目部被传为佳话。小方住院治疗期间，他的室友——印尼翻译 Evan，每天下班后主动骑摩托车前往医院陪护，无论刮风下雨，从未间断。一段经历，一份真情，把两个异国的人紧紧联系在一起。如今两个异国的朋友俨如一对亲兄弟，携手并肩为雅万高铁建设贡献着自己的力量。

印尼国有企业部长丽妮·苏马尔诺曾说：“雅万高铁是印尼与中国友谊的标志。印尼与中国在高铁领域的密切合作，必将促使两国友谊更上一层楼，雅万高铁也一定会成为亚洲国家高铁合作的示范。”

选自《铁路工程报》2019 年 4 月 26 日第 3 版

霍州至永和高速公路（BT）项目施工纪实

霍宣

霍州至永和高速公路是山西省第一条以BT模式投资建设的高速公路项目，也是中铁三局集团公司第一个BT项目。线路起点位于隰县寨子乡中桑峨村，终点位于永和县王家坪，全长47.718公里。主要工程数量：路基挖方1593.49万立方米，填方872.06万立方米；主线大桥37座，共计9496.84米；中桥6座，共计349.44米；涵洞78道，共计4171.73米；天桥20座，共计1445米；通道2座，共计58米；互通、服务区大桥10座，共计1872.16米；中桥1座，共计80.92米；涵洞30道，共计1386.27米；隧道7座，共计2608米。工程合同总价26.69亿元，于2011年4月6日开工，合同工期3年，省交通运输厅要求2012年底竣工通车。

施工难点和亮点为城川河特大桥。该桥主跨为连续 4 孔 132 米变高度预应力混凝土现浇连续箱梁，墩高从 68.8 米到 113.6 米不等，高差变化较大，其墩柱之高、跨度之大在山西高速公路建设史上罕见。

中铁三局霍永指挥部于 2011 年 3 月组建，下辖由三公司、五公司、六公司、建安公司、电务公司抽调队伍组成的 9 个总队，分别承担项目土建、机电和绿化工程。

进场后，指挥部根据集团公司和隰延公司对项目管理的要求，结合 BT 建设模式的特点，以“强力推行建设管理标准化，强势推行项目管理标准化，打造行业领先团队，铸就区域优势品牌，以一流业绩服务员工、回报股东”为总体要求，全面优化施组，确保工程任务的顺利完成。

推行标准化管理，精心组织施工

为有序推进工程进度，开工伊始，项目指挥部就突出标准化管理在项目建设管理中的重要作用。

一是严格落实集团公司项目管理大纲要求，先后制定出台了《工程技术管理办法》《安全质量管理办法》《合同管理办法》《财务管理办法》《物资管理办法》《员工考勤管理办法》等 24 项基本管理制度和办法，为有效实施 BT 项目管理，促进项目规范投资、建设提供了制度保障。

二是临建体现人文情怀。在驻地建设中，严格按照标准化建设要求，既要美观、整齐划一，又要以人为本，构建和谐，充分考虑员工的生活需求。对驻地功能分区、院墙和宿舍的规格、尺寸等都作了详细规定。有的经理部受客观条件限制，场地相对狭窄，但标准化建设不缩水，办公区、生活区、停车区、场地绿化等功能区一个都不少。为美化环境、营造和谐文化氛围，本着少花钱、多办事的原则，因地制宜，设立了文化墙，彰显企业文化，标准统一，各具特色。

三是提倡“少硬化，多绿化”，加大绿化面积，并采用可以回收重复使用的植草砖铺设场地，既节约了资金，又达到了美化、环保效果。在省交通运输厅平安文明工地检查中，检查组对项目部临建标准化建设表示赞赏，并要求形成经验材料上报，在全省公路建设中宣传和推广。

统一企业形象塑造，致力项目文化建设

为统一企业形象，加强标识标牌标准化建设，项目指挥部在重点工程施工现场的醒目位置，设置反映工程概况和建设形象的牌图，尤其对管段内公路拱门上的标语、标志，严格执行企业规定的标准和内容。必设的牌图为“九牌一图”，即反映公司管辖公路建设形象、理念、要求、目标的管理目标牌，工程概况牌，安全生产、环境保护、文明施工、消防保卫领导小组成员名单牌，安全生产制度牌，消防保卫制度牌，环境保护制度牌，文明施工制度牌，样板工程标示牌，施工公示牌，施工现场总平面布置图。公示牌的尺寸标准统一，采用双柱式立柱，设立牢固可靠、整齐美观、大方醒目。

为展示企业形象，项目部成立了迎检小组并组织开展礼仪培训；在全面推行标准化建设的基础上，选择全线具备成为亮点工程条件的工点设置迎检点，并统一规划、建设，在全线树立了企业形象并建立了全新的企业文化。在 2011 年上半年省交通运输厅开展的全省重点公路“平安文明工地”创建活动中，霍永高速公路西段获得“优秀标段”荣誉称号，成为全省唯一一家 2011 年新开工建设项目被评为“优秀标段”的单位，为集团公司在山西省 2011 年度信用评价中加 5 分，展示了中铁三局实力，为企业争得了荣誉。

强化员工队伍建设，打造文明礼仪之师

指挥部党工委积极开展学习型组织建设和以“树党员先进形象，创建优秀党组织”为主题的创先争优活动，坚持社会主义文化建设，鼓励和倡导员工学习文化、科技知识，规定凡有益于思想道德建设的内容都应学习。同时，按照标准化建设要求，全线员工统一工装，佩戴胸卡，监理、管理人员、工人分别戴白色、红色和蓝色安全帽；广大员工发扬“知行合一，筑和谐路；永争第一，扬铁军威”的精神，精神饱满，纪律严明，给各级领导和检查组留下了深刻印象。

指挥部还高度重视项目“建家活动”，为全线员工开辟了室内活动室，室内健身器材、跑步机、乒乓球、桌球等一应俱全，在院内设置了羽毛球场，购买了球网、球拍和羽毛球、

篮球等文体器材，有效丰富和活跃了员工的业余文体生活。

加强廉政文化建设，开展企检共建活动

根据山西省纪委“十个严禁”、交通运输部“八个不准”和省厅、集团公司党委及纪委廉政建设相关要求，指挥部一是制定了《党风廉政建设管理办法》，成立了党风廉政建设领导组，明确了班子成员在党风廉政建设中的责任；二是开展党风廉政建设教育活动，要求广大党员干部“当好业主，做好承包商，管好自己”；三是为实现山西省领导提出的“不是查不出问题，而是无问题可查”的廉政建设目标，与临汾市检察院开展检企共建活动，启动了预防职务犯罪工作，有力促进了项目反腐倡廉工作；四是在对各单位每月一次的综合检查考评中，将廉政建设作为一项重要内容进行考核，有力促进了项目廉政建设和队伍建设。

注重路地和谐建设，共建项目美好家园

为促进和谐征拆，指挥部与当地村委开展“共建新农村”活动，为居子乡、西上庄村、任家庄村等沿线乡村修建饮用水管道、蓄水池、庙宇，改电，对既有乡村黄土道路进行维护、拓宽和平整等，共计投入工料费17.1万元。

同时，指挥部还注重加强协作队伍管理，各总队建立劳务培训机制，对新进场劳务民工进行安全、质量教育培训，使劳务民工清楚现场危险源和质量控制点。建立农民工工资保障金制度并对农民工工资支付情况进行监管，确保农民工工资能及时发放至每个人手中。

2011年7月、12月，本项目两次被山西省交通运输厅评为“平安文明工地”优秀标段，并被推荐为全省唯一一家“交通部平安文明样板工地”；2011年8月被集团公司选定为“公路项目精细化管理示范点”；2011年9月被总公司纪委评为“廉政建设示范线”。

中铁三局霍永项目部提供

20 天 213 公里，见证中国高铁铺轨奇迹

——京沈高铁京冀段铺轨建设纪实

唐承光

2020 年 9 月 24 日是见证奇迹的日子，是中铁三局京沈客专京冀段 10 标参加铺轨建设全体员工最高兴、最自豪的日子。“三局铺架”以实际行动再次印证中国“基建狂魔”的称号不是白来的，在高铁铺轨建设中，以新的中国速度变不可能为可能，创造了世界奇迹。

9 月 25 日，建设单位发来贺电，称赞中铁三局京沈客专京冀段 10 标项目部采取优化施组保铺轨、资源超配保铺轨、沟通协调保铺轨等措施，不畏高温酷暑，人歇机不停，昼夜奋战，仅用 20 天就完成了正线铺轨 213 公里，实现了全线轨通，铸就了京沈客专铺轨速度，为京沈客专北京段年底开通赢得了宝贵时间。

超前谋划保开局

京沈客运专线是国家中长期铁路网规划的重要组成部分，是北京市、河北省和辽宁省人民期盼已久的一条致富路、连心路。京沈高铁全线通车后，北京至沈阳运行时间将缩短至 2.5 小时。承德将正式步入“高铁时代”和“首都一小时经济圈”，驶入发展的快车道。

有着近 70 年光荣传统的中铁三局线桥公司先后参与承建国内外 100 余项铁路工程建设，累计铺轨 15000 公里，架梁 60000 余孔，总里程达全国铁路里程的十分之一，并创造了中国高铁焊轨最高标准。这次承担施工的京沈客专北京段铺轨工程含正线无砟轨道铺轨 165.18 公里、正线有砟轨道铺轨 47.82 公里、站线铺轨 11.9 公里、道岔铺设 43 组以及长轨焊接、放散锁定等线路相关工程，是京沈客专全线最后一段铺轨工程。整个工程具有工期紧、任务重、交叉作业多、隧道多、长大坡道铺轨难度大、外界干扰因素多、安全风险管控难等不利因素。

自开工以来，国铁集团、国铁北京局、京沈京冀公司及地方政府主要领导经常深入施工

京沈客专铺轨现场

现场调研，了解工程进展情况，安排部署指导工作，给予施工极大的支持与帮助。

起好步，才能开好局。中铁三局集团公司高度重视京沈客专京冀段工程建设，党委书记、董事长郝刚以及总经理李新远多次来到京沈客专京冀段10标项目现场办公，仔细查看现场施工进展情况，详细询问现场施工进度、安全质量、人员配置、机料储备、节点工期及需要解决的问题，并要求项目部全体参战人员牢记“品质担当、知行合一，尚优至善、永争第一”的企业理念，科学组织施工生产，合理优化施组方案，全力以赴打好京沈客专京冀段攻坚收官之战。

中铁三局京沈客专京冀段10标项目部积极组建京沈铺架工程技术组，科学编排施组，反复推演施工方案，用三维动画模拟现场施工工序，预测可能出现的不利因素，排查各种危险源，确保各施工节点目标的顺利实现；在整个施工过程中，成立协调联络、物资、设备、安全、技术、运输、线路区间、后勤8个保障组，各有分工，相互配合，为铺架施工的展开提供坚强的后盾。

中铁三局线桥公司抽调各分公司精干人员，配齐、配全机械设备，保证物资供应；铺轨项目部进一步细化责任，明确分工；强化安全意识，严把风险关，针对线路各类作业机车数量繁多的情况，制定专项运输方案；信息化调度指挥系统的应用助力智能铺架，推进工程线运输平稳、高效、安全进行。

项目部还多次召开铺轨工作专题筹备会，集合工程、机械、物资、调度等部门针对铺轨施工过程中每一个环节可能存在的问题逐一剖析，对每一个环节进行多次模拟推演，分析每一个环节所需时间，以分钟计算，汇总成铺轨施组计划。为防止施工过程中可能出现的设备故障，项目部机械人员还提前做好预案，根据分析结果将容易出现故障的推送车夹紧装置部件全部更换为高质量部件，保证 24 小时作业人歇机不停。

科技助力保安全

科技创新是企业持续发展的生命力。京沈客专京冀段 10 标有一双智慧之眼，也是铺轨线上最耀眼的亮点，那就是线桥公司创建的行车调度智控中心。这个中心实现了国内首家自建网络基站解决隧道通信问题的技术创新，成为京沈高铁十余家建设单位联络员进驻智控调度指挥中心合署办公之所。

京沈客专京冀公司相关负责人常驻中铁三局调度指挥中心，协调各单位交叉施工，保证其他专业人员在长轨列车运行到达前及时下道，减小交叉施工干扰，确保长轨运输及铺设施工顺利进行。

安全责任重大，必须从细节入手。中铁三局线桥公司用心用智严格卡控各个铺轨作业程序，以确保万无一失。行车调度指挥信息化管理系统通过自建网络基站解决隧道内通信问题，所有功能都可在隧道内正常使用。技术创新帮助施工生产解决了大问题。

传统的工程线行车调度存在管控不足、监控有死角等安全风险，京沈客专行车调度智控指挥信息化管理系统的上线，让这些安全风险不再是问题，让行车运输不论在白天还是夜晚都更安全、更高效、更智能。

京沈客专行车调度指挥信息化管理系统是中铁三局为了保障京沈客专京冀段安全顺利铺轨所使用的智控系统。它实现了无纸化办公、计算机大数据合理性分析、沿线视频监控、接近报警等。针对京沈客专线路长、隧道多等特点，工作人员在原有施工计划申报、列车运行图与计划图绘制、调度命令无线收发等八大主要功能的基础上，优化拓展了防疲劳驾驶、岔位防护、平车定位、长大隧道群数据回传等附加功能，使系统能够自动排出长轨车运行计划图，自动调整并发出阶段计划，自动超速语音预警及处理，按照列车运行的速度和所在位置自动对列车运行进行调度指挥，下达调度命令，精准到站时间，确保顺利完成铺轨计划。

为保证长轨运输的安全、高效、便捷，中铁三局铺轨项目部采用 T11 长钢轨运输车，运输推送钢轨一体化，避免了传统铺轨作业的倒运环节。此外，项目部在 11 个作业面布置 11 个班共 600 余人，24 小时两班倒作业，采用五套 17 列 T11 长钢轨运输车、2 台机养设备、2 台铺轨机、4 台焊轨机及 2 台套收轨车以每天铺轨 12 公里的速度推进，确保实现预期轨通目标。

全力以赴保铺轨

9 月 1 日，铺轨决战前夕，中国国家铁路集团党组成员、副总经理王同军，工管中心主任汤晓光以及国铁北京局和京沈京冀公司主要领导一行到中铁三局京沈 10 标项目施工现场检查剩余工程施工进展情况。王同军一行对中铁三局采取优化方案、超配资源等多项措施给予肯定，特别是对行车调度指挥信息化系统的线路形象化、隧道内网络数据回传、工程车辆股道识别、岔位监测、小平车定位及施工区移动报警装置等诸多信息化改进措施给予高度赞扬。

9 月 2 日，在全体参建将士的共同努力下，温榆河特大桥 8.1 千米“卡脖子”工程线路顺利铺通。根据施工组织安排，铺轨至怀柔南站后，通过站内道岔转线，将实现左右线同时铺轨。提前用工具轨铺设顺义西站、怀柔南站、密云站到发线，将大大缩短到发线铺轨时间，也为 T11 运轨车的避让、转线、调车创造条件，提高长轨运输效率。

9 月 5 日上午，铺轨决战来临。在潮白河特大桥上，“京沈高铁北京段全线首铺”的大红条幅格外醒目。随着首对 500 米长轨稳稳地落在无砟轨道板上，京沈高铁北京段无砟轨道铺轨的序幕被拉开了。

全体参建人员克服各种困难，争分夺秒，立下誓言把疫情耽误的时间抢回来。铺轨项目部采用一次铺设跨区间无缝线路，有砟轨道换轨与无砟轨道铺轨同时进行，全力推进铺轨进度。针对京沈高铁北京段工期紧、运距长、协同工序复杂等困难，项目部见缝插针，灵活增加人员、机械等配备，快速跟进，确保轨通目标的实现。

在整个铺轨施工中，中铁三局项目部以铺轨为龙头，所需资源全额超配。在长达 12.3 公里的梨花顶隧道，面对大坡道作业及恶劣的粉尘烟雾环境等困难，他们采用 5 台机车联挂运输重达 3000 吨的 T11 长轨列车铺轨。全体施工人员自带干粮，佩戴防毒面罩艰苦鏖战，以

19.5 小时铺设 13.5 公里的速度向前推进。

“面对铺轨工期短、跨桥施工、25‰大坡道作业等诸多困难，我们有信心去解决它们！”铺轨项目经理贾印满话语坚定。从资源配置、技术标准、管理措施、安全质量、工序衔接、各项保障等方面，项目部不断优化各项施工组织方案，确保实效。针对工期紧、运距长等困难，项目部周密部署，调度室日夜奋战两班倒，工作人员实时监控列车运行情况，有条不紊地进行调度作业，为铺轨作业保驾护航。

铺轨机一路向前挺进，一列列 T11 长轨运输车反复穿梭……

9 月 24 日 17 时 58 分，京沈高铁北京段全线贯通，“三局铺架”创造了高铁铺轨史上的奇迹，历史定格在这一光荣时刻。不畏艰苦、善打硬仗的线桥人用智慧和汗水为京沈高铁全线轨道铺通画上了圆满的句号。

选自《铁路工程报》2020 年 10 月 23 日第 2 版

为朔黄铁路运能提升插上腾飞翅膀

——中铁三局首列两万吨重载列车正式开始运行

华言　盛祖　毓杰

2017 年 2 月 20 日 15 时 18 分，随着一声汽笛长鸣，中铁三局运输工程分公司和谐号电力机车组牵引的 28134 次列车缓缓驶离朔黄铁路神池南站，并经过 11 个多小时的平稳运行，于 2 月 21 日 2 时 10 分顺利到达河北省黄骅港站。这次列车牵引总重 21400 吨，载重 17120 吨，总长 2638 米，编组模式为“和谐号交流机车 +108 辆 C80 型车辆 + 和谐号交流机车 +106 辆 C80 型车辆 + 可控列尾”。中铁三局运输工程分公司是国内继大秦铁路公司、朔黄铁路公司之后，第三家成功开行两万吨重载列车的企业。这标志着中铁三局运输工程分公司机车牵引能力和运输组织能力又一次实现历史性跨越，全面开启两万吨重载运输新纪元。

2002 年，中铁三局集团在充分发挥国家重点铁路工程等交通基础设施建设主力军作用的同时，紧紧抓住煤电路一体化企业铁路运输市场的巨大机遇，积极探索新形势下能源企业配套铁路整体解决方案，通过整合集团公司铁路运输优势资源，改制成立中铁三局运输工程分公司。经过十余年的奋斗与发展，运输工程分公司已经成长为一个集铁路运营服务提供商和建筑产品制造商于一体的专业化公司。

目前，中铁三局运输工程分公司铁路运输产业员工覆盖车务、机务、工务、电务、车辆五大专业；运用管理各种型号的内燃机车、电力机车、和谐号机车 124 台；经营领域辐射神华集团、伊泰集团、国家电投、中国华电等九大市场；运营管理神朔、朔黄、准东、赤大白等 25 条铁路，运营总里程超过 3600 公里，年货物运输量连续 6 年超过一亿吨；具备万吨、两万吨重载列车牵引能力，超级超限货物运输能力，机车车辆修理能力，重载线路、地下铁道和“四电”设备维修养护能力以及大型技术作业站的组织管理能力。截至 2017 年 2 月 20 日 18 时，中铁三局运输工程分公司已创造了连续 7109 天安全生产无事故的好成绩。公司先后荣获“中央企业先进集体”“全国安全文化建设示范企业”“十三五开局企业文化建设模范单位”“山西省模范集体”“山西省守合同重信用企业”等多项荣誉。

经过多年打磨的“三局运输”已成为中国能源企业铁路运输市场极具竞争力的行业品牌。特别是伴随着国家供给侧改革的有力推进和“三去一降一补”的实施，全国煤市低迷期已经结束，为适应国内能源需求的持续增长，作为担负西煤东运主干线朔黄铁路联合运输任务的生力军，中铁三局运输工程分公司把开行两万吨列车作为打通线路运能瓶颈、增加运输总量、缓解煤炭运输压力、保障国家能源安全的主要手段，进而为实现朔黄铁路 3.06 亿吨年度运能目标提供有力保障。

朔黄铁路西起山西晋北高原的神池县，东到河北平原的黄骅港，全长 587 公里。从海拔 1533 米高的晋西北高原到黄海之滨的港口，落差之大在世界重载铁路史上也是罕见的。尤其在山西境内，桥隧相连、弯道多、半径小、12‰以上连续长大下坡道等线路特点，给两万吨列车安全平稳运行带来巨大考验。

为确保重载列车安全开行，中铁三局运输工程分公司前期做了大量准备工作。一是成立两万吨重载列车运用工作筹备组及机车技改工作组，研究制定开行方案、行车组织作业办法

和各项应急预案，对牵引机车进行基于 LTE 无线重联同步控制系统的技术改造并加装了 CIR 一体化电台，为重载列车开行提供了科技支持和设备保障。二是根据乘务员连续 3 年综合成绩排名进行两万吨乘务员选拔，组织乘务员到大秦铁路公司、朔黄铁路公司进行系统学习培训，并对乘务员进行了理论和实作考试验收，为重载列车开行提供了人力资源保障。此外，中铁三局运输工程分公司于 2 月 18 日先行组织了两万吨运输模式静态和动态试验，进一步掌握列车运行参数，调整设备性能，确保两万吨重载列车安全顺利开行。

知行合一谱新曲，永争第一唱壮歌。中铁三局运输工程分公司已经拥有 6 台和谐号大功率交流电力机车，可以单牵万吨列车，也可以组合牵引两万吨列车。据了解，该公司还计划再购置 3 台和谐号机车，进一步满足朔黄铁路每天开行 20 对两万吨列车、58 对万吨列车的机力需求。

刊载于中国网等多家媒体，2017 年 2 月 22 日

匠心筑梦　今日牡佳别样红

——中铁三局牡佳“四电”系统集成项目施工纪实

李嘉琦

2021 年 12 月 6 日，牡佳高铁开通运营，在中铁三局承建的牡丹江至佳木斯“四电”系统集成线路中，一列列客运专列穿越国家森林公园、七星峰隧道后，一路向东，在白山黑水中划出一道道优美的弧线。

牡佳情，高铁梦！牡丹江人民呼唤、期盼着的牡佳高铁终于开通了。3 年前，中铁三局联合武汉电气化局中标牡佳高铁“四电”系统集成工程。这支源自东北、从东北走出去的铁军，69 年后，再次回到了这片热土，参建我国最东端高铁。他们克服施工工期紧、气候寒冷、疫情影响等诸多困难，秉承“品质担当、知行合一，尚优至善、永争第一”的企业信条，用匠心打造了牡佳高铁亮丽的精品工程线，圆满完成了通信、信号及信息工程的施工任务。

以快取胜，吹响大干“集结号”

从空中俯瞰，牡佳高铁从西向东，犹如一条钢铁巨龙，挥舞着矫健的身姿，一路向东延伸，将牡丹江和佳木斯两市连接起来。想要在这里修建一条铁路，绝非易事。

兵贵神速，其疾如风；动如雷震，以快取胜。中标以后，中铁三局迅速排兵布阵，选派精兵强将组建项目部，召开专题研讨会，编制了“四电”实施性施工组织设计，对控制工程、重点工程的实际进度进行重点卡控，确定了以速度取胜、以质量树形、以诚信立身的策略，下定决心在牡佳高铁会战中抢占先机。

为了更好调动项目部、各分部、架子队的施工积极性，他们弹好劳动竞赛“钢琴”，积极开展了“决战四季度、决胜保目标、党员争先锋”“创精品工程 展三局风采劳动竞赛”活动。同时，针对征地困难问题，他们采取“脑勤、腿勤、嘴勤”三勤战术，见缝插针，

牡佳客专“四电”施工

逐个击破，确保了工程进度。

措施有效，进度才能把控。进场仅2个月，项目部就完成了施工准备、人员培训、制订材料采购及甲供料供应计划、线路复测、铁塔位置定测等一系列前期工作。2020年10月30日，在参建员工的日夜鏖战下，完成了全线光电缆敷设、接续、测试工作。2021年3月30日，项目部克服疫情长期封锁、冬季施工寒冷等困难，完成了全线信号设备安装工作以及各站联锁试验、各区间设备调试、电气性能调试工作。由于优异的表现，项目部也被评为2019年、2020年牡佳客专工程先进集体。

精细管理，打造牡佳“精品线”

走进牡佳高铁1号中继站信号设备室，透明钢化玻璃地板下，电缆在铝合金支架及电缆夹具的引导下整齐排布，每一条电缆的去向都清晰可辨；组合柜内，二次布线美观大方，标签说明排列整齐；转角弧形设计合理，采用插接式安装，实行定型配件，提高了室内电缆走线整体标准化程度，减少了现场安装工程量，提高了工作效率；各层固线器之间采用带齿及插片方式，解决了线缆直径不同，两端多种固定块难以配料问题；高强尼龙复合材料绝缘架杆，增强了走线架的强度，解决了线架与机柜之间和排架绝缘问题，避免了因线缆绝缘破损造成的短路现象……这一件件新工艺、新技术，正是对项目部打造内实外美精品工程的极致体现。

“要把牡佳高铁打造成为精品工程、放心工程和品牌工程，就要大力践行公司‘诚本匠心’核心理念，绝不辜负当地人民的期盼”，这是项目部对当地人民的郑重承诺。项目部以“建精品数字牡佳，创高寒高铁典范”为目标，组建专业技术团队，编制精品工程实施方案，出台精品工程实施奖罚文件，强化项目管理，强推精品工程的实施。同时，他们以京沈、杭黄铁路精品工程为标杆，为牡佳高铁精品工程实施提供全面的技术支持与服务。

有了沃土，新工艺就像雨后春笋一般，接二连三地涌现了出来。通信综合配线柜突破传统，创新方式，通过采用添加网管服务器智能化手段，对现场端口进行电子标记，并对端口状态进行监测，做到了优化端口使用和指挥现场两不误，更大程度地节约了现场施工时间，确保了通信通道畅通。看上去平平无奇的铁塔螺栓，也被项目部“玩”出了新花样，他们采用黄油保护管对铁塔螺栓进行防护，避免了高寒地区通信铁塔冬季因塔柱内积水、排水不畅造成的铁塔冻裂的现象。同时保护管内填充黄油，对铁塔螺栓螺丝的保养起到了很大作用，避免产生锈蚀现象……

打造精品工程怎么能少了科技助阵？走进项目部技术室，只见技术员们正在目不转睛地盯着电脑屏幕，原来他们正在利用 BIM 技术进行三维可视化交底，使用模型展示复杂节点，模拟布线及碰撞点检查，寻找最优施工方案，为设备排布提供可靠依据。这是项目部巧妙运用 BIM 手段，将牡佳高铁打造成智能高铁的生动实践。该方法极大地降低了施工难度，提高了人员技术水平及质量工艺把控能力，为标准化施工及打造精品工程提供了强有力保障。

2020 年 10 月 21 日，国铁集团检查组前往牡佳高铁桦林隧道、北甸河特大桥现场查看隧道、路基、桥梁信号设备首件工艺及整改成果，称赞道：“钢轨引接线采用压缩空气用增强织物橡胶软管防护，采用工厂化线、管一体定制方式，提高了工作效率，创新了施工工艺，中铁三局要总结经验，向全路推广。”

多措并举，筑牢安全“防护网”

安全培训、安全检查、安全奖惩、安全演练是项目部持续打出的确保安全生产的组合拳。

“新进场作业人员必须进行岗前安全教育、红线、防疫、防洪、职业健康、联调联试等培训，合格后方可上岗作业，这是项目部雷打不动的规矩。”自进场以来，项目部累计培训人数超过 540 人次，安全培训率达 100%，并层层签订质量安全红线承诺书，为安全生产提供了坚实保障。

“通过张会军青安岗员的发现，×× 标段存在安全隐患，请所属分部、标段于一日内立即改正。”这是项目部的安全质量生产例会现场。项目部牢固树立红线意识、责任意识、忧

患意识、规矩意识，以如履薄冰、如临深渊、如坐针毡的心态来抓安全工作，他们充分发挥群安员、青年岗作用，通过现场一线发现安全质量问题，形成问题库并附影像资料，每月召开一次安全质量生产例会，现场提出安全质量问题，责令限期进行改正，并依据《安全奖惩办法》进行考评。

对一个企业来说，安全是生存发展的基本保障；对一个项目而言，安全比天大。项目部在关键节点、重点部位、控制工程、关键工序等作业过程中，严格把控现场施工安全质量红线。2021 年 6 月 10 日，牡佳高铁正式进入联调联试阶段，为确保联调联试顺利进行，项目部提前进行联调联试安全教育培训，在调试期间严格按照施工计划进行作业，工机具、材料安全帽张贴反光标志进行编号，进出现场必须核实工机具，并将其上传至安保微信群，保证了牡佳高铁联调联试的顺利运行。

牡佳项目地处牡丹江市，离国境线较近。面对突如其来的疫情，项目部严格按照防疫文件要求，对新进场人员进行实名登记，施工过程中不扎堆、不聚集、不集会，每天对宿舍、食堂、办公区进行消杀和对施工人员进行体温检测并做好记录，对于疫区来往人员直接劝返，并做好隔离防护措施，确保了施工人员零感染。

2020 年 12 月 5 日，国铁集团红线检查组对项目部通信、信号专业施工现场 DK5+390（通信基站）和 DK6+625（1# 中继站）进行红线督导检查，对通信、信号施工工艺给予了充分肯定，提出表扬，并下发绿牌。项目部也被评为“2020 年下半年标准化施工项目部”。

攻坚克难，奏响铁军“英雄风”

“建设牡佳，奉献精品，知行合一，不畏艰辛，匠心建造，永争第一”，这是项目开工之初，全体参建员工在白山黑水中发出的铮铮誓言。参建四年来，他们用责任和担当，攻克了一个又一个施工难题，创造了一个又一个施工奇迹。

“牡佳高铁地处我国东北部，冬季漫长且寒冷，又加上疫情影响，且原定工期提前半年，导致可用工期缩减了一大半，这对我们来说无疑是一个非常大的挑战。”党员突击队的李欢这样说道。要想按期完成牡佳高铁的施工任务，就必须解决冬季施工的难题，然而克服这一困难，又谈何容易。黑龙江的冬季，最低气温可达零下40摄氏度，且冬季寒冷漫长，从每年10月开始到来年4月都为冬季。“任何工作都会有困难，工作的过程就是克服困难的过程，我们最不怕的就是困难。”面对挑战，李欢表达了豪言壮志。他们在施工现场搭建帐篷，室内更是配有4个炉子，天气太冷，液化气无法点燃，他们就采用丙烷，参建员工的衣服更是里三层外三层，可依然冷得发颤，冻土层太厚，电缆埋填困难，他们就用打桩机一毫米一毫米地进。在这样的情况下，项目部全体参建员工发扬不怕吃苦、敢打硬仗的作风，仅用2个月时间，就完成全线的信号设施调试。

困难远不止眼前的这些，迈过了寒冷的冬季，春融的问题又摆在了眼前。由于冬季雪层太厚，春季到来的时候，整条道路都变得泥泞不堪，车辆难以驶入施工现场，施工人员就人抬肩扛，一步一个脚印将施工物资运送到现场，用他们的勤劳和汗水，确保了全线基站、设备安装和通信站的施工进度。

2021年4月16日凌晨3点，牡丹江站的施工现场人来人往，机械轰鸣，一片火热，这是通信、信号系统接入牡丹江站的施工现场。牡丹江站为既有高铁站，接入施工及调试标准要求较高，且既有线风险管理难度较大，软硬件变化更是多达10种，施工时间仅为一个月内的凌晨1点至4点。“这种挑战是前所未有的，我们提前准备作业工具，并将其记录到纸上，出发和返回前进行检查，这样就避免了因工具遗漏而造成的时间损失。”回想起当时的情况，作业队老张一阵唏嘘。为确保工艺标准，避免返工，项目部还提前勘察地形，为每个协作队配两名技术人员，保证了施工人员、物资供应，确保了保质保量按时开通，得到了业主的高度评价。

三年风雨逆流而上多磨砺，千日寒暑休戚与共终成功。这支在石太、昌九、柳南、郑开城际、桂林北、贵阳北、青连、喀赤、银西、南玉等客运专线和高速铁路“四电”集成建设中屡建功勋的铁军，如今再次圆满完成了牡佳高铁施工任务。望着一列列疾驰而过的列车，牡佳高铁建设者充满自豪与骄傲，他们以诚信的服务、实干的精神、匠心的品质，展现了三局电务人“国企为国”的初心和使命，也以高度的责任心和超强的执行力圆满完成了施工任务，向当地人民交上了一份精美的答卷，也为国家铁路建设留下了一座精品工程。

中铁三局电务公司宣传部提供

智慧开启新时代杭州南大门

——中铁三局创新技术智造精品站房纪实

清华　一涛

“江南忆，最忆是杭州……”

素有“人间天堂”美誉的杭州如今已进入高铁时代。作为杭州南大门标志性门户空间的杭州南站取代萧山旧站，闪亮登场。

2018 年 9 月 18 日，中国铁路总公司在杭州召开“铁路客站精品工程建设现场会”，参加现场观摩会和经验交流会的各铁路单位代表有 300 余人。造型美观、设计新颖的杭州南站像一尊精美的艺术品进入人们的视线，吸引着人们的眼球。承建杭州南站站房工程的中铁三局集团在会上交流了“钢结构屋盖高空滑移施工”经验，该项技术在上跨高铁营业线钢结构施工领域尚属首例，填补了国内同行业空白。望着这座饱含广大建设者心血和智慧的“经典之作”，中铁三局的能工巧匠们眼含热泪，心怀自豪，他们开心地笑了。

杭州南站

高起点起步，确保运营安全

2014年12月，杭州南站正式开工建设。中铁三局承担杭州南站主体结构、站台、地下通廊、灰空间及屋面装修工程。杭州南站设7台21线（自东向西杭长高铁2台5线、杭甬高铁2台6线、普速铁路3台10线），铁路与公交、地铁构成综合交通枢纽，预留接口多。施工过程中要确保杭长、杭甬、沪昆、萧甬铁路正常运营，工期压力大、场地狭窄、营业线作业安全风险高。

针对施工中各营运线路的安全和运能面临的巨大挑战，中铁三局杭州南站项目部员工秉持“不畏艰苦，敢打硬仗”的优良传统，始终坚持“高起点开局、高标准管理、高效率推进”的管理要求，细化管理机制。他们以安全教育培训为重点，普及安全知识和安全法律法规，狠抓相关制度落实到位。针对不同时期、不同阶段存在的问题和风险识别、隐患排查等重点进行培训。项目部还科学优化深基坑围护结构及支撑技术，采用9米加长护筒和玻璃纤维筋钻孔桩，开发了内插大断面超长H型钢SMW工法桩施工技术，确保深基坑止水效果和稳定性，解决了地铁盾构穿越难题，保障了营业线运营安全。

中铁三局杭州南站项目部还通过BIM辅助分析结构分段位置、站场线路转场开通时段、顺序、范围等，保证运能优化结构分块施工，采用三阶段四次转场的最佳方案。针对每次转场均为营业线施工制定了有效的应对措施，安全、优质、高效地完成了主体结构施工，确保了铁路运能，整体工期比计划提前42天，为后续钢结构和装修施工创造了有利条件。项目部建立以BIM应用为载体的项目管理信息化操作平台，成为中国铁路总公司14个全周期BIM应用示范点之一。

2016年6月29日凌晨，中铁三局杭州南站站房工程建设工地现场，总重量约422吨的第五单元站房屋盖钢桁架，在4个液压顶推器的推动下，历时2小时45分，跨过既有线杭长高铁，成功滑移23米到达指定位置，宣告杭州南站安全顺利完成了历史性钢结构屋盖首次滑移，填补了国内上跨铁路营业线站房屋盖大跨度钢桁架滑移施工的空白，为今后类似施工提供了参考。

依靠精益生产，保证工程品质

杭州南站是“工业风”的建筑风格，通透镂空，钢结构安装精度要求高。为实现“工业风”的设计理念，钢结构大部分为外露的建筑形式，外观质量和安装精度要求高，尤其是支撑屋盖的十字型钢柱，结构纤细、构造复杂，对钢构件的制作安装提出了更高要求。

中铁三局杭州南站项目部坚持“精益生产，品质保证”原则，确定“建设精品站房、誓创鲁班奖”质量目标，严格过程控制，科学合理建立全面质量管理体系，务求实效，强化安全风险管控能力，创新理念，积极开展科技攻关，应用 BIM 技术等信息化管理手段，全力提升建造品质。施工中，针对工程特点及重难点，项目部超前谋划，严格程序验收，同时开展“倡导工匠精神，铸就精品工程”等活动，大力提升工程质量。他们完成的工程各类检验批、隐蔽、检测、试验等均满足设计及规范要求，先后通过静态验收和初步验收。

项目部运用 BIM 虚拟建造和有限元分析等信息化手段，综合分析结构本体受力、柱网尺寸、顶推力、运输能力、吊装工况、温度应力等数据，进一步优化确定屋盖桁架 9 个单元 8 次合龙的准确位置，精确建模设计钢结构的加工断开位置及组合方式，合理控制构件数量，减少现场作业。依据构件模型数据精确切割，优化焊接工艺，采取焊接收缩变形控制、严格的焊前焊后处理等措施，实现精细加工，同时生成二维码，现场准确识别构件信息实现快速拼装，最大限度实现构件工厂化生产。

开工以来，中铁三局杭州南站项目部全面质量管理成效显著，获得中国施工企业协会、中国质量协会全国优秀小组奖 3 项。关键技术实现突破，获各类科技成果 27 项。其中，中国铁路工程总工会及省部级科技进步奖 4 项，开发专利 15 项，省级工法 6 项，并被评为“省级绿色示范工程及建筑业新技术应用示范工程”。

依靠科技创新，智造站房精品

优质工程的建设，科技是强基固本的关键。为了对杭州南站施工现场实施全方位、无缝隙监管，确保关键性技术过关，特别是钢盖板滑移技术顺利成功，中铁三局杭州南站项目部在现场安装了网络视频监控系统，并建立以BIM应用为载体的项目管理信息化操作平台，使工程监管向智能化迈进，大大提升了项目的管理水平。

中铁三局杭州南站项目部坚持用智慧制造精品，用匠心建造经典，以科技为保障，深入开展科技创新。他们深化BIM技术应用，攻克了营业线混凝土结构快速施工技术、复杂十字形钢柱制作及安装成套技术、上跨营业线钢结构屋盖滑移施工综合技术、灰空间装饰精确施工技术、营业线防护棚安全快速拆除技术五大项关键技术，还有幕墙安装工装、天窗玻璃运输工装等，取得各类科技成果29项。

钢屋盖滑移是国内首例上跨8条铁路营业线的站房屋盖钢桁架滑移施工。中铁三局杭州南站技术人员经过多次模拟计算和优化比选，确定采用分单元滑移方案。开发和运用了钢构件工厂化生产、装配式拼装平台、永临结合的快拆式轨道、智能化步进式顶推、滑靴工装、精确落位及合龙等多项技术和工装，确保了每个天窗点3小时内单元屋盖钢桁架一次滑移准确就位，解决了钢屋盖上跨多条高铁营业线分单元滑移施工难题，实现了钢屋盖的精确安装。目前，该技术取得多项新突破，达到国际先进水平，已获发明专利1项、实用新型专利7项、省级工法6项、国家级QC奖3项、省部级科技进步奖2项等成果。

他们还开发了卸载牛腿工装技术，通过“千斤顶+钢垫板”组合，屋盖桁架4级平缓落位，有效控制了落位过程中不均匀变形对钢桁架的影响，桁架落位轴线偏差和标高偏差控制到了2毫米以内。

2017年1月10日23时30分，随着最后一榀滑移桁架的准确就位，全国首例上跨既有8条铁路营业线的站房钢结构屋盖滑移施工全面完成，总历时195天。

千淘万漉虽辛苦，吹尽狂沙始到金。中铁三局员工依靠科技创新，用智慧开启了新时代杭州南大门。新南站建成后，凭借铁路发展的历史性机遇，杭州南站积极提升综合交通功能，促进城市实现跨越式发展。杭州南站不仅成为工程精品，更是文化精品，成为杭州新的地标建筑，为中国铁路客站建设增光添彩。

选自《人民铁道》2018年10月23日第4版

“智”造世界一流轨枕

——黄黄高铁蕲春轨枕厂创新筑精品侧记

蕲春宣

“医圣”李时珍故里——湖北蕲春是有名的“教授县”，以人才辈出著称。

2018 年底，伴随着黄冈至黄梅高铁建设序幕的拉开，一座占地 80 亩的“智能工厂”拔地而起，标志着国内首个双块式轨枕智能化生产车间从此诞生。这个智能工厂就是中铁三局黄黄高铁蕲春轨枕厂，它有布局标准化、生产智能化、管控信息化三大特点，目前轨枕生产已突破 30 万根大关。2020 年 9 月 16 日，中国中铁智能建造现场推进会指出，中铁三局线桥公司蕲春轨枕厂已达到国际领先水平。

蕲春轨枕厂

超前谋划，标准布局

黄黄高铁是中国铁路总公司、湖北省人民政府共同投资建设的重大铁路项目，是我国“八纵八横”主通道京港（台）高速通道的组成部分，也是武汉至杭州快速通道的重要通道，还是武冈城际铁路的延长线。新建黄黄高铁全线长约125公里，中铁三局线桥公司蕲春轨枕厂承担了黄黄高铁全线40万块双块式轨枕预制施工任务。

中铁三局集团是最早进入高铁建设市场的央企之一，率先研究掌握高铁成套施工技术，攻克了诸多世界级施工难题。中铁三局一贯注重科技创新，舍得投入，不断组织技术人员进行专题研讨，开展科技攻关，推动企业发展向高水平迈进。

“蕲春轨枕厂是在郑万高铁南漳轨枕厂成功经验基础上进行升级与创新的智能化车间，是业内轨枕生产迭代升级版车间，该车间使轨枕生产由传统的人工数据处理向大数据应用转变，推动了轨道交通制造产业转型升级。”线桥公司黄黄高铁蕲春轨枕厂厂长张飞虎介绍说。

自2018年12月进场以来，线桥公司蕲春轨枕厂努力践行“交通强国，铁路先行”的重大使命，积极响应武九铁路客运专线湖北有限责任公司“精心组织，高起点、高标准推进工程建设”号召，超前谋划，精心组织设计，快速推进智能工厂建设。在轨枕厂策划阶段，他们以生产工艺为主线，以轨枕车间为中心，将混凝土搅拌、钢筋加工、缓存车间各功能区环绕布置，实现最佳布局和各功能区的无缝衔接。

根据轨枕预制功能需求和工艺流程主线，中铁三局蕲春轨枕厂把厂区划分为集约化的“三区五车间十二流程”，即办公生活区、轨枕存放区、生产区；物料存放、混凝土供应、钢筋加工、轨枕生产、成品缓存车间以及十二流程，以智控中心为核心，将桁架箍筋组装、套管螺旋筋拼装等工序并入，形成一体化布局的智能生产线。

创新引领，智慧赋能

2020年9月11日，习近平总书记在科学家座谈会上强调：“要把原始创新能力提升摆在更加突出的位置，努力实现更多‘从0到1’的突破。”

创新是企业发展永不停歇的动力。中铁三局线桥公司在湖北黄冈蕲春轨枕厂进行高铁双块式轨枕生产的深入研究与探索创新，充分利用大数据、人工智能等前沿技术与高铁轨枕生产深度融合，建成一所集自动化、信息化、智能化、标准化“四化”于一体的现代轨枕生产车间，解放了劳动生产力，启动了高铁轨枕生产车间少人或者无人的生产模式。

轨枕生产车间由模具清理、喷涂脱模剂、套管及螺旋筋安装、桁架箍筋组安、混凝土浇筑、轨枕出入窑、轨枕蒸养、轨枕脱模、轨枕检测、轨枕注油封盖、轨枕码垛、轨枕缓存养护12道工序组成。轨枕生产除了对其中5道工序进行迭代升级之外，重点打造轨枕预制数字化、网络化和智能化管控，在数据互联、大数据应用、云平台、云计算等技术的基础上，利用计算机网络信息技术，将各关键质量控制点进行信息化连接，实现数据远程采集和传输、程序集中管理、大数据分析、智能化决策。

据了解，蕲春轨枕厂采用国内最先进的智能轨枕生产线，在保有自动化生产线优势的基础上进行深度研发再创新，对设备的算法进行更新，使得设备稳定性更强，设备故障率更低，并在智能复检、品质提升、精益管理、智能控制等方面实现了重大突破。

“轨枕作为轨下基础部件之一，在整个高铁轨道结构中起到支撑钢轨、保持钢轨位置、传递钢轨荷载的作用。轨枕的预制质量和精度直接影响高铁运行速度、行车安全及舒适度。”轨枕厂总工程师张奎说。在实际操作过程中，必须有效提高生产率，降低不合格轨枕的发生率，工艺技术创新就是解决这一问题的关键，对原有传统工艺的合理化改进就是工艺技术创新。

蕲春轨枕厂智能建造技术的应用，实现了“减人、提质、增效、创新”的目的，解放了生产力，顺应了时代发展需求。SK−II型双块式轨枕生产工艺技术的成功研发与应用，解决了国家重点工程高速铁路对高质量轨枕的需要，完全满足我国高速铁路的使用要求，同时攻克了轨枕生产中高精度的技术难题，为我国高速铁路的发展作出了积极的贡献。

精益管理，成就精品

线桥公司蕲春轨枕厂以“加强精益化管理，全力打造精品”为目标，通过研发具有自动叫料、运料功能的小车，实现混凝土运输与拌和站的无缝衔接；基于称重技术和智能算法，精确控制布料机混凝土出料量，实现混凝土布料的智能化生产。通过精准布料，避免了二次调整，提高了轨枕的生产效率和质量，为打造精品提供有力保障。

目前蕲春轨枕厂整合了信息化集成管控和设备智能管理两种模式，使轨枕预制在工艺工序上得到多方面、多层次、全方位的提升。信息化集成管控融合了从原材料进场至成品交付全生命周期的数据，通过数据集约整合、分析，实现了各工序质量信息数据的统一管理。

信息化管理采用工程试验检测智能试验系统、混凝土质量控制系统、轨枕智能养护系统、轨枕智能检测系统，从原材料进场检测到成品检测全过程信息集成，实现了每根轨枕信息的可追溯性。拒绝轨枕抽验的随机性和不确定性，智能检测系统实现每根必检，保证了出厂的每根轨枕都是合格品。

智能化管控采用模块化嵌入的信息集成模式，将生产线智能控制系统、制造执行系统、故障预测与健康管理系统、数据采集与监视控制系统进行集成和深度融合，建立轨枕生产数字车间，全面实现轨枕预制“人、机、料、法、环”的智能化管控，使智能车间设备运行更加高效，工序衔接转化更加流畅，信息处理更加及时。

通过大数据集成控制，对整个生产过程中的数据进行采集，集中调控，如拌和站生产混凝土过程中对每盘混凝土数据的采集实现了混凝土质量的可控，将轨枕的不合格率由3‰降低至不到1‰。根据系统，可以对检测数据集成分析整合，然后进行处理提升，改进和解决轨枕质量问题，将轨枕精度提高了2%，确保了轨枕质量更加可靠。

智能建造是工程建设领域的发展方向，是新形势下铁路工程建设的必然趋势。中铁三局线桥公司蕲春轨枕厂开创了轨枕数字化、信息化、智能化生产之先河，为新时代高铁轨枕智造立标打样，彰显了央企的责任与担当。中铁三局参建员工表示将继续深耕细作，继续创新，将轨枕智能化生产推广到整个铁路建设施工中，为中国高铁建设高质量发展作出新的贡献。

刊载于凤凰新闻、腾讯新闻等多家媒体，2020年12月22日

构建“精工建善”党建模式 以高质量党建引领企业高质量发展

——中铁三局广东公司党委打造国企党建桥头堡实践探索

洪明慧

中铁三局广东公司作为中国中铁在粤港澳大湾区的标杆单位和国家基础设施建设的排头兵，瞄准“争当高质量发展开路先锋”的发展目标，坚持“围绕中心抓党建，抓好党建促发展”的工作思路，结合企业“精工建善”的文化理念，探索出以“三个转变，双向融合，四个抓手，四大体系”为内涵的“精工建善”党建新模式，真正把党建工作与生产经营“两张皮”拧成“一股绳”，形成了党组织坚强有力、活动有效开展、党政同频共振、凝心聚力干事的党建新格局。

“精”益求精：践行三个转变

“精”益求精，即党建工作的目标是以高质量党建引领企业的高质量发展，在精心、精细、精致、精品上下功夫。习近平总书记在视察中国中铁装备集团时提出“推动中国制造向中国创造转变、中国速度向中国质量转变、中国产品向中国品牌转变”的“三个转变”重要论述，为推动产业结构转型升级、打造中国品牌指明了方向。中铁三局广东公司作为建筑央企，主动践行“三个转变”工作要求，把提高企业效益、增强企业竞争力、实现国有资产保值增值作为党建工作的出发点和落脚点，在胸怀“两个大局”中勇当重大基础设施建设的国家队、重大发展战略的顶梁柱、民族伟大复兴的主力军，在心系“国之大者”中争做深化国企改革的先行者、企业高质量发展的排头兵、创新驱动发展的“领头雁”。

异曲同“工”：突出双向融合

异曲同“工”，即党建工作的理念是抓党建就是抓发展，抓党建就是抓效益，在融入、融合、融汇、融通上下功夫。一是党建工作与企业发展同步谋划，确保目标同向。公司党委把党的领导融入公司治理各环节。坚持在党建目标的引领下，制定企业发展的五年规划、年度计划；按程序修订公司章程，明确党组织在公司治理体系中的法定地位；建立完善“三重一大”决策、党委会议事规则等10余项规章制度，前置研究企业生产经营重大事项，充分发挥党委把方向、管大局、保落实的作用。二是党建工作与业务指标同步下达，确保部署同步。将党建任务与业务工作同步分解下达，签订项目党支部绩效合约，引导项目统筹推进党建和施工生产。通过抓好党建，为施工生产提供坚强政治保障；通过生产进度、效益、信用评价等业务工作检验党建成效，避免基层党建“虚化”“弱化”，充分发挥党支部战斗堡垒作用。三是党员发展与人才培养同步推进，确保工作同力。坚持“双向进入、交叉任职”领导体制，推行交流轮岗制，每年从业务骨干中择优培养、提拔30余名政治素质好、业务水平高的复合型党组织负责人。实施“把党员培养成业务骨干，把业务骨干培养成党员”的“双培养”工程，累计从业务骨干中发展43名党员，从党员中培养27名业务骨干，充分发挥党员先锋模范作用，真正把党的政治优势转化为工程建设和企业发展优势。

运筹“建”策：强化四个抓手

运筹“建”策，即党建工作的路径是通过四个抓手提升基层党组织的组织力，在广度、深度、温度、高度上下功夫。

一是全覆盖，“互联网＋党建”提升党建引领力。按照“四同步、四对接”要求，健全项目党组织机构，建立标准化项目党员活动室，推行职民工党员统一管理，实现党的组织、活动阵地的有形全覆盖；坚持信息化、智能化党建创新方向，打造1个党建指挥中心，开发运用“智慧党建系统”，把线下党建搬上“云端平台”，实现基层组织“云管理”、支部党员“云学习”、支部活动“云开展”、实时交流“云互动”，通过“互联网＋党建”，把分散在18个省、自治区、直辖市的21个基层党组织建在网上、300余名党员连在线上，构建起“公司党委—基层党支部—最基层党员”的“横到边、纵到底、无盲区”的坚强“红色云堡垒”，实现党的领导有效全覆盖，打通党建强引领的“最后一公里”。

二是双促进，“特色党建”提升党建生产力。党建和生产相互促进，紧扣党和国家的关心事，围绕企业发展的中心事，结合工程建设的难心事，创新开展“六型支部”特色党建工作。“技术攻坚型支部”成立“党员创新工作室”和“卫勇工作室”，着力提高技术创新水平，攻克大盾构技术难题，实现自主创新技术 28 项，发明专利 20 项，实用新型专利 102 项，取得省级工法 62 项，荣获科技进步奖 47 项，上线科技创新管理平台，实现科技成果共享，提升企业创新驱动力。“服务保产型支部”建立以支部书记命名的“强元服务站”，切实提高服务能力，有效保证施工进度，形成施工科普、动态发布、房屋监测、诉求解决、困难帮扶“五位一体”的服务体系，确保距离居民楼仅 2 米的地铁建设和谐有序推进。“区域共建型支部”持续与白云区、江高镇进行“红联共建”，做大党建格局，助力城市经营，建设党建文化公园，共同开展学习教育，定期开会协调生产难题，以联建共建的形式搞党建，以并肩作战的态势推生产，以和谐共赢的关系促经营，成功拓宽白云经营主战场。“凝心聚力型支部”注重提升文化涵养，凝聚发展力量，以工作场所整洁安全、生活场所和谐温馨、学习场所环境优良营造“暖心”氛围，以“员工腾飞成长积分制”和“农民工业余学校”畅通“发展”通道，形成战无不胜的团队力量。“绿色环保型支部”成立“绿色先锋小组”，形成“节水、节能、节电、节材、节时、环保”的“五节一环保”工作机制，外挂式绿色植物围蔽，“零污染、零排放”工地，新能源绿色工艺，实现“红色”堡垒引领“绿色”发展，打造精品工程。“拥军爱国型支部”用军人精神和英雄事迹教育党员，双拥慰问活动，优先聘用复转军人，深化军民融合鱼水情，以双拥共建促发展，以铁军精神推动军民融合项目顺利建设。企业和地方相互促进，利用互联网技术，广泛联合广州、深圳等项目驻地政府机构、业主、监理、媒体等，基于项目顺利推进、安全质量管控、造福当地人民等共同愿望，建立“线上共建站”“线上联合党支部”，以“党建搭台生产经营唱戏”模式，逐步形成“共抓基层党建、共推合作发展、共享特色资源、共育先进文化、共促人才成长、共同服务群众、共担社会责任”的七大共建共享格局，积极构建和谐的企地关系，营造良好的公共氛围，打通党建促生产的“最后一公里”。

三是零距离，“幸福党建”提升党建凝聚力。立足党员需要，引入智慧视频系统，建立“线上党员活动室”，让一线党员在工区、在施工现场都可以随时用手机参加组织生活，解决偏远工地党员参加组织生活难的问题；畅通帮扶渠道，开发完善智慧党建 App 的“党员建议”“党员心愿”“困难党员动态档案”功能，为党员建言献策提升管理、答疑解惑寻求帮助畅通线上渠道，并通过预设权限自动推送，确保党员的困难与问题及时有效解决；关爱农民工党员，把基层农民工党员全部纳入系统动态管理、通过农民工党员进支部，让他们过上正常的党组织生活，同步推进智慧工地建设，“农民工实名制系统”保证农民工工资点对点按时发放，“智能安全帽”为农民工生命安全保驾护航；实现党群“大合唱”，通过党建带工建、团建，开展“三工建设”、“冬送温暖、夏送清凉”、“金秋助学”、群安员、青安岗活动，打造“同心”工程，建设幸福企业，架起团结群众“连心桥”，打通党建聚人心的“最后一公里”。

四是新形象，“活力党建”提升党建竞争力。基于企业年轻人多，平均年龄仅 33 岁的实际，以视觉信号为抓手，不断丰富企业形象“小铁哥”的内涵设计和应用范围，打造企业党建新形象。展现官微新面貌，提升以“小铁哥”为名的企业微信公众号影响力。结合时代特点通过主动选题策划、创新版面设计、卡通形象引导、栏目化内容运营、亲民化语言编辑等多种措施，创新媒体形式，丰富载体内容，突破传统央企严肃的形象定位和施工专业内容晦涩难懂的宣传瓶颈，用生动活泼的宣传形式提高企业党建宣传的吸引力和感召力。《看！这是我们战斗过的 21 号线》《时间一直在回答！我们这十年》《六年！值了！》等文章阅读转化率突破 100%，年轻、有活力、特点鲜明的企业形象日渐深入人心。文化落地新成效，提升“小铁哥”与企业文化的融合力。绘制以“庆建党百年”“转工作作风”等为主题的“小铁哥”形象和表情包，融入日常宣传和工作场景，推出“小铁哥说安全”“小铁哥看生产”“小铁哥讲纪律”“小铁哥谈党建”一系列动漫作品，潜移默化地引导广大员工践行企业的“安全文化”“质量文化”“行为文化”等，让企业文化根植于心，外化于形，打通党建亮形象的“最后一公里”。

“善”作善成：构建四大体系

“善”作善成，即党建工作的运行是完善制度体系，保证党建引领落地见效，在规范化、

智慧化、特色化、阳光化上下功夫。

一是“规范工程”筑牢党建基础体系，强责任落实。明确公司党委是加强基层党建工作的责任主体，项目党组织是加强项目党建工作的实施主体，牢固树立“抓好党建是本职、不抓党建是失职、抓不好党建不称职”的理念，进一步增强党建工作主业意识和责任意识；梳理基层党建基础工作，形成 9 项 32 条的《党建工作责任制清单》，指导项目党组织建好一室（党员活动室）、用好二册（《基层党组织工作实务手册》《党支部标准化建设工作手册》）、执行十项制度、标准化建设上墙，让党建工作抓有方向、干有目标；通过“智慧党建系统”，将党员信息管理、学习教育积分、党组织换届、民主评议党员、党费收缴、“三会一课”等清单任务进行流程预设，将线下规范化标准转化为线上固定化流程，指导基层党务工作者规范开展工作的同时，以“便捷高效”的操作为基层减负。

二是“智慧工程”完善党建管理体系，强过程管控。结合建筑企业项目高度分散、考核管理难的实际困难，自主开发企业的“智慧党建系统”和“大数据平台”。对基层党组织的责任清单进行线上年度任务下达、全程实时跟踪和智能一键督导，通过信息化手段，让分散在各地的基层党组织的活动开展进度、活动记录、实时画面、大数据分析等关键信息都在一块屏幕里集中展示，实现党建工作速览、党建资源联动的“一屏观党建”，促进党建问题研判、党建任务督导、党建责任落实的“一网强管理”，倒逼基层党建责任落实。区别于传统的人工线下评分，通过智慧党建系统的“支部画像”功能便可对各支部的政治素质、经营业绩、团结协作、作风形象进行全方位的“云考核”，实现“未达标党支部”“合格党支部”“优秀党支部”“示范党支部”4 个等级的晋位升级管理，为确保基层党建工作程序到位、规范运作、可控在控增添智慧力量。

三是“特色工程”助力党建赋能体系，强品牌打造。牢固树立鲜明的品牌理念，总结现阶段党建工作成效，提炼出以企业核心价值观“建善”为名，以企业发展争当“先锋”为机，以“智慧党建”“特色党建”“活力党建”“幸福党建”“阳光党建”五位一体为内涵的“建善先锋”党建品牌，设计专属标识，在各类党建活动和办公场所中推广使用，增强党建品牌辨识度；制作推出“小铁哥”庆百年华诞系列文化产品，作为企业展厅和党建文化展区参观的配套产品，进一步打造一流的文化软实力，为企业“展优质形象，树过硬品牌，创良好信誉”

汇聚强大的精神动力，助力企业党建从有形走向有效。

四是“阳光工程”搭建党建保障体系，强从严治党。在公司官网、OA 系统、公众号、智慧党建系统设置“党风廉政”和“党风监督哨”板块，持续发布“漫画说纪”等警示教育课程 30 余期，定期公示各项目党风廉政建设存在的问题，搭建起全媒体、全方位、全过程的立体式党风廉政宣传和教育平台，引导各级党组织充分发挥好教育党员的作用，上好廉洁“必修课”；依托互联网技术和业务管理系统，在各业务的关键岗位和关键工作节点设置工作预警，建立智能化风险监督体系，自动对违规违纪操作进行预警，扎紧廉洁从业的“网络笼”，实现公司纪委“一对多”的靠前监督、动态监督、精准监督，把压力和责任传递到企业管理的“神经末梢”，保障“阳光工程”建设顺利推进，真正实现项目建设到哪儿，监督就跟进到哪儿，确保全面从严治党要求在基层落地生根。

选自付石林主编：《2021 全国企业党建创新优秀案例》，红旗出版社 2021 年版

打造企业文化金字招牌

——中铁三局企业文化建设纪实

任丽君

“抓宣传、树品牌、强经营，叫响‘三局品牌’，是时代赋予我们义不容辞的责任”“企业要凸显品牌内涵”“要培育有特色文化的金字招牌”……这些是最近中铁三局宣传思想文化工作会议上宣传骨干共同交流研讨的声音。

近年来，中铁三局党委坚持以习近平新时代中国特色社会主义思想为指导，积极践行“十五字”使命任务，围绕中国中铁宣传思想文化工作总体部署和企业中心工作，聚焦高质量发展，加强思想理论武装，压紧意识形态责任，深化形势任务教育，丰富企业品牌文化内涵，抓好新闻舆论宣传，拓展各项载体活动，创新丰富文化产品，精心打造企业品牌名片，为企业高质量发展提供了坚强思想保证和强大的精神动力。尤其是文化强企战略的持续推进，使企业文化“软实力”成为企业高质量发展的“硬支撑”。

集团公司举办唱响新时代文艺展演

传承优秀文化基因，构建特色品牌文化

在中铁三局科技研发中心企业展厅一角，新入职大学生正点击触摸屏观看见证企业发展的不同时代三局人的宝贵记忆。从耄耋老人到热血青年的述说，再现了建设者在艰难困苦中砥砺意志、在漂泊迁徙里淬火达观、在崇山峻岭中炼就坚韧、在万家灯火里坚守责任的壮丽画面。组织新进大学生参观企业展厅活动，成为三局精神和优良文化在企业新生代心中扎根的重要途径。

近 70 年艰苦卓绝的奋斗中，中铁三局厚植优秀传统文化情怀，赢得了“筑路雄狮”“铁军劲旅”的美誉，从风雪边陲到锦绣江南，从黄土高原到亚非腹地，一路走向新时代，走向“一带一路”国际舞台，拥有了“不怕苦难，不怕牺牲”战天斗地的革命精神、“活着干，死了算”的英雄主义精神、“攻坚克难”的硬骨头精神、“高昂龙头，扬铁军威”的奋勇争先精神等厚重的文化底蕴，凝聚了几代三局人的共同精神特质。

站在新时代起点上，基于企业自身特点，对传统文化传承创新，持续引申企业文化。2015 年中铁三局制定了知行文化体系建设实施方案，2016 年下发近万份《企业文化调查问卷》，派出专业人员到各子分公司及生产一线调研访谈，全面启动了知行文化体系构建工作。经过研究定位，继承创新，以优秀传统文化为滋养，以“铸魂、育人、塑形”为使命，以“勇于跨越，追求卓越”为主线，以中国中铁“五大核心理念”及“十二项文化”为支撑，以“品质担当、知行合一，尚优至善、永争第一”重要理念为核心的知行文化体系构建成型。它传承蕴含了抗美援朝精神、坦赞精神、青藏铁路精神、京九铁路精神、高铁精神、京张精神等鲜活而颇具三局特色的精神内涵以及“锐意进取、敢为人先”争先文化，“恪尽职守、担当作为”责任文化，“纪律严明、政令畅通”执行文化，“沉潜笃实、脚踏实地”实干文化，“以学促知、以知促行”学习文化等优良的企业文化。新版《企业文化手册》《VIS 视觉识别系统手册》也配套制作出炉。这是优秀文化基因和新时代文化内涵的高度融合，具有时代气息，彰显企业特色，表达了勇于跨越，追求卓越的境界精神，展现出三局文化自信的蓬勃生机。

加强基层文化建设，全力塑造品牌形象

“园林化驻地、生态化办公、标准化工地、专业化员工。”这是业主给予中铁三局杭州地铁6号线7标项目的评语。这也是项目部从细节入手，让员工幸福感、获得感转化为发展动力的真实写照。

“我修了大半辈子的铁路，唯独这个项目给我的感觉更像一个家。”在中铁三局黄黄项目驻地，一位老领工员激动地说着。项目部一直致力于驻地文化建设水平的提高，办公区采用花园式庭院布置，生活区内外设置健身场所，为在外漂泊的工程人提供工作生活的港湾，让“家文化”的口号真正落地。

诚然，员工的幸福指数既是企业运行状况和职工工作状态的“晴雨表”，也是企业发展和人心向背的“风向标”。

走进中铁三局赤峰铁路运输分处项目驻地，废旧物料成功“逆袭”的一座座雕塑映入眼帘。其中一座是由41根旧钢轨、70个弹条和水泥台座制成的卷轴，上面印着习近平总书记的重要论述，这既让人倍感亲切，又不禁让人赞叹雕塑构思之巧妙。这些由员工自行设计、精妙改造，并赋予企业文化含义的作品，既美化了环境，陶冶了情操，也丰富了基层文化的内涵。

一直以来，中铁三局党委以党的十九大精神为指导，以社会主义核心价值观为引领，根据中国中铁《关于进一步加强基层文化建设的指导意见》文件要求，从基层做起，全面塑造和提升企业品牌形象。中铁三局党委组织实施了一批凝聚企业正能量的文化工程，深入推进品牌文化进工地、进宿舍、进机关、进岗位、进社区。荣誉室、文化墙、宣传栏建设，整齐划一；文化理念、标识口号醒目规范。企业文化贯穿到了项目部驻地、现场等各个角落，渗透到每位员工的头脑中，成为员工自觉遵循的行为准则，真正推进企业文化在施工生产一线落地生根。

加强宣传拓展载体，精心打造品牌名片

近年来，按照中国中铁新闻宣传工作要求，中铁三局优化顶层策划，制订重点工程、重

大事件、重要典型和海外工程宣传报道计划，有针对性地组织采访报道，对企业改革发展成就进行集中宣传报道，特别是自2020年以来在抗击新冠肺炎疫情中涌现出的典型人物和事迹，通过各大媒体平台，切实做到讲三局好故事、传播三局好声音、展示三局好形象，让“中铁三局”的名字，越来越响，越来越亮，让每一位三局人深感自豪、深感骄傲！

通过进行集中策划、拓宽媒体渠道，成功推出“三局铺架、三局地铁、三局建筑、三局桥隧、三局运输”等一系列三局品牌，进一步扩大了三局品牌的社会影响力。据不完全统计，截至2020年底，在中央电视台《新闻联播》《朝闻天下》《新闻30分》《新闻直播间》《经济半小时》以及国际频道、央视新闻客户端等栏目和平台刊发新闻78篇。通过企业报刊、企业微信公众号、企业官网、社会各大媒体搭载，形成新媒体和传统媒体有效融合，提高了传播力和受众面，企业品牌知名度和美誉度大幅提升。

翻开企业画册，一张中铁三局职民工运动会比赛照片吸引眼球。中央电视台、《工人日报》、中国网等媒体重点关注的中铁三局职民工运动会可以说反映了中铁三局多年来在拓展载体活动、开展群众性体育活动方面，进行了积极创新的探索，取得了不俗的成绩，为促进企业持续健康发展贡献了力量。

聚焦企业改革发展新成就，增强广大员工家国情怀。在祝福祖国70周年华诞之际，中铁三局成功举办了庆祝新中国成立70周年系列文化活动，营造了积极健康向上的文化氛围，创作了“航拍三局”“同唱一首歌”“三局美食”“三局绝活”“三局道德模范”“四代人三局情”“70年70人”等一批有文化内涵、有思想有温度的作品，奏响了时代强音，凝聚了发展正能量，为企业生产经营创造了和谐氛围。

潜心耕耘结硕果，砥砺奋进谱新篇。迈出文化建设坚实步伐的中铁三局，先后获得中华全国总工会“全国五一劳动奖状”“全国文明单位”“全国改革开放四十年企业文化建设优秀单位”“全国企业文化建设标杆单位”等荣誉。

选自《中国中铁报》2021年1月15日第4版

岁月，是由无数个精彩的瞬间和千万个感人的故事构成的。打开历史的画卷，从创业时的筚路蓝缕到今日辉煌发展的灿烂篇章，从单一的铁路施工到“六特六甲”的现代综合企业，中铁三局集团奋力前行的每一个足迹，都盛满了历代创业者的欢笑与汗水；企业的每一次发展都成就着职工的梦想，彰显着劳动的力量和荣光。

先/进/风/采

永远的开路先锋

——记全国先进基层党组织原中铁三局六处十一队

张阳

1973年，原三局六处第十一工程队作为邯（郸）长（治）铁路建设的攻坚力量负责建设全长2820米的邯长铁路皇后岭隧道。该隧道位于8‰坡道上，所处的太行山区峡谷密布、重峦叠嶂、沟壑纵横、山势陡峭，在交通闭塞、设备紧缺的年代，老十一队人爬悬崖、下沟壑、攀石岩、蹚河滩，硬是靠人拉肩扛、万众一心，在太行山中“掏”出来一条令世人瞩目的隧道，打出了“为有牺牲多壮志，敢教日月换新天”的筑路铁军风采！

20世纪80年代，在新（乡）菏（泽）、新（乡）焦（作）、太（原）焦（作）3条“晋煤外运”大通道的铁路建设中，第十一工程队承担新菏铁路新乡站改工程和太焦铁路东坡隧道的建设任务。他们在建设中的突出表现得到了社会各界和中原地区市场的高度认可。

阳（泉）涉（县）铁路为国家“七五”计划时期山西省的重点工程，在山西省同期施工的5条地方铁路中排在首位，是国家Ⅰ级单线铁路，全长199公里，整个工程土石方1949万立方米，大、中桥83座16672延米，隧道55座40759米，小桥涵415座13022横延米，为太行山区晋冀两省沿线老区人民铺就了一条加快经济发展的“黄金通道”。其中，南沟隧道全长3879米，为阳涉全线最长隧道，也是当时三局六处施工的最长隧道。隧道最大埋深230米，所处位置山势陡峻，山坡被水流深深切割，该隧道由六处十队、十一队、十三队共同施工。官道沟隧道全长1337米，两端洞口外为长路堑，路基下为煤窑采空区，由六处十一队、十二队共同施工。十一队在隧道施工中制定技术安全措施31条，

奖状

奖给：铁道部第三工程局第六工程处十一队党支部

全国先进基层党组织

中共中央组织部

一九九六年七月一日

使用隧道弃碴加工骨料，实现以隧养隧，工程质量达到优良标准，受到山西阳涉铁路工程建设总指挥部和山西地方铁路局的表彰奖励。

经过阳涉铁路全线第一长隧的历练，六处十一队隧道施工专业化的雏形逐步显现，成为整个三局长大隧道施工的标杆单位。

时代的指针指向20世纪90年代，在结束了80年代“南攻衡广、北战大秦、中取华东”3个铁路建设重点战役之后，全国“强攻京九、兰新，速战宝中，再取华东、西南”铁路建设大会战的序幕徐徐拉开。

宝中铁路纵贯陕甘宁三省（区），途经14个县（市），包括宝鸡、平凉、固原和中卫市，全长498.19公里，是新亚欧大陆桥的辅助通道、国家“八五”重点建设工程，也是途经平凉地区的第一条铁路工程。当时的《西北时报》曾报道：“宝中铁路是全国铁路大会战中第一条铺通的长大干线……它的建成对于改善西北‘老、少、边、穷’贫困面貌，开发沿线矿产资源，促进西北地区经济发展具有重大的意义。”

宝中铁路中铁三局管段全长18公里，桥隧比例高。那里群山叠嶂，峻岭相峙，大部分地段桥隧相连，施工异常困难。由原三局六处十一队负责施工的庙台子隧道全长1876米，为当时六处管段中最长的隧道，所经地段、地形起伏较大，横向沟谷较为发育，相对高差达到150—200米，通过地层主要为砂黏土、砂砾土、圆砾土等，土质变化频繁，结构特征及稳定性极差，土质呈潮湿可塑性，且有多处地下水涌出。

此时的三局六处十一队经过近20年历练，已经成为誉满全路的标杆队，在参加宝中铁路建设之前，就已创下25次隧道施工月单口百米成洞的高纪录，连续16年安全生产无事故，参建过的项目中5个被评为国家部、局级优质工程，队党支部连续14年被局、处党委评为“先进党支部”，1996年获“全国先进基层党组织”称号。

庙台子隧道开工后，珍惜荣誉的十一队参建员工如同拧紧了发条，白天一把锁、夜晚一盏灯，干部职工齐上阵，加班加点保进度，历经100多天艰苦奋战，掘进隧道50多米，既保证了工程建设进度，也因此受到了指挥部的表扬。正当工人们沉浸在喜悦之中，满怀信心向着更高的目标奋进的时候，一场巨大的灾难如乌云般笼罩在庙台子隧道上空……

在宝中铁路庙台子隧道口北山脚下，苍松翠柏之中掩映着一座黑色烈士纪念碑，碑上“永垂不朽”4 个大字非常耀眼。这座纪念碑是为纪念六处十一队在修建宝（鸡）中（卫）铁路庙台子隧道工程中英勇牺牲的 23 位烈士而立的。

1991 年 8 月 10 日上午 11 时许，六处十一队承建庙台子隧道 53 米处突然发生塌方，2 名作业工人被压埋。在这紧急关头，十一队队长何英奎、党支部书记陈开明当即率领干部职工 20 多人展开抢救，半小时后，高 10 米，直径 8 米的圆柱形山体整个坍塌下来，瞬间将前来救人的 21 名工人压埋。连续一昼夜的抢救后，队长何英奎、书记陈开明等 23 名十一队骨干人员终因压埋时间过长，不幸遇难，为宝中铁路建设献出了宝贵的生命。

噩耗传来，巍巍老爷山为之俯首，悠悠芮河水为之呜咽。重新组建的十一队班子及时召开党团员会、职工大会，组织员工摆正荣誉和挫折的关系、经验与教训的关系、革命精神与科学态度的关系，引导职工面对过去的荣誉和令人痛心的挫折进行深刻的思考，发出了“人在、队在、红旗在，在宝中线上创出新辉煌”的誓言！

在党员干部的带动下，“8·10”事故的第三天，十一队便恢复了生产，并在 1991 年的后 3 个月强顶压力，超额完成了全年生产计划，实现利润 45 万元。1992 年，六处十一队创下建队以来的“四个第一”：第一次连续 9 个月创土质隧道施工单口月百米成洞，第一次实现年隧道施工成洞超千米（1273 米），第一次完成产值超千万元（1219 万元），第一次创利润超百万元（110 万元）。1993 年，十一队党支部被树为全路先进党支部典型，在全路重点工程思想政治工作经验交流会上介绍经验，时任铁道部党组书记、部长韩杼滨接见与会代表时激动地说：“你们才是真正的英雄！”时任铁道部副部长孙永福称赞六处十一队是一支过硬的工程队，并为十一队党支部题词“战斗堡垒、开路先锋”。

“8·10”事故成为十一队发展的重要转折点，隧道施工配套机械越来越多地代替人工施作，超前地质预报、监控量测、沉降观测、应急预案的应用程度逐步加深，“早预报、短进尺、强支护、快封闭、勤量测”更是作为隧道施工黄金法则，在全处强制使用。六处十一队经受住了灾难的洗礼，继续前进！

京九铁路是国家“八五”计划和十年规划重点建设项目。铁三局六处负责承建京九铁路赣龙段 DK491+800 至 DK496+400，全长 4.6 公里建设任务，管段工程主要经过五指山脉构造带，沿线崇山峻岭，横坡陡峻，穿山越河，桥隧相连，主要工程有 4 隧、7 桥、13 座涵洞。

标段工程由铁三局六处十一队施工，对外称“铁三局六处京九指挥部”，主要负责管段最长隧道——下屋隧道（478 米）、7 座大桥（均为 24 米和 32 米预应力后张简支梁桥）和部分涵洞施工，高峰期投入劳动力超过 1500 人。

管段内 4 座隧道均位于震旦系砂岩页岩风化严重和极严重的岩层中，属Ⅱ－Ⅳ类围岩，下屋隧道为管段关键工程，因此采取两口相向方法掘进。其中前锋隧道属第四季残积层砂黏土夹碎石层，围岩条件差，潜在风险高。

十一队认真吸取宝中铁路隧道施工经验教训，在隧道进洞时除按设计要求打超前锚杆、强支护外，还对其进行混凝土喷射处理，改善进洞条件，确保洞口边仰坡稳定。同时，十一队实行“班前安全教育、班中安全检查、班后安全巡视”的安全工作纪律，开展经常性的“四查”活动，即查领导、查体系、查规章、查现场。特别是对重点工程、工点，实施专检专控，把安全重点放在了过程控制和责任人的落实上，严格控制土石方爆破以及桥梁施工安全。

经过 3 年多的艰苦努力，这条纵贯祖国南北的大干线提前于 1995 年 11 月 16 日全线铺通，六处十一队和广大参建干部、工人、工程技术人员一道，用他们的心血、汗水和智慧，创下了铁路建筑史上的又一丰功伟绩。

西（安）（安）康铁路是我国进入 21 世纪后诞生的第一条铁路新线，也是实施西部大开发战略后第一条投产的铁路。三局六处承担着西康铁路第七标段内 6 座隧道、3 座涵洞、1 座桥梁施工任务，管段全长 6.004 公里，隧道工程量占总任务的 93%。十一队负责施工的黑沟隧道被列为全线八大关键工程之一，管段沿线沟壑纵横、地势险要，桥隧相连，四隧串打，施工任务十分艰巨。

西康铁路开工之初，六处十一队牢固树立“国优在我心中、质量在我手中”的精品意识，第一年就实现了当年建点、当年开工、当年创月单口百米成洞的好成绩，率先进入稳产、高产的快车道，凭借科学的施工技术、先进的施工工艺、严格的施工管理，创出连续 10 个月单口百米成洞纪录，工程合格率达 100%，优良率达 95% 以上。

隧道施工中，六处十一队摒弃了陈旧的矿山法隧道施工工艺，在全局率先采用以全断面开挖、光面爆破、喷锚支护、监控量测为主的新奥法施工工艺，工程质量、安全生产、文明施工建设走在全线前列。十一队承担的原铁道部重点研发项目——钢纤维混凝土湿喷技术的

试验任务，在当时我国铁路施工中尚属首创，填补了国内隧道技术空白。

跨入新千年，十一队坚持将敢打必胜的坚定意志与优质高效的施工手段相结合，高度重视隧道施工先进工艺与安全保障措施的创新应用，进入西康线施工两年多的时间里，虽历经近百次塌方涌水，却没有发生一起安全事故，赢得了原铁道部、西康铁路建设总指挥部的高度评价。

20 世纪 90 年代末期，国内铁路建设随着国家基本建设投资规模的变动，走出了一条高低相间的“驼峰型”图案。曾经一度引领铁路建设高潮的南昆线、京九线、兰新复线建设项目陆续完工，新线投资尚无计划。自 2000 年起，刚刚经历过亚洲金融危机和国有企业改革阵痛的中国铁路工程总公司开始脱离铁道部，走上市场化改制之路，铁道部第三工程局也随之改制为中铁三局集团有限公司。此时，刚刚结束西康铁路建设的六处十一队正值全盛时期，先后获得“全国五一劳动奖状”、“全国施工企业先进集体”、全路“党支部十面红旗”等称号。面对全线挤压的市场，十一队的成功与辉煌能否复制成为人们关心的话题。中铁三局党委提出，要让十一队开枝散叶，十一队的红旗要插在每一条重点铁路线上。

在严酷的市场环境下，十一队利用“名牌”效应同时开辟几个战场的思路像原子核产生裂变，得到了快速贯彻。1998 年 10 月在进军大西南的铁路建设会战中，建设单位点名十一队参战，局、处领导决定十一队派出生力军参加株六复线新猫猫营（三次穿越既有公路）和黄丝冲隧道施工，这支十余人的小分队发挥了以一当十的硬骨头精神，仅用 12 天，就达到了进洞条件。十一队成为全线同期进场队伍中第一个开工的单位，打响了“裂变”的第一炮。

2000 年，宝兰铁路二线开工建设，十一队本部参与建设的西巨寺隧道长度达到了 4176 米，为当时三局六处承建的最长隧道，也是宝兰二线最长的单线隧道，因此被郑州铁路局列入全线争创国家优质工程项目名单。

聚变的效应是巨大的，十一队将近几年其他队伍交流的先进管理经验消化、吸收、再创新，形成了具有十一队特色的管理体系。在西巨寺隧道施工中，发生了大小塌方 20 余次，较大的涌水不下 10 次，由于措施到位、应对有效，大小事故全部被消灭在萌芽之中，没有发生任何机械和人员伤亡事故，仅用 14 个月就得以贯通，被誉为“隧道在建样板工程”，创出了铁路建设史上罕见的高速度。

伴随国企改革的不断深入，铁路施工企业改革在阵痛与探索中前行。早在 2000 年参加宝兰二线建设时，十一队就敏锐地嗅到了改革给老工程队带来的生机，通过建立内部搞活机制，十一队在全处范围内率先实行内部承包制，按照“优势竞争、优化组合、重视效益、确保履约、权责分明、责利对等”的原则，扔掉“大锅饭”，打破“铁饭碗”，员工积极性被充分调动，保证了工程成本降下来，进度升上去，在西巨寺隧道打破了当时单月成洞 209 米的三局隧道人工开挖纪录，对改革过程中的怀疑、观望、踌躇态度给予了最好的回击。

在随后的渝怀、兰武、襄渝铁路的建设过程中，十一队积极推行内部项目承包制，注重落实施工过程控制，合理配置资源设备，大力提倡科技创效，刷新了施工速度，确保了安全质量，促使施工生产月月上台阶。

十一队承建的兰武铁路古浪峡二号隧道（3486 米）采用全断面光面爆破技术，是三局管段第一座贯通的 3000 米以上隧道；渝怀铁路板桃隧道全长 8615 米，最大埋深 1045 米，是全线埋深最大的隧道，拥有出口古滑坡、煤层瓦斯、岩爆、高低温及岩溶等不良地质；襄渝铁路管段共有 11 涵、8 隧、5 桥、2 站场改造，双碑隧道（4846 米）穿越歌乐山，新人和场隧道（4771 米）属浅埋，下穿桥梁、住宅、水库，均属复杂地质条件下长大隧道，皮匠沟隧道临近襄渝既有线，最短距离仅 5.5 米。

凭借出色的施工管理水平和团结一致的创业创新精神，十一队在探索中吸取教训，在挫折中不断进步，在企业发展改革攻坚战中迎难而上、拼搏求真。

2009 年 12 月，桥隧公司十一工程队来不及洗去襄渝铁路的征尘，便跟随国家高铁建设的浪潮来到了彩云之乡——云南，开启了十一队的“高铁时代”。

沪昆客专云南段桥隧公司管段地处昆明市嵩明县及昆明市官渡区境内，正线全长 17.039 公里，包括隧道 4 座共计 14.893 公里，桥梁 5 座共计 0.761 公里，路基共计 1.385 公里。其中，十一队承建的文笔山隧道长 7.784 公里，位于Ⅸ度地震带嵩明—小团山区间，最大埋深约 265 米，最小埋深仅 18 米，危险系数极高，是全线控制性工程。

进场后，十一队发扬老传统、踏准新节拍，认真贯彻原铁道部“六位一体”要求，坚持管理制度标准化、人员配备标准化、现场管理标准化、过程控制标准化，以“战斗堡垒、开路先锋”精神为指引，全力打造安全工程、精品工程和百年不朽工程。

2016 年 4 月，中铁三局沪昆客专云南段最后一组钢轨铺设完成，沪昆客专云南段正线全线铺通。同月，第十一工程队马不停蹄奔赴西双版纳，投入到我国“一带一路”建设重点工程——玉磨铁路建设当中。

桥隧公司（原中铁三局六处）十一队作为中铁三局隧道施工的排头兵和领跑者，在玉磨铁路赛场组建起中铁三局第一支隧道施工全配套机械化队伍，他们高扬“开路先锋”旗帜，建设大品牌，勇做“一带一路”战略新先锋，立足高起点、坚持高标准、创造高效率，以标准化为纲，精细化为目，纵深推进，全面覆盖，用勇于跨越、追求卓越的中国中铁精神在“一带一路”泛亚铁路大通道上镌刻三局人不朽的烙印！

历经岁月磨砺、风雨洗礼，“六处十一队”作为永久的时代印记，写入厚重悠长的三局发展史，同时也化为坚固的基石，为三局桥隧事业振翅高飞提供着恒久的支撑！

桥隧公司宣传部供稿

运输线上的一支“铁军”

——记中铁三局运输分公司第二运输段

潘盛祖

放眼辽阔苍茫的祖国西部，神朔、朔黄铁路宛如一条奋飞于崇山峻岭间的“铁龙”，从黄土高原直奔渤海，把陕西北部、内蒙古南部的新兴能源基地与渤海湾新兴出海口黄骅港紧密联系在一起，形成我国西煤东运的第二条大通道。

活跃在这条大通道并担负联合运输任务的中铁三局运输分公司第二运输段，是一个集车、机、电、辆于一体，兼容机车检修和车辆站修的综合运输段，担负着神华集团神朔铁路神木北站至神池南站 189 公里和朔黄铁路神池南站至黄骅港站 583 公里的部分联合运输任务，以及神池南站行车组织、车辆技检、车辆站修，定西国华电厂、沧州西华润电厂专用线和滴溜磴站、京海站爱车点业务，神朔铁路公司内燃机车出租，神池南折返段劳务输出和黄万铁路神港站车辆技检任务。

截至 2011 年 7 月，该段配置各类机车 38 台，其中包括韶山 4 改型电力机车 31 台，东风 4 型内燃机车 6 台和东风 12 调车机 1 台以及相关的运输、检修设备 40 余台（套）。拥有车、机、辆、电 4 大专业员工 1100 余人，下辖车务队、机务队、神池南列检所、神港列检所和电务队 5 个生产单位。

神池南站坐落于山西省神池县城南 1 公里处，是神朔铁路和朔黄铁路的分界站，也是神华集团最大的技术作业站。15 年来，它见证了二运段人挑战自我、勇于跨越、追逐梦想、艰苦创业的奋斗历程。

1996 年建段之初，大自然就给了他们一个“下马威”。那年的冬天异常寒冷，寒风肆虐，鹅毛般的大雪漫天飞舞，蒸汽机车因零下 30 多摄氏度的气温而无法正常运行。面对这种严峻的考验，原段长葛复存临危受命，带领广大干部员工顶着重重压力，迎难而上。对外，强化与业主的经营沟通；对内，狠抓整章建制，规范管理，上机车、下班组，稳定军心，提振士气。

经过全段上下的共同努力，运输秩序很快迈上了正常轨道。

1998年，随着神朔铁路的快速发展和朔黄铁路建成并投入运营，二运段人适时提出了“依托神朔，东进朔黄，做大神华运输市场”的发展战略，大胆提出了购置电力机车的设想，后在中铁三局集团公司和运输公司的大力支持和帮助下，经过多方的不懈努力，完成了牵引动力的历史性跨越，开始了联合运输的发展征程。

针对神华铁路运输以安全为重点的运输组织模式的不断完善和市场竞争的不断加剧，二运段人立足于适应市场需求和确保安全运输，从强化制度建设、创新管理方式入手，着力于精细化管理，先后制定和完善了《三标一体管理手册》《安全例会制度》《事故责任追究制度》等200余项、1700条管理制度和措施，构建了以《安全网络管理系统》为主线的人力资源、设备物资、成本控制、薪酬分配“五大管理系统”，并落实到运输组织管理的全员、全过程。

全段经常组织开展“百日安全无事故”“安全生产大讨论”“安全冬运”等活动，实行全员年、季安全风险抵押，逐级落实安全生产包保责任制，强化意识、明确责任，奖罚兑现，促进了安全生产的稳步发展。

朝气蓬勃的员工队伍

火车跑得快，全靠车头带。多年来，该段党委始终注重打造“学习型、思考型、开拓型、创新型”领导班子，不断提高和强化领导干部理论、政治素养，增强党委领导班子驾驭大局和解决经营管理难题的能力。几年来，面对业主由边施工边运输向以安全为重点运输组织管理的转变，段党委领导班子及时调整思路，在强化“以市场引领企业、以诚信塑造企业、以管理提升企业、以和谐构筑企业”发展理念的同时，着力加强“基层、基础、基本功”建设，使全段运输管理步入了制度化、规范化的发展轨道，有力地促进了全段的快速发展。

多年来，该段还高度重视企业文化在促进全段发展中的支撑作用，不断挖掘运输发展过程中积淀的文化底蕴，着力培育运输文化，不断优化工作和生活场所布局，安排员工入住高层公寓，建立图书室、健身房、购物便利店、员工食堂，改善员工的生产、生活条件。评选“三项人才标兵”以及增设“光荣榜”和“创先争优宣传栏”，开展“爱我运输段”演讲和“超越自我、二次创业”愿景互动签名活动，以及深化“和谐文明单位”“项目文化建设示范点”创建活动等，使“以安全文化建设为核心、以执行标准化作业为着眼点、以员工良好工作和生活习惯的养成为落脚点”的运输文化，在促进全段快速发展中，彰显出强大的生机和活力。

多年来，段、段党委先后荣获中国中铁“红旗项目部”、国资委“先进基层党组织”，山西省“模范集体”、“工人先锋号”称号并被授予“五一劳动奖状”；被业主评为“联合运输信得过单位”和“安全生产先进单位”；段工会先后被全国总工会评为“模范职工小家”，被山西省总工会和全国铁路工会评为“模范职工之家”；全段涌现出一批铁道部“火车头奖章”获得者，山西省劳动模范，国资委、股份公司、中铁三局特级劳动模范，“金牌员工”和优秀共产党员标兵以及神华集团“安全生产先进个人”等先进人物。

运输分公司宣传部供稿

零缺陷打造万里无缝线路

——中铁三局线桥公司焊轨班组匠心塑精品纪实

线桥宣

2017 年 4 月 9 日 14 点 28 分，最后一个闪光焊头的完美收官，标志着中铁三局承担施工的长达 800 公里的宝兰客专全线无缝线路的放散锁定及焊轨工程提前 15 天全部完成，这无疑为宝兰客专下一步联调联试并按期开通奠定了坚实基础，也意味着全国“四纵四横”其中的一横全部拉通。

20 世纪末，伴随共和国高标准铁路建设的启动，中铁三局焊轨班组应运而生。这支年轻的焊轨团队从无到有，从弱到强，历经风雨磨炼，一路走来，取得了一连串辉煌业绩。近 20 年来，他们的足迹遍布祖国大江南北，攻克了一道道难关，突破焊轨里程 13000 公里，其中高铁部分 5500 公里，占国内高铁的四分之一；完成焊轨接头 116000 个，实现焊头质量优良率 100%，先后有 13 项焊轨工程被评为“全国优秀焊接工程”。他们在 2012 年获得中铁三局集团公司“500m 长轨无缝线路低温施工技术研究”三等奖，2021 年获得“工程建设优秀质量信得过班组”一等奖。他们依靠“能吃苦、敢担当、精益求精”的工匠精神把自己锻炼成为一支享誉国内外的能打硬仗、打胜仗的“特种部队”，是当今高标准铁路长轨焊接领域当之无愧的王者。

注重严细管理，匠心雕琢精品

与普通线路相比，无缝线路消灭了大量钢轨接头，因而具有行车平稳、轨道维修费用低、使用寿命长等优点，成为目前高速铁路线路建设的主要方法。长钢轨的焊接是铺设无缝线路的重要环节。

中铁三局集团决策层以超人胆识的策划，坚持高起点、高标准、高质量运作，在焊轨班组建设初期，先后购置了GAAS80焊轨控制系统、K922、K355、UN−150移动式焊轨机以及相关配套机具等国内外最先进的设备，投入资金达1.5亿元，成为当时国内第一家引进这些设备的企业。

中铁三局线桥公司焊轨分公司目前拥有员工90余人，堪称“工匠团队”，每个人都身怀绝技。在实际工作中他们化整为零，以八九个人组成的班组分散到全国各地独立作战。近20年来，他们参加了秦沈、武广、哈大、沪昆、京沪、京沈、京张等30多条客运专线和高速铁路的建设，参加了50多条国内外普速铁路和城市轨道交通工程的建设，积累了丰富的施工管理经验。

一个好的班组离不开严谨的制度和规范的管理。中铁三局线桥公司焊轨班组所从事的工作精度误差都要求控制在毫米级，因此他们制定了焊机操作保养、正火安全操作、小型机具安全使用、现场文明施工等规章制度和管理办法60多项。每个班组都制定了严格的考勤制度、奖惩制度和操作制度，使班组的各项工作做到有章可循、有法可依。他们发扬“大国工匠”

长轨焊接作业现场

精神，不断追求完美和极致，时刻牢记“把品质从99%提高到99.99%”的理念，时刻遵循专业敬业之道，不断取得突出业绩，成为行业的领跑者，多项指标创造了世界第一。

只有学习掌握顶尖技术，才能传承工匠精神，创造出一流产品。中铁三局线桥公司焊轨班组狠抓现场管理，狠抓技术储备，狠抓安全质量，严格监控焊轨流程的每个环节。面对施工现场除锈、焊轨、锯轨、正火、矫直、精磨、探伤等复杂工作程序，坚持规范化管理、标准化作业，在实践中培养造就了专业人才队伍。

中铁三局线桥公司焊轨班组特别注重开展业务培训，并使之常态化。他们采用“请进来授课，走出去学习”的方式，多次与中国铁路工程总公司铁路科学研究院联合办班，组织学习互动交流，提高团队业务素质。班组建立人才培养机制，针对每名新入职员工量身定制职业生涯规划，精准定向培养。他们还分类设立职业技能津贴，鼓励一专多能，多才多艺，多劳多得。目前，团队中持有全国焊轨技术合格证人员有30多名，持有国家无损检测证人员20余人，技术力量居同行业之首。

无缝线路施工，轨温控制是关键。2016年12月，在宝兰客专长达800公里焊轨工程初步验收期间，建设单位对全线4000多个焊轨点进行探伤检测，均未发现任何问题。他们带着质疑又专门组织专家和路局工务段抽调的技术骨干进行多次现场复验和探伤检测，结果仍然满足规范要求。建设单位这才真正叹服中铁三局焊轨班组技术水平不一般。此后，有多家兄弟单位技术人员慕名前来对标学习、取经。中铁三局焊轨团队使中铁三局树立了在该领域的龙头地位。

注重技术创新，争创世界一流

孔子曰：“学如不及，犹恐失之。”工匠精神不但体现了对产品精心打造、精工制作的理念和追求，更是要不断吸收最前沿的技术，创造出新成果。将一丝不苟的工匠精神融入每一个环节，做出打动人心的一流产品。这是焊轨公司每个员工时刻牢记在心的信条。

没有创新，就没有发展。中铁三局线桥公司焊轨班组一贯倡导集众智开展技术创新，并制定相关奖励机制。一时间新技术、新工艺、小发明、小创造层出不穷。比如在参数调试上摒弃传统的时间控制或位移方式，创造性地运用时间与位移控制相结合的新技术，使加热更加均匀、轨温梯度分布更加合理，并进行现场长轨焊接试验，得出对轨时的起拱量，保证了焊头平直度与内部质量。同时，在现场对500米长钢轨焊接后做落锤试验，此举在国内为首创。

在举世瞩目的京沪高铁建设中，中铁三局线桥公司焊轨班组承担着600多公里站线共2832个轨头的焊接任务。这是京沪高铁全线焊轨量最大的标段，对焊头平直度要求高，探伤验收标准高。他们组织科技人员开展技术攻关，将设计要求、标准规范与现场实际结合起来，改变以往将500米长轨焊成1500米单元轨后再放散锁定的方法，而是直接对500米长轨进行放散锁定，比传统工艺少拆装一次扣件，效率提高了50%，成本降低了30%，4台焊机以连续10天日焊轨20公里以上速度前进，保证了工期，创造了当时单机日焊接、放散、锁定9公里的全国最高纪录，受到建设单位好评。

2012年12月，在哈大高铁施工中，解决低温问题是最大的难关。为降低低温对焊轨质量的影响，他们根据高寒地区实际，通过各种实验制定了相应的施工工艺和防护措施，成立QC（质量管理）小组，对焊轨过程进行全方位质量监控。经过多次现场论证及实验，他们总结出低温条件下焊前预热和焊后保温等焊接施工新工艺，在保证焊接质量的同时，施工效率也提高了近30%，最终圆满完成了标段内双线700多公里闪光焊接头3060个、铝热焊接头484个和胶接绝缘222个的繁重任务，破解了高寒地区低温条件下不能焊轨的难题，为焊轨行业提供了难得的可借鉴的成功经验，赢得业主和社会广泛赞誉。

2013年，他们因建设京沪高铁荣获“全国工程建设优秀质量管理小组一等奖”；2015年，因建设杭长客专荣获“全国工程建设优秀质量管理小组一等奖”。

注重以人为本，培育精英团队

中铁三局集团线桥公司焊轨分公司不但是一个团结战斗的集体，还是一个充满温情的和谐大家庭。走进这个团队，让人感受到的是浓浓的学习氛围和暖暖的家庭气息。“干一行、爱一行、专一行”是他们工作中最坚定的信念。“永不满足、永不懈息、勇攀高峰”是他们前进的誓言。如今，中铁三局线桥公司焊轨团队经过多年打磨，已靠实力成为业界精英团队。

他们在长期的工作实践中积累了丰富的长轨焊接经验，有多项新工艺得到铁科院、业主和设计院的赞同和认可。在同行大部分单位还在聘用设备厂家技术人员进行焊接工艺参数调试时，他们已经拥有多名掌握 3 种以上焊轨设备参数调试方法的年轻技术人员。多样的技能掌握和严格的安全意识教育造就了优秀的焊轨班组。可以说，这个焊轨团队里的每个人都是经得起严峻考验的精英人才。

中铁三局线桥公司焊轨班组还通过推行建设学习型宿舍、成立员工图书室、组织员工观影等形式多样、种类繁多的文化活动，传播公司优秀企业文化。新颖的活动形式与内容受到了广大员工的欢迎。他们想方设法改善员工生活条件，努力构建“家”文化等，使每个员工都有安全感、自豪感。企业凝聚力和向心力与日俱增。

焊轨分公司经理邸向军深情地说：“我们这一代接过前辈创下的基业，最应该不忘初心，继续砥砺前行。特别是我们从事的工作是铁路工程建设的最后一道工序，是承载着千百万人生命安全的最后一道防线，责任重大，使命光荣。”

34 岁的钢轨焊接工李克峰，勤于思考，善于钻研。他是集焊机操作、参数调试、正火、校直、精磨等多项技能于一身的多面手，曾独立完成 UN5—150ZB 焊轨机的参数调试工作，一次性通过铁科院型式试验。2011 年和 2013 年，他两次被中铁三局线桥公司授予“金牌员工”称号。

作为中国中铁冯继军钢轨焊接技能大师工作室的带头人的冯继军，多年来以他的聪明才智、精湛技术和热爱企业、秉持匠心、无私奉献精神极大地回报了党组织和企业的信任。在 K922、K355 型集装箱式移动闪光焊轨机等国际领先设备使用中，他带领的团队不断改进工艺，追求精益求精，先后提出技术革新方案几十项，解决各类技术难题上百个，极大提高了钢轨焊接质量与效率，他本人还多次获得“中铁三局优秀青年科技人才”“中铁三局质量先进个人”“中铁三局十大杰出青年”“中铁三局金牌员工”“中国中铁优秀工匠”等荣誉称号。

在中铁三局线桥公司焊轨团队里，还有许许多多优秀人才、工作骨干。他们在自己平凡的工作岗位上默默无闻地干着不平凡的事业……

这支与时俱进、不断进取的焊轨团队在艰难中收获着成功的喜悦。他们研发的《500 米连入法焊接放散锁定施工工艺》顺利通过中国铁路总公司科学研究院等专家组评审，《时速200公里无缝线路铺设用300米长钢轨基地厂焊工法》《高速铁路无缝线路低温焊轨、放散锁定施工工法》被评为省级工法，《一种钢轨焊接接头校正装置》获国家实用新型专利，《高温条件下焊轨和放散锁定方案》填补了国内高温条件下焊接500米标准轨的空白。2015年，他们被授予山西省“工人先锋号”和“全国铁路模范职工小家”称号。一项项沉甸甸的荣誉诠释着他们纯朴的工匠品质。

中铁三局焊轨团队十年磨一剑，用匠心追求卓越，用品质铸就未来，他们必将以完美之作在中国高铁建设的里程碑上留下浓重的一笔。

选自中国青年网，2017年4月19日

在打造运输工程双核驱动一流企业征程中阔步前行

——记中国中铁“三级公司 20 强”中铁三局运输分公司

潘盛祖

中铁三局运输工程分公司成立于 1972 年，2002 年完成公司制改革，主营业务为铁路运营管理和综合工程施工。

多年来，公司坚持“运输工程双引擎”发展战略，强管理、拓市场、育文化，专业优势日趋突出，竞争实力明显增强，企业步入高质量发展的快车道。公司先后荣获“中央企业先进集体”“全国安全文化建设示范企业”“新时代企业文化实践创新典范单位”等多项荣誉。公司连续 6 年入围“中国中铁三级综合工程公司 20 强”。

立足能源企业铁路，做强运输铸品牌

铁路运输是公司传统产业，也是公司赖以生存和发展的支柱产业之一。近年来，公司全面跟进煤电路一体化企业铁路项目，积极拓展山西、陕西、内蒙古、宁夏等能源省份投资建设的地方铁路专用线，初步形成铁路运输产业阵地化、区域化、规模化的发展格局，在国内能源运输市场打响了三局运输品牌。

作为第三方铁路运营服务商，公司始终坚持厚植发展优势，持续推动运输装备、管理能力、服务水平转型升级。目前，公司拥有覆盖车、机、工、电、辆 5 大专业的运输产业员工 4000 人，拥有各类型内燃机车、电力机车、大型机械养路捣固机 158 台，运营领域辐射国家能源、国家电投、伊泰集团、中煤集团等 14 个市场、25 条铁路，运营管理总里程超过 4200 公里，具备铁路整区段运输组织管理能力，万吨、两万吨重载列车牵引能力，超级超限货物运输能力，机车车辆技术检查及修理能力，重载线路、地下铁道和四电设备维修养护能力。2017 年，公司在朔黄铁路成功开行两万吨重载列车，成为国内建筑业第一家具备两万吨列车牵引能力的企业。2018 年，公司获国家铁路局铁路运输许可证，成为国内第一家获取铁路运输许可证的建筑企业，填补了中铁三局在铁路货物运输领域的资质空白，为运输产业发展搭建了更加广阔的平台。2020 年，由公司参建并运营的全国第一个地方铁路 PPP 项目东营疏港铁路开通运营，为国内地方铁路货运干线的建设和运营管理提供了可靠的三局方案。2021 年，完成铁路货物运输量 21152.57 万吨，创历史最高水平，运输产业一举迈入两亿吨时代。“铁路运营管理整体解决方案提供商”已经成为三局运输独特的市场标签。

注重产业结构优化，做实工程稳增长

工程产业是公司长远发展的另一支柱，因而公司在持续巩固传统铁路板块的同时，紧紧抓住国家推进供给侧结构性改革等相关政策的利好契机，依托中铁三局集团公司的品牌优势、平台优势，坚持区域化发展战略，转变营销观念、健全营销体制，不断深化与地方各级政府以及集团公司区域指挥部、营销中心的沟通对接力度，将市政 EPC 项目和传统施工总承包项目的市场开发作为公司经营转型升级的重要抓手，重点运作体量大、质量高的项目，带动和加快区域生产营销一体化建设，形成“现场保市场、现场拓市场”的“根据地”模式，有效扭转“一铁独大”的被动局面，实现区域市场滚动发展。

目前，公司在巩固、优化银川、西安、乌鲁木齐等核心营销区域的基础上，积极适应市场形势变化，不断优化营销布局，成功拓展东北、华东、晋鲁豫等区域市场。同时，公司充分发挥“运输工程互动提升、联动发展”的独特优势，积极承揽国家能源、国家电投、中国中车等大企业市场项目，形成市政、公路、房建、水利以及新基建板块齐头并进的多元发展格局，极大地增强了企业应对市场和抗风险的能力。

近年来，公司参与了宝兰、黔张常、衢宁、赣深等重点铁路项目，京新、左黎、霍永、若民等高速公路项目，晋中华都丽憬、连云港叶海华庭、中车国家实验室等房建项目，晋中市迎宾街改造、银川市西部水系、西安城市客厅、黄河宁夏段滨河道路工程等市政工程，全面推进工程产业实现高质量稳健发展。

发挥党建工作优势，做精管理夯基础

公司党委坚持把党的政治建设摆在首位，牢固树立并贯彻落实新发展理念，坚决履行“把方向、管大局、保落实”的政治责任，把党中央和中国中铁、中铁三局党委决策部署体现在企业改革发展的全方面全过程，确保企业保持正确发展方向。

随着时代不断进步、市场环境发生深刻变化，公司的业务领域、事业半径都得到空前拓展，开始迈进改革发展的“黄金机遇期”，但同时也进入问题叠加的“矛盾凸显期”。基于此，公司党委将“构筑运输工程领跑企业”这一战略目标细化为 3 条发展路径：建筑全产业链产品制造商、能源企业铁路运营服务承包商、综合交通市场化运营整体解决方案提供商，先后组建成立 20 个整建制运输工程段，明确运输工程各板块各单位的主业主责和市场定位，实现由单一生产型管理模式向段管项目生产营销一体化模式的转变，引领和推动企业走出一条体现时代特征、彰显运输公司特色的发展道路。

公司党委扎实推进党的建设与生产经营管理深度融合，不断强化党建标准化建设，树立“一切工作到支部”的鲜明导向，把党建工作融入和内嵌到生产经营管理各环节，着力加强公司、段、项目三级领导班子建设，深入开展党员先锋岗、群安员、青安岗、“青年文明号”等创建评选实践活动，充分发挥基层党组织战斗堡垒作用和广大党员的先锋模范作用，用高质量党建工作推动企业高质量发展。

持续深化文化赋能，做活团队增后劲

公司坚持把“运文化”建设与中心工作相结合，把文化理念融入项目管理、团队建设，不断提升文化“软实力”，夯实发展“硬支撑”。各运输工程项目树立“管理为纲、落实为要、效益为本”的工作理念，不断强化安全文化、质量文化、执行文化、创效文化等项目特色文化建设，持续提升项目团队的安全管控能力、创新创效能力，全力推动企业实现规模、效益、品牌协调同步发展。

公司充分尊重人才的核心战略资源地位，制定实施《“三支队伍”优秀人才管理办法》，突出对管理、技术和技能三支队伍的人才培养。通过员工业校、委外培训、导师带徒、竞争上岗、后备干部选拔等多种方式，让每一位员工都能在自己的职业通道中获得充分发展。

公司坚持每两至三年举办一次运输系统奥林匹克技能大赛，目前已经连续举办 14 届技能大赛。大赛不仅成为广大一线员工心目当中的一项品牌工程，而且在大赛的促进下，形成一整套“培训、练兵、比武、晋级”的长效机制，培养和造就了一支技能精湛、作风过硬的蓝领员工队伍，为企业快速稳健发展注入强劲动力。

公司时刻坚持“发展依靠员工、发展为了员工、发展成果与员工共享”的理念，关注员工诉求，不断深化“三工”建设和“我为群众办实事”实践活动，经常性地开展拓展训练、文艺演出、趣味运动会等文体活动，积极引进 EAP 员工帮助计划项目，使员工群众的物质、精神生活更加充实，对企业、个人的发展更加自信。

新时代使命在肩，新征程任重道远。2022 年是实施“十四五”规划承上启下的关键之年，是国企改革 3 年行动收官之年，也是建局 70 周年和公司成立 50 周年。全体运输公司人将立足新发展阶段、贯彻新发展理念、构建新发展格局，进一步聚焦“打造运输工程双核驱动一流企业”目标任务，在新的前进之路上踔厉奋发、笃行不怠，推动企业实现更高质量、更有效率、更可持续、更加安全的发展。

运输分公司宣传部供稿

深挖潜力优势　再现全新突破

——记中国中铁“三级公司 20 强”中铁三局建安公司

李颖

2020 年，面对突如其来的新冠肺炎疫情、国际国内整体经济下行压力、严峻激烈的市场竞争环境和复工复产强大阻力等诸多困难挑战，公司上下一心、全力以赴，始终保持了务实进取、昂扬向上的强劲势头，营销额、营业收入首次双双突破百亿元大关，纪录再创新高，为中铁三局建安公司的发展绘就了浓墨重彩的一笔。

2021 年，中铁三局建安公司连续第六年入围“中国中铁三级专业工程公司 20 强”。

舞好“龙头”，带动跨越

在经营管理上，公司坚持全领域、全方位、全过程的“大经营”工作思路，积极开创“大格局”、主导“大项目”工作的落实，以“深耕既有区域、开拓长珠‘三角’、立足较大项目、注重经营质量”为经营理念，完善经营系统建设、细化经营工作流程，以经营管理制度为着力点，进一步健全和完善经营工作的激励约束机制，提高经营工作精细化管理水平。在此基础上，资质红利优势显现、自主经营能力显著提升。各区域主动出击，深挖既有市场潜力，2020 年新签合同额 104.5 亿元，为中铁三局集团公司下达营销额确保目标 80 亿元的 130.63%，奋斗目标 104 亿元的 100.50%，营销额创历史新高。

成本管控，增收创效

公司上下紧紧围绕“改革创新、质量为本、效益为先”的工作总基调，持续增强驾驭“六大能力”：风险的成本管控能力、以人为本的机制创新能力、借力而为实现共赢的能力、产品的安全质量创优能力、技术创新为主的竞争能力、承揽地标型建筑的经营能力，狠抓成本管控增收创效。2020年，公司通过全面推行《工程项目责任成本绩效考核及超额利润分配管理办法》，提高了责任成本的编制水平，加强过程管控和考核力度，加大员工的培训考核，提高了全员素质，使成本管理成为公司推进市场经营、施工生产、项目策划、劳务分包、物资采购、机械租赁、现场管理、财务管理、队伍管理、二次经营等各方面工作的根本遵循，确保公司的生产经营工作始终在正确的轨道上运行，推动各项工作蓬勃发展。

安全管控，筑牢根基

公司牢固树立保“红线”、保“底线”的管理思想，坚守红线意识，牢固树立零事故理念。全面落实企业主要领导的第一责任、领导班子成员的分工责任、党政工团的齐抓共管责任、全员保安全的共同责任，进一步发挥群安员、青安岗的作用，构建群众性的安全生产防线，全员建设本质安全企业。2020年，公司把安全质量管理隐患排查系统作为各项目必须挂图作战的标准动作，时刻对标检查，分析隐患苗头，建立通报整改责任机制，贯穿整个工期节点，列出隐患防范清单，把严格有力的执行力度落实到安全质量生产每个节点细节中，制定限时整改举措，防患于未然。因严格进行安全管控，公司荣获中国安全产业建筑行业“安全生产标准化企业”和股份公司“安全生产先进单位”称号。

工程管理，稳步推进

公司紧跟行业发展新形势和改革管理新要求，以工程项目精细化管理为中心，以树立质量品牌为目标，不断提升企业综合实力。在工程管理工作中，将项目前期策划工作列为工程实施重点。通过成立策划组、召开专题会议等多种形式，对新开工程进行全覆盖的调查研究和规划部署，及时确定实施关键，充分采取应对措施，为项目运转开好头、起好步。在确保安全、质量的基础上，以均衡生产为原则，以各项管理措施为保证手段，以实现合同工期为最终目标，构建以调度系统管理平台为核心的管控体系，充分利用信息化手段实行对施工全过程的动态控制，有效提升了公司决策、资源调配和纠偏改进效率。2020 年，公司分单位、分层级举办各类技术培训和交流会累计百余次，使企业领导层、管理层特别是一线管理人员了解了本行业发展的现状与趋势，掌握了施工技术基础和必需的专业技术知识，增强了各级人员技术标准的执行能力和质量安全意识，全面提升了企业施工技术管理水平。

科技先行，智力强企

公司始终坚持技术开发，积极推进技术进步。在科技创新上，公司超前谋划，创新联合开发新模式，率先研制、采用新技术和使用新设备，摒弃等靠思想，主动出击，充分依托公司省级技术中心、“双室”创新工作平台和国家高新技术企业优势，广泛开展“微创新”“小技改”等技术创新应用研究，与智慧工地、信息管理平台等结合，逐步形成了具有特色的科技示范标准化工地品牌，并带出了一批标准化、现代化、科技化的工地。2020 年自主立项 66 项，接受中铁三局集团公司立项 1 项；获集团公司级以上科技进步奖 2 项、BIM 奖 1 项、省级专利奖 1 项、中国施工企业管理协会首届工程建造微创新技术大赛二等奖 2 项、专利授权 22 项，获部级工法 3 项、科技成果鉴定完成 5 项、获批集团公司微创新项目 7 项；BIM 技术推广应用范围进一步扩大，公司申报成为山西省土木学会 BIM 技术专业委员会会员单位。

人才培养，实力竞争

公司坚持以人为本，认真做好人才引培机制和人才孵化机制，不断加大科技创新的投入和工作力度，为公司的发展提供了坚实有力的人力资源保障和新技术应用保障。按照“减少总量、优化结构”的管理思路，坚持把好人才队伍的“总量关”“使用关”“培训关”，积极推进机构改革，采取“请进来、走出去”的学习方式，成立公司技术服务讲师团，深入生产一线输出技术服务，不断加强项目管理队伍、技术专业队伍、党群工作队伍的学习培训。公司积极加强建造师队伍建设，大幅提高了补贴标准，鼓励专业技术人员积极考证，采取分批培训、一人多证方式，尽快解决各专业岗位人员持证问题，提高了人才的综合素质，有效地满足了公司发展的需要。除此之外，公司在做好人才引进和人才管理工作的基础上，聚焦优秀年轻干部队伍，畅通人才晋升通道，培养岗位“多面手”，打造了具备高质量发展能力的人才队伍。

抓好党建，筑牢“根、魂”

公司党委始终坚持以习近平新时代中国特色社会主义思想武装头脑，紧密围绕中心任务，深入持久地开展“三基建设”和党建思想政治工作，不断加强思想政治工作的针对性、时效性、前瞻性，有效发挥了公司党委管大局、把方向、保落实的重要作用，筑牢了国企党建思想政治工作的“根”和“魂”。公司党委围绕企业生产经营中心，坚持把“融入中心、进入管理、推动发展”作为党建工作的出发点和落脚点，通过强化“政治建设”“思想建设”“组织建设”“人才建设”“纪律建设”“和谐建设”，有效促进党建工作与施工生产的深度融合，进一步延伸“三局建筑”文化体系，提升了企业文化建设水平，陆续开展“抗疫情，保增长，大干 100 天”“百日大干党旗红、争先锋”系列活动，充分发挥了项目党组织参与生产、服务生产、强化生产的作用，为公司的高质量发展提供了强有力的政治保障。公司荣获国务院国资委授予的“中央企业先进基层党组织”荣誉称号。

2021 年，全公司上下齐心合力、赛场争锋，彰显了公司综合实力，擦亮了“三局建筑”品牌。建安公司将聚焦生产经营、加强基础管理、狠抓安全质量，不断提质增效，立足新起点、启航新征程、再谱新辉煌，以实干业绩为“十四五”规划开好局、起好步，为建局 70 周年献上厚礼。

建安公司宣传部供稿

修路报国写人生

——记全国劳动模范缪松元

魏锡山　郁林

勇闯新路

在国民经济三年困难时期，国家急需木材。可是，由于铁路运输一时跟不上形势的需要，长白山林区里堆积如山的木材运不出去。

铁路！铁路！各行各业都焦急地期盼着铁路的建成开通。

当时，担任一处施工科副科长的缪松元更是心急如焚，他深感自己肩负的责任重大。为了早日把铁路修进林海，1960 年秋，他和同志们深入莽莽林海，做广泛的实地调查。当时，睡的是用树枝搭起的“杆儿铺”，吃的是玉米面窝窝头，就的是老咸菜。艰苦的生活、过度的劳累，使缪松元身体十分虚弱。但他始终坚持和同志们白天做调查，晚上搞设计。经过一个多月的奋战，他们提出了松江河到泉阳段的简化施工方案，报请上级批准。这个施工方案，可以大大地缩短工期。国家急需的木材通过新建成的铁路，源源不断地运往四面八方。

1959 年，在长林线松花江 7 号大桥施工中，他提出改进施工组织的建议，实现了快速施工。

1963 年，他在总结东北林区铁路设计施工经验的基础上，提出将长林线泉二段原设计的路堤多处改为高架桥的建议，节省了大量建设资金。

1975 年，在太焦线白灰沟二号桥二号墩施工中，他提出了取消加固设计的意见，节约资金约两万元。

1977 年底的一天，太行山麓寒风凛冽，滴水成冰。在邯长线涉长段六处工地指挥所里，一场有关清漳河特大桥 11 号桥墩是否需要继续下沉的技术讨论会正在热烈地进行着。

当时，清漳河特大桥 11 号桥墩已经下沉到了原设计的标高。可是，施工队在距离沉井底部较近地方遇到了倾斜的岩层。因此，在如何处理沉井基底的问题上，产生了不再下沉和应该继续下沉到岩层阶梯的两种不同意见。缪松元认为，沉井要不要继续下沉，关键取决于基底土壤的性质。在一般情况下，为了沉井基础的安全可靠，应该将沉井落在岩层阶梯上。但是，在特定的条件下，如果沉井底部的土壤结构很好，沉井就可以不再下沉。为了达到安全可靠、保证质量的目的，他和工人、技术人员查阅了原设计说明书，深入现场做了实地考察，发现11号墩沉井底部是十分紧密的沙加卵石层。另外，沉井底部已出现破损，如果采取爆破的方法继续下沉，将造成沉井损坏的无可挽回的后果。根据现场实际，缪松元支持了11号墩沉井不再下沉的意见。但是，要取得设计部门的同意和支持，还必须提出相应的理论根据才行。

缪松元和他的助手马朝嵩等开始了艰巨的查阅资料和运算工作。转眼间，春节到了。除夕夜，万家灯火，彻夜不熄，人们团聚灯下，欢度新春佳节。缪松元屋里的灯也亮了一夜，但是，他无暇品尝美味佳肴，而是整整做了一夜的数字计算和对施工方案的修改。当他拿出一整套完整的基础加固的施工方案时，东方已经发白，辞旧岁、迎新春的鞭炮声已经响起来了。

1978年，他在对东陇海复线进行施工调查时，在不影响原设计平面条件下，提出采用单线绕行和双线绕行等措施，取消了原设计的4条中便线，避免了施工干扰；他还利用增加第二线都在既有线同一侧的有利条件，建议采取绕开既有车站进行铺轨的绕行铺轨方案，既可利用铺轨机在新增第二线上不间断地进行铺轨，又解决了复线铺轨和站场改造间的相互干扰，加速了施工进度。

科学最公正无私，谁为之付出努力，谁就会获得成果。多年来，缪松元的汗并没有白流，在他走过的征程上，一项项成功的、完成改善的工程设计和施工方法，犹如朵朵烂漫山花，散发着沁人心脾的馨香。

踏遍青山

1973年3月，江南已是春风初度、江水绿如蓝的醉人季节。但是，太行山区却仍然是一派寒冬景象：河冰未开，寒风如割。

3月的一天，在太行山区一条崎岖的小路上，有一行人正在顶着寒风，走向清漳河畔。这是中铁三局施工处副总工程师缪松元同志和施工调查组的同志们做实地调查来了。根据设

计，中铁三局将要在清漳河上建筑一座 13 孔的特大桥。这样的特大桥，在中铁三局筑路史上是不多见的。缪松元和调查组的同志察看着地表、水流、桥位，边议边走。

已是邯长线施工调查的第 10 天了。由于连日的奔波，加上寒冷的天气，缪松元患了感冒，发着烧。清漳河谷虽然寒风刺骨，但仍难以降低他的体温，头也如针刺般一阵疼过一阵。他从上衣口袋里掏出两片索米痛，快走几步，躲过同志们的视线，吞了下去。

缪松元的病可以瞒住别人，但却瞒不住常年和他一起工作的两位青年工程技术人员。这两位青年工程技术人员见他面色蜡黄、步履艰难，就知道他在发高烧。他俩要扶缪松元过河，缪松元笑笑说："没什么，我能行！"他婉言谢绝了帮助。缪松元不辞劳苦、带病调查的精神深深地感动了这两位青年人。

这是缪松元在铁路建设工地度过的最普通的一天。20 多年来，缪松元究竟度过了多少这样的日子，和他朝夕相处的同志说不清，缪松元自己也记不住。大家只知道，20 多年来，缪松元的足迹踏遍了大半个中国，参加过 9 条铁路新线的建设，铁路总延长近 2000 公里。

一般在一天的紧张劳动过后，人们会回到和谐温暖的家中休息、恢复精力，再准备投入第二天的劳动。但是，缪松元的家庭却无法做到这样。10 年前，缪松元的爱人不幸患上了精神分裂症。从此，买煤、买粮、洗衣、做饭等烦琐的、无休止的家务劳动和照料病人的担子，一股脑儿压在他的肩上。白天，倾全部精力于工作的缪松元，回到家里还要忙个不休。多么沉重的担子啊！它可以压垮那些胸无大志、意志薄弱的人，却永远不能使誓为祖国作贡献的人屈服。人们从缪松元的身上看不出丝毫的消沉情绪，他始终勤勤恳恳地工作着。

砥砺前行

1976 年 5 月，正在进行电气化改建的白羊墅站场，进入了紧张的施工阶段。站场的 5 座板涵开始施工了。现场施工的工人向缪松元反映，板涵基础太厚太大，既浪费水泥，又影响工期，因此工人们提出了改善原设计的建议。根据现场工人反映的意见，缪松元和中铁三局施工处技术人员一起在现场进行了实地调查。他们发现板涵基础是沙加卵石层，地质结构紧密。他们还了解到板涵所处的桃河河谷在枯水季节，挖深 20 米仍无地下水，板涵基础不会出现冻胀现象。这样，完全可以将原设计板涵的整体基础改为分离式基础，基础的厚度也完全可以减薄。

改善原设计，能取得多快好省的效果，但自己要承担责任，还要重新学习和进行艰苦的计算。缪松元同志想：石太线电气化改造，是国家铁路建设的重点工程，担负着加快晋煤外运的重要使命，每争取一分钟，每节省一公斤水泥，就是为国家多贡献一份力量。他把自己的想法和改善施工设计的建议向施工处领导做了汇报，立即得到了处领导和局党委的大力支持。

经过一个星期的昼夜奋战，新的施工设计方案拿出来了。设计方案取得原设计部门和石太线电气化改造工程指挥部同意、批准以后，立即付诸实施。据初步统计，修改后的设计方案比原设计减少 16000 立方米的圬工量，节约水泥 2000 吨，总共可节约建设资金 100 万元。

1977 年底，铁道部向中铁三局下达了抢建东陇海复线的命令。局党委接到命令后，决定立即组织一支精悍的队伍奔赴东陇海进行施工调查。局领导考虑到缪松元同志长期出差在外，又加上他爱人的精神分裂症复发，就没安排他参加东陇海复线施工调查组。一向沉静的缪松元同志再也坐不住了。他找了处长找局长，找了局长找书记，坚决要求参加东陇海复线施工调查组。他说："铁路建设在即，我这个'老铁路'怎能坐得住呢！再说，不掌握第一手资料，我这个施工处的副总工程师怎么来指导现场的施工呢？"领导看缪松元态度坚决，并了解到他的家务已得到了妥善安排，同意了他的要求，于是，缪松元背上早已准备好的背包，带上水壶出发了。

1978 年 3 月，他光荣地出席了全国科学大会，有幸见到了叶剑英、邓小平等中央领导同志。1979 年，他又被光荣地评选为全国劳动模范，赴京参加了表彰大会。

成绩，永远属于那些力争上游的人。党的信任、人民的期望，更加激发了缪松元为加快国民经济发展当好铁路先行者的豪情壮志。参加工作多年来，缪松元立志修路报国、呕心沥血，以辛勤的劳动，获得了党和人民的高度认可和巨大鼓励。

选自《铁路工程报》1979 年 10 月 17 日第 1、3 版

有一种生命叫永恒

——记全国劳动模范、中铁三局原六处四队炊事班班长王开清

王树梅

王开清（左一）工作照

王开清走了。1997 年 2 月 11 日，他因患脑出血医治无效，与世长辞。

自从踏进炊事班的门槛儿，王开清的时间便全都用在了工作上。在他那有限的生命中，释放出的是无限的能量。

正如六处处长李志义同志所说的：“王开清是非常非常称职的工人，是非常非常合格的工人，如果一个企业有 60% 的人能像王开清这样，在本职工作上达到意境化，进入一种意境，这个企业没有搞不好的。”

王开清的 72 本荣誉证书和 5 枚奖章，是对他生命价值的最好的认证。

有一种精神叫奉献

王开清于 1979 年加入六处二段一队，驻在河南修武，参加新焦铁路建设。那时有句话叫“一个炊事员，半个指导员”，可见伙食的好坏，影响的不单单是人的身体，还有人的情绪和工作劲头。刚当上炊事班班长不久的王开清，在增加饭菜的花样品种上开动了脑筋。人们的饭盒里装的不再只是馒头米饭、土豆白菜。黑板上的菜谱，也在悄悄地增加着内容，每餐达到了六菜一汤，周末和节假日还增加了小炒，主食品种也增加到了十五六种。

面对人们赞许的目光，王开清尝到了成功的喜悦。

1980 年春，他带领炊事班的 8 个人利用工余时间在驻地周围开垦出一亩多荒地，种上了茄子、辣椒、西红柿等。夏季，一盘盘新鲜蔬菜摆上了职工的餐桌；秋季，一棵棵大白菜、一袋袋土豆贮进了菜窖。他还做豆腐、生豆芽、加工粉皮、培植蘑菇……

路越走越宽，工作越干越有劲。紧接着王开清带领炊事班又养起了鸡、鸭、鹅、兔子，还喂了猪。

在自给自足的基础上，他将富余的蔬菜，自制的卤鸭、烧鸡拿到市场上出售，仅卖卤鸭一项就收入 2000 余元。他用这些钱再购进其他副食品，补充到职工的伙食里。食堂的伙食上去了，伙食费却降了下来。

这一年，王开清光荣地加入了中国共产党，食堂也成了先进部门，他和炊事员们每人得了 15 元的奖金。职工们心里明白，他们付出的心血和汗水，是无法用钱来衡量的。

仅 1983 年至 1985 年这 3 年间，他们共收获各种蔬菜 12000 余斤，饲养家禽 460 只，收获鲜蛋 1000 余斤，猪存栏数最多时达 40 多头，培植蘑菇 1800 余斤，自做豆腐豆芽 1300 余斤，腌制咸菜上万斤。

1984 年王开清被评为全路优秀炊事员。

从 1983 年到 1988 年，他利用探亲的机会，先后托运和背回各种蔬菜、调料、干笋等共计 4000 余斤。许多四川籍的职工说："我们远在千里之外，能吃上家乡的特产，托的全是王开清的福啊！"

夏秋季，他抓住菜价便宜的机会，大量购进，自己动手加工制作腌菜、干菜。1991 年秋，四队从山东临清市迁往吉林市，他考虑到东北冬季青菜少，价格贵，便在临走前晒了 2000 多斤花菜、豆角，随车运到东北。听到四队要上广州的消息，他又腌了 4000 多斤芥菜、萝卜、辣椒。利用异地差价购货，也是王开清降低伙食成本的办法。

1995 年，四队在京九线上碴养路，驻在河北肃宁。一次，王开清回处里开会，发现邯郸永年批发市场的肉价每斤比肃宁便宜 3 元钱，圆白菜每斤便宜 5 角钱，于是，他先后利用顺路车捎回猪肉 200 斤、圆白菜等 4000 余斤，节省开支 2000 余元。

有一种伟大叫平凡

在工程队，职工们远离家乡，远离父母，远离妻子儿女，面对繁重的劳动、单调的生活，他们最缺少的是亲情，最需要的是友爱。为此，王开清给炊事班定了一条规矩，职工有以下4种情况，饭菜要单做，即生病、生日、结婚、退休。这“四个单做”一直坚持了十几年，让职工真真切切感受到了家的温暖。

在修新焦线时，菜市场离驻地有四五里路，携家带口的职工买菜很不方便。王开清就利用每天的午休时间，背上背篓去买菜，回来后再分售给大家。

在南京，因驻地离旅店较远，给来队出差探亲的人带来诸多不便。王开清就和炊事班的职工一道，自筹资金1000多元，购置了床单被褥，利用驻地一所搬迁闲置的房子，办起了小招待所。开张仅半年，就接待住宿人员1500余人次，除将其中部分收入用来改善职工伙食外，还上缴资金3000多元。

在炊事班，还有一个“四不制度”是必须遵守的。那就是：每餐炊事员不得吃在职工前面，卖剩下啥吃啥；不得单炒另做，和职工吃一样的饭菜；不得优亲厚友，要一视同仁；不得拉关系走后门，杜绝人情饭。

在王开清的带领下，炊事班成为一个团结战斗的集体，先后13次荣获处、局、省、总公司和铁道部的“先进集体”荣誉称号，受到表彰和奖励。

有一种情感叫真诚

王开清在炊事工作岗位上，忘我地工作了32年，直至生命的最后一刻，他实现了他的入党誓言：把一切献给党。然而，对于他的家庭、他的亲人们，他却割舍了很多很多。

他结婚快30年了，可与妻子朝夕相处的日子，加在一起不足3年。逢年过节，他常常把阖家团聚的机会让给别人，就是回家探亲也很少有假满归队的时候，特别是1989年家搬到邯郸后，他连一次探亲假也没有休过，只是在回处里和到局里开会时，顺便回家看望一下。

那年腊月二十，他从局里开职代会回来，正赶上家里给女儿办婚事。可他刚在家待了3天，便开始张罗着回工地。孩子们劝他："爸，就在家过个年吧！咱家都搬来 8 年了，你只在家过过一个春节。"

他爱妻子儿女，爱这个家。每次回来，他总要给孩子买些吃的穿的用的，以弥补自己常年不在家的缺憾。

俗话说："自古忠孝难两全。"因为工作，他不得不把那份割不断的亲情深深埋在心底。

18 岁那年，村里有人来招工，为了养家糊口，他揣着母亲用 100 尺布票换来的 8 元钱，穿着舅舅借给他的一件半新的棉袄上路了。从那以后，成昆线、湘黔线、邯长线……他走的地方越来越多，离家也越来越远。亲情，靠一枚小小的邮票，从儿子的手上传递到父亲母亲的心中。

1993 年父亲病危，当时正赶上临江门大桥验收，为了让甲方在生产、生活上做到"双满意"，他咬牙坚持到验收完。等他赶回家，父亲已入土 3 天了。刚刚回队半个月，他又收到岳父去世的急电。妻子知道他走不开，就自己带着儿子回去了。

1995 年，住在他家的老母亲肺心病越来越严重了，老人家自感时日不多，她便想叶落归根，让王开清把她送回老家。当时由于工作忙，不得已王开清给弟弟写了封信，让弟弟把母亲接了回去。

回想起没能在 3 位老人病榻前尽孝，王开清深感内疚。兄弟姐妹、妻子儿女都理解他，只有他自己无法原谅自己。

几十年来，他一直是这样，在公与私的天平上，当个人与国家和集体的利益出现矛盾时，他总是把砝码毫不犹豫地放在国家和集体这一边。

有一种生命叫永恒

凭着王开清的手艺和他那种敬业精神，许多人认为，他要是自己开饭店，恐怕早已腰缠万贯了。

早在南京时，大桥工地附近有一家名叫喜迎门的饭店，老板对王开清的手艺和干活的干练、麻利劲儿佩服得五体投地，跟他商量每晚到饭店来干两个小时，就会给予优厚报酬。王

开清听了只是笑笑，以没有时间为由婉拒了。

处机关附近的几个单位都抢着要他。有个单位，性急的领导干脆开车到四队，把王开清的行李扔到了车上。如果能调回邯郸，守家在地，生活稳定了，工资奖金也有了着落。这是让许多工程队人梦寐以求的事，王开清却明确表示："我哪儿也不去。现在四队有困难，连工资都停发了，我却找个挣钱的单位走了，今后大家会怎样看待'先进'，榜样的力量还有吗？"处里集资盖楼时，打算分给王开清一套大三居。面对这求之不得的好事，他却对处领导说："我的房子够住了，把房子分给更需要它的人吧！"

当家长的都知道，高考是孩子人生路上重要的一关。这个时候，哪个家长不是放下所有的大事小情，全身心地"投入战斗"。陪读、看考场、填志愿，真是费尽力气、绞尽脑汁。孩子大考在即，王开清仍在肃宁工作地"稳坐钓鱼台"。有人问他："孩子要高考了，你也不请假回去看看？"他笑笑说："我回去也起不了啥作用，考试是孩子的事，填志愿我又不懂，让孩子自己做主吧！"

淡泊名利，是王开清的又一大特点。从 1979 年至今，他所在的炊事班，进进出出的有 20 多人，这些人如今有当工会主席的，有当队长的，有干领工员的，有搞劳资的……唯有王开清仍在炊事班，一干就是 30 多年。

这些年来，他当过各种各样的"先进"，获得过许许多多的荣誉，局优秀共产党员标兵、全路优秀炊事员、邯郸市劳动模范、山西省劳动模范、中华全国总工会服务标兵、全国"五一劳动奖章"获得者，全国劳动模范……

然而，他还是他，他把这许许多多的荣誉化作了自己前进的动力，直至生命的最后一刻。他在一种伟大的平凡中，使生命化作了永恒。

选自《铁路工程报》1997 年 5 月 6 日第 2、3 版

赤诚的心　企业的星

——记中铁三局高级工程师罗离

任志聪

第一次见他是在上海南浦大桥工地。70 多岁的人，本该享受退休的时光，却还在工地操劳……

罗离这个名字太响亮了，“铺轨架桥专家”概括了他的不平常。然而，当你认识他时，又觉得他普通得不能再普通，平凡得不能再平凡。

眼前的罗离，一副高度近视镜架在高高的鼻梁上，早已谢顶，所剩不多的头发梳向脑后，让人掂量不出他的大脑究竟能有多大容量。对于熟人或朋友他总带着微笑，一口带着川味的普通话给人一种亲切感。

躺在病床上的他很安然，又很健谈。

谈起铺轨架桥，他滔滔不绝，仿佛闭上眼就会回到往日的工地。对架桥铺轨的每一道工序、每一个部位、每段结构他如数家珍，熟悉得不能再熟悉。

他主持研制的长征Ⅰ、Ⅱ型铺轨架桥机，多次获铁道部、山西省的科技奖。他的名字早已如磐石般立在了三局的历史、共和国铁路的历史中。

他一生致力于铁路铺轨架桥领域新工艺、新方法、新机具的研究设计和写作。

他曾获得很多荣誉。

1991 年 1 月，他被评为“全国离退休老干部先进个人”，并出席了中组部在北京召开的全国离退休老干部先进个人、先进集体表彰会。作为铁路系统仅有的 3 名代表之一，他光荣地受到了江泽民、李鹏、乔石、李瑞环等党和国家领导人的接见，光荣出席了中共中央在人民大会堂召开的纪念“七一”报告会。

他一生经历坎坷而传奇，8 岁上学开始独立生活，在四川大学读了 3 年，即将毕业时又转到唐山铁道学院。毕业后，他四处求职，颠沛流离中迎来了新中国的诞生。他曾冒着国民

罗离（右一）与同事设计长征Ⅱ型铺轨架桥机

党飞机的轰炸修复沪杭铁路，为解放上海立过功；他曾在铁道部机关有个舒适的岗位；他曾在北京有个幸福的家。

他也曾被错划为“右派”下放劳动改造。

下放的日子里，他没有人身自由，一举一动都得向保卫干事汇报请示。他养过路、打过枕木、抬过钢轨、扫过厕所、为人拉煤，种种杂活儿他都干过。

后来，他被错划为“右派”的问题得到改正，此时，他已 62 岁。

他和老伴分居 24 年。老伴和孩子们曾多次为他描述安度晚年的场景，劝他早点退休到西安全家团聚，而他总说工作离不开。老伴只好在退休之后离开孩子们来到太原照顾他。

入党是他多年的夙愿，1984 年终于得以实现。从此，他把对党、对祖国的热爱，更加牢牢寄托在他的事业上。退休后，许多老同志成天打球打猎、养鱼钓鱼、养花种草，而他独享不了这个福。

退休对于他来讲仅仅是位置的变化——办公室由机关搬进了家中。

一间不足 9 平方米的小屋，可谓斗室，这就是他工作的天地。几乎每天他都要工作八九个小时。

科研、编书、翻译……退休 6 年来，经他写作出版及翻译的书稿达 100 多万字。

不久前，他总结施工经验，编写的《机械铺轨中的倒装及铺架连续作业工法》被批准为铁道部二级工法，并被推荐申报国家一级工法。《架设混凝土预制梁的双向悬吊工法》被推荐申报铁道部二级工法。

他写得很辛苦，常常为一个问题、一个数据，翻阅许多参考书或跑许多路去调查。他的时间排得很紧，局里有什么事，有什么难题，他有请必到，有求必应。

侯月线海子沟大桥桥墩爬模设计，科技部同志忙不过来，想请他帮着完成爬架结构的计算，一个电话打到他的家中，他欣然答应。

局里想研制新型铺轨架桥机，请他当顾问，他积极提方案，忙得不亦乐乎。

铺架机臂梁是机械最重要的受力部件。这样一个变截面钢梁，从材料型号、性能、强度及受力都需经过严密的计算。

4 个多月时间，上万个枯燥数字，源源不断地从他手底笔尖流出。

一叠厚厚的计算资料中，密密地排满了数字，这是他的心血啊！

搞科研离不开工地，离不开现场。他像一只候鸟，忽东、忽西，飞来飞去。搞科研避免不了矛盾，避免不了争议，磕磕碰碰不愉快是常有的事。

在上海南浦大桥施工中，中铁三局准备研制第二套架梁设备，请他出山。他大胆地提出了把货场“L”型吊机的机制引进到现在的架梁上，运用反扣轮起吊的全新方案。

这是一个大胆的方案，仅仅靠一个“L”型异梁，几套反扣轮和几根钢丝绳就要将 90 吨的“T”型梁架到 20 多米高的桥墩上。能行吗？许多人心里画着问号。

果然，试架卡壳了。一天、两天、三天，试架仍然没有成功。

工期紧迫，工地上的人议论纷纷：“花了几十万，制造这么个破玩意儿。等试验成了，架梁工期也就到了。”语言刻薄，工地上紧张的情绪可见一斑。

三局是向上海市委、市政府立下过军令状保证架梁工期的。这时，面对这种现状，工地指挥的领导也沉不住气了，已经在谋划新的策略。

听着这些风言风语，罗离处在了一个很尴尬的境地。有时，他真想与人吵上一架。他的方案并没有错，而是问题出在时间紧计算不准以及制造厂对材料的随意更换上。

怎么解释，向谁解释？这个时候，谁又能听进去他的解释。

半个月后，经整修这套架梁设备总算能架设了，但能否保证工期，谁心里都没底。

带着忐忑不安的心情，他大年三十回到太原家中，心却在上海。他不断打听着上海的情况，年都没过好，直到传来架梁进展正常的消息他才放下心来。

1991 年 5 月 25 日，上海南浦大桥浦东主引桥按期完工，第二套架梁设备起到了决定性作用。

为此，中铁三局特意奖励他 200 元，他拿着钱乐哈哈地来向老伴请功，老伴说道：“值得吗？没事找事，还生一肚子气。”

“值得！值得！只要能为国家、为三局作点贡献，个人的恩怨又算什么！”他说得格外认真。

在老伴看来，罗离真有点傻，他对生活一窍不通。结婚 40 多年，他从未自己买过衣服。单身的时候一身衣服穿四季，晚上洗，白天穿。两地分居的时候，每年他们只有 20 天团聚时间，一次从东北回来，他不带什么特产，竟大老远带回了 2 斤猪肉。

他平生只会炒一个菜——麻辣豆腐。家务活儿他从来不干，家中的事他一概不管，诸如钱物支配全由老伴定夺，罗离则谓之让权。

这些年，他身体不算太好，泌尿系统失调常使他痛苦不堪，但他却一刻也没有放下工作。就是在他住院的前一天，他还给科技部领导写了封信，陈述他对研制新铺轨架桥机的看法和意见。

……

送去：《新型铺轨架桥方案及总体计算说明书》，供领导汇报使用。

方案选择很重要，望负责总体设计的同志从严从细考虑，以免发生难以弥补的问题。

现在的方案是我与郭工及其他同志共同商量提出的，可供参考。妥与不妥，还有待于设计时进一步修正。

“总体计算书”是我最近两周计算的，是方案的依据。由于数字多，关系复杂，而我近期为泌尿系统失调所困扰，精神难以集中，因此，谬误之处一定很多，只能供参考。

我认为，即使我们的设计力量非常之强，供鉴其他成功经验也不可少。上海局的架桥机，各方面都理想，能帮我们少走弯路，希望能派人到上海晒一些参考图纸来。

罗离

1991 年 9 月 5 日

读着这封措辞中肯的信，不由得使人想起了曹操那不朽的诗句：“老骥伏枥，志在千里，烈士暮年，壮心不已。”我仿佛看到了他那颗勃勃跳动的赤诚的心。

选自《铁路工程报》1991年9月21日第1、3版

金色盾牌　热血铸就

——记全国优秀人民警察、中铁三局第五公安分处第三派出所所长骆振宝

穆喜洪

一名普通的人民警察——骆振宝，用鲜血染红了金色盾牌，为中铁三局京九铁路建设工地增添了荣光。公安部授予他“全国优秀人民警察”称号，铁道部公安局授予他“全路优秀人民警察”称号。

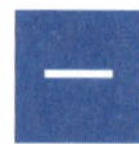

骆振宝是中铁三局第五公安分处第三派出所干警，工作中他以身作则，积极起带头作用，团结干警一道，一手抓打击，一手抓防范，发扬吃苦耐劳、不计时间和报酬、爱岗敬业的精神，开展卓有成效的治安防范工作，为施工生产创造了良好的环境。

骆振宝在日常工作中，处处起带头作用，无论是抓防范，还是抓所内基础业务，处处走在前面，用他的实际行动带动整个派出所的工作，并在全局公安系统所队建设工作中树立了样板。

作为所长，他从不计个人得失。那年，派出所管辖的施工队伍来到邯济线施工。由于工程需要，单位需要购置施工车辆，骆振宝又承担了押车任务。一个月内，他两次去长春，顶风冒雪，顺利地完成了任务，为单位节省了不必要的开支。

他始终以普通兵的身份战斗在生产第一线，但他的英雄事迹却深深印在人们的脑海里……

1993 年 9 月 9 日晚，京九铁路永定河特大桥工地上，五彩缤纷的灯光把人们带入一个绚丽多彩的世界，中铁文工团创作的反映京九铁路建设工人精神风貌的文艺晚会——“献给荒

原的爱”在这里进行了首场慰问演出。

英雄民警骆振宝应邀来到了晚会现场，接受了节目主持人的采访。面对4万多名观众，骆振宝道出了自己的心声：“我生活在铁路这个大集体里，多年来，我深深地感到路是用汗水、用鲜血、用生命铺成的。作为一名人民警察，当人民的利益受到危害时，我要毫不犹豫地保卫人民。”掷地有声的话语，博得了场下观众的热烈掌声。参战京九线的广大职工对英雄的名字十分熟悉，被英雄的事迹所深深地感动。晚会上，铁道部部长韩杼滨、副部长孙永福亲切地接见了他，并同他合影留念。

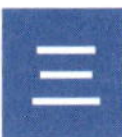

英雄民警是这样说的，也是这样做的。人们不会忘记1993年8月10日，英雄民警骆振宝奋不顾身救旅客，与持枪歹徒进行殊死搏斗的那一幕……

当日上午8时，原五处九队驻队民警骆振宝搭乘一辆山东高唐县的大客车前往任丘办事。汽车启动后，一位年过五旬的男售票员招呼刚上车的乘客买票。当售票员走到一位戴墨镜、身高一米八多、膀阔腰圆的青年面前让其买票时，那人把头一甩，凶狠地骂道：“老子刚从劳改队出来，哪有钱买票。”售票员争辩说：“坐车就该买票，说些没用的干啥。”那人一脸狰狞地吼道：“我看你是找死！”说着从腰里掏出一支小口径手枪，枪口顶住了售票员的脑袋。车内的人被这突如其来的事件吓呆了，顿时车内鸦雀无声，每个人的心都悬了起来。

歹徒扣动了扳机，但枪没有响。一位乘客脱口而出：“枪是假的。”歹徒恶狠狠地将子弹推上了枪膛。真枪实弹面前，车上的人们又陷入了沉默。歹徒再次举枪对准售票员的脑袋。

在这千钧一发之际，身着便装的骆振宝从后排站了起来，几个箭步冲到歹徒背后，冷不防地将歹徒抱住，毫无人性的歹徒挣脱骆振宝的双臂，转身冲骆振宝就是一枪。子弹击中了骆振宝的左臂。血溅到地上，溅到周围旅客的脸上、身上，人们惊慌地躲闪着。

面对身材高大、穷凶极恶的歹徒，身高只有一米七、单薄的骆振宝毫无惧色，他再次扑上去，与歹徒搏斗起来。

血，顺着伤口流淌，他的左臂渐渐地不听使唤，可他全然不顾，心中只有一个念头——制伏歹徒。

汽车仍向前驶着。车内没有一个人敢于挺身帮助骆振宝，连险些遭难的售票员也躲到了一边。骆振宝在受伤的情况下，凭借着顽强的毅力和对歹徒的仇恨继续与歹徒进行搏斗。当他抓住歹徒的右臂准备夺枪时，心狠手辣的歹徒又向骆振宝的左肋扣动了扳机。

随着一声沉闷的枪响，骆振宝向后晃了一下，歹徒趁势挣脱了骆振宝的双手。这时，汽车已驶出了十多公里，到了何村站。汽车还未停稳，歹徒便夺门而逃。骆振宝紧追不舍，他已渐渐体力不支，他举起颤抖的右臂向歹徒射了一枪，歹徒回身射了一枪，骆振宝又向前追赶了一段路，咬紧牙关向歹徒射出了第二枪后倒下了。他身后 50 多米的路面上留下了一行清晰的血迹。英雄的身躯也是血肉之躯，英雄身上的凛然正气唤醒了乘客的良知，他们把骆振宝抬上了汽车。当汽车行至任丘市鄚州镇交通检查站时，交警得知此事后，立即用警车把骆振宝送进了华北石油总医院。

顷刻间，骆振宝的英雄事迹传遍了全院，医护人员把对英雄的敬佩化作了实际行动，全力以赴抢救英雄帮助他脱险。

迅速输液、输血，做好手术准备。

主刀大夫、麻醉师、器械护士迅速到位。

手术室内无影灯下，医生切开了骆振宝的腹部，伤势严重，惨不忍睹。胃溶液及殷红的血液充满腹腔，肝、脾、胃呈贯通性枪伤，脏器多处破裂……

主刀女医生张桂兰眼含热泪地说：“现在，这样的英雄不多了，我们一定要救活他。”

在医生们的精心救治下，破裂的脏器修复了，罪恶的子弹头取出了，英雄的生命保住了。

英雄的事迹很快在京九线传开，享誉全路乃至全国。

他先后获得公安部授予的“全国优秀人民警察”的称号、铁道部党组授予的“优秀共产党员”称号、全国总工会授予的“全国铁路系统火车头奖”奖章，还被铁道部公安局荣记一等功，等等。

四

骆振宝性格内向，不善言辞，他干工作有一个诀窍，那就是实干。

五处九队在胶黄线施工时，队里的材料连续丢失，担任驻队民警的骆振宝听说后，自己不声不响地去蹲坑守候。胶东 10 月的天气已十分寒冷，他接连在瑟瑟的秋风里蹲了 5 个晚上，终于抓住了偷窃木料的 4 个违法分子。

有一天晚上，五处青岛棘洪滩工地上突然有人高声喊道："有人偷电瓶！"骆振宝闻声冲向工地。

夜晚的工地显得空旷。3 名盗窃分子见只有骆振宝一人，便威胁他说："放明白点，少管闲事，不然，老子开了你。"面对歹徒，骆振宝义正词严："国家财产你们休想拿走！"他只身与 3 名盗窃分子展开了搏斗。这时，队里的职工相继赶来，盗窃分子见势不妙，连忙骑车逃窜。价值 3000 多元的电瓶免遭劫难。

一次，一名职工子弟酒后闹事，用高压汽枪射击队里的照明灯泡。骆振宝得知后，立即前去制止，那人不但不听劝阻，反而用枪托把骆振宝的头砸破。骆振宝不顾头部的伤痛，对违法行为进行了坚决的制止。

骆振宝一次次地用实际行动保卫了人民群众和国家财产的安全，但同时招致了一些不法之徒的忌恨，他们总想伺机报复。一次，一个刚刚解除劳教回队不久的工人，因忌恨骆振宝敢说敢管，趁他不在时，把他的行李扔到地上，浇上柴油，准备烧掉，被及时赶来的领导制止。面对种种报复、威胁，骆振宝毫不畏惧，一如既往地同违法犯罪行为进行坚决的斗争，用他自己的话说："谁让我是名人民警察呢！"

五

骆振宝生长在铁路职工家庭，成长在新线铁路建设者的行列中。流动的生活使他养成了四海为家、以苦为乐的品质，耳濡目染父辈的业绩，培养造就了他不怕牺牲和乐于奉献的精神。

30 多岁的他上有 70 多岁的父母，下有妻子儿女，他深感自己没有尽到一个儿子、一个丈夫和一个父亲应尽的责任。长期夫妻分居，骆振宝无法照顾家庭，妻子没有任何怨言，全力支持他的工作，只是为他的身体担心。就这样，骆振宝把对人民深情的爱全部倾注到工作中去。

为了能使更多的失学儿童重返校园，他从微薄的收入中拿出 500 元钱捐给了希望工程。当他得知自己的捐助使两名失学儿童重返校园后，又给其中一个特别困难的小女孩寄去书包、文具和汇款。小女孩很懂事，来信询问他的身份，他在回信中郑重地写道：我是一名人民警察。小女孩的父母为了表达对他的感激之情，寄来了几斤红枣、小米和花生，表达了对骆振宝崇高的敬意。

骆振宝被提任第三派出所所长后，奉命到五处胶州经理部报到。上任的第一天，他看到经理部的厕所下水道堵塞、脏水四溢。他不顾旅途疲劳和厕所的脏臭，在没有疏通工具的情况下，用手把堵塞厕所的脏物抠出，将厕所打扫得干干净净。

一天凌晨，骆振宝骑车到榆次站送人，返回途中，行至十字路口时，发现在路中间躺着的一个人满头是血，不省人事，身边还倒着一辆摩托车，骆振宝急忙扶起伤者，将其送到医院治疗。事后，来自晋华纺织厂的伤者非常感激骆振宝的热心相助，将一块写有“助人为乐，品德高尚”的牌匾送到了第五公安分处。

多年来，骆振宝忘我的工作赢得了人们的赞扬，党和人民给予了他崇高的荣誉。他把荣誉变成动力，更加勤奋地工作，用青春和热血在平凡的岗位上为金色盾牌再铸辉煌。

选自《铁路工程报》1997 年 12 月 19 日第 1、3 版

雪域高原领头雁

——记山西省“五一劳动奖章”获得者、中铁三局青藏指挥部党工委书记沈勇

青藏宣

沈勇同志于2001年6月调任中铁三局青藏铁路工程指挥部党工委书记，2003年底，任指挥长兼党工委书记职务，在青藏高原连续奋战了6年。

青藏铁路开工以来，他严于律己，宽以待人，紧密团结指挥部党工委一班人，努力实现在全线“永争第一”的工作目标，取得了骄人的成绩。2002年至2004年，指挥部连续3年在青藏全线综合评比中荣获第一名，实现了“三连冠”；2002年和2004年两次荣获山西省“五一”劳动奖状；2002年至2003年连续两次荣获青海省“环境保护先进集体”荣誉称号；2001年至2004年连续两届荣获集团公司“好班子”称号。

殚精竭虑，勇争第一赴艰辛

为了全面实现建设世界一流高原铁路的目标，沈勇同志从上任后就立即进入角色，很快适应了青藏铁路的特殊性，肩负并勤奋实践着神圣的青藏使命。他经常分析在全线争第一的态势，与指挥部班子成员共同制定并认真实施了“永争第一”的一系列措施，还组织了“青藏杯”建功立业劳动竞赛，使“永争第一”的目标有了广泛而扎实的群众基础。为保持指挥部内部健康融洽的关系，沈勇同志做了大量富有成效的工作，使指挥部成为一个坚强的战斗集体。

他深感能干上青藏铁路，既是一生的光荣，也承受着非同一般的压力：冻害隐患从开工便是一流工程质量的软肋；沿线生态保护又备受国内外媒体关注；兰西拉光缆和输油管道是西藏信息与经济的生命线；长年蛰伏的自然疫源和高原病随时威胁着职民工的健康与生命；火工品管理更是要确保万无一失；等等。所有这些，都成了他时刻挂在心上的要务。他逢会

必讲，逢到工地必看，言传身教，深入人心，形成了扎实可靠的基础工作保障。

在施工队伍进场初期和每年的复工阶段，沈勇尤为关注那些虽然通过了工前体检，上山后却对高海拔生存环境产生新的不适应的职民工。为了不辜负集团公司领导要求的“带上去多少人，一定平安带回来多少人”的重托，他事无巨细、果断决策，经常督促各项目队万不可把常规生理指标超限的职民工留在山上。2001 年队伍进场后，他得知一名施工员血压的低压和高压分别达到 120 毫米汞柱和 180 毫米汞柱时，便马上要求项目队安排其撤下山。谁知，这位施工员又悄悄再次上山，并递交了“身体一旦出现问题由个人负责，与单位无关”的保证书。沈勇便协助项目队领导耐心劝说，终于使这位施工员撤离。

由于管理措施及时到位，开工以来指挥部及所属各单位未发生一起高原病死亡事故和鼠疫等高原疫源性传染病病例。指挥部 2002 年和 2003 年连续两年被青海省评为“爱国卫生先进单位”。

率先垂范，廉政建设显身手

为了在青藏线建设一个管理规范的工程指挥部，身为党工委书记的沈勇，在指挥部成立之初就提出了加强自身建设的目标。在他的积极倡导下，指挥部及所属各单位层层建立了党风廉政建设责任制度，党工委提出了指挥部工作人员“五不准”行为准则，即：不准接受项目队宴请；不准收受下级礼物；不准在基层报销个人票据；不准违反作息时间和归宿时限；不准赌博。为了加大管理力度，党工委还分别在格尔木和沱沱河设立了“举报箱”，提倡和欢迎全员监督。开展了每年息工前，由各项目队员工对指挥部上至党、政一把手，下到指挥部司机进行民主测评，并将测评结果与指挥部人员的奖惩或去留挂钩。这一系列管理措施的建立和认真贯彻实施，对于指挥部管理水平的提高，对于各项工作的健康开展都起到了极大推动作用。

沈勇既是全指挥部廉政机制的启动者，也是反腐倡廉的示范者。要求别人做到的，他自己首先做到；要求别人遵守的，他本人带头遵守。他一次次回绝了亲友、老同事或关系单位介绍协作队伍上青藏线的请求，他也数次拒绝了有关方面的礼品和红包，并积极支持择优招用劳务队伍，积极支持进行机械租赁和物资采购的公开招标。在开工准备和每年的复工阶段，无论工作多忙，他都要亲自参加机械和物资的评标和开标会，使整个招标过程在“公开、公平、公正”的原则下规范运作。正是在沈勇的影响与带动下，青藏线指挥部形成了勤政廉洁、高效务实、恪守原则的良好氛围。

深入现场，无私奉献在高原

在奔赴青藏线前的例行体检中，沈勇同志被检查出患有肝脏血管瘤，而且已发展到鸡蛋那么大，医生对此曾作出过忠告。但上了青藏线，他就把医生的忠告抛在了脑后。中铁三局承建的第 8 标和第 13 标段分别地处沱沱河畔和五道梁脚下，海拔均达到 4600 米及以上，自然环境十分恶劣。尽管从指挥部到作业层不乏精兵强将，但沈勇仍不顾自己已不再年轻强壮的身体，不听部下和医务人员的善意劝阻，不顾头痛、失眠和厌食等高原生理反应的折磨，坚持在工地，忠实履行着他所肩负的神圣使命。2002 年 6、7 月，随着 8 标施工全面展开，针对冻土地段特殊设计的片石通风路堤尚处于摸索阶段的情况，他在学习掌握施工规范的基础上，充分理解“保护冻土稳定”的设计意图，就片石粒径偏大的现象，与工程管理部门一起，深入到存在问题的项目队，研究整改措施，确保工程满足设计要求。2003 年 7 月，当他上山到达 13 标保铺架会战现场时，发现第五项目队 12.5 公里管段就有 28 处桥涵缺口尚未回填，成为影响一个月后线下工程达到铺架程度的突出问题之一，而现有的工程机械和施工力量还将重点放在抢主体上。于是，他立即与分管施工生产的副指挥长沟通，迅速决策，从转年才进行铺架的 8 标抽调土石方施工机械增援上去，以每天都有五六个桥涵缺口同时进行回填作业的速度，打了一场漂亮的歼灭战，保证了铺轨架梁按时通过了 13 标段。

情系员工，“三工”建设结硕果

施工队伍每年上山要连续奋战七八个月，一线员工长期处在险恶与枯燥的施工环境中。作为书记的沈勇深知他们的需求。在进场初期，他就坚持“以点带面”的工作方法，致力于

“工地文化、工地卫生、工地生活”的建设，让职民工在山上拥有一个充满温情与活力的“高原之家”。他不仅一次次在会上描绘“家”的蓝图，而且多次组织各项目队相互观摩学习，促使各项目队都建成了中铁工程总公司系统的“三工”建设示范点。

在异常艰苦的条件下奋战的职民工，除了期盼相应的回报外，还需要有强大的精神力量。为此，沈勇一方面通过每月的计划会或季度誓师会向业务人员和基层领导作动员；另一方面充分利用节日或到工地检查与慰问的机会，直接向党员和职民工群众进行宣传发动。贴近现场实际讲形势，鼓舞人心；摆问题，警示员工；谈困苦，感同身受。一场场富有亲和力与感染力的动员讲话，不断地给鏖战正酣的职民工注入新的动力。每逢项目队组织主题活动，只要请他去讲，他都腾出时间欣然前往。他经常讲得群情振奋，激起“不破楼兰誓不回”的高昂士气。

随着战线拉开后的全面开工，民工队伍的健康与生活保障更让沈勇牵挂。2003 年复工时，沈勇干脆把劳务工管理纳入了全指挥部各级党组织的工作日程，亲自挂帅主抓。他及时总结推广了项目队民工管理的经验，陆续推出了施工员与劳务队伍同吃、同住，职民工政治待遇、生活医疗保障、评先表彰、用人所长“四个一样”等管理举措。一批批优秀民工和民工党员受到指挥部党组织和各级劳动竞赛委员会的表彰奖励，极大地激发了广大民工参建青藏铁路的政治热情。由于劳务管理工作成绩突出，指挥部接连受到了青藏总指挥部和工总指挥部的表扬，并被青海省评选为“劳务用工先进单位”。2003 年 4 月 7 日，青藏总指挥部在格尔木隆重召开年度建设会议。沈勇代表中铁三局指挥部向大会介绍民工管理经验，在与会的各级领导和新闻单位中引起很大反响。

5 年来，沈勇同志一直战斗在雪域高原，在青藏铁路建设中取得了突出成绩。他于 2002 年荣获山西省“五一劳动奖章”，2004 年荣获“火车头奖章”。

选自山西省“五一劳动奖章”获得者事迹材料

勤学成就人生

——记全国铁路职工创新能手、中铁三局桥隧公司领工员聂川勤

穆喜洪

聂川勤同志自1992年参加工作以来，认真学习专业理论，刻苦钻研工程技术，熟练掌握了“开山工”“铁路隧道工”等需要的专业技术，多次参加了上级组织的专业技术考核，都以优异的成绩名列前茅，从一名普通工人，逐步成长为一名隧道工专业技师。近年来，他先后被中铁三局集团公司授予“技术能手标兵”“优秀知识型员工”等荣誉称号，在中铁工程总公司第二届青年技能竞赛（隧道工）比赛中获得第一名。2004年，中华全国总工会授予聂川勤同志“全国铁路职工创新能手”荣誉称号，聂川勤同志还多次被集团公司、桥隧公司党委授予“优秀共产党员”荣誉称号。

聂川勤同志在施工生产中，坚持理论联系实际的原则，把多年来坚持自学的理论知识应用于工作实践。他多次组织现场职民工采用“铁路隧道工”专业理论，指导处理隧道塌方、隧道地下涌水和隧道拱部涌沙、涌泥等险情，无论在内昆线铁路隧道，还是在深圳和广州地铁等重点工程中，都为确保节点工期、安全生产和工程质量作出了突出贡献。1998年7月，十队施工的内昆铁路小关溪隧道因出现煤矸石造成塌方，作为现场施工员，他及时向队领导报告塌方情况并提出了处理方案。在他的指挥下，塌方很快得到了处理，保证了施工进度。2002年7月，由十队承建的深圳地铁一期工程13标段的2号井处在地质复杂的地段上，有5榀钢拱架因受偏压突然塌落。面对突如其来的险情，他沉着冷静，组织现场职工当即采用“管棚法”打超前锚杆，通过短进尺、强支护、快循环等施工措施，成功地处理了这次塌方，使损失降低到最低限度。同年5月，深圳地铁3号井因地下水资源丰富，出现大量地下涌水和流沙现象，若不及时排除将带来严重后果。正在休班的聂川勤闻讯后马上赶到施工现场，指挥施工人员果断采取小导管和周边灌浆法，成功地阻止了地下涌水和流沙，再一次避免了险情。2003年6月，十队由深圳转战广州，担负广州地铁3号线折返线施工任务，面对大管棚、喇叭口、

双连拱、三连拱和渡线大跨度等复杂多变的新工艺，他积极协助工程技术人员和行政领导，大胆实践、努力探索、刻苦攻关，攻克了一个又一个技术难题，战胜了一个又一个艰难险阻。他协助队领导积极开展技术创新。2003 年在他和队工程技术人员的共同努力下，在地铁施工中首次采用了“大管棚施工”新工艺，既加快了施工进度，又保障了安全生产。这一成果被广州市《地铁科技》杂志 2003 年第四期刊载。他积极组织职工开展增产节约活动。广州地铁体育西路站折返线施工中需用大量钢拱架。为了节约成本，他组织机械班的职工开动脑筋，自行研制了一台液压制拱机，仅此一项，节约成本 4 万多元，并且使工效提高一倍多。

2005 年 7 月下旬，广州地铁 5 号线区庄站临建工作已全面展开，聂川勤同志奉命调区庄经理部任领工员。作为一名多项荣誉在身的先进典型，他并没有躺在过去的荣誉上停滞不前，而是把接手的每一项工程都作为自己创业的新起点。

区庄站地处闹市区，征地拆迁工作进展缓慢，且施工场地狭窄，聂川勤主动配合经理部领导做好临建工作，尤其在场地布置上，他积极为领导出谋划策，最大限度利用现有场地，从机加工场地、材料堆放场地及各种机具的摆放，到消防通道的设置，都按照安全、环保、文明工地的要求，做到井然有序；对每一道围墙、每一间房子、每一种生活设施在质量上都严格把关。不仅保证临建工作在较短时间内完成，也为下一步工作及早开工提供条件。

区庄站 4 号竖井开工后，聂川勤同志负责现场的施工管理，从 4 号竖井的开挖，到大管棚的施工，到横通道的爆破施工，每一道工序，他都长时间地盯在现场，从不放过施工生产中的每一个难点问题，及时清除安全隐患。横通道需要爆破施工，由于周边高楼林立，建筑物密集，他和技术人员一道，在打眼装药上给予具体指导，严格控制装药量和爆破时间，确保各工序在可控之中。横通道施工后，4 号竖井周边出现均匀下沉，为了确保地铁上部自来水管道的安全，他主动向领导提出注浆处理建议，并一直盯在现场，直到注浆完毕。4 号竖井横通道施工结束后，施工队在 8 根直径 1.2 米人工挖孔桩施工时，遇到流沙层，他果断组织现场工人进行封堵，采取减少每一循环的开挖深度，及时进行护壁处理的措施，在较短的时间内安全地通过流沙层，保证了工程进度。

2005 年春节前夕，聂川勤同志回公司参加职代会，领导让他利用过年的时间回家看看，可是他心里还是一直想着工作。春节刚过他就返回单位，由于人多拥挤，他硬是十几个小时一路站到广州。

区庄站开工以来，聂川勤同志一方面利用以往积累的经验指导现场施工，一方面加强钻研学习，不断在实践中丰富自己的理论知识。区庄站由于是地铁 5 号线和 6 号线的换乘站，工法多、工艺复杂，是 5 号线的重点工程。他深知仅靠现有的知识和以往的经验是远远不够的。他不断地向领导和技术人员求教，在现场与他们一起探讨施工方案。用优化后的施工方案来找出自己的不足，从中找出差距。由于区庄站的技术人员大多是 2004 年才分来的毕业生，技术力量相对薄弱，他就把自己以往积累的经验主动传授给他们，帮助他们在实践中不断提高。同时他还注意发现他们身上的闪光点来取长补短，弥补自己的不足。例如，技术人员在提交技术交底通知单时，他会主动提出自己的意见和建议，在现场有些技术问题不明白时，他也会虚心求教，直到弄懂为止。他并没有满足现状，而是在工作中不断地充电、提高自己。

2005 年初，管现场的副经理调走以后，聂川勤担负起 4 号竖井现场管理的全部工作。每天早上点名后，他就会盯在现场，近 20 米深的竖井不知要爬上爬下多少趟。工地上不管有什么事，他总是随叫随到，当天的问题绝不留到第二天来解决。

2005 年 10 月 26 日凌晨，公司负责施工的天汕高速公路项目隧道发生了严重塌方，12 名工人被困在隧道内生死不明。集团公司、桥隧分公司和当地政府的领导火速赶往现场抢险，投入了大量的人力、物力。27 日凌晨，区庄经理部领导接到了增援命令，聂川勤同志带领 12 名抢险队员一刻也没有停留，连夜驱车 10 小时赶往事故现场。到达事故现场后他与另一名有经验的同志和公司总经理一道在隧道内走了多个来回，察看险情。凭着他多年的隧道施工经验和一身胆气的沉着冷静，他爬到了隧道塌方的最高处，把生的希望带给了被困的 12 名施工人员，找到了抢险的最有效的办法，也为被困人员自救增强了信心。在随后的一个多小时内，被困的 12 名工人全部获救脱险，在现场组织抢险的省市领导、集团公司领导都报以热烈的掌声。

聂川勤同志在工作岗位上充分发挥了一名优秀共产党员的先锋模范作用，赢得了领导的肯定和同志们的尊重，也为自己赢得了荣誉，2005 年公司又评他为“有突出贡献的员工”，集团公司评他为“金牌员工”。

选自中铁三局优秀共产党员事迹材料

不忘初心　奋力前行

——记山西省“五一劳动奖章”获得者、中铁三局桥隧公司十四队队长邓英海

桥隧宣

邓英海，男，中共党员，工程师，1982 年 2 月 27 日出生，现任中铁三局桥隧公司第十四工程队队长。

“十四队！顽强拼搏，战无不胜！”

伴随东升的朝阳，每当邓英海带头喊起这句口号的时候，心底充满了难以抑制的澎湃，他的眼眸里跳动着对于挑战的渴望和十余年如一日的执着。

邓英海出生在老三局一名普通员工家中，是个不折不扣的“铁二代”。2002 年 8 月，刚满 20 岁的邓英海从哈尔滨铁道学院毕业，来到兰州市滨河西路改扩建工程一线，迈出了他坚实的第一步。

一年之后，邓英海来到遂渝铁路薛家坝涪江特大桥建设工地，负责大桥的主桥观测。每天他都要背着二三十斤重的测量设备，忙碌在大桥星罗棋布的 4 万多个观测点之间。在将近一年半的测量作业中，邓英海测过的所有观测点没有一处出现问题，测量精度达到了惊人的 100%。后来，薛家坝大桥荣获 2009 年度“中国建筑工程鲁班奖”，邓英海第一次如此强烈地感受到成功的喜悦，他的心中也埋下一颗更加渴望挑战的种子。

在此之后，邓英海参加了有着“地质百科全书”之称的宜万铁路建设，负责工程前期 5 公里多线路的复测任务。由于线路跨越河流、山涧，需要测量的控制点往往都在 400 多米高的悬崖边上，有的地方连山间小路都没有，邓英海需要把自己和仪器绑在大石头上，才能勉强稳住身形。饿了，拿出随身带的干粮啃几口；累了，就地靠在石头上歇会儿。参与宜万铁路柿子口大桥的建设时，邓英海从基础测量走上了技术管理工作的岗位。

通过不懈的学习和努力，到了 2006 年 9 月，邓英海已经升至技术主管，负责广珠城际轨道交通工程 ZH−1 标小榄水道特大桥及南头站特大桥的具体技术管理工作。在近 3 年的时间

里，邓英海不仅对于现代桥梁技术和管理有了更新的认识，对内对外的沟通协调能力也逐步凸显。在他的带领下，项目部技术团队编制的小榄水道特大桥（100+220+100m 的 V 形墩连续刚构拱组合桥）实施性施工方案，确保了控制工程施组合理、方案可行，为组织科学施工奠定了基础。他本人参与编制的“小榄水道特大桥主跨 V 肢墩施工”和“深水墩桩基施工”工法被评定为山西省级工法。

2014 年 5 月，邓英海来到有“小上甘岭”之称的郑州机场二期改扩建工程。在那里，机场的各种高架、管线、道路错综复杂，280 多家参建单位几乎是“脸贴脸”挤在一块儿交叉施工。邓英海强顶压力，主动协调，见缝插针地保证工序推进，创造了 56 天完成 8 万方支架拼装和 1100 吨钢筋 300 吨钢绞线制安、6100 方混凝土浇筑的施工纪录。2015 年 9 月 24 日，国务院总理李克强对郑州机场二期工地进行了考察，邓英海代表现场施工单位向总理做了当面汇报。

2015 年 11 月，中铁三局最大的代局指工程——商合杭铁路 15 标建设号角吹响。2016 年 3 月，桥隧公司两会提出了“集团标杆、股份先进、行业知名、专业引领”的奋斗目标，建设专业化施工品牌成为公司实现“十三五”良好开局的重中之重。此时，带领公司桥梁施工“王牌军”——第十四工程队参加商合杭铁路建设的邓英海自然成为这场“开局赛”的看点。

工作中，邓英海带领班子成员和全队员工，以“团结、拼搏、战无不胜”为队魂。他在每日早点名时诵读队魂，用“坚持到无能为力，拼搏到感谢自己”等励志标语时刻激励每个人。

邓英海大力营造“学习工作化、工作学习化”知行合一的浓厚氛围，积极倡导终身学习理念，着力提高全体员工的学习力、思考力、执行力、创新力和岗位胜任力，努力造就一支学习型、智慧型、开拓型的管理团队和素质高、业务精、能力强的员工队伍，促进各项工作有序开展。

邓英海从专业人员、专业设备、专业技术入手，把树立、培育人才放在专业化队伍建设的首要位置，促使各类人才“适其位、用其长、献其智”，着力梯度培养“数量充沛、合理结构、素质过硬”和“业务精通、技术精湛、管理精细”的专业人才队伍。

同时，依托国内目前最大跨度的高速铁路钢箱桁梁斜拉桥——裕溪河特大桥的建设，抓好技术人员创新能力建设。根据技术难点划分若干课题组，每个课题组由经验丰富的专业带头人牵头，带领一批新人共同完成，使各类专业人员在工作中得到共同提高。对有潜力的专

业技术人员采用跟踪式培养，有意识地给他们压担子，使他们在工作实践中增长才干。全力打造“思想上互相理解、感情上互相尊重，生活上互相关心、工作上互相帮助，安全上互相提醒、技能上互相补充，业绩上互相支撑、成长上互相成就”的高品质建设团队。

截至 2016 年底，邓英海带领桥隧公司十四队共获得京福公司 B 级表扬 6 次，C 级表扬 18 次，为商合杭项目 2016 年下半年信誉评价加了 7.2 分。

邓英海带领团队反复试验论证，完成的“大直径超长桩基钢筋笼制作及吊装施工工法”“复杂地质大直径百米超长桩基成孔施工工法”科技成果被鉴定为国内领先水平，并被评为山西省省级工法；参与编制的“降低大直径超长桩基钢筋笼吊装时间”QC 成果荣获中铁三局集团公司 2016 年度一等奖；参与编制并上报“墩身顶帽钢筋整体绑扎胎具”“一种大体积混凝土降温冷却水循环自动控制体系”两项实用型专利。邓英海发明的一种便于去除桩头的桥梁钻孔桩创新成果，被中国中铁股份有限公司职工“五小”创新创效成果汇编收录。

不断超越，方显执着。对于不断前进的人来说，心中的理想固然高远，但却从不遥远。邓英海用自己的步履诠释了一名“铁二代”、一个党员干部对企业的忠诚和对事业的挚爱。他先后荣获京福铁路客运专线安徽有限责任公司 2016 年度“高铁建设先进工作者”、中铁三局优秀共产党员、中铁三局“十大杰出青年”称号，成为中铁三局“职工创新工作室”带头人，2018 年获得山西省“五一劳动奖章”，带领队党支部荣获中国中铁“先进基层党支部”称号。

选自山西省“五一劳动奖章”获得者事迹材料

以德为本　爱岗敬业

——记中铁三局职业道德模范、电务公司电气化一公司工会主席姜英武

赵子龙

25 年前，他追逐理想与梦想，加入铁路建设大军；25 年后，他爱岗敬业，在平凡岗位上屡建新功。他就是中铁三局第二届职业道德模范、电务公司电气化一公司工会主席姜英武。

从 1991 年参加工作至今，姜英武参加过大小工程建设 30 余项，在电务公司首条电气化正线——西合线施工中得到历练，在西安北环、襄胡、杭州南、通大、衢宁等既有线改造中得到磨炼，在昌九、柳南等客运专线建设中得到提升。25 年来，他学一行、钻一行，干一行、爱一行，一步一个脚印实现着自己的人生目标，从工班长到领工员，从作业队长到工会主席，每一次进步都映照出他非凡的耐力和对职业的执着，25 年的征程，25 年的荣光，他荣获的 40 余项各种荣誉就是他扎根三局、立足岗位、甘于奉献的真实写照。

爱企敬业德为先

姜英武常讲："有德是爱企之本，守德是敬业之根。"在 25 年的职业生涯中，姜英武始终抱着"干就干好，做就做精"的信条，把全部精力和心血都倾注在服务企业和干好本职工作上。他说："我是三局的后代，三局就是我的家。"有的施工单位想挖走他，并承诺给高薪，有的协作队想聘他当现场负责人，都被他谢绝。在工作中，他坚持原则，要求别人不做的自己首先不做，要求别人遵守的自己首先遵守。员工们都说，姜英武不愧为职业道德模范，不仅工作好，人品更好。

勇于探索善攻关

既有线电气化改造施工难度大、风险高，在多年的施工中，姜英武善于同技术、班组人员合力攻关，经过不断的努力和探索，总结出了一套既有线电气化改造施工方法和工艺流程。在襄胡、阜六、杭州南站场改造等多条电气化施工中，他同施工技术人员“扎”在现场，制定过渡方案，每次都圆满完成过渡工程施工，受到了建设单位和运营单位的一致好评。

在西安北环接触网既有软横跨改硬横梁施工中，面对施工任务量大、天窗点短、安全压力大等困难，他带领班组人员反复进行现场测量、计算及交底，制定每一组硬横梁起吊位置、方向，精确计算每一步工序的操作时间，预测可能发生的不可预见因素及处理措施，制定作业人员施工任务安排单。经过精心组织，仅用 5 个天窗就完成了 40 组横梁改造任务。

勇担重任甘奉献

近年来，随着企业的快速发展，姜英武的工作压力越来越大，在人们眼中，他已经成为铁路既有线站改的领军人物，他干过的站改工程都属于天窗点施工，施工难度大、安全压力大，用行家的话说，没有两下子不敢接这样的活儿。

襄胡线襄樊站改工程是难度很大的项目，多条既有线如蜘蛛网密布交错，人们看了眼花缭乱，感叹该工程的难度太大。姜英武接到工程后精心组织，周密安排，攻克了道道难关。工程结束后，他累病了，在医院住了 10 多天。

2014 年，他前往通大线担任项目副经理，负责全线接触网施工管理。在 240 多公里的线路上，他既是指挥员，又是战斗员。在“百日决战”施工中，他不但经常失眠，还患上了多种疾病，医生叫他住院，但他放弃了，他知道现场需要他，工期紧迫，施工紧张，容不得他休息啊！

通大线电气化改造工程全线需架设接触导线 701.4 公里，工程量之大前所未有，作为主管生产的副经理，姜英武承受着前所未有的挑战和压力。全线共有 6 支接触网作业队，最多时达到 2000 多人。为了管好施工主线，姜英武经常是夜不能寐，在全线至少跑了几百个来回。

通大线电气化改造施工全部为“天窗点”作业，而且有效作业时间短、行车密度大，大量的工作全部要在“天窗点”内完成。另外，接触网基坑沙水多，开挖十分艰难。姜英武带领技术人员和作业队集体攻关，先后制定了几套方案，经过多次实践，最终由原设计的深型直埋坑改为大开挖式浅埋型混凝土浇筑的钢柱基础坑，采取分体制模、整体支护和钢桶支护相结合的支护方案，彻底解决了塌陷难题。

精细管理乐传承

作为一名技术骨干、一名共产党员，姜英武深知自己肩上的担子有多重。他始终把培养人、教育人、引导人、激励人作为自己的任务，他在担任党群协理员时，管辖着6支作业队伍，总人数最多时达到2000多。姜英武立足现场，实践中提炼出“八个一”工作内容，即对每名新来的农民工上岗前进行一次安全质量培训；每天与外协队伍联络员进行一次电话沟通；每周参加一次外协队伍的生产例会；每半月组织外协队伍管理人员进行一次安全质量自查；每月召开一次外协队伍工作座谈会；每月组织一次农民工工资发放和劳动保护用品情况检查；每月深入外协队伍驻地进行一场政策法规及形势任务教育；每个节日都组织一次娱乐活动，丰富协作队文化生活。针对既有线施工的特点，对参加施工的人员进行安全教育，增强安全意识，以行车安全、人身安全、设备安全为重点，确保既有线电气化区段施工安全和运营安全。

2016年3月，姜英武又担起了难度更大的衢宁铁路站改项目，面对一个个困难，不等不靠，主动出击。他一面加快与路局和建设指挥部沟通，为施工创造条件；一面盯住现场科学组织施工。在昼夜忙碌中，他感觉小腿处总是疼痛，因工地事务繁忙也没顾得上看，后来实在坚持不住才去医院，发现小腿胫骨已骨折。“我是一名老党员，又是一名老先进，即使身体再差也要坚持下来，即使施工再难也要拿下来。”这就是姜英武的职业操守，也是一名共产党员的时代风采。

选自中铁三局道德模范事迹材料

小锤敲出人生的精彩

——记中国中铁岗位能手、中铁三局运输分公司第二运输段检车员董浩

潘盛祖

车流如梭，汽笛争鸣，铁流滚滚。

蹲钻跨探、敲看听摸……列车下，一个身着工装的小伙子动作敏捷、目光专注，认真地检查着车辆的每一个部件。听着铿锵有力的敲击声，看着一系列行云流水般的检车动作，带给人的是一种力与美的享受。

这个小伙子叫董浩，是中铁三局运输分公司第二运输段神池南列检所一名检车员。他从事检车工作 7 年来，安全检车 21 万辆无漏检，检车行程累计 35000 公里，发现各种车辆典型故障 2270 件，重点故障 7735 件……这些数字，足以使大多数业内同行望尘莫及。他先后荣获中国中铁劳动模范、岗位能手，中铁三局道德模范等称号，2020 年获得“火车头奖章”。

2010 年 7 月，董浩从石家庄铁路运输学校毕业来到神池南列检所，当上了一名检车员。作为一个农家子弟，这份工作包含了他的理想、追求和寄托。从入职开始，董浩就认准一个目标：“要么不干，要干就干出个样子。”

虽然董浩在学校学的是铁道车辆专业，但当他真正投入到检车工作时，却发现自己还差得很远。为了练就一手既快又好的检修技能，董浩紧紧抓住每一个学习提高的机会，只要是自己不懂的、不会的、没见过的，他总要探个究竟、弄个明白。休班时，他从来不去逛街上网，而是拿着书本钻到练功车下参照实物一遍又一遍地练习，甚至跑到车辆检修车间“拜师学艺”。在董浩眼里，经验丰富的老师傅、理论深厚的技术员、每一本专业书、每一次故障交流会，都是可以使他受益匪浅的学习对象。经过刻苦学习和实践，他对车辆各部件烂熟于心，业务技能和作业质量得到大幅提升。入职以来，董浩先后多次获得肃宁车辆维修分公司、中铁三局运输系统技术比武第一名的优异成绩。

检车员在很大程度上属于熟练工种，需要大量经验的积累。神池南列检所有 4 个班组，

哪个班发现典型故障、疑难故障，董浩都会第一时间去了解和学习，以此来积累经验。刚开始独立作业时，董浩发现自己排查的车辆故障总比别人少，就到工长那里翻阅全班的车辆故障统计表，从中寻找易发故障的部件和规律，进而调整自己检车的重点和方法。平日里，只要一有空，他就和工友们探讨故障排查处理的心得体会，互相取长补短。久而久之，董浩在作业中的故障发现已排在全所的前列。

神池南站通过的车辆主要为运煤专用，很多部件在长时间行驶中被煤灰和尘土覆盖，故障隐蔽性高，给行车安全带来极大隐患。经过反复琢磨思考，董浩发现了一个小窍门：通过敲击部件振荡灰尘，辅之以45度角的灯光照射，如果出现银色线状光芒即可断定为新裂纹；如果出现暗红色雾状铁锈，则很有可能是旧裂纹。此外，在看的同时还要认真听，锤声清脆属于正常，锤声沉闷很可能是部件松动或有裂纹，需要进一步检查判断。董浩把这个方法总结为“照、敲、看、听”四步作业法。凭这点，董浩仅在2015年就发现车钩下锁销孔裂纹、侧架横梁弯角处裂纹、前从板裂纹等60余件裂损类典型故障。工友们戏称他长了一双孙悟空的“火眼金睛”。

平日里，也常有工友向他“取经”，董浩从不藏着掖着，总是毫无保留地将自己的检车“秘籍”手把手传授给工友们。也曾有许多工友问他为何能发现这么多故障，他说：“只要坚持标准化作业，做到锤到、眼到、心到，作业中多走一步、多看一眼、多敲一锤、多听一听、多想一想，这就够了！”这些“言传身教”使工友们在工作中如虎添翼，典型故障发现率不断提高。2015年，全所防止各种车辆故障13746件，高居神华路网各列检所之首。

由于工作出色，2016年9月董浩被所里选聘为上行四班副工长。他深知肩上的担子更重了，更加严格要求自己，时时处处给班组成员作出表率。

一次，一名检车员在检查车钩时，简单敲了几下就准备看下一辆车。恰巧董浩巡检经过，他听着声音有点不正常，就要求那名员工重看。那名员工以为董浩故意挑他毛病，粗略看过一遍还是没有发现问题。董浩没有发火，拿过铁锤在钩舌部位连续敲了几次，然后让那名员工打开车钩查看，钩舌内壁竟然有一条将近10厘米长的裂纹。看着那名员工羞愧的眼神，董浩没有丝毫责备，而是告诉他这种故障隐患怎么样才能更准更快地发现，并告诫他今后无论什么时候都要坚持标准化不走样。

仅凭一丝异响就能判断出故障所在，其中凝聚了董浩多少心血和汗水，已经无法去衡量了。

7年的坚守执着和勤学苦练，董浩用小小的检车锤敲出了人生的精彩，成就了自己矢志不渝的追求与梦想。他还多次被股份公司、集团公司、运输工程分公司评为青年岗位能手、优秀员工、先进生产者。

繁忙的神池南站，车流如梭。万千车辆之间，那个忙碌的身影依旧挺拔，和着风声雨声汽笛声，奏响了守护西煤东运大通道安全畅通的最强音！

运输分公司宣传部供稿

盾构工匠　地下先锋

——记全国首届“盾构工匠”、中铁三局四公司盾构项目部经理贾飞

安晓红

贾飞，现任中铁三局第四工程有限公司盾构项目部经理。从事盾构工作 13 年来，他带领盾构团队先后完成了“北京地铁 6 号线”“北京地铁 14 号线”“长春地铁 1 号线”“沈阳地铁 9 号线”“太原地铁 2 号线”“北京地铁 3 号线”“北京地铁 12 号线”等盾构工程，攻克了一个个盾构工程难题，取得了一个个盾构施工技术成果。他先后被评选为北京市危大工程专家库人员、北京盾构工程协会盾构工程专家库人员、中铁工程服务有限公司共享平台专家，并荣获 2020 年全国首届“盾构工匠”称号。

在北京地铁 6 号线盾构工程施工中，他组织参与制定方案、控制参数，全程控制施工安全风险并最终成功下穿京包铁路特级风险源，被集团公司评为“劳动模范”。在富水砂卵石地层盾构下穿营运铁路及地面建构筑物时，沉降变形在设计允许范围内，贾飞因此获得中铁三局“优秀见习指导老师”荣誉称号。由他参与撰写的《富水砂卵石地层盾构下穿营运铁路及地面建构筑物综合施工技术研究》荣获 2012 年度“中国施工企业管理协会科学技术奖科技创新成果”一等奖及 2016 年“中国建筑学会科技进步奖”二等奖。

在北京地铁 14 号线盾构工程施工中，贾飞作为盾构经理成功保障了施工安全，把控施工各项参数，成功下穿京津城际、京沪高铁特级风险源，为盾构穿越高铁路基工程施工技术奠定了坚实的基础，积累了丰富的经验。这是国内首次盾构机穿越高速铁路路基作业，在盾构施工技术领域取得了又一辉煌成果。其参与的《盾构下穿京津城际与京沪铁路软弱地层沉降控制技术》研究成果获得“中国铁路工程总公司科学技术奖”。

在长春地铁 1 号线施工中，盾构机成功下穿长春火车站及站房特级风险源。区间顺利贯通，标志着长春地铁 1 号线全线顺利贯通，同时保证了全线 8 月 30 日节点工期的要求。

在沈阳地铁 9 号线盾构施工区间双线始发后，贾飞组织人员通过人工挖孔方式对刀盘面

板及刀具进行了有效的检查，同时对不良地段进行了地表注浆加固，对盾构下穿新开河段进行了“筑岛”施工，并将下穿区域的盾构上方进行了土体加固处理，确保盾构机顺利穿越河段。

在太原地铁 2 号线，成功下穿全线最难的施工区域——迎泽湖特级风险源。迎泽湖位于太原市主城区最大的综合性公园迎泽公园内，湖水面积占公园总面积 66.7 万平方米的三分之一。区间隧道需下穿迎泽湖底面约 185 米、湖水深约 3 米，主要下穿地层为粉细砂、中粗砂层，且隧道顶部有大范围液化黏质粉土层，盾构机在全断面富水砂层下穿迎泽湖会遇到极大风险。为保证盾构施工安全、顺利通过迎泽湖，贾飞严格落实“五个保障”，组织人员对盾构机进行全面检修保养，备足设备易损配件，确保盾构机在下穿迎泽湖期间以饱满的“精神状态”安全顺利通过。

为进一步提高盾构施工的科学化管理，贾飞在昆明地铁 4 号线盾构区间施工中引入了“盾构云”软件，为施工奠定了坚实基础，积累了丰富的经验。石家庄地铁 2 号线盾构施工中，贾飞组织技术人员编制详细对接及解体方案，现场控制盾构机对接参数，完成两台盾构机在洞内高难度对接及解体工作。

作为盾构经理，贾飞带领 QC 小组参加了北京市第七十次 QC 小组成果发表会，其所带领的 QC 小组被评为 2017 年度“北京市优秀质量管理小组”；“降低盾构下穿建筑物及营运铁路的沉降值”课题被评为 2017 年度“北京市优秀成果”，并荣获 2017 年度“北京市市政工程建设 QC 小组优秀成果”一等奖；QC 小组还荣获 2017 年度“全国市政工程建设先进质量管理小组”称号。

贾飞做事严谨认真，长年扎根在施工一线，一直把盾构项目作为展示企业施工管理水平的“窗口”，积极主动地落实企业安全生产主体责任，维护公司的施工质量信誉。在从事盾构施工管理过程中，他能掌握本专业国内外技术发展动态，具有开拓新研究领域和解决重大技术难题的能力，确保各项工作有序可控。

选自全国首届盾构工匠获得者事迹材料

20 年，只为追求零缺陷

——记中铁三局线桥公司钢轨探伤高级技师薛建峰

线桥宣

薛建峰，出生于 1970 年 5 月，1992 年参加工作，1999 年开始学习钢轨焊缝超声波探伤技术，2000 年北方交通大学函授大专毕业，中铁三局线桥公司焊轨分公司钢轨探伤高级技师，中国中铁股份公司优秀共产党员。

在 20 年的时间里，他用脚步丈量了 80 余条高铁和地铁线路，带领团队完成钢轨焊缝探伤 16 万余个，探伤准确率达 99.9%，检测高铁无缝线路 7500 公里，占国内高铁总里程的八分之一，将 19 项“全国优秀焊接工程”收入囊中。

仅用 7 年时间，取得三级资质，成为工程局第一人

2000 年 3 月，薛建峰参建中国首条客运专线——秦沈铁路客运专线，开始接触钢轨焊接和探伤工作。在探伤过程中，需要经常对探伤仪的灵敏度和定位准确度等综合性能进行校准。起初，他手感不好，校准出来的仪器伤损定位的精确度并不高。但眼前的困难没有阻挡他前进的脚步，而是使他暗下决心从点滴做起，努力把工作干得更出色。

他听探伤界的老师傅说，探伤这门手艺入门容易学精难，提高手法的熟练程度、波型的快速分辨能力和断口的分析能力非一朝一夕之功。薛建峰深知勤能补拙，没有千百次的练习，不断地反复对比分析，业务水平是不会提高的。在平时的检测中发现一个个伤损焊头，他像捡到了宝贝一样，锯下来，反复练习。夜深人静，黎明破晓，他提着仪器探伤的身影常常留在焊轨车间的常规区和落锤机旁。经过几个月的苦练，他终于提高了手法熟练程度，将判定伤损位置的误差降到了 1 毫米之内，可他自己也瘦了十多斤。同事们都开玩笑地说：“钢轨都快被你磨透了！”

为进一步提高探伤业务水平，他广泛收集相关资料，根据工地实际探伤情况与理论知识，

不断进行对比、分析、提炼、总结；经常向有关专家请教，深入研究形成问题的原因与预防措施；与焊轨厂探伤人员交流分享经验，借鉴好的做法，然后反复进行破坏性实验，进行数据对比分析，找出产生问题的原因并加以解决。他背着三四十斤重的轨头三上北京，虚心请教铁道科学研究院的探伤专家，从各方面分析伤损成分及形成机理。

短短几年，他迅速成长为钢轨探伤的行家里手，仅用 7 年时间就取得了国内最高级别的三级探伤资质证书，成为铁路工程局第一位取得三级探伤资质的人。值得一提的是，在当时全国所有的铁路局中，持有三级探伤资质的仅有 10 余人。

投入全部精力，不惧酷暑严寒，始终坚守施工一线

探伤工作的辛苦超乎常人想象，工作时，大半时间都是半蹲着操作，一天下来，腰酸背痛，身体无法挺直，膝盖疼痛难忍。探伤操作完毕，双手沾满机油无法擦拭干净，吃饭时馒头都带有机油的味道。

为准确判定伤损性质，需要用手触摸钢轨焊缝检测表面，因为戴手套没有触感，需徒手触摸。每次探伤结束，薛建峰手上都扎满细铁刺。这种铁刺脆弱易断，只能拔掉露在肉外的部分，时间一长，剩下的就长在肉里了，吃饭端碗都扎心地疼！

杭长客专焊轨大多是在高架桥上进行。正值炎炎盛夏，高温炙烤，焊轨人员一个个都晒得浑身黝黑，脸上都晒脱了皮。钢轨温度达六七十摄氏度，稍不注意挨到钢轨就会烫破层皮。工作服干了又湿，湿了又干，天天像蒸桑拿一样。赶上下雨，无处躲藏，浑身浇透，雨停后还要穿着湿衣服继续作业。

东北地区冬季严寒，滴水成冰，这给哈大客专钢轨探伤带来极大难度，同事们用了几种方法检测都发现轨腰部分有伤损。当时在沈阳地铁工地的薛建峰接到通知后立即赶赴现场，顶着寒风徒手拿着冰冷的探头，对焊头一遍遍仔细检查，完全忘记自己的手已经冻僵了。经过几小时的工作，他判断伤损是拉应力所导致，改用保压推凸的方法并经过检测后，缺陷问题得到解决。

他曾经连续一个月吃住在施工现场，每天睡眠时间加起来只有 4 小时左右。宝兰客专焊

轨关键时期，母亲因摔伤骨折住院，他瞒着单位一直坚守在施工一线，一个多月后，才利用施工间隙回去看望了一下，随后又匆匆赶回工地。

练就火眼金睛，直击伤损要害，被誉为“钢轨神探”

薛建峰潜心钻研钢轨“体检”技术，练就了火眼金睛，哪有问题立马就能发现，被誉为“钢轨神探”。

2010 年 8 月，他来到江苏南京，刚刚组建的队伍要承担京沪高铁 600 多公里正站线共 2832 个轨头焊接任务。这是全线焊轨量最大的标段，焊头平直度要求及验收标准都很高。除此之外，班组还要挑战一项史无前例的焊轨技术，即在无任何经验借鉴的情况下进行国内首次现场 500 米长钢轨闪光焊接试验。薛建峰负责公司管段钢轨现场探伤工作。进场伊始，焊头合格率低，导致施工进程缓慢。他说：“不管工期多么紧张，绝对不能放过一个伤损焊头，留下一丝隐患！”下班后，他仍然留在线路上对有伤焊头反复探测，发现每个有伤焊头的出伤位置都在轨底边缘且在钢轨同侧，经过分析认为可能是焊机机械方面的问题。他把这一想法及时反馈给焊接人员，经检查发现，果然是操作手侧电极与汇流排连接螺栓断裂了一个，导致电流不足、加热不够而产生焊接缺陷。此问题的解决，提高了工作效率，使焊轨工期得到有效保障，不仅提前 2 天完成全部焊轨任务，而且创造了单机日焊接、放散、锁定 9 公里的全国最高纪录，后被评为全国优秀焊接工程一等奖。

不断刷新的列车速度，要求钢轨具有更高的焊接质量。2016 年 8 月，他带领探伤团队进驻宝兰高铁工地，要在 8 个月的时间里将 810 公里范围内的 4000 多个焊头检测 3 遍。兰州铁路局对焊轨质量要求非常严格，尤其是严于中国铁路总公司的探伤标准，而且大部分施工时间处于冬季，天气寒冷，风沙漫天，不利于保证焊接质量。这是线桥公司有史以来规模最大、时间最紧、要求最严的焊轨和探伤工作，公司组建了 5 个移动焊班组和 2 个铝热焊班组，焊接人员两组轮班，焊机 24 小时连续作业。由于探伤人员不足，薛建峰连续 20 多天坚守在探伤岗位，他做好探伤的同时，还为其他班组的探伤人员提供技术支持。年底，建设单位组织工务段对宝兰高铁焊轨工程进行初验，全线 3400 多个闪光焊头和 1100 多个铝热焊头竟未探

出一处焊头伤损，建设单位怀疑工务段的检测设备出了问题，又专门组织专家组进行多次复检和无损检测，结果检查数据显示：全线焊头“零伤损”，合格率100%。中国铁道科学研究院集团有限公司金属及化学研究所发来表扬信称：“接头质量的可靠、稳定与中铁三局薛建峰团队的工作是分不开的，该团队认真、踏实的工作作风，值得推广和表扬。”

2019年1月，中国铁路昆明局昆明南工务段发来感谢信说：“薛建峰团队在2016年昆明铁路局沪昆段焊轨施工中，探伤技术精湛，经过3年的运行，在实践中得到了检验，至今未发生一处伤损钢轨和有缺陷焊缝。”

总结探伤方法，参与工法编写，面对高薪聘请不为所动

他总结出“一看、二照、三量、四触、五定”的探伤工作法，首创“双晶片探头结合轨头下颚扫查法”“轨底扇形扫查法”“轨底三角区双圆弧探头检测法”等独特的移动焊和铝热焊钢轨接头检测方法，参与编写的《200km/h无缝线路铺设用300m长钢轨基地厂焊工法》《铁路客运专线低温下无缝线路焊轨、放散锁定施工工法》被评为山西省省级工法，《用于地铁钢弹簧浮置板结构道床钢轨的钢轨支架》获国家实用新型专利。

作为“薛建峰工作室”的领头人，他全面发挥传帮带的作用，将长期积累的操作要诀、窍门笔记整理成册，毫无保留地传给他人，指导团队的年轻人进行技术攻关。通过多年的言传身教，薛建峰已培养出12名具有国家二级资质、5名具有国家一级资质的探伤工，为钢轨焊缝超声波检测注入了新的生命力量。

随着薛建峰的业务水平日渐精湛，很多企业也“盯上”了他，但他不为外界的高薪聘请所诱惑，仍然执着坚守在自己的岗位上。

“焊轨作为高铁和地铁轨道工程的最后一道工序，是承载着千百万人生命安全的最后一道防线，责任重于泰山。我要不忘初心，牢记党员身份，忠于职守，忠诚守护，为祖国交出一条条优质线路！”这是薛建峰作为一位央企工匠的心声，也是他始终践行的诺言和负重前行的动力。

选自中铁三局道德模范事迹材料

精于管理　善于钻研

——记中铁三局贵南客专贵州段项目经理胡希斌

贵南宣

胡希斌同志是一名典型的科研型项目经理，在他的管理工作历程中，总会为企业创造累累硕果。

在参建贵州至南宁高铁贵州段 GNZQ-3 标段期间，胡希斌根据贵南项目施工需要、行业发展水平及现行规范要求，总结已开通高铁项目的质量通病，收集现场施工过程中施工质量、安全、进度的薄弱工序，主持确定并开展科技及管理创新课题 39 项，研发的隧道光面爆破、隧道拱顶防脱空、隧道施工缝、拱架精确加工快速安装等研究，降低成本 8521 万元。他主持申报了隧道矮边墙砼厚度、钢筋安装、止水带一体控制系统、道二衬砼冲顶浇筑暗环境明监控工装、一种提高隧道钢拱架连接板拼装精度的加工装置、一种高速铁路隧道二衬环向施工缝打磨装置、一种铁路隧道二衬台车混凝土冲顶泵管闸阀机械锁定装置等 10 项专利（受理 7 项），QC 成果 3 项，工法 2 项。

胡希斌在安全质量方面推行清单式管理，制定标准化控制矩阵清单，隧道工程按照施工 14 条作业线设计质量安全管理重点防控“97 条”；桥梁工程按照桩基、承台、墩身、标准化建设设计安全质量重点防控“77 条”；对贵南项目路基施工涉及的 11 项工序工作设计安全质量重点防控“70 条”；同时，为骨料加工场、钢构件场、拌和站、火工品库设计了安全质量防控专项条款，所有条款按照 ISO 考核格式进行分值评定，每次现场格式化清单检查，将结果量化排名。这些举措提升了对项目安全质量管控的水平，使项目部夺得全线连续梁首件评估等 40 项第一，落实了中铁三局集团公司“现场保市场”的经营要求。自 2018 年 1 月开工两年来，贵南项目部为集团公司在沪昆贵州公司 3 次摘得信用评价第一（A+），1 次第二（A），为集团公司中标盘兴铁路先期标、站前 3 标奠定了基础。

胡希斌还建立了路内首个集工艺培训、安全教育、工资实名核发的“隧道标准化作业培

训基地”。一是开展全覆盖的标准化作业“实景、实物、实作、实训”教育及全员工资实名验证发放。二是将培训考核结果与工资发放挂钩，进一步提升培训效果，建立一站式培训教育暨一线工人工资发放一体化培训体系，实现了职工、劳务人员工资全额、足额发放的工作目标。三是总结新颁布《验标》质量安全重点控制，并简化交底，先后编制了抗滑桩（挖孔桩）“八字”作业法、隧道二衬拱顶带模注浆“十字”作业法、隧道综合接地核心“十条”作业法、隧道一点三员值班室“22 项”清单制度、锚杆质量安全控制“4 类”作业标准制度等。将新验标中的质量安全管理重点进行归纳总结，用通俗易懂的语言和简单的条文进行现场公示交底。

在工经管理上，设立独立的项目工程经济活动室，每月的 3 日设三个课题开展内控责任成本分析。实现了 3 座自建骨料厂、火工品厂家直接物资供应，自采砂石料场、火工品直供和墩身模板优化，直接创效 5148 万元；优化了上寨二号隧道下穿兰海高速施工方案、都匀东梁场布置及 11 种不同类型墩型优化为 8 种墩型等 13 项方案，增收创效 1435 万元。完成Ⅱa 变更 1180 万元（待验工）、Ⅱb 类变更 94 项 630 万元、材差调整 4972 万元、保险理赔 311 万元。

他结合贵南项目实际，主持机制砂实践活动，参与《铁路机制砂应用技术规程》的编制并于 2020 年 11 月发布。代表集团参与《铁路桥梁节段预制拼装设计与施工质量控制标准》《川藏铁路桥涵工程施工质量验收标准》等标准的编制。参加的贵南客专贵州段工程项目部获得中国中铁股份公司 2019 年“中国中铁红旗项目部”“中国中铁先进基层党组织”“中国中铁管理实验室先进单位”称号；获得中铁三局集团公司 2019 年“工程管理十大优秀项目部”“工程经济管理先进集体”“集团公司奋进杯劳动竞赛优胜单位”称号；获得 2019 年“山西省标兵班组”“工人先锋号”荣誉；荣获成都局 2019 年“‘成铁建设杯’模范集体”、2020 年“铁路劳动竞赛先进单位”称号。

胡希斌参建西平铁路期间，主持研发了田家窑 2 号大桥混凝土水平运输工法和现浇段混合支架系统，并由此开发专利 3 项（其中发明专利 1 项）、山西省工法 1 项。开发的悬臂浇筑精细化控制中提出绝对挠度控制法 QC 控制成果获得了中铁三局集团公司一等奖、山西省工程建设施工企业三等奖；研发《艰险峡谷山区四线双幅大跨度单 T 刚构曲线桥综合施工技术》科研成果，获得中铁三局集团公司一等奖、中国中铁股份公司科技创新一等奖、中国建筑施工企业建筑协会科技创新一等奖，铁道协会科技创新二等奖，山西省科技创新三等奖；牵头办理设计变更共计 864 项，为项目概算清理总额 4.5 亿元，增收创效达到初始合同的 32%。

胡希斌参建芜湖长江公路二桥轻型、薄壁、全体外预应力、胶结拼装节段梁预制安装项目时，通过优化配合比，研发的自动喷淋养护系统解决了预制梁保护层、混凝土外观质量通病，使保护层合格率达到 90% 以上，结构尺寸误差在 3 毫米以内。研发体外预应力张拉顶锚推进系统、湿接缝增温保温模板体系及墩顶块创新设计整体式组装平台，单跨拼装工效可达 3 天／跨，并为次开发实用新型专利 3 项，使项目降本增效 2723 万元。他研发的《全体外预应力宽幅薄壁箱梁节段预制及架设施工关键技术研究》被中国中铁股份公司鉴定为“国际先进”，并获“公路协会科技创新”三等奖，获得“中施企科技创新成果”二等奖，参与建造的芜湖长江公路二桥获得“第 35 届国际桥梁大会（IBC）乔治·理查德森奖”、2020 年至 2021 年第一批“李春奖”。基于节段梁预制、安装精度控制的关键技术，胡希斌参与编制了《公路桥梁工程建造精度体系》专著，公开发表论文 1 篇。在架梁安全管理上，基于信息化的桥梁施工过程风险管控系统，建立大型设备结构监测、预警子系统、开发基于隐患闭环管理手机 App，运用信息化技术为安全保驾护航，使项目在 2014、2015、2016、2017 连续 4 年获得“安徽省公路建设市场 AA 级信誉评价”。

胡希斌参建了中铁三局集团公司首个铁路 PPP 项目——东营港疏港铁路项目，结合项目投资特点，以优化施工图预算为着力手段，节约投资近 2 亿元。将黄河故道大桥 105 孔 48 米节段梁及 2 处 64 米跨国道悬臂灌注连续梁建造施工方案，优化为现浇施工方案，确保工期的同时，节约直接投入 2000 余万元。借力“产学研”、专题研发，对“黄河故道地震液化带多联大跨度钢桁梁施工关键技术研究”“黄河三角洲冲积平原地区滨海盐碱路基综合施工技术”2 个东营科研项目进行指导、交底，特别是对叼口河特大桥全寿命周期的监测研究，开创了桥梁全寿命周期研究与管控在铁路工程的运用。开展轨道与 168 米大跨度钢桥刚性固结后的伸缩调节器研究，解决了大跨度钢桁梁与轨道伸缩耦合的问题。该项目获得集团公司 2018 年“工程管理十大优秀项目部”称号。

选自中铁三局优秀项目经理事迹材料

做大做强集团经营战略

——记中铁三局总经理助理、经营开发部部长李腾云

局宣

李腾云，现任中铁三局集团有限公司总经理助理兼经营开发部部长，他坚决贯彻落实中国中铁股份公司区域经营、立体经营、城市经营战略部署和集团公司经营工作安排，坚守经营工作高质量发展理念，不断优化和完善经营管理制度，创新经营方法，持续推进经营大数据建设，严格项目策划和落实，为企业经营业绩连创新高贡献了自己的力量。2021 年他荣获“中国中铁优秀共产党员标兵”称号。

完善机制，激发活力。面对建筑市场近年来的复杂形势和营销工作的重重困难，李腾云不忘初心、始终坚定信心，在他的人生信念里从来不惧“困难”二字。近几年来铁路市场的重大变革，给中铁三局这样的老企业带来巨大压力。他积极主张构建以集团公司为主导、区域指挥部为主体、工程公司结合自身优势辅助经营的市场营销体系，形成了覆盖全国、一体化运作、辐射多行业的营销网络，推进了区域经营体系的进一步建立和完善。他抢抓先机，马不停蹄地跑市场、追信息、搞调研，取得了突出成绩。自李腾云 2016 年 8 月担任中铁三局集团有限公司副总经济师兼经营开发部部长以来，集团公司营销额逐年攀升，从 2016 年的 719 亿元、2017 年的 1067 亿元、2018 年的 1186 亿元、2019 年的 1387 亿元到 2020 年的 1851 亿元，实现了 5 年翻两番，在中国中铁股份公司系统名列前茅。

优化布局，多元突破。工作中，他积极组织铁路项目的策划、现场踏勘、集中编标等事项，亲自跑业主、抓经营，认真把好每一道关口，严格分工，明确时间节点，清晰关键工序，不错过任何一个机会。在他的驱动下，公司先后中标杭衢建衢段、阿阿铁路、石衡沧港、沪苏湖、盘兴、南玉、汕汕铁路汕头站改、广湛、川藏电务等大中型铁路项目。铁路板块实现新签合同额 349 亿元，在股份公司连续 5 年排名第一。他还深深地意识到仅凭铁路板块是无法满足集团公司快速发展需要的，必须大力开拓非铁路市场份额。通过近几年的努力，中铁三局非

铁路市场份额快速增长，为集团公司的快速发展强劲助力。北京地铁、杭州地铁、广州地铁、青岛地铁实现滚动发展。李腾云还对各子分公司下达自揽指标，加大对路外工程承揽的激励、扶植，切实做好公路、房建、市政和城市轨道交通等主营领域和新领域、新市场的经营拓展。2020年城市轨道交通营销额完成了140亿元，公路方面突破了358.3亿元，房建新签近364.8亿元，市政也收获近239亿元，经营成效显著提高。

审时度势，挖掘潜力。李腾云平时注重对国家宏观经济形势的分析和研究，并能够根据国家的政治、经济形势和投资环境来对国内基建市场前景进行分析预测。他推动实行全员经营，充分开发员工经营潜能，激发经营热情，建立健全经营考核激励机制，科学制定经营管理办法、施工项目投标评审实施细则、区域责任分工实施细则等管理制度。在区域指挥部、经营中心架构基础上，他分析区域市场规模和前景，部署和推进加密经营网络，促进区域经营与区域市场深度融合。与此同时，他还重视经营承揽和在建工程的紧密联系，达到以干促揽的良性循环，充分发挥属地经营的良好效应，进一步提高市场占有率和美誉度。

细化营销，严控质量。李腾云开拓进取、求真务实，作风扎实、永不言败。针对营销市场形势的不断变化，他及时调整思路，超前研究、储备，在编标过程中采取“专家引路把关，技术人员密切配合，二次经营提前介入”的工作方法，明确各层级、各专业、各阶段的任务和分工，研究和制定投标策略，并全过程参与投标文件审查。他强化项目策划分级管控，细化经营策划内容，根据项目建设单位、项目概况、项目推进计划、设计单位等要素确定项目经营负责人、主责单位、区域经营机构责任人。他根据项目推进计划制定项目追踪路线图，明确各层级营销责任人、各阶段工作内容等重要事项及目标，并严格策划落实，强化过程管控，在项目投资介入、产业导入、项目运维管理、城市运营等方面，联合专业设计、咨询机构、银行及产业基金融资平台、施工及运营设备制造商、运营维保团队等外部资源，确保重点项目中标签约。他对标前预测利润率、合同主要条款等方面进行严格把控，从经营源头有效控制了经营风险。他将标前预测利润率总体控制在6.5%以上，中标项目的预付款、进度款等合同相关条款支付比例总体正常，同时做好基础工作，强化过程控制，规范流程管理，严格把控风险。

清醒坚定，廉洁务实。李腾云高度重视自身政治素养的提高，能够认真学习习近平新时代中国特色社会主义理论，坚持用党的创新理论武装头脑，牢固树立“四个意识”，坚定“四个自信”，做到“两个维护”。他严格遵守“八项规定”，廉洁自律，自觉抵制“四风”问题。强烈的责任心和使命感支撑着他，练就了一种勇于吃苦、无私奉献、拼搏进取、敢打硬仗的工作作风。他特别重视经营基础工作，从日常业务、台账管理、业绩共享、经营纪律、网络化办公等方面不断强化基础工作，扎实做好各项日常业务工作；从细微处入手，对信息搜集和筛选、标前调查、标前评审、标书编制等各个环节均做到严格把关，确保了标书质量；注重实干，不定期抽查各单位经营基础业务管理情况，促进了各单位经营基础业务管理水平的不断提升。

几年来，李腾云同志勤勉务实，履职尽责，出色地完成了他所负责的各项经营工作，取得了优异的成绩。他用自己的实际行动兑现了经营人员目注心营、砥砺奋进的诺言，用突出的工作表现践行了中铁三局集团“品质担当、知行合一，尚优至善、永争第一”的企业理念。

选自中国中铁优秀共产党员事迹材料

怀揣信仰　永葆党员本色

——记扎根基层 30 年的中铁三局桥隧公司党支部书记孔利

桥隧宣

2014 年 6 月，在中国中铁“一先两优”表彰大会上，一位中年汉子，讲述了筑路人的酸甜苦辣，描绘了一名党务工作者的心路历程。他就是中铁三局桥隧公司基层党支部书记孔利。

政治工作的坚定实践者

在基层党组织，党员干部是推进团队和项目建设的引领者，是全心全意为员工服务的先行者，是良好风气的示范者。一项工程的好坏，看管理，看一个团队的精神，看党员。

在国有企业党委工作职能的改革调整中，孔利没有将自己边缘化，而是大张旗鼓地抓基层党组织建设。在他看来，党支部书记这个岗位是光荣和神圣的，任何工作没有高低之分，只有贡献大小之别，做好基层党建工作，是一个合格党支部书记的安身立命之本。

多年来，孔利始终把坚持学习政治理论，学习党的基本知识作为基层党组织工作的根本，努力提高自己的理论水平和党性修养，不断学习探索做好党建思想政治工作的方法和途径，坚持自己撰写党课教材，先后在中央及省部级报纸杂志发表文章 8 篇。

孔利在党支部书记的工作岗位上投入了全部的精力和心血，在长期工作中，他积累了丰富的经验，工作起来如鱼得水，得心应手。大家看他天天有忙不完的事，每天有干不完的活儿，都说：“孔利干工作有激情，在他身上能看到一种精神。”正是这种精神，使他在党支部书记的岗位上努力成为“一团火”“一盏灯”，燃烧自己，照亮别人。

在他的精神鼓舞下，基层党组织的活力被不断激发，干部职工燃起干事创业的热情。2014 年，西（安）成（都）客专项目第三工区附近村民阻工现象时有发生，加上协作队伍配合不力，员工畏难情绪和消极思想慢慢滋生。时任西成客专党工委书记的孔利当即请缨，主

动包保第三工区工程推进任务，并立下军令状："只要给我人、财、物的调配权，给我奖罚权，一个月，工程上不去，我背上行李卷滚蛋！"

"烫手山芋"不好吃。几天下来，孔利眼圈黑了、腿跑细了，员工现场动员没少做，村民闭门羹没少吃。一个月过去，他来来回回穿坏了两双鞋，走遍了附近80家住户。工程进度上去了，当月完成了计划任务的103%；村民阻路解除了，孔利还成了不少人家的"座上宾"。员工纷纷对他伸出大拇指，称他"神奇的老孔"，"我们的书记做工作既靠嘴，又靠腿"。

团队建设的坚强引领者

多年来，孔利每到一个项目，就把各类党建主题活动的开展当作自己工作的重中之重。围绕不同时期、不同项目的生产特点，孔利开展了形式多样、内容丰富的主题活动，注重活动的针对性、有效性、持续性，先后以"西成党旗红，全面争先锋""修身持志，共享荣光""知行合一，铸和谐路，永争第一，扬铁军威"等活动为载体，进一步调动和激发党员干部职工的积极性。他时刻保持昂扬的精神状态、旺盛的工作热情、务实的工作作风、勤俭的生活习惯，实打实地开展党建主题活动，打消干部职工对党建活动"认认真真走过场、不折不扣搞形式"的偏见。在侯月线施工的4年当中，孔利所在的八队连续3年实现"双千上百"——月成洞米上千，产值超千万，利润过百万，这在当时，是十分辉煌的纪录。

孔利注重典型选树，工作早期，他和其他领导共同发掘选树了"全国劳动模范"王开清，使其成为三局多年的精神标杆。近些年，他先后培养选树了山西省特级劳动模范聂川勤、山西省"五一"劳动奖章获得者常宗利、中国中铁优秀群众安全生产监督员向书凯、中铁三局杰出青年吴世民、巾帼标兵李晶等一大批先进典型，真正发挥出"一个党员，一面旗"的先锋模范作用，影响和带动了一大批青年人的成长。

与员工群众最近的知心者

"身教重于言教"，平时工作中，孔利注重用人格魅力去影响员工，用"情"来感化员工，用“爱”来关心员工，直面问题，直面热点，在服务群众中体现对党性的考验，在交流沟通中体现价值观的深入，在务求实效中体现人文关怀。用他的一句话描述就是，“天冷的时候，是一盆火；天热的时候，是一把扇；天黑的时候，是一盏灯；下雨的时候，是一把伞”。

在担任党支部书记的30多年里，他始终坚持“七必谈、五必访”的工作方法，经常与员工促膝长谈，交朋友。每年新毕业生分配到项目，他必和每个大学生谈心，倾听大学生的诉求，给他们解决实际困难，鼓励他们安心三局、扎根三局、融入三局，在三局的发展建设中实现自己的人生理想。多年来，已经数不清有多少人从孔利那里得到和风细雨般的鼓励，也记不清从他口中说出多少意味深长的忠告，只知道他的“年轻同事”近10年间有6人成长为项目总工，15人成长为项目技术主任。

员工把孔利当作知心人，孔利也向来愿意把别人的事当作自己的事来办。多年来，孔利带领的党支部形成并坚持了“五到”的传统，即职工生病住院必到、需要帮扶必到、子女入学必到、员工婚礼必到、突发情况必到。

2014年，西成客专项目员工杜大波父亲被火烧伤，病情严重。支部一班人商量后，孔利立即在项目部组织捐款并当场捐款2000元，员工踊跃捐款共计1.6万元；从事工程项目的年轻员工离家在外，经常因工期拖延婚期，孔利便张罗在工地给他们举办婚礼，被大家亲切称为“孔主持”；项目部员工闹别扭、耍情绪，也愿意找他评理调解。有人说，只要有孔利在的项目就像个大家庭，而他就像个大管家，准保这个“家”和睦兴旺。

几年来，孔利为困难员工和受灾群众捐款近4万元，慰问困难职工家属12次，为18对新人主持过婚礼，发展党员28名，解决职工合理诉求15次，化解过23次矛盾纠纷，发现过3次施工险情并妥善处理，纠正19次违规操作，挽回直接损失25万元……

在基层工作30多年来，作为一名老支部书记，孔利始终不忘自己的职责，不忘在党旗下的铮铮誓言。他连续8年被评为“桥隧公司十大标兵”之一，先后被评为中国中铁股份公司、中铁三局集团公司“优秀党务工作者”，2011年7月荣获山西省“创先争优优秀党务工作者”称号，2016年获得国资委“中央企业优秀党务工作者”光荣称号。

选自中央企业优秀党务工作者事迹材料

一线巾帼别样红

——记中铁三局道德模范、京张高铁怀来梁枕场总工程师王艳红

桥隧宣

王艳红，女，1974年4月出生，1994年7月参加工作，中共党员，历任中铁三局桥隧公司新郑桥梁厂技术员、助理工程师、工程师、安质部主任。

2016年6月，因工作需要，新郑梁厂整体人员调迁到京张铁路项目，王艳红出任中铁三局京张铁路六标怀来梁枕场总工程师。她“舍小家为大家”，本着对企业、对业主高度负责的精神，立足岗位作贡献，全心全意致力于箱梁轨枕预制，认真抓好工程技术服务与管理工作，用智慧和责任塑造一流员工的形象，用实际行动诠释自己的人生价值，为京张六标梁枕场作出了突出贡献。

2016年6月24日，王艳红同志转战到京张铁路六标怀来梁枕场，站在了新的起点。面对新的环境，王艳红接受了新的工作任务，很快就投入到激烈紧张的战斗中，实现了中铁三局京张项目部对梁枕场下达的“2234”目标，即2个月完成临建建设，2个月预制出第一孔箱梁，3个月完成箱梁取证，4个月实现全面生产。

在实现这一目标的奋斗历程中，王艳红白天在现场检查落实施工方案及技术交底，晚上研究图纸及规范，每天休息的时间仅有5个小时左右。前期临建施工制梁准备同步进行，但是施工现场不具备生活条件，王艳红就每天早六点半到晚上八点坚守在工地一线，深夜再回到距离较远的租住地。面对两点一线的奔波，她并没退缩和喊累。经过大家的共同努力，实现了46天预制出京张全线第一孔箱梁，得到了各级领导的好评。她的脚步并没停下来，而是积极和工程部及其他部门的同事们共同办公，开展箱梁取证前的准备工作。经过精心准备，于10月6

日顺利完成全线第一家箱梁取证工作，为中铁三局争得了荣誉。随着制梁工作的有序进行，制枕工作也于2017年4月启动，王艳红作为技术领头人，虽然面对的又是新的领域，但是她凭借着顽强不服输的劲头，研究图纸，解读规范，请教前辈和同行，带领技术人员摸索前进，终于不负众望，于2017年8月13日顺利通过轨枕取证，又一次取得成功。

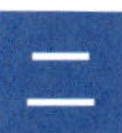

王艳红是桥隧公司基层项目一名普通的女工程师，也是京张高铁唯一的一名女总工。面对京张高铁这项精品工程，面对智能京张的高科技要求，她怀着满腔热忱，在朝气蓬勃的青春年华，充满了信心，充满了干劲，更充满了干好技术工作的坚定信念，决心在这个舞台上展示自己的能力。在预应力混凝土铁路桥简支箱梁和轨枕预制的生产过程中，她始终把“精品工程、智能京张”的要求当作施工生产中的“重头戏”，采取有效措施抓紧抓好施工过程质量控制，确保每一榀箱梁、每一片轨枕质量达到技术标准。她善于思考、思路敏捷、大胆创新，积极推行梁场管理信息化，制定出一整套切实可行的工程质量管理办法和各项保证措施，确保现场管理和工程质量满足业主及规范的要求。

同时，在抓好原材料入口关的基础上，她以“消灭不合格工程、消灭主要质量通病、消灭重大质量事故和质量隐患、实现产品质量合格率100%”为目标，从预防和工序控制入手，加强对工序、工艺和特殊环节的管理，并对关键工序实行旁站制度，工程技术人员跟班作业，确保每一道工序按照规范施工。

王艳红始终坚持要求工程部遵守技术交底制度，严格作业过程控制，每天都深入现场，精心指导作业，确保每一道工序都处于受控状态，同时全面推行岗位责任制和责任追究制度，使质量要求转换为实际工作中的自觉行动，按照规范进行作业，一丝不苟地干好每道工序，用智慧与责任铸造京张铁路精品工程。在梁枕场推行的“四新”技术方面，她带领工程技术人员研发新工装工艺，开发的“梁枕场生产管理信息系统”在全局得到推广应用。工厂化生产的箱梁内在质量和外观质量方面均没有出现任何问题，合格率达100%，产品顺利通过了国家认证审核，并在京张公司和集团公司组织的标准化推进会、大型观摩活动中，受到充分肯定和高度赞誉。

怀来梁枕场作为全国轨枕生产自动化、智能化的典范，在装备上、流程上、信息集成上均取得重大突破，受到京张公司和国铁集团的充分肯定和高度赞誉。作为总工程师的王艳红同志为此作出了巨大努力和奉献，获得了业主和集团公司的表彰。

王艳红在和技术室的同事相处中，处处以老大姐的身份在生活中关心他们，在工作中共同学习进步。她有一个原则就是“管人先要律己”。她按照行为指南，给自己制定了准则，凡是要求别人做到的，自己首先做到，身体力行，并处处事事严格按照党员标准要求自己。她常对伙伴们讲：盖房子要有顶梁柱，做人要有精神支柱，没有信仰和精神支柱就没生活和工作的动力。她视荣誉为动力，矢志不渝，一如既往地实现着自己的人生价值。她用她持之以恒的进取精神，创造了非凡的工作业绩，得到了领导的高度赞扬，同时也获得了许多荣誉。在荣誉面前，她不骄不躁，以荣誉为动力，矢志艰苦奋斗，爱岗敬业，扎实进取。

王艳红在工作上从不言苦和累，但提到家时总会眼眶湿润。2016 年父亲病重做手术，她只在医院陪了 3 天，没等父亲出院就回到了工作岗位，孩子上高三也顾不上管，2017 年高中毕业后孩子来工地，看到如此忙碌的妈妈，他由衷地表示理解。在王艳红背后，还有毫无怨言在家默默付出的爱人对她工作的支持。她觉得这些年最愧对的是家庭，但是一想到在国家铁路事业上、在企业的发展中，自己能有所作为，便觉得无怨无悔。

选自中铁三局道德模范事迹材料

拉紧事业的纤绳

——记铁道部劳动模范、原中铁三局二处一队优秀工人技师张启明

于景龙

岁月的风霜已染上他的双鬓，黑红的脸膛上，透着朴实和憨厚。他就是铁道部劳动模范、二处一队工人技师张启明。在他 28 年的筑路履历里，用一串串坚实的脚印，书写着对事业的不懈追求；用一个个感人的故事，向人们展示一个共产党员的高尚情怀。

有出息不在于你干啥，只要你尽心尽力

1970 年 2 月 7 日，在这个有纪念意义的日子里，张启明告别了黑龙江松嫩平原那片黑土地，告别了家乡的父老乡亲。和同行的 1800 名伙伴一样，在他的心中，既有对黑土地的依恋和对亲人的思念，也有对新天地新生活的向往与激动。

时间一晃过去了 28 年，张启明对“好工人”有了更深刻的认识和理解。在 28 年的筑路生涯里，他当过普工、开山工、电工、爆破工，也做过施工员、安全员、保卫干事、工班长、领工员等工作。如今，他仍是一名线路工人技师。工作走马灯般地变换，职务也有高低之分，但他没有计较个人得失，他看重的是如何把组织上交给的工作干好。

1985 年 3 月，他当时所在的八队三班在太焦线孔庄站要点更换道岔，原方案是将旧道岔全部解体，将灰枕炸碎后清除，再铺设新道岔。这样做施工时间太长，还会造成窝工，灰枕也浪费了。张启明提出，何不把旧道岔拆成 3 段，直接移出岔位。结果，按照他提出的方案施工，施工时间减少了一半。

张启明在生产实践中不断提高自己，也在生产实践中发挥着自己的才智。1996 年 4 月，侯月线沁阳站西岔区要点施工，上级要求要在 10 天之内拆除、铺设 12 组道岔，而每天只“给点”120 分钟。这对一直担负装吊任务的一队来说，难度可想而知。施工开始后，进度很不理想。

“是不是把先铺设半边的施工方案改一改呢？”“能不能先组装道岔然后整体滑入就位？”一位工程师的话提醒了他。经过研究、测算，张启明拿出了新方案。被称为“卡脖子”工程的西岔区工程，以安全优质提前告捷。

张启明不仅努力地学习线路知识，还热心地带徒弟，把自己的“绝活儿”传授给年轻人。他说，不应该把学到的技术当作私有财产。在他的带动下他的工班掀起了学技术热，他带的几个徒弟，也成了队里的技术骨干。成为工人技师以后，张启明仍然放不下手中的技术书籍，他说：“企业走向市场，需要更多的人才，其中也包括技术工人，干我们这种活儿，仅有吃苦耐劳和拼搏精神是不够的，还要有科学技术知识，这样我们的企业才有竞争力。”

我们不能直着腰板喊口号，要煞下腰来干事业

1994 年 4 月 3 日，张启明和几名同志去侯月线莲东站查看线路，走着走着腿就有些发软，他以为是连日劳累所致，没有在意。不想走到区间时，两条腿却再也不听使唤了。职工们七手八脚把他送到医院，经诊断他患了脑血栓。

当过八队队长的纪文顺经理来看望张启明。他不会忘记当年张启明在太焦线 K364 地段改线施工的情景：张启明来到现场，第一个攀上山顶，又顺着安全绳艰难地来到工作面上。他身体紧贴着峭壁，一只脚尖蹬住岩石，另一只脚别住风钻把，双手紧拽安全绳，打响了风钻。风钻震得大大小小的石块纷纷下落，在场的人都为他捏一把汗，谁都知道，稍有闪失，就有粉身碎骨的危险。粉尘迷了双眼，汗水湿透了衣服，但他坚持打完了第一个炮眼。

为了给同志们创造一个安全的工作环境，每次放炮之后，他都是最先爬上峭壁，处理危石班的同志都争着先上，对他说：“班长，不能总让你先上啊！”张启明坚持自己先上：“这个时候，我能让你们先上？”直到局面打开，他才让出先上这个“特权”。经过 3 个多月的奋战，加强班提前 15 天完成了这项任务。

1994 年 6 月中旬，还没有完全康复的张启明找到领导，要求回工地。考虑到工作需要和他的身体状况，领导决定让他到担负侯月二期工程施工任务的一队工作。

1995 年 8 月，张启明刚刚参加完沁阳站西岔区施工，又挑起东岔区施工现场指挥的担子。

他天天盯在现场，带领职工拆除线路、铺设道岔、起道拨道。一天中午，他指挥铺设道岔时，突然觉得眼前金星直冒，头直发晕。他站在那里定了定神，悄悄掏出几片药吞下肚。他知道，这要是被同志们知道了，还不把自己给撵回去。张启明用自己的行动赢得了职工们的赞扬与敬佩。侯月线通车后，职工们说，应该给他请功。他却说："这算啥呀，活儿又不是我一个人干的。"简单的话语，展现的是他宽广的胸怀和对事业的拳拳之心。

咱们就是要手心向下干事业，不能手心向上要好处

28 年来，张启明始终把雷锋精神作为自己的人生参照，于是，就有了许多关于他"傻"的故事。

1988 年春节前夕，队里的职工大都已放假回家，只留下十来个人巡守。这时候，队里接到新乡站的通知，说有 10 吨扣件到货，要赶快提货。让谁去呢？队长有些犯难。刚巡守下夜班的张启明知道了这件事，应下了这份差事。他跟车从月山来到新乡站货场，一联系，如果雇人搬运、装车要花 200 多元的费用。200 多元钱，对于一个工程队来说，或许算不上什么，可他却不愿花这笔"大头钱"，他决定和另一名同志自己动手。在一旁想挣这笔装卸费的人看着他们一趟趟扛着扣件装上汽车，摇着头说："真够抠的。"当他们把最后一车扣件拉到队里时，已经是第二天凌晨两点多钟了，然而他们对这次"份外"的活儿没要一分钱的报酬。

有人说，张启明这是犯傻，可他却不理睬这些闲言碎语。一次，他带领三班担负路堑开挖任务，原设计坡度为 1∶0.3，施工时，发现这地段石质不好，如果坡度太陡，容易脱落碎石，影响行车安全。于是，他提出改变坡度的方案。可这样，他们班就要多干 100 多方土石方。班里有人不理解："班长，这可是既受累又吃亏的事儿，弄不好拖延了工期，奖金吹了不说，还得挨批受罚。"他耐心地向大伙解释："咱们干活儿不能光为自己着想，咱自己吃亏不要紧，可要是行车安全受到威胁，那损失就大了。"大伙终于想通了。最后，经有关部门批准，把路堑坡度改为 1∶1，三班虽然增加了工作量，但大家齐心协力，按时完成了任务。

和工地上许多无私奉献的人一样，他模糊了 8 小时工作的概念，不知疲倦地奋战在工地上。为支援九队焦柳线南阳立交桥顶进，已请好假准备回家的他连夜奔向了工地。在沁阳

站东岔区施工时，他又主动放弃了组织上安排他疗养的机会……

我对自己的人生选择不后悔

“张启明虽然是一名普通工人，可工作好像比谁都忙。”他的妻子不止一次这样说。在太焦线施工时，他的家住在距工地仅 5 公里的孔庄，按说不算远，可他却几个月顾不上回去一次。一天，女儿患病发高烧，妻子也因感冒而浑身乏力。妻子打电话、托人捎信让他回来，带女儿去月山卫生所看病。妻子满以为他能回家，他却捎信说，这几天工地正紧张，实在脱不开身。没办法，妻子只好拖着带病的身体领女儿去了月山。一个多月后，他回到家里，妻子真想和他大闹一场，可看到他又黑又瘦的模样，心软了，说：“我嫁给了你，你却嫁给了工地。”天真的女儿也没有埋怨爸爸，她说：“妈妈，你这是‘爱上一个不回家的人’。”

面对着家庭和亲人，张启明时常感到内疚和自责。他承认，自己不是一个好丈夫和好父亲。他也感激妻子对他的理解和支持。一次，他把这话跟妻子说了，妻子笑了：“算了吧，你还知道有家呀！”他一听，也笑了。原来，有段时间家里人租住在工地附近的村中，一天，房东因儿子结婚要维修房子，要他家搬家。妻子往工地捎信，不见人回来，就找了几个人把家搬了。当他从工地上回来时，却不知道家搬到了什么地方。大中午的，他不好意思问别人，只得在村里转悠。一名帮他搬家的职工见到他，才把他领到新的住处。

张启明忘我工作和崇高的情怀，感动、激励着许多人。党和人民也为他颁发了许多荣誉。他一次次被评为处、局、工程总公司和石家庄市的优秀共产党员、先进生产者。1989 年 11 月 25 日，他被评为“铁道部劳动模范”。

28 年筑路生涯的风风雨雨，把张启明磨炼得更加成熟。有人说，他是一头不知疲倦的老黄牛，在默默地耕耘着；有人说，他是一颗明亮的星，在事业的星座上发光发热；也有人说，他是块朴实的铺路石，保持着工人阶级的本色。他说：“我就是我，一名普普通通的工人。”

选自《铁路工程报》1997 年 7 月 22 日第 1、2 版

青春写就无悔人生

——记中央企业“劳动模范”、中铁三局电务公司工班长顾富刚

电务宣

顾富刚，男，1972 年 5 月出生，1992 年 8 月参加工作，中级技工学校毕业，中共党员，现任中铁三局电务公司电气化分公司工班长。

顾富刚总结的创新工法于 1995 年 11 月获得中铁三局电务处发明创造奖；他还被电务公司党委评为 2003 年度“优秀共产党员”；2003 年荣获中铁三局集团公司“劳动模范”称号；2004 年被国务院国资委评为中央企业“劳动模范”。

自 1992 年参加工作以来，顾富刚立志为铁路建设事业奉献自己的青春和才智，十几年如一日，默默耕耘，钻研技术，成为职工中的佼佼者。他先后参加了大同云岗专线电气化改造、京九“三电”、神延电力、成昆隧道照明、西合新线电气化、青藏电力等 20 多项工程施工。

顾富刚是一名接触网工，岗位虽然平凡，但他却有一股不论做什么都要争一流的劲头。为了尽快掌握接触网施工技术，尽快把书本知识变成工作能力，他利用各种机会勤学本领，苦练技能。他反复研究图纸，广泛查找资料，对电化工程施工的每一道工序、每一个环节都成竹在胸。他经常向技术人员和老工人、老技师请教问题，努力把别人的知识和自己的经验融会贯通。他不论工作多么辛苦，身体多么疲惫，每天都要抽出时间“充电”。靠着这种勤学苦钻的劲头，他不仅知道怎么干，知道为什么这么干，而且孜孜不倦地思考，怎样才能干得更好。功夫不负有心人，他付出了太多的心血和汗水，也得到了沉甸甸的果实。他于 1996 年获得中铁三局“技术创新能手”称号；2003 年，在中铁三局集团职工技能大赛中，技压群雄，

脱颖而出，荣获“技术标兵”称号；2004 年晋升工人技师；2005 年荣获中铁三局“优秀知识型员工”称号。

作为一名知识经济时代的青年工人，顾富刚不仅勤奋好学，而且爱动脑筋，善于思考和解决各种施工技术问题。

在参加神延铁路 10KV 电力工程施工时，顾富刚带领十几名员工，经过反复研究和试验，研制出了沉降式模具，解决了沙漠地带挖电杆坑和立杆的技术难题，为工程施工的顺利进行克服了障碍，并且取得了一项 QC 成果。

在青藏线电力工程施工中，由于特殊的地理、气候条件，电力铁塔的基础深度一般达到 8—9 米，顾富刚他们还从未遇到过这种情况。同时，由于施工管段湿地较多，钻出的基坑水位高并有严重的塌方，怎样在高水位条件下进行混凝土基础浇筑和施工，是摆在他们面前的一道难题。面对挑战，顾富刚不等不靠，主动向技术人员请教这方面的知识，积极学习桥梁施工浇筑桥墩的工艺流程和方法，从中得到了有益的启发。经过不懈努力，他掌握了混凝土施工方法，和工友们一起研究方案，一起进行施工，最后，终于达到了满意的效果，从基础坑内取出的实验块，经检验全部合格。

1998 年 6 月，顾富刚开始担任工班长。从那时起，他就经常提醒自己：我不仅是一班之长，更是一名共产党员，职位虽然不高，但是责任却很大，担子也很重。只有时刻想着大家，一切为了大家，才能不辜负同志们的支持和信任，才能对得起党员这个称号。他是这样要求自己的，也是这样做的。2003 年，西合线工程结束后，职工们经过休整培训，实行双向选择组建新班组，他主动把一些年龄偏大、技术水平差的职工留到自己的班组，令许多人百思不得其解，认为这是给自己找麻烦，到青藏线不“砸锅”才怪呢。而顾富刚却认为，这些同志虽然在某些方面不如别人，但各自都有其潜在的优点，如果加强培训，扬长避短，每个人都是有用之才。另外，自己也不能眼看这些同志待岗。自己是一名党员，更应为企业、为同志分忧解难！为了提高班组的战斗力，他组织了集中培训，每天带领职工开展练兵活动，演练蹬杆作业、安装金具等专业技能。在他的精心培养和带领下，班组的整体战斗力得到迅速提高，在青藏线电力工程施工中取得了骄人业绩。

顾富刚对同志有一颗火热的心。在他心中，职工也好，民工也罢，都是他的好战友、好兄弟。不论是谁有困难，他都会毫不犹豫地伸出温暖的双手。2004 年，他带领全班职工奔赴青藏线，负责 30 多公里的电力线路工程施工，施工管段处于唐古拉山南端，海拔在 4500—5000 米之间，高寒缺氧，导致许多职工和民工身体患病，工作受到很大影响。每当有人生病时，顾富刚不仅安排食堂做好可口的病号饭送到床前，还亲自安排病患看病治疗。一天，他虽然自己患感冒浑身无力，但得知一名云南籍民工高烧 39.5 摄氏度后，立即赶到民工宿舍，帮着输液、喂药、观察体温，一直忙到凌晨 2 点多，直到民工病情缓解了才离开。这件事让这位民工十分感动，逢人就说："顾班长真是个好人！"

参加工作 13 年来，顾富刚在思想上、技术上、工作上成长进步很快。伴随着辛勤的汗水和默默付出，他从普通职工变成了工班长，从普通群众成长为共产党员。随着当上工班长，他也开始面临新的考验。但是，不论面对什么样的诱惑，对企业的忠诚、对事业的热爱从没有动摇过。他结婚快 9 年了，可是同妻子在一起的时间还不到一年。他的妻子好几次为他联系好了条件很好、不需要四处流动的工作单位。另外，他的哥哥在外经商多年，事业有成，几次动员他离开三局，兄弟俩一起经商，每次顾富刚都会婉言谢绝。他总说，自己热爱三局，热爱自己的工作，而且作为一名共产党员，不能只想自己，应该自觉地把国家和企业的利益放在前面。

多年来，顾富刚不仅面临着亲情和事业之间的艰难抉择，而且要面对各种各样的利益诱惑。在西合、青藏等工程施工中，作为工点的负责人，他经常会全面负责一个管段的工程施工。由于手中有了一定的权力，许多民工头私下向他承诺，只要多多"关照"他们的队伍，一定不会让顾富刚吃亏。面对利益的诱惑，他每次都会严肃地警告对方："你如果好好配合工作就留下来，想来这一套你找错了人。"就这样，他虽然一次次错过了"发财"的机会，但却

从来没有出卖过企业的利益。

人生能有几回搏。作为一个建设者，能亲手把铁路修上青藏高原，修到拉萨，这种经历本身就是一种巨大的奖赏，使人自豪；不断延伸的铁路，本身就是一座镌刻着建设者壮志豪情的无字丰碑。为了在这座丰碑上刻下自己的名字，为了让共产党员的旗帜高高地飘扬在青藏高原，顾富刚义无反顾地作出了选择。2004 年，电气化分公司组织队伍赴青藏线进行电力工程施工，考虑到青藏高原的特殊环境，单位在选择人员时采取了自愿报名的方式，身体不好的职工可以不上高原。顾富刚腰部有问题又一直没有查出病因。所以他的妻子非常担心，怕本来身体就不太好的他支撑不住，反复劝说，不让他上青藏高原。但是，他毅然第一个报名。他知道高原缺氧对人身体的伤害，也知道高原施工不仅面临缺氧、冻土施工和环境保护三大世界施工难题，更知道这一去就是两年的时光。可是，他不甘心服输，要向自己挑战，向大自然挑战。自从 2004 年 3 月上青藏高原以来，他和同事们克服了高寒缺氧、交通不便、通信不畅等困难，攻克了高原施工的种种难题，保证了安全、质量和工期目标的实现，在茫茫的雪域高原上，展示了一个共产党员“忠诚企业，胸怀大局，无私奉献，顽强拼搏”的风采。

选自中铁三局优秀知识型员工事迹材料

焊花飞舞耀人生

——记火车头奖章获得者、中铁三局五公司电焊工张潼民

吴宣

张潼民，50 岁，工作 27 年，能吃苦、爱钻研、敢担当是他不变的标签。从京九、洛湛、石太、石武、杭甬到郑徐、济青等国家重点铁路工程，以及西商、郑卢等高速公路的建设，用坏的 300 多只焊嘴、100 多把焊钳，记录了他一步步成长的阶梯。

1990 年，23 岁的张潼民技校毕业后被分配到中铁三局五公司机械厂焊接车间。初来乍到，面对艰苦的电焊工作，没有人知道，他能够坚持多久。

每天面对的电焊工作，不仅枯燥，而且劳动强度大，又苦又累，一年下来，和他一起入厂的同事调走了大半，但就是他这个看起来毫不起眼的小伙子凭借吃苦耐劳的精神坚持到了最后。他毅然扎根电焊车间，在汗水中摸爬滚打，坚持在干中学，在学中干，早出晚归，披星戴月，用智慧和勤奋谱写着一曲电焊匠人不忘初心的时代赞歌。

最好的雕像，挨刀最多。一块普通的石头，要想成为一尊完美的雕像，一定要经历千锤百炼的雕琢，不经锤炼雕刻，难成大器……

在张潼民看来，电焊工作也是如此。无论是被汗水浸透的工装、弯曲变形的手指，还是“掉一层皮”的代价，这一切的付出，都是成就一个卓越匠人的必经之路。经过常人难以想象的艰辛付出，他赢得了同事和客户的高度认可，成为大家公认的电焊能手。此时，各种荣耀接踵而至，低调稳重的他显得出奇地平静，用热情和精准继续坚守在他心爱的电焊工作上。面对任务重、工期紧、质量要求高的钢结构加工制作任务，为了确保焊接质量一次过关，他打破常规，向原有的旧工艺、旧方法提出挑战。

每当夜晚，其他同事在娱乐休闲之时，张潼民却选择在宿舍刻苦攻读自己购买的焊接专业书籍，探索新的焊接技艺。每每接到任务后，他都会仔细查阅有关资料，创新编制焊接工艺，进行试验。经过无数次的火花四溅，慢慢地，他有了自己的一套“张氏理论”。

提高焊件的性能和质量，改善外观采用气焊焊接，以免腐蚀焊件；墩身模板加工过程中，制作一些胎具和简单的设备，减少材料的损耗；加工挂篮，采用群钻加工工艺解决联接板多孔连接；钢结构雨篷加工采用双枪双边下料的工艺，解决钢板变形大的问题；钢梁有预拱度时，采用火焰起拱法，保证施工质量，减少施工人员……他提出的“张氏理论”攻破了一个个技术难题，先后累计节约成本数十万元，为企业降本增效作出了杰出贡献，并且推广沿用至今。

2012 年 9 月，机械厂改制合并为物资设备总队，但问题接踵而至。老旧落后的机械设备、短缺的钢模板加工技术人员，使得钢模板加工业务的开展举步维艰。为了打破僵局，总队领导研究决定采用钢结构制作班组承包改革，但谁当带头人，众多老师傅见状纷纷望而却步。面对难题，就在领导们一筹莫展之时，敢于担当的张潼民勇敢地站了出来，关键时刻扛起了大旗。

2013 年，钢结构制作班首战郑徐，主要负责钢结构加工及配送，没有管理经验的张潼民“赶鸭子上架”，带领工友们晴天大干，阴天抢干，忙得不亦乐乎。张潼民深知责任重大，为保证工期，无数次他没赶上吃饭时间，忙碌穿梭在工地上，也因此落下了胃病和关节炎，时常疼痛难忍，汗如雨下。有人劝他，把工作安排下去吧，不要让自己太累，他却说：“工友跟着我，我得以身作则。”一句朴实的回答，让我们看到一个身先士卒、乐于奉献的电焊师傅。

为了研究对策，他和小组成员夜以继日、争分夺秒地试验，制定最佳方案，保证焊接质量；为了提高效益，他把焊接难度大的仰焊、立焊等不好焊的焊口留给自己。夏天，厚厚的工作服被汗水全部湿透，焊花不时地飞溅到耳根、胸膛，烫出一个个难以愈合的伤疤；冬天，刺骨的寒风也阻挡不了他执着前行的脚步，与雪花为伴，和星辰同行……

随着生产规模的不断扩大，单位相继承接了大量钢模板的制作任务。但是，在传统制作圆形模板时，法兰变形大，劳动强度也大，进度慢，切割的效果不理想。张潼民经过反复琢磨，多次演练，最终改用半自动切割机双嘴切割下法兰，这样切割出的法兰外观理想、变形也小，而且能够符合尺寸要求，保证了模板质量和外型美观。这种下法兰方法至今还在中铁三局的物资设备分公司广泛应用。

由于长期握着焊枪，张潼民的右手手指严重变形，就连写字这样的动作对他来说也会显得异常吃力。因为长期使用右手焊接，导致他右手的食指、中指、无名指比起左手明显更加粗大，3 根指头都是弯曲的，无法伸直，但他仍然坚持每天完成相应的焊接工作。

“梅花香自苦寒来”，凭着精湛的电焊技术及干一行精一行的精神，张潼民成了业界的“大明星”。就在此时，有不少私企托人高薪聘请他去任职，都被他一一回绝了。面对高薪和种种“诱惑”，他简单而朴实地说：“在三局干了二十几年的电焊工作，有了深厚的感情，舍不得！”为了使电焊工作后继有人，张潼民毫不吝啬、积极地做好传、帮、带工作，根据工友们的电焊水平因材施教。他手把手教学，使工友们的技术在短时间内迅速提高。针对很多青年认为当工人没前途，不愿意干这种苦差事的情况，张潼民主动与他们交心，动之以情、晓之以理，以自己的切身经历告诉他们“三百六十行，行行出状元”的道理。

对待徒弟，他始终坚持高标准和严要求，从下料切割到焊接技艺，无不倾囊相授，为公司培养了一大批高水平的电焊人才。从 2004 年至今，他累计带徒 10 人，均已成长为技术骨干，其中 2 人顺利成长为高级技师，8 人取得了技师资格。

从 2013 年 3 月开始，钢结构制作班承担了郑徐客专承台墩身模板和挂篮的改制设计和生产，累计完成各类钢模板制作 1500 多吨，凭借全体员工过硬的技术保证了产品质量，做到了零投诉，为物资设备分公司在郑徐铁路客运专线赢得了良好的信誉。后来，根据中铁三局集团公司郑徐指挥部领导的安排，张潼民带领 3 名电焊工到碱河中桥打增援。大家不顾豫皖大地白天的高温酷暑和夜间的蚊虫叮咬，连续奋战 40 多小时，出色地完成了底板钢筋的焊接任务，为确保碱河中桥的工期目标奠定了基础。

2014年10月到2015年4月，承接了西安地铁3号线浐灞中心站、桃花潭站钢结构雨篷安装任务之后，为了保证车站的施工安全和质量、进度，根据现场实际，集中大家智慧，张潼民会同相关人员多次对施工方案进行优化，提高了功效。在钢构件吊装、焊接、紧固连接等各个关键环节，他积极与现场技术员、安全员沟通，严格现场把控，经过190多个昼夜的顽强拼搏，不仅实现了安全质量无事故，而且创造了分部工程一次性全部通过验收的佳绩，受到西安地铁公司和驻地监理的大力赞誉。

一分耕耘，一分收获。由于张潼民精益求精、爱岗敬业的精神，他多次被中国中铁股份公司、中铁三局集团公司评为“先进个人”，先后荣获集团公司首届“爱岗敬业道德模范”、中华全国铁路总工会“火车头奖章”的荣誉。

选自铁总火车头奖章获得者事迹材料

电气工匠

——记全国最美工匠、中铁三局线桥公司机械分公司架桥机机长罗圣全

线桥宣

“一脸朴实，一身殊荣”，这是大家对中铁三局线桥公司机械分公司SGTJ180型架桥机机长罗圣全的评价。他从一名普通电工成长为中铁三局劳动模范、中国中铁股份公司电气技术特级技师、全国最美工匠，一直坚守在自己心爱的电气岗位上默默奉献，其境界令人钦佩，其执着让人尊敬。

1985年，刚刚21岁的罗圣全接班来到线桥公司大秦铁路建设工地，凭着对电气技术的浓厚兴趣，毫不犹豫地背起电工工具箱拜师学艺。他深知，通往梦想的征途从来都不是平坦的。他暗下决心，从点滴做起，不怕吃苦，努力把工作干得漂亮。他在学中干，在干中学，对照技术资料，细心钻研，遇到不懂的虚心向师傅求教。3个月后，嫩芽长成了顶梁柱，刻苦用功的罗圣全很快就独当一面。随后他参加京九、西南、海南西环、临策、西平、石长、怀邵衡、蒙华、滨港、邹平专用线等铁路工程建设，多次修复大型铺架设备故障并进行电气电路改造，使铺架施工得以顺利进行。他经常对徒弟们说：“设备买回来了，就要会用，会维修，不能依赖厂家。否则，不仅加大维修成本，而且耽误工期！”

2013年11月，罗圣全在石长铁路任PD32铺轨机机长。铺轨机启动液压泵电机时经常烧坏保险丝，罗圣全经仔细判断分析，确定为液压泵调速节门关闭不严而造成的电子带载启动电流过大引起。机组人员按照他的想法拆解液压泵，发现调节阀门卡滞，经过研磨处理，故障彻底排除。还有一次，运梁车在运输T梁时突然熄火，联系厂家后对方告知是变频器故障，需更换新变频器，15天才能运到，更换费10万元。罗圣全考虑这样做既影响工期又增加成本，决定自己动手拆解维修。因变频器故障严重，在显示器上无任何显示，又无此变频器的资料，他就对变频器的关键部位分析绘图，经过3个多小时的现场观察，终于发现是外接制动单元故障导致变频器过压。于是，项目组安排人去附近的城市花2000元买了一个现成的制动单

元，他调整了几个过压保护参数后，问题就解决了。难怪领导和同事们都说："他观察机械故障极其敏锐，哪有问题立马就能发现，而且从来都是直中要害，一剑封喉！"

"因为喜欢钻研，所以对铺架机械设计不合理的地方提出一些改造建议，改进后比较适合现场实际，好用。比起科技人员的改造，我这点事儿不值一提。"罗圣全谦虚地说道。

2008 年，罗圣全带领长征ⅡA 型铺轨机组开赴临策线。用机组人员的话说："这是一套老掉牙的设备！"按现有的机械性能每天最多只能铺 1 公里，根本无法保证日铺 3 公里的计划。但他并没有对这套老设备失去信心，利用多年的铺轨经验和积累的机电维修知识，率领机组人员给设备进行紧急会诊，制定出维修方案，并对铺轨机一号车进行改造，在原有基础上增加两根动力轴，使设备的爬坡能力大大提高，能够顺利通过 50 多公里的 12‰坡道。为了不耽误正常铺轨时间，他带领机组人员加班加点维修，连续作业时间最长达 48 小时，最终恢复了设备的主要性能，使这台老机械焕发了青春，也为按期铺轨赢得了宝贵的时间，随后又创造了日铺轨 4.8 公里的最高纪录和平均日铺轨 3 公里的好成绩。大家都说，临策线如果没有罗圣全这样的全能选手，要完成长达 300 公里的单线铺架作业简直难以想象！

"别看只有初中学历，但他特别刻苦，特别上进，经常学习到深夜，几乎把所有业余时间都用来学习。"领导和同志们这样评价他。

罗圣全至今还清楚地记得，刚参加工作时，他在北京新华书店购买了 900 多元的电工书籍，店员得知是个人购买，给打了 9 折。随后他又陆续购买了视波器、扫频仪、学习版 PLC、工业组态显示屏以及各种传感器，这些几乎就是他的全部家当。

罗圣全还自学了立体几何、平面几何、解析几何、高等代数、无线电、电脑、CAD 制图、PLC 编程。2015 年，他取得了重庆大学机电一体化大专函授毕业证书。

对电气技术零缺陷的那份执着追求让罗圣全在日常工作中不断寻求新突破，困难面前总是毫厘不让，但他对徒弟总是倾囊相授，毫厘不留，先后带出 23 名技术能手和业务骨干。他心里始终装着令他迷恋的电气技术，工友说："他为电而生。"电是他的人生动力，也是他的动力人生。

选自全国最美工匠获得者事迹材料

平凡中绽放的“和美”温馨

——记全国最美家庭获得者、中铁三局三公司埃塞俄比亚项目总工周国云

山宣

在落实国家“一带一路”建设，参与埃塞俄比亚援外建设中，三公司埃塞俄比亚项目总工周国云用亲情抒写责任，用奉献诠释品质担当，其家庭在平凡中绽放着“和美”，被山西省评为2019年度三晋“最美家庭”，2020年被中华全国妇女联合会评为全国最美家庭。

用亲情抒写责任。周国云常年坚守在国家“一带一路”建设的重点项目——中铁三局埃塞俄比亚项目工地，妻子刘勤在四川省泸州市龙马潭区金龙镇官渡学校任教。亲情与责任让一家人守望相助、相亲相爱。夫妻异国恋5年，异国婚姻生活4年，婚后仅有过3次短暂团聚，甚至还没有一张真正的全家福。妻子刘勤克服独自孕育、抚养孩子的艰辛，对异地生活的公婆嘘寒问暖，恪尽孝道，让周国云无后顾之忧地投入到国家“一带一路”建设中。周国云虽身在海外，但也时常在工作之余通过网络视频与妻子互诉衷肠，让妻子感受到他的关爱和挂念。岳父母心疼小夫妻，尽自己所能帮助他们照看外孙，让小夫妻能全情投入工作。有了家庭的坚强后盾，周国云全心全意投入国家“一带一路”建设。周国云用责任诠释本职，他提出的施工优化方案为单位实现盈利800余万元；他牵头为单位完成变更索赔近1亿元，实现盈利2000余万元；他被中铁三局评为“工程经济管理先进个人”。10年的海外工作锻炼，让周国云从一名群众成长为一名共产党员，从一名实习生迅速成长为一名优秀的海外项目总工程师。

用奉献诠释担当。面对海外疫情的肆虐、项目员工的恐惧、国内家属的担忧、外方员工的不配合，周国云用快速行动主动担当起海外战“疫”责任，冲在项目抗疫第一线。妻子刘勤鼓励丈夫科学防疫、安心工作。周国云积极组织项目员工科学防疫，努力争取外方员工的理解与配合，严格落实防疫责任，做好疫情下的员工心理健康关爱，确保员工身心安全健康。在海外疫情肆虐，防疫物资极度紧缺的情况下，他多方联系采购防疫物资和后勤食材，确保

项目防疫和生活物资充足。他主动将项目疫情防控和员工生产生活情况及时通报给国内家属，努力消除了员工国内家属的忧虑。在周国云的努力下，项目实现了员工“零感染”，员工与家属“双安心”，周国云个人还被单位授予“海外抗疫先进个人”。他用行动彰显了一名中国中铁党员领导干部的担当，书写了“最美家庭”的抗疫故事。

周国云一家相亲相爱，夫妻二人用真诚、善良和孝心换来了家庭的和睦、美满和幸福。他的家庭只是万千平凡的中国中铁“一带一路”建设者家庭中的一个，但他们用实际行动诠释了平凡中和美家庭的深刻内涵。

选自全国最美家庭获得者事迹材料

十年人生写真情

——记山西省道德模范、中铁三局运输分公司材料员张国全

潘盛祖

“执子之手，与子偕老。”这是每一对夫妻的誓言和愿望。在运输工程分公司物资设备管理中心，一个叫张国全的员工，用十年的不离不弃、患难与共，诠释了“相濡以沫”的真谛。在“榜样山西・第六届山西省道德模范颁奖仪式”上，他被授予“第六届山西孝老爱亲道德模范”称号。

张国全出生于1975年，现在正年富力强，但他却比同龄人看起来显得沧老，额头的皱纹清晰可见，憨厚的笑容里流露出一种坚忍和刚毅。从他平凡却感人的叙述中，我们看到了一位有情有义的铮铮汉子。

我会一辈子守护着你

2003年2月，张国全与郝晓荔结为夫妇。妻子郝晓荔是幼儿园的一名音乐老师，婚后小两口恩爱有加，儿子张晋昱的出生更给他们带来了无尽的欢乐。

2005年8月，一向健康的郝晓荔忽然感觉浑身无力，身上出现了很多红斑，辗转几家医院后，最终被确诊为系统性红斑狼疮。住院期间，一位护士悄悄告诉张国全，这个病根本无法治愈，还会有很多并发症，一定要有心理准备。护士的“预言”很快得到了证实。由于长期大量服用激素和免疫抑制剂，2008年4月，郝晓荔又被诊断为系统性红斑狼疮引发双侧股骨头缺血性坏死，而医院的结论斩钉截铁：无法进行手术，只能保守治疗。2014年9月，郝晓荔病情急转直下，再次被诊断为静脉血管血栓，医院曾一度下发病危通知书，这也意味着郝晓荔今后只能与药为伴，终生躺在床上生活了。

看着曾经活泼美丽的妻子不断被病痛折磨着，一种无法言语的痛楚时时撞击着张国全的

心，使他心如刀割。良心告诉他：她是我的妻子，无论如何都不能放弃。“现在我们不走运，以后的事就会顺了，这病肯定能治好。你放心，我会一辈子守护着你！”这句给妻子打气的话，一说就是十年。

全家人在一起就是幸福

自从妻子生病后，张国全每天早上不到 6 点就起床，收拾家务、买菜做饭、熬药、给孩子喂奶、换洗尿布衣物，孩子上学后，又增加了接送孩子的任务。尤其是妻子患双侧股骨头坏死后，为妻子穿衣服、洗澡、康复锻炼、端屎端尿，就成了他的“家庭作业”。

对于妻子郝晓荔来说，长年累月难以忍受的疼痛尚在其次，巨大的失落、深深的歉疚甚至无奈的绝望，时刻折磨着她、侵蚀着她，改变着她的脾气性格，她经常因为一点小事就会莫名其妙地发脾气。对此，张国全从来没有说过一句重话，总是默默地等妻子发完火再耐心地开导她。一有空，他就会上网搜集一些幽默笑话，或找一些有趣的事讲给妻子听，哄妻子开心。有时候，妻子觉得丈夫照顾自己太辛苦，自己活着也太遭罪，如果没有她这个“累赘”拖着，他应该生活得很好，她因此曾产生过离婚或轻生的念头。张国全急了：“你以后不要说这样的话，我是你丈夫，没本事照顾好你，已经很对不起你了。为了孩子、为了这个家，你一定要好好活着，没有什么能比全家人在一起更幸福！”

十年来，为了筹措医疗费，张国全把能借的亲戚朋友都借遍了，每天揣着干瘪的钱包在菜市场里“检阅”着那些既便宜又实惠的蔬菜，琢磨着怎样才能把这些菜做得更加可口。十年来，房子从结婚时买的 130 平方米换成 80 平方米，又从 80 平方米换成 60 平方米，房子越来越小，相依相偎的心却越来越近。十年来，为了不让妻子受风、受冷、受紫外线照射，他家的卧室从来没开过窗户，在闷热的酷暑能吹吹风对他来说都成了一件奢侈的事情。十年来，他给妻子熬的中草药能堆满整整一个屋子，可他连生病的时间也没有，不仅是不能，更是不敢……十年的真情呵护，十年的甘苦与共，谱写着一段不离不弃的夫妻真爱。

责任在清贫中矢志不渝

走进张国全的家，屋子里虽然散发着一股淡淡的中药味，但整个屋子非常干净整洁。客厅里摆着一架钢琴，墙上贴着儿子从小到大获得的各种奖状。卧室的床头柜上，各种药瓶摆放得井然有序，药瓶下面压着一张药物服用明细单，标明每一种药的用量、服用时间，有抗血凝类的、有防止骨质疏松类的、有增强免疫类的……累计有 9 种之多。“我每个月的工资也就刚够妻子吃药和孩子上学的，穿衣吃饭只好将就，日子过得虽然清苦，但只要撑一撑、挺一挺，也就过去了。”张国全说。

张国全在物资设备管理中心华都地产项目钢筋加工场工作，因为人手少，他不仅要负责原材料的进场验收、统计发放、半成品的管理及内业资料的编制，还负责机械设备维修保养工作。一年来，十余个型号、数十种规格、7000 余吨钢筋加工品，没出现过一次错发、漏发。刚开始时，机械设备维修对张国全来说是一个完全陌生的领域，但他坚持不会就学、不懂就问的原则，自己购置了相关书籍，对照各种机械设备琢磨它们的工作原理、构造，很快就把它们的脾性摸得一清二楚，没有一次因为设备故障延误施工现场的钢筋需求。

2014 年 3 月的一天，因为下午要用枕木搭建钢筋存放台座，张国全早早地送了孩子，来到钢筋加工场。此时工人们还没有上班，工地上显得格外寂静。这时，一个陌生的年轻人开着三轮车来到他跟前说：“哥们儿，我是这跟前儿村里的，借你们几根枕木用用，这点小意思你收着。”说着掏出 500 元钱就往张国全口袋里塞。张国全一把抓住他的手：“你想干什么？枕木是公家的东西，我没权力借给你！”年轻人讪讪地笑着说：“这儿没人，你别这么死心眼，再说我用几天就还你。”张国全严厉地警告他：“绝对不行！你再不走，我就不客气了！”年轻人被他的满脸正气慑服，只好灰溜溜地走了。

“人活得再穷也不能穷了志气。”这是采访中张国全说过的一句话。家庭重担落在他并不宽厚的肩膀上，压得他几乎喘不过气来，但他无怨无悔地坚持了十年。在他的心里，始终有一种善良、一种坚定、一种对美好生活的向往。自己再苦再累，也要坚持下去。

运输分公司宣传部供稿

担当是一种责任，也是一种胸怀、一种品格。

中铁三局坚持不懈履行企业的社会责任，始终把奉献社会作为自身使命。从唐山地震到汶川地震、玉树地震，从抗洪抢险到抗击疫情，从金秋助学到精准扶贫，三局人的“大爱”从不缺席，用实际行动彰显出一个负责任、勇担当、重承诺的现代企业形象。

责任担当

历史将永远铭记

——中铁三局赴河北唐山抗震救灾回眸

崔喜利

1976年7月28日，北京时间凌晨3点42分，唐山市地下的岩石突然崩溃了！断裂了！瞬间，整个唐山、整个华北大地在剧烈震颤。一场无法预料、无法阻止的浩劫发生了——唐山，华北著名的工业城市，只在一分钟之内，人类用无数时间和劳动所建树的成绩就毁灭了。受难者呼喊着苍天的不公，面对城市被毁灭的情景，国人惊愕了。

在这场突如其来的灾难面前，中铁三局人以大无畏的英雄主义气概，奉命迅速集结5000名将士开赴灾区，投入到分秒必争的抗震救灾之中。

震情就是命令，迅速集结奔赴灾区

地震当日，十万火急的电报传到太原，铁道部命令三局立即组织抢修队伍，开赴灾区参加抢修铁路的战斗。

救灾情况紧急，灾区如战场，时间，就是生命！时间，就是胜利！紧接着，由四处组建的1300人的抢修大队于7月28日傍晚、29日凌晨，兵分两路从北京冒雨出发，其中520人于29日上午9时第一时间到达唐山胥各庄，立即投入抢修京山铁路的战斗。

抢险队伍来到灾区，目睹被地震破坏的铁路，大家惊呆了：铁轨扭曲了，路基塌陷了，桥梁倾斜了，要恢复铁路开通，并非一日之功。可来自全国各地的救灾人员和物资的运输主要靠铁路。每位抢险者关心的是伤病员快速转移，灾区需要的物资及时运抵。强烈的责任感驱使抢险员工想灾区所想、急灾区所急，恨不得插上翅膀直飞灾区。

7月29日凌晨，局抗震救灾铁路抢修指挥部人员从太原出发，直奔灾区，担负起全局抗震救灾一线的领导工作。

7 月 29 日晚，由二处 1200 人组成的抢修大队从石太铁路出发，立即投入通坨铁路和卑水支线的抢修战斗。

8 月 5 日，由六处、七处各自组建的 1200 人抢修大队分别从沈丹铁路和邯长铁路直达灾区。六处承担京山线西段抢修任务。七处接受了一项特殊使命——挖掘清理唐山地区铁路住宅。

在这场没有火药味的特殊战斗中，抢修大队的临时党委、党支部真正发挥了政治核心和战斗堡垒的作用，临时团委、团支部起到了突击队和生力军的作用。组队之初，各单位员工争先恐后写请战书、决心书，有的还写了入党申请书、入团申请书，强烈表示："灾情就是命令，灾区就是战场，为了救亲人，天塌我敢顶，地裂我能平，为了千万人，甘愿我牺牲。"无私无畏的气概，惊天地、泣鬼神。许多员工把困难置之度外，毅然奔赴救灾抢险一线。

分秒必争、不惧困难、勇往直前，是三局抢险队伍始终保持的精神状态。二处抢险大队是从石太铁路工地组队直奔唐山的，因时间急促，前进的途中断粮了，一天半的时间里，每人只吃了一个半面包。大家挤在解放牌卡车上，又闷又热，又没水喝，还没有到达救灾现场，1000 多人就只剩下 800 多个面包了，水也不多了。怎么办？共产党员、共青团员首先站出来表态：困难何所惧，紧紧腰带就过去。半壶水从人们的手里传来传去，谁也不肯喝一口。到了灾区，他们又把面包送给了条件更为艰苦的医疗队。严重的地震灾害，使吃水极为困难，六处抢险大队想到灾区人民比自己更苦，主动把从北京运来的清水送给当地灾民，而他们自己却到远处拉发黄带味的坑水喝。

在灾区，抢险人员全身心地投入，无私地援助，深深地感动了灾区人民。他们成为在灾区扶贫解困、危难之时伸出温暖双手的天使。

舍小家为大家，大局意识随处体现

在抢险队伍中，我们有的员工家就在灾区，有的家中房屋倒塌，有的亲人伤亡，但他们想的不是自己一家，而是灾区千万家。

四处二段一队青年工人董希平，家住丰润灾区。队伍路过丰润时，领导劝他回家看看，他只向家的方向望了望，没有回去。二处四段工人赵仁、孟凡德家住玉田灾区。队伍路过玉

田时，停车四五个小时，工友们让他们回家看看，他们说："我们回去只能看自己一家，上前线抗震救灾是为了千万家。"他们毅然去了前线。七处工程师田永清，地震时正在唐山探亲休假，家里房屋倒塌，爬出来后他首先救的不是自己的亲人，而是隔壁的邻居。在他的努力下，唐山矿老工人张志友、熊桂英夫妻被救，自己家却有 3 人遇难。在我们的队伍中有数十人家就住在灾区，来到铁路抢险工地从没要求回家。铁路抢通了，组织上安排家住灾区的员工都回去看看。尽管他们看到房倒屋塌，或者亲人伤亡，但都提前返回救灾一线。舍小家为大家，他们的行为可歌可泣，催人泪下。

在京山铁路及各支线，三局数千将士不怕苦、不怕难、不怕疲劳、争分夺秒、昼夜奋战，提前圆满地完成了党中央、铁道部交给三局的铁路抢开通任务。

唐道线是一条地方铁路，在地震中遭到严重破坏。这条铁路对恢复唐钢生产，重建家园起着重大作用。二处、四处一丝不苟地遵循河北省政府的要求，从南北两段形成攻势，建桥、上砟、换轨……他们分别提前 8 天和 4 天完成了唐道线开通任务。

三局累计抢修铁路 181 延长公里。铁路开通是救灾者用血和汗成就的。在通坨线上，二处抢修一队转移工地在 40 里以外，他们不等不靠，迈开双脚向新工点进发。抢修四队争分夺秒连夜施工，没有照明就借着月光、点着火把奋战。抢修三队第一团小组的团员青年，连续工作 44 小时不下火线。六处抢修一队在抢修 16 号桥头时，为了保证路基质量，队长裴秀忠率先带领员工跳进一米多深的河里捞片石，冒着大雨到河滩上去背石砟，肩头都压出一道道血印，雨水、汗水和血迹交织在一起，但没有一个叫苦皱眉的。

唐山抗震救灾现场

被破坏的铁路陆续开通了，伤病员被转移到全国各地，救援物资迅速运抵灾区。轰轰作响的火车承载着三局救灾人员一片深情，给灾民送去了物资，送去了信心和精神，送去了全国人民的温暖，送去了重建家园的希望。

特殊突发事件，奉献精神发扬光大

地震无情，人间有爱。中铁三局广大干部和员工在同大自然的搏击中，不怕牺牲、勇于奉献、无怨无悔，让人感动，让人难以忘怀。

在铁路抢通、住宅清理工作结束后，没有来得及休息一下，从 8 月 23 日开始，四处、六处、七处 3 个抢修大队全部转入新的临时生产、生活房屋建设任务。四处任务是到 9 月末计划完成 12000 平方米，实际到 9 月 20 日就完成了 13187 平方米；六处任务是到 9 月末计划完成 6700 平方米，实际超额完成到 10070 平方米。特别是在唐山火车站候车室的抢建中，因工期要求一再提前，这座净空高、跨度大、要求严，面积 655 平方米的候车室，大家经过昼夜奋战仅用 17 天就完成了。七处任务是到 9 月末计划完成家属房屋 15000 平方米。他们在提前完成 1303 户住宅房屋清理任务后，8 月 18 日迅速转入新建家属房屋任务，到 9 月 18 日提前 12 天完成了 15197 平方米建房任务，还用 5 天时间抢建了一栋 450 平方米的乘务员公寓。

救灾者用汗水、用身心的付出取得了抗震救灾的胜利。时任三局党委书记刘圣化率领局党委慰问团，上工地，下工班，送来了上级和后方的期望与祝福。

9 月 1 日，中央在北京召开“唐山丰南地震抗震救灾先进单位和模范人物代表会议”，三局有两个先进集体和 6 名模范人物出席了大会。

当年的救灾者、亲身经历那场地震浩劫的人，回顾起那些不平凡的日日夜夜，仍然记忆犹新。三局抢险员工那种雷厉风行、敢打必胜的精神；那种无私奉献、无怨无悔的高尚情操；那种贯彻落实上级精神一丝不苟、坚强有力的高度组织纪律性；那种吃苦耐劳永不言败的优良传统；那种在特殊环境中不惧怕任何困难的“铁军”风采都历历在目。那场惊心动魄的抗震救灾过去 30 年了，可这些精神财富在今天新的历史时期，在创建健康和谐的企业中，在高标准铁路建设中都需要继承下来并发扬光大。

选自《铁路工程报》2006 年 7 月 28 日第 1 版

驰援玉树的三局人

——中铁三局电务公司青海玉树抗震救灾抢险纪实

王祥山

2010 年 4 月 14 日 7 时 49 分，青海省玉树藏族自治州发生里氏 7.1 级强烈地震，青藏高原上美丽的玉树顿时“支离破碎”，州首府所在地结古镇及附近区域的通信大面积中断，严重影响了抗震救灾抢险的全面展开。电务公司青海联通项目部全体员工获悉消息后，心急如焚，主动请战并迅速组成抢险突击队，连夜奔赴灾区参加通信抢险。他们冒着生命危险，转战于灾区各地，用实际行动诠释了三局人勇于担当社会责任、敢于挑战一切艰难险阻的勇气和胆魄，他们是三局的骄傲，令三局人自豪。

主动请战

地震发生后，项目经理高会军和员工从电视里看到倒塌的房屋、遇难的同胞和悲伤的群众，心里隐隐作痛，就好像听到废墟下传来生命的呼喊一样。“我们救援去！”“我去！”“我也去！”一股强烈的责任感和使命感在他们心中升腾。正当大家纷纷请战时，公司党委书记、董事长胡宏哲和总经理孙春生已经作出决定，要求兰州指挥部指挥长于绍忠立即组织人员参与抗震救灾。接到命令后，高会军立即赶到青海省联通公司请战，联通公司网维部部长赵丰说：“玉树受灾情况正在核实中，你们做好抢险准备，原地待命，随时出发。”14 日下午 4 点，联通公司领导发出抢险命令。出发前刘运尧总经理语重心长地对高会军说：“中铁三局电务公司是我们多年的合作伙伴，是经得起任何考验的队伍，你既是党员，又是退伍军人，由你代表联通公司负责组织、协调展开通信抢险，我们放心。”

晚上 7 点 30 分，一辆满载救灾物资和生活用品的汽车急速驶出了西宁。路上由于赶往玉树的车辆多，加上交通事故时有发生，严重影响了行进速度。饿了，他们就啃口馒头；渴了，就喝口矿泉水。距离灾区还有 200 公里时，地面开裂损坏严重，汽车在颠簸中缓慢前进，直到第二天下午 2 点才赶到结古镇。800 多公里的路程，他们日夜兼程跑了近 20 小时。

昼夜抢险

4 月 16 日，第二批抢险人员赶到灾区后，顾不上卸车，直奔现场展开抢险，当天下午就抢通了 1 座基站。当天，联通公司北京总部领导在抢险现场召开紧急会议，要求所有抢险单位和人员，要全力以赴抢险保畅通。为此，他们在联通公司的统一部署下，成立了故障查找、应急抢险和物资保障 3 个突击组，立即投入紧张的抢险之中。由于地震破坏，不仅联通网络损坏严重，而且光纤全乱了，需要调整网络。即使有的光缆未断，但电杆横倒竖卧，存在很大隐患。3 名应急抢险队员在王希忠的带领下，每天抬着熔接机、OTDR 测试仪表等设备，

中铁三局支援青海玉树抗震救灾

奔波在线路、机房等抢险现场，常常是这里还没抢通，又接到了新的命令，特别是军队及救灾人员探知有生命迹象后，在挖掘时一旦挖断光缆，他们立即扑上去处理，为抢救生命赢得了时间。联通公司网建部部长王充浩在看望大家时，眼含热泪哽咽着说："在大灾大难面前，三局人是好样的。"

抢险不分昼夜，救灾十万火急。在抢险的难忘日子里，抢险队员们早已没有了昼夜的概念，哪里光缆断了就奔赴哪里。一次，结古镇最关键的一个机房干线光缆突然中断，顿时，整个玉树全无信号，情况十万火急。此时已是第二天凌晨 2 点多，队员们虽然已两天两夜未合眼，但险情就是命令，他们立即奔赴现场查找故障，最后发现是机房设备故障，经过 1 个多小时紧张抢修，恢复了通信。"我们虽然十分疲惫，但是早一分钟抢通通信线路，就可能救出更多的同胞，是强大的精神力量在支撑着我们。"队长高会军接受采访时如是说。

挑战极限

玉树结古镇四周群山环抱，坐落在一个盆地里，平均海拔超过 4000 米。这里天气变化无常，一会儿刮风下雨，一会儿风雪交加，中午又十分炎热，夜晚温度都在零摄氏度以下。抢险队员们面临着高原缺氧、生活困难、施工难度大等极限挑战。4 月 15 日晚，由于帐篷尚未运上来，先期到达的高会军等人只是在汽车里迷糊了一会儿。即使后来住在帐篷里，也只是在地上铺一块彩条布，再放一个褥子，人睡在被子里面，好几次清晨被冻醒。因为太冷，杯子里的水经常是结冰的。

"生活上的困难都能克服，就是抢险施工时太难了。"参与抢险的司机贾青海一说起这些，记忆犹新。队员们来到灾区后，每天奔波在抢险一线，在一片片废墟上组立电杆，敷设、接续光缆，调试设备。在废墟上施工经常踩空，脚、腿都伤痕累累。有的基站在楼上，外观看似完好，但楼里墙体已经严重开裂，裂口处都能把手插进去，接续光缆时余震不断，那真是惊心动魄。由于大家精神高度集中在接续光缆上，对于余震和楼上掉下的碎片他们全然不知。由于高原缺氧，加上每天吃方便面、喝矿泉水，饮食无规律，很快有多人感冒，但大家吃药后继续投入抢险。

整个抢险中，队员时时刻刻都在向极限挑战。负责应急抢险的王希忠带领接续光缆的人员每天抬着设备爬山作业，在海拔 4000 多米的高原上，一会儿就气喘吁吁，浑身湿透。因为一天要跑好几个地点，衣服是湿了干，干了又湿，发馊后散发出臭味。由于没有水，队员们有的 10 天都没有洗过脸，更谈不上洗衣服了。

亲人慢走

4 月 29 日，电务公司青海项目抢险突击队在玉树鏖战了半个月后，接到了青海省联通公司要求下山休整的通知，此时，玉树结古镇的大部分通信已经抢通。在返回西宁路过收费站时，收费员看到是玉树抢险归来的队伍，肃然起敬，在向队员敬礼的同时，对他们说："亲人慢走。"这是一句普通的话语，又是一句充满敬佩、沉甸甸的鼓励，此情此景，深深地感动了这群坚强的汉子，顿时一股热流涌上心头，大家悄然流下了热泪。泪水里包含了他们对逝去同胞的悼念，包含了他们在抢险中的艰辛，也包含了他们对亲人的思念。

"亲人慢走"，是对队员的最高褒奖。他们是英雄，是真正的英雄。队员在灾难面前，听从指挥，忠诚企业，爱护群众，虽然在抢险中经历了千辛万苦，但他们无怨无悔。

队员下山离开玉树 50 公里后，走进一个小饭店，发现店老板眼神怪怪的。一回头大家看见镜子里的自己吓了一跳，镜子里的人个个黝黑、头发长、胡子拉碴，原来大家走时匆忙没带剃须刀，已经半月没刮胡须了。

"我们代表中铁三局在抢险，决不能丢三局人的脸，再难再苦我们都能战胜，因为，企业和广大员工是我们坚强的后盾。"这是参加抢险的队员的心声。是啊，自抢险开始，中铁三局集团公司领导和电务公司领导就高度关注。集团公司工会主席、副总经理董国斌多次打电话询问抢险情况并委托电务公司工会前往慰问，同时，还给抢险队员邮去了抗高原病药品。电务公司党政工领导也以不同方式，关心关注着全体抢险人员。因为他们的荣耀就是中铁三局的荣耀。

选自《铁路工程报》2010 年 6 月 11 日第 2 版

面对险情　中铁三局冲锋在前

局宣

一

2021年10月8日21时20分，经过50余小时的紧急抢修，随着一声振奋人心的汽笛声响起，一趟货物列车安全通过南同蒲铁路祁县至东观间的昌源河铁路桥。经过全力抢修，受强降雨影响中断行车的南同蒲铁路上行线抢通。

进入10月以来，山西省遭遇大范围持续性强降雨。其中10月2日至6日，山西祁县的降水量达到188.3毫米，日均和日最大降水量直逼历史峰值。10月6日9时50分，受强降雨影响，南同蒲铁路祁县至东观间的昌源河铁路桥桥台尾部路基被冲空、轨枕悬空，上、下行线路均中断。

接到中国铁路太原局集团的抢险通知后，中铁三局集团所属三公司、五公司、六公司迅速调配人员、机械、料具等争分夺秒赶赴抢险指定位置投入抢险，与各方救援力量一道，加快修复受损线路。

中铁三局集团公司高度重视此次抗洪抢险救援行动，主要领导及时赶赴现场，靠前指挥。10月7日、9日，集团公司党委书记、董事长郝刚和总经理李新远分别前往抢险现场实地查看情况，并同太原铁路集团领导探讨抢险方案，亲自指挥抢险救援工作。集团公司副总经理张民栓、总工程师何永义及相关部门、区域指挥部、子分公司有关负责人一同前往现场。

郝刚在抢险现场强调，一是各单位在抢险救援的同时绷紧安全这根弦；二是要根据险情情况，持续加强人料机的投入，确保按时保质完成抢险救援任务。

李新远在现场指出，要强化安全抢险措施，配合好太原铁路局开展抢险工作，同时做好抢险人员后勤服务保障工作，全力以赴恢复铁路通行。

抗洪抢险救援现场

10 月 6 日下午，由三公司副总经理带队，带领四总队、六总队管理人员及施工人员共计 78 人，调集机械、携带物资，连夜奔赴抢险救援现场。在认真调查掌握抢险危险点和解决措施后，三公司抢险队根据实际情况，按照抢险方案分工，迅速展开抢险救援工作。

五公司第一时间抽调公司就近项目的管理人员、施工人员 150 余名，组成抗洪抢险救援队伍，明确分工，连夜奔赴一线开展救援工作。调集挖掘机 5 台、装载机 6 台、推土机 4 台、自卸车 10 余台、小型发电机 10 余台、抢修工具 200 余套等相关防洪物资和施工配套机具。在此过程中，抢险救援队伍严格落实铁路安全卡控措施，确保全体人员的人身安全，全力有序开展抢修工作。

六公司共投入抢险人员 110 名，自卸车 120 辆，搬运石渣、片石共计 8000 方，配合机械将物料转运、抛填至垮塌地区。经过大家的连续抢险，10 月 9 日 17 时，影响铁路线路填筑的河坝已封堵成功，抗洪抢险取得阶段性胜利。

抢险过程中，中铁三局抢险队员充分发扬特别能吃苦、特别能战斗、特别能奉献的“铁军”精神，克服便道被冲毁、洪水冲刷、原材料短缺、作业面狭窄、阴雨天气等不利因素，

昼夜奋战，与时间赛跑，只为早一刻抢通线路。

作为驻晋央企，中铁三局将继续践行央企的责任与担当，全力以赴做好抢险各项工作，为快速恢复线路的正常运行提供有力保障。

南同蒲铁路全长 528 公里，是纵贯山西中南部的重要客货运输通道，日均开行列车 60 对，其中煤炭运输占南同蒲铁路货运量的三分之二以上，此次上行线顺利抢通对山西电煤保供运输提供了坚实的保障。

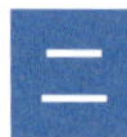

二

2021 年 9 月以来，山西省晋城市范围内发生多次强降雨，暴雨引发的洪水和泥石流冲毁了位于沁水县内侯月铁路线的多处路基，致使沿途路基滑塌，严重危及行车安全。

9 月 26 日，中铁三局集团公司接到太原铁路局的抢险救援电话后，由晋鲁豫区域指挥部统筹协调，建安公司、三公司、五公司、六公司分别抽调人员迅速成立了抗洪抢险指挥部。相关负责人员第一时间赶赴现场，会同侯北工务段人员研究并制定抢险方案，同时快速调集人员、机械、物资赶赴现场展开抢险工作。

集团公司在大秦铁路侯月线抢险施工中共投入挖掘机 6 台、装载机 2 台、指挥人员 35 名、抢险施工人员 870 名，自购钢管 490 根、圆木 1070 根、铁锹 260 把、编织袋 31500 个、彩布条若干，于 9 月 28 日 11 时 30 分前完成 K143+870 上行抢险工作，9 月 30 日 22 时 30 分前完成其余 3 处抢险工作，保证了侯月线按预定计划开通运行。

中铁三局驰援侯月铁路线抢险

因预测未来几日仍有连续降雨，为预防险情再次发生，集团公司晋鲁豫区域指挥部组织应急抢险人员于 331 省道区域主动待命。10 月 3 日 5

时40分，确定再无险情后，在保证现场留守值班人员充足的情况下，抢险人员及机械撤离，总历时5天16小时。

在本次抢险过程中，集团公司领导亲临抗洪抢险第一线，加强指挥协调，科学组织施工，带头攻坚克难，为抢险工作顺利推进提供了重要保障。参加抢险员工顽强拼搏，迎难而上，克服不稳定的天气因素，夜以继日，连续奋战，为侯月线的顺利开通创造了条件，赢得了时间。

太原铁路局董事长、总经理及相关领导来到抢险施工现场，对中铁三局集团公司参加本次抢险工作表示了感谢，并对三局的抢险工作给予了高度评价及肯定。集团公司收到太原铁路局发来的感谢信，感谢信中特别提出："中铁三局集团公司充分发扬了在危难时刻'特别能吃苦、特别能战斗、特别能奉献'的铁军精神，用实际行动体现出了'一方有难、八方支援'的中华民族传统美德，彰显了央企的责任和担当。"

中铁三局集团公司宣传部提供

与“死神”赛跑的48小时

——中铁三局桥隧公司茂县山体垮塌救援记录

张阳

受强降雨天气影响，2017年6月24日6时左右，四川省阿坝藏族羌族自治州茂县叠溪镇新磨村突发山体高位垮塌，造成该村河道堵塞2公里，40余户100余名群众被掩埋。

6时20分，与灾难擦肩而过、满心惊恐的景区工作人员王永长开车“闯进”中铁三局桥隧公司成兰铁路指挥部。从这里远远望去，地势稍高一些8公里外的事发现场依稀可见。

了解险情后，项目部迅速启动应急预案，仅仅10分钟，10余台大型机械、40名精干人员全部就位，紧急奔赴事发现场。途中，该部接到地方政府请求支援的通知，成为第一个到达现场核心区域并开展有效救援的央企单位。

这是一场与“死神”的角逐。面对惨烈的现场和随时可能发生的次生灾害，中铁三局桥隧公司成兰铁路项目部15名党员干部职工冲锋在前，发挥先锋模范作用，强忍悲痛清除表面巨石，搜寻幸存者迹象，积极配合后续专业救援队伍实施救援排险。上午11时左右，中铁三局抢险队在一辆变形的农用车下发现生还者迹象，配合专业救援队伍救出3人，其中2名幸存。

四川省阿坝藏族羌族自治州茂县巨大山体滑坡救灾现场

发现幸存者的消息让所有救援人员为之鼓舞，但事发区域道路堵塞，供给资源十分有限，最早进入抢险核心区域的中铁三局抢险大型机械仍然无法满足现场需要。抢险队员冒着随时发生二次坍塌的风险，挽起袖子、徒手扒石。手套破了、铁锹弯了、动作僵了都无法阻挡救援人员搜寻生命的渴望，大家只有一个信念，多一分钟的坚持，受困的乡亲就多一分生的希望。

到 24 日 15 时，中铁三局桥隧公司救援人员已连续奋战了 8 个多小时，粒米未进。18 时，救援队人员撤出外围待命，大型机械仍然固守在抢险一线，在灯火通明中继续搜索生命的希望。在第一天的抢险救援中，中铁三局桥隧公司成兰铁路项目部干部职工始终冲在疏通救援通道的第一线，清除土石方近万立方米。

6 月 25 日，按照茂县现场救援指挥部统一指挥，中铁三局救援工作的重点放在疏通现场救援通道上。当日上午 11 时 30 分许，四川省委书记王东明，省委副书记、省长尹力，省人大常委会副主任、阿坝州委书记刘作明等领导在救援现场勘查完毕后，与参与现场救援的中铁三局干部职工亲切握手，并称赞说：“你们中铁三局好样的，灾难发生后，第一时间赶到现场救援，了不起！”

当日 14 时，中铁三局救援人员终于在现场 800 万方碎石中开辟出第一条通道，被困在松坪沟景区的最后一批游客在救援人员的引导和帮扶下走出了大山。他们向救援人员挥手致谢，叮嘱这些可敬的人千万注意安全。

游客平安脱险，在救援核心区域连续奋战了 30 个小时的挖掘机司机却再也支撑不住，在等待换班司机到来的间隙，靠在铲斗里睡着了。不时有急匆匆走过的武警战士放慢脚步，回头看看他们。在与“死神”的角逐中，他们已是并肩的战友，是生命的守望。

选自《铁路工程报》2017 年 7 月 1 日第 2 版

一定让猯窝村成为全县脱贫红旗村

华言　进军

编者按：自 2015 年精准扶贫战略全面实施以来，在山西省委省政府和中国中铁的领导下，中铁三局集团公司履行社会责任，发挥央企优势，认真贯彻落实年初“省干部驻村帮扶工作推进会”精神，扎实推进山西省保德县、神池县等地乡村的扶贫工作。特别是由中铁三局委派代表中国中铁进驻山西省忻州市保德县韩家川乡猯窝村挂职的第一书记刘小营，依靠“办实事，解民忧，改观念，寻发展，抓党建”提高帮扶力度，取得显著成效。

昔日老区贫如洗，今朝故土换新颜。

山西忻州市保德县一直是全省有名的贫困县，近年来在各方的帮扶下有了重大改观。2019 年 4 月，保德县实现全县脱贫。2020 年 7 月 14 日这天，记者见到了由中铁三局委派代表中国中铁进驻山西省忻州市保德县韩家川乡猯窝村挂职的第一书记刘小营。“今年 6 月，保德县在全县 222 个行政村中评选出 6 个脱贫红旗村，猯窝村榜上有名且排名全乡第一，当初的愿望终于实现了。”刘小营那黝黑的脸上挂满了自信的笑容。

办实事，解民忧，真心帮扶暖人心

刘小营是地道的农民家庭出身，大学毕业后他怀揣的梦想就是要做一个对社会有用的人。刘小营 2018 年 8 月挂职前任中铁三局六公司团委书记、经营开发部副部长，先后获得中国中铁“优秀团干部”“青年岗位能手”以及中铁三局“优秀共产党员”等荣誉称号。

“做人要诚实守信，做事要踏踏实实，要做一个对社会有用的人。”刘小营时刻都把父母的谆谆教诲谨记于心。来到猫窝村后，刘小营看到猫窝村比自己小时候生活的农村还穷，很是着急，发誓一定要让猫窝村尽快脱贫，成为全县的红旗村。刘小营开始了他的暖心行动。心系贫困户，与贫困户同吃、同住、同劳动。

保德县地势高低起伏，交通不便。刘小营驻村第二天的晚上，一个贫困户因膝盖骨骨折向他求助，他二话不说，直接开车送其到县城就医，当安顿完一切默默离开时天已亮了；还有一次凌晨 3 点，一个村民肾结石病症突发，刘小营得知消息后，第一时间驾车带着村民去县城就医，受医疗条件限制，又辗转送其到省外医院医治，村民病情、症状及时得到控制。诸如救村民于危难之时的例子不胜枚举。平日里，他的私家车就是猫窝村的“公交车”，接送村民到乡镇和县城办事成了他的常态化工作。

为改善村民身体健康状况，切实提高帮扶力度，2019 年 4 月，通过刘小营的积极努力，中铁三局中心医院的 4 名专家和 10 名医务人员组成的体检医疗队来到猫窝村，为全村常住的 35 户 75 人进行了免费全面健康体检并及时出具报告，对症下药，提前有效控制村民身体健康隐患的发展。

根据村里老年人居多的特点，刘小营手把手教村民使用智能手机，感受现代生活魅力。从开关智能手机开始，接打电话、存储号码、拍摄照片、连接 Wi-Fi、接收信息、安装微信、语音视频聊天、查看天气、发表朋友圈、线上充值缴费、地图导航、网上购物等，他都不厌其烦地一遍一遍讲给村民们听。他还购置扶贫政策、疾病预防、紧急救治、生活小窍门、党组织建设、健康养生等方面的图书累计 300 余册，设立村民学习交流园地，丰富村民精神文化生活。村民都说：“小刘书记是个好后生，有他在，我们的生活太方便了。”

改观念，寻发展，落实产业见实效

只要思想不滑坡，办法总比困难多。自信满满的刘小营勤于思考，因地制宜，用新思路点亮村民生活，真正为民排忧解难。

让猫窝村快速脱贫这根弦在刘小营心里始终绷得紧紧的。2019 年以来，他通过网络渠道帮助村民销售各类农产品累计超过 3 万元，共惠及建档立卡贫困户 12 户。

2020年4月，保德县王家岭至韩家川扶贫公路正式开工建设，但在原设计中，这条路与猫窝村“擦肩而过”。刘小营得知施工单位是中国中铁子公司中铁设计后，第一时间联系相关设计负责人，带领村“两委”主干多次请设计人员到村里实地考察，积极推荐改线方案。经过多次努力沟通，扶贫公路由原先绕行猫窝村改为与入村主干道并线通行方案，新方案大大减少了征拆工作量，也直接导致投资增加了2000余万元，这对猫窝村的后续发展将发挥重要作用。该公路为村民出行提供方便的同时也为下一步沿线餐饮、住宿、汽修等产业创造了机会。

2020年5月，当“从认购一棵枣树开始”这条信息在朋友圈发出之后，刘小营的好朋友很快就认购了枣树。除了出于友情支持以外，他们也觉得这个事情靠谱，300元认购一棵，保底有50斤红枣包邮到家，为扶贫尽一份力的同时，还能以枣树成长记录为素材培养孩子的兴趣，一举多得。

刘小营琢磨着每次带着村里的“队友”——村“两委”主干们一起做事，就是希望自己挂职期满后，有人能接过猫窝村发展的接力棒。2020年6月，刘小营通过网络联系机制木炭设备制造厂家，并个人出资带着村“两委”主干和村民代表到河南郑州进行实地考察，确定当年的集体产业发展方向。初步实施方案已确定，该项目目前已正式投产。枣树为当地特有资源，利用每年修剪下的树枝，就地取材，变废为宝，每年产值可达10万元以上，可惠及30多个贫困户。

抓党建，筑堡垒，不负韶华争朝夕

抓基层党建是第一书记的第一要务，刘小营从提高基层党建工作的数量和质量入手，严格执行“三会一课”制度，规范党组织生活纪律，定期开展支部主题党日活动。

猫窝村综合服务中心是中国中铁捐建、中铁三局承建的项目，受到广大村民一致称赞。按照集体“四议两公开”决策制度，经过党支部提议，“两委会”商议，党员大会审议，村民大会决议，项目于2019年11月开工建设，2020年5月竣工完成。建设村级综合服务中心，旨在改善村民人居环境，提升村民生活质量，满足村民精神文化需求。服务中心建筑面积约 300 平方米，浴室、活动室、餐厅、厨房、宿舍等一应俱全，家用电器、厨房设备等均配套完善，解决了村内公共服务设施匮乏问题，已达到村民在家门口即可享受和城市生活服务水平一样的标准，同时具备探索发展农村就地养老模式条件，进一步解决外出务工人员的后顾之忧。

猫窝村村民送锦旗

2019 年 4 月，刘小营主动要求对村里因儿子患大病致贫户王存兵进行“一对一”结对帮扶，为该户内三人申请办理低保救助，帮助其办理医疗报销和慢性病补贴，为该户申请大病医疗救助补贴和相关市、县级医疗救助，为其在村内设置公益性岗位增加收入，帮助其联系保德好司机协会参加培训取得驾照，拓宽就业渠道。经过一年来的帮扶，该户于 2020 年 6 月脱贫摘帽，至此，猫窝村全村贫困人口数量清零。

“我们这个村近两年来发生的巨大变化，多亏了中国中铁，多亏了小刘书记。我们的衣食住行都和时代接了轨，不光生活上脱了贫，精神上也脱了贫，让我们老有所依，老有所乐。我们现在很有幸福感啊！”今年 63 岁的韩老伯边说边竖起大拇指，话语中充满感激之情。

经过两年来的努力，刘小营同志荣获保德县 2019 年“五一劳动奖章”荣誉、保德县 2019 年度优秀“农村第一书记”称号；猫窝村党支部连续两年被评为全县“优秀基层党支部”，2020 年获得保德县“红旗党支部”称号。刘小营已经把猫窝村当成了自己的家，把贫困户当成了家人。他用实际行动带领着猫窝人一步步实现脱贫摘帽，发展乡村振兴之路，快速奔小康。

选自《铁路工程报》2020 年 8 月 7 日第 3 版

为灾区学生筑起希望工程

——郑州铁路技师学院安置 30 名灾区学生纪实

郎军

15 岁的寇磊，在四川绵竹东汽高级技工学校 08 电焊班上学，他的学习成绩一向很好。2008 年 5 月 12 日 14 时 28 分，他和班里 29 名男生正在上体育课，地震发生了，校区的房屋全部坍塌。他在日记里写道：“以前富丽繁荣的绵竹顷刻间化为灰烬，美丽的校园变成一片废墟。”他们的上学梦也被打破，孩子们开始帮助父母重建家园。

6 月 26 日，孩子们接到班主任的电话，全班要被转到郑州铁路技师学院进行为期 3 年的学习。喜讯迅速传递，家里人相拥而泣。

2008 年 6 月 20 日，郑州铁路技师学院接到河南省劳动和社会保障厅下达的接收四川绵竹东汽高级技工学校 30 名学生转移就读的任务。学院连夜迅速召开了领导干部会议，提出一定要高质量完成这项光荣而艰巨的政治任务，成立了以党委书记、院长陈虎顿为组长，党委副书记、纪委书记郎重敏为副组长的工作领导组，并成立了伙委会，挤出专项经费，腾出 5 间宿舍，安排 6 人一间，而学院的学生们则是 8 人一间；夜以继日粉刷墙壁，铺设复合板，并安装了空调，配齐床上用品，小到牙膏、毛巾、卫生纸等生活用品一应俱全，还为学生统一购买了服装，设立了一间有电视、体育器材和图书的活动室。郑州铁路技师学院是此次河南省安置灾区学生的郑州市唯一一所学院，这是对学院办学能力的充分肯定和信任，更是对全校教职工的鼓舞。

6 月 28 日 21 时 10 分，四川绵竹东汽高级技工学校转移的 30 名学生到达郑州车站，院领导陈虎顿、郎重敏和 30 余名师生手捧鲜花到站台迎接，因火车晚点，他们已等候了 5 个小时。

6 月 29 日上午，学院召开了欢迎东汽高级技工学校学生大会，全体师生为灾区遇难同胞默哀 1 分钟。院领导鼓励学生调整好心态，把学院当成自己的家，认真学习。当时正值暑假期间，相关教职工放弃休假迅速到位，给灾区学生创造了一个优越的学习生活环境。

一名学生在刚来时的日记里写道："我们将行李放好后，老师带我们到食堂就餐，两排桌子上尽是好吃的和各种饮料，那晚我们饱饱地吃了一顿，这是地震发生后吃得最好的一顿饭。晚上睡在为我们准备的席子上，那天晚上我睡得好甜好香。"

对口支援转移就读的30名学生大都来自农村，地震后家庭非常困难。郑州铁路技师学院承担了全部路费和一切学习生活费用，每月为学生提供360元的伙食费用，发放150元日常生活费、30元电话卡。在08电焊班的教室里挂着一幅标语：坚定信心，立志成才，学好本领，重建家园。教室里安装了空调，桌椅全部崭新，并配备了电视机，让他们随时了解家乡的信息和观看奥运会。学院制订了详细的教学计划，7位代课老师放弃休假认真授课，包括思想引导和专业教育。30名学生都是男生，刚开始，上课期间有学生学习不认真，心不在焉，有在课堂上玩手机的现象。班主任和辅导员积极做好学生思想工作，并单独谈话，加强课堂纪律，严格作息时间。授课老师耐心讲解，激发他们的学习兴趣。为了掌握学生们的学习状态，学院领导经常在上课时悄悄到窗外观察，这感人的一幕孩子们都发现过，但他们装作没有看到。

为了让学生放松心情，进入学习状态，学院还每周组织学生出去游览，先后到河南省博物院、郑州市科技馆、黄河游览区等地参观。全体同学精神愉悦，增强了学习的信心。

8月8日，学院组织学生们在食堂举行茶话会，共同观看奥运会开幕式，并号召他们向

郑州铁路技师学院召开欢迎东汽高级技校学生大会

体育运动健儿学习。这些平均年龄只有16岁的学生在学院度过了几个月的时间，生活能力得到锻炼，他们学会了洗衣服，被罩、床单洗不了，学校就安排洗衣房洗。他们学会了节俭过日子，每月发的150元零用钱交班主任保管，互相监督花钱，他们都记了一本账，上面写着买衣服、水果、书本的花费。他们学会了互相关心，生活上互相照顾、亲如兄弟，学习上互相辅导，有人生病去陪同，还帮忙理财。17岁的班长崔杨组织能力强，在学生中是大哥哥，为老师分担了不少工作。16岁的团支部书记李坤把宿舍管理得有条不紊。刚来时他们给家里打电话时哭声一片，后来都在电话里说学院对他们如何好，欢声笑语在宿舍里传递着。

9月正式开学后，学院选派心理学专业毕业的本科生范喜平担任班主任。24岁的范喜平对学生照顾得无微不至，周六、周日没事时都和孩子们在一起，发挥他的专业特长，经常和孩子们交谈，打成一片。他经常和家长电话沟通，汇报学生的学习生活情况，深得家长们的信任。学校教职工一有时间就来看孩子们，百般照顾，像对待自己孩子一样热心。

中秋节，班里同学自发组织了文艺晚会，孩子们欢快地歌唱、演讲、讲笑话，气氛热烈，班主任范喜平应邀参加，同学们没有一点拘束，歌声、笑声洋溢在教室里。这歌声，这笑声，是发自心底的，是从家里传出来的。

在采访中，一谈到孩子们，陈虎顿和郎重敏都显得异常高兴，滔滔不绝地说他们的事，这些孩子都深入到他们的内心里，他们甚至能叫出每个学生的名字。陈虎顿说："孩子们来学院几个月，都突然间长大了。"

9月18日，在学院组织的"情寄灾区学子，真诚奉献爱心"金秋助学仪式上，中铁三局集团公司工会主席、副总经理董国斌发表了感人的讲话，亲自向学生每人发放了1000元慰问金，并赠送了羽绒服和图书等慰问品。学生寇磊在日记里写道："中铁三局对我们太好了，经常打电话询问我们的情况，在这里我们感受到了家一样的温暖、亲人般的关怀，不但解决了学习方面的问题，还得到了1000元慰问金。以后我们要更加刻苦学习，自强不息，不辜负中铁三局和学院的厚望，立志成才，回去建设美好的家园。"

郑州市二七区淮河路办事处、陇海社区领导到学院慰问灾区学生，认真查看了学生教室、实习车间、宿舍和食堂等学习生活场所，对学院为灾区学生提供的良好条件非常满意。

国庆节前夕，孩子们要求利用假期回乡探亲，学院请示了省厅后同意他们回家。考虑到路途远，学院放假 15 天，用校车将孩子们送到车站，经过 3 个月的融洽相处，在站台上送行的老师和孩子们都哭了。

学生张志豪在日记里这样写回家的感受：“家乡正在重建家园，收割庄稼，人们已经从地震的阴影中走出来重新面对生活。灾难是不会长久的，不能全靠国家和人民，我们应该坚强起来学会自救。”王彦迪在日记中写道：“离家 3 个月，终于回到家乡，看到的都是整齐的板房区，我竟然迷了路，原来家的地方已经建成了地震博物馆。”地震在孩子们的心中留下的伤痛一辈子都不会被忘记，但给这些孩子增添了无尽的力量，让他们学会去面对生活，改变生活。

天灾无情，人间有爱。自 5 月 12 日汶川大地震后，郑州铁路技师学院师生情系灾区，慷慨解囊，踊跃捐款，广大党员积极缴纳特殊党费，共计 7.2 万元。而今，学院以实际行动为灾区贡献力量，尽到了一份社会责任。为期 3 年的学习，让孩子们健康、阳光地成长，为服务灾区人民积蓄力量。

选自《铁路工程报》2008 年 11 月 7 日第 3 版

疫情就是命令　防控就是责任

——中铁三局全力以赴坚决打赢疫情防控阻击战

华言　山菊

2019 年 12 月，一场突如其来的新冠肺炎疫情席卷华中地区最大都市武汉，波及全国。疫情发生后，习近平总书记高度重视，作出一系列重要指示，多次主持召开会议，对疫情防控工作进行研究部署，提出明确要求。习近平总书记强调，要紧紧依靠人民群众坚决打赢疫情防控阻击战。只要坚定信心、同舟共济、科学防治、精准施策，我们就一定能打赢疫情防控阻击战。

作为央企一分子的中铁三局义无反顾地投入到这场战“疫”中。

快速反应抓落实

疫情就是命令，防控就是责任。中铁三局从讲政治的高度重视疫情防控工作，第一时间作出反应，于 2020 年 1 月 22 日将《关于切实做好新型冠状病毒感染的肺炎疫情防控工作的紧急通知》（国资党办〔2020〕1 号）及时转发至中铁三局集团公司所属各单位，并下发《中铁三局关于坚决贯彻落实习近平总书记重要指示精神　做好新型冠状病毒感染的肺炎疫情防控工作的紧急通知》电报。

同一天，在中铁三局党委常委会上，专门讨论研究了“中铁三局关于坚决贯彻落实习近平总书记重要指示精神及国资委、中国中铁要求，做好新型冠状病毒感染的肺炎疫情防控工作”，要求各单位要坚决贯彻习近平总书记重要指示精神，落实李克强总理批示和全国新型冠状病毒感染的肺炎疫情防控工作电视电话会议要求，要全力配合地方政府做好疫情防控工作；要提高政治站位、加强组织领导、采取有力措施，坚决做好疫情防控工作，切实保障员工身体健康和生命安全。

面对日趋蔓延的疫情，国有企业必须坚决听党指挥，增强“四个意识”、坚定“四个自信”、做到“两个维护”，按照党中央统一决策部署，把疫情防控工作作为当前最重要的工作来抓，在认真细致做好疫情防控的同时，积极履行政治责任、社会责任，为抗击疫情发展多出力、多作贡献。中铁三局决心全力做好全公司疫情防控工作，在打赢疫情防控阻击战中发挥应有作用。

2020年1月23日，中铁三局集团公司成立疫情防控领导小组，组长由集团公司党委书记、董事长郝刚和总经理、党委副书记李新远担任，副组长由工会主席、副总经理马文亮担任，成员由集团公司各部门负责人组成，负责疫情防控过程中的领导和协调工作。各单位主要负责人要履行第一责任人责任，班子成员要“一岗双责”，把员工生命安全和身体健康放在第一位，坚持底线思维，强化风险意识，全力以赴、科学有效抓好疫情防控，防止疫情扩散蔓延，集团公司各单位，特别是武汉经营中心和在鄂项目，在春节期间要减少人员流动，避免非必要的人员聚集，确保全体员工度过一个安定祥和的新春佳节。

1月28日上午，集团公司党委书记、董事长郝刚，党委副书记、总经理李新远主持召开集团公司应对疫情防控工作专题会议，专题研究部署进一步贯彻落实习近平总书记在1月25日中央政治局常务委员会召开的会议上所作的关于新型冠状病毒感染的肺炎疫情防控工作重要指示和党中央、国务院的最新部署，以及国务院国资委、中国中铁股份公司有关疫情防控工作的各项最新要求，就坚决落实好各项防控措施、全力做好疫情防控工作、坚决打赢疫情防控阻击战提出明确要求。

中铁三局党员领导干部特别是主要领导干部深刻认识到做好新冠肺炎疫情防控工作的重要性和紧迫性，把人民群众生命安全和身体健康放在第一位，把疫情防控工作作为当前最重要的工作摆在第一位，坚定不移把党中央各项决策部署落到实处。各级领导坚守岗位、靠前指挥，及时掌握疫情，及时采取行动，全力以赴，坚决打赢疫情防控阻击战。

积极行动严布控

中铁三局集团公司在疫情防控中特别注重加强协调联动，发挥整体合力。集团公司党委书记、董事长郝刚和党委副书记、总经理李新远带头抓疫情防控工作，坚持春节假期不休息，

值班带班工作，及时解决实际问题，实行疫情“零报告”制度。集团公司所属各单位，特别是武汉经营中心和在鄂项目，坚持 24 小时值班制度，每天下午 5 点前各单位疫情信息报送集团公司，下午 5 点半前将疫情信息一并报送股份公司总值班联系人，坚持“零报告”制度，信息反馈及时、准确，确保形成全局上下联动、联防联控联治的疫情防控工作格局。

1 月 30 日，中铁三局集团公司针对疫情防控召开专题会议，对疫情防控工作进行再安排、再部署、再落实。各单位严格控制人员流动，原则上不安排人员到疫情严重的地方出差，不组织大型集体活动。值班人员要坚守岗位，接收到有关疫情的信息应及时向集团公司值班室报告，确保信息反馈及时准确，政令畅通。

中铁三局目前有 400 多个在建项目分布全国各地。各级领导和员工扛起政治责任，快速行动，采取有力措施，快速有力做好疫情防控工作。项目部及时向广大员工和施工队伍发放了口罩、消毒剂等卫生防护物品，坚持每天对工地生活区、工作区进行消毒防疫，加强对项目管理人员、作业人员的卫生教育，广泛开展新冠肺炎预防知识的宣传普及；项目部严禁外来人员和车辆进出工地，每日对驻地人员进行体温监测，并实时反馈疫情防控情况信息；项目部还积极做好工地生活、工作的基本保障，并购买了治疗腹泻等的药品。

中铁三局坚持科学合理安排生产经营管理，根据疫情及时调整生产经营计划，统筹谋划好节后生产经营工作；各单位提前采购储备口罩、消毒液等物资，工作场所配备必要的防护物品、设施，加强通风、消毒等防控工作；协调督导好各招商合作单位、施工单位加强疫情防控工作；主动配合各地方政府做好监测、登记、报备工作；加强办公场所、员工宿舍、食堂等场所的卫生防疫工作；及时关注、关心身处疫区的员工和湖北籍员工的身心健康，真正做到了疫情防控无死角。

防疫测温

1 月 23 日下午，中铁三局武汉地铁项目留守农民工韩玉山出现发烧咳嗽症状，经医院检查被诊断为新冠肺炎疑似病例。项目部迅速启动应急预案，采取隔离措施，把疫情控制在最小范围内。项目经理唐锁专门收拾项目部偏院独栋房屋给韩玉山隔离居住，并为他提高伙食标准，提供营养丰富的食物。隔离期间，唐锁非常关心韩玉山的生活，经常给他鼓励和安慰。唐锁的父母、妻子、孩子正在项目部探亲，妻子还怀着身孕。唐锁同志冒着被感染的风险，想尽办法，克服了物资、医药短缺等困难，保证了疫情的可防可控。经过几天的悉心照料，韩玉山体温恢复正常，咳嗽明显好转。

中铁三局要求在湖北省境内有施工任务的单位和武汉经营中心按照当地政府的统一安排部署，落实领导责任，加强人员管控，严密掌控本单位（项目）流出人员的健康状况并逐级上报，切实做好隔离观察，严防疫情扩散，严格按照疫情管控的要求做好各项工作。各单位要提前筹建应急队伍，随时听取地方政府和建设单位调遣，做好承担医疗基础设施建设任务的准备，特别是在疫情较严重地区的单位要及时响应地方政府相关疫情防控工作安排，排除一切困难支持地方防疫设施建设。

全力以赴战疫情

为进一步贯彻落实党中央、国资委、中国中铁有关疫情防控的决策部署，中铁三局在做好本单位疫情防控工作的同时，积极配合各地政府，充分调动各类资源，全力投入疫情防控阻击战，切实履行央企使命责任，在疫情防控阻击战中当先锋、作表率，确保党中央重大决策部署贯彻落实，让党旗在全集团防控疫情斗争的第一线高高飘扬。

基层党组织主动承担起疫情防控“第一道防线”责任，切实发挥政治引领优势，把广大党员和职工群众全面动员起来，发扬不畏艰险、无私奉献精神，坚定站在疫情防控第一线，做到哪里任务险重，哪里就有党组织坚强有力的工作，哪里的党组织就发挥坚强战斗堡垒作用，真正把各项防控措施覆盖到每一个支部、落实到每一名党员。切实发挥组织协调优势，密切配合地方党委、政府、基层党组织做好联防联控和境外疫情防控及国内支援配合等各项工作。

中铁三局党委发挥宣传思想工作优势，积极做好舆论引导，用好企业官方媒体等新媒体，主动发声、正确发声，把党中央、上级党委和集团公司党委各项防控部署及时宣传到位。他

疫情防控志愿者

们通过“三局微视”以及微信群、公众号、各级网站、新媒体等形式，推送了《抗击新型冠状病毒，中铁三局在行动》专题、疫情防控资讯、防控知识手册等，传达上级指示，及时关切员工所需，及时帮助解答疫情防控各类问题，努力营造齐心协力打赢疫情防控阻击战的浓厚氛围。及时总结宣传各级党组织和广大党员干部在疫情防控斗争中涌现出的先进典型和感人事迹，发挥典型示范引领作用。坚持党建带工建、带团建，充分发挥群团组织作用，全面落实联防联控措施，构筑群防群治严密防线，努力汇聚起万众一心、众志成城、全力以赴、共克时艰的强大正能量。

中铁三局集团公司印尼雅万铁路项目部全体员工在科学合理组织施工生产的同时，积极履行企业政治责任和社会责任。项目部果断延长了国内员工放假返岗时间，严禁项目部员工随意出行，施工作业人员必须佩戴口罩进入现场施工作业；同时筹措资金，购买1000只口罩，向祖国提供支援，为帮助疫区尽快渡过难关出一份力。项目部党支部和雅万印尼人事部积极联系印尼万隆市劳动局、卫生局、医院召开雅万高铁疫情防控专题会议，主动展示国内疫情防控的突出成效和项目部疫情防控的务实举措，增强当地民众对雅万高铁建设的信心和支持，彰显疫情防控工作中的中国速度、中国担当、中国效率。

中铁三局广大党员干部以对自己负责、对家人负责、对企业负责、对全社会负责的态度，积极投身疫情防控阻击战。他们身体力行，勇于担当，争当执行防控措施的表率、争当维护社会稳定的表率、争当坚守岗位履职尽责的表率，做到守土有责、守土担责、守土尽责，组织凝聚广大员工构筑起联防联控的严密防线。

选自《铁路工程报》2020年2月27日第1版

驰援武汉　中铁三局在行动

山菊　华言

自新冠肺炎疫情发生以来，中铁三局集团公司党委高度重视，坚定不移把党中央各项决策部署落到实处。他们加强组织领导、采取有力措施，坚决做好疫情防控工作，挺起央企脊梁。

战“疫”时刻，他们是最美逆行者

中铁三局集团中心医院在疫情防控中始终走在队伍的前列。他们放弃春节假期，用实际行动筑牢办公区及社区疫情防控的安全线。特别是面对武汉重灾区的严峻形势，200 多名医护人员争相递交请愿书，要求到抗“疫”一线去战斗。

2020 年 2 月 3 日、9 日、15 日，中铁三局集团中心医院医护人员张婷、智彩霞、刘宏斌 3 位同志先后成为山西省支援疫区的医护人员。其中，张婷被分配到山西省太原市第四人民医院进行抗击疫情工作，智彩霞和刘宏斌随山西省援鄂医疗队奔赴湖北支援抗“疫”一线。中铁三局集团公司党委书记、董事长郝刚，党委副书记、总经理李新远，工会主席、副总经理马文亮等为英雄送行并嘱托：“作为代表中铁三局的医务人员，一切行动要服从指挥，你们在前线‘打仗’，在救治患者的同时也要做好自我保护，保护好自己才能救更多的人，中铁三局就是你们坚强的后盾，等着你们平安归来……”

据张婷介绍，进入医院隔离间，她开始和上个班次的医护人员交接工作、巡查病房。这里的病人，所有治疗都是要严格定时定点的，早上 6 点就要开始治疗，所有采血的病人要在 6 点之前完成采集工作。由于戴着护目镜，每一项操作就算在再亮的灯光下也不清晰了，更何况早上病人都是刚醒，不愿意让开顶灯，都开的是床头灯。微弱的灯光、模糊的视线，还要进行精准严格的无菌操作。“此刻我已经感受不到内心的恐惧、隔离室的危险，也感受不到口罩、帽子勒得耳朵疼，口罩压得鼻梁和脸疼，只想减轻患者痛苦一次性完成操作。隔离室的工作是忙碌的，忙到感觉不到时间，等到下一个班次来接替我们时才发现已经过了5个小时了。”

疫情暴发后，36岁的护士长智彩霞第一时间报名请求去支援。2月9日凌晨两点，她临危受命支援武汉。她说：“我是一名共产党员，最危险的任务，共产党员先上。院里第一时间报名的医生护士还有很多，大家都跟我一样想尽一份力，希望我能替他们完成这项重要的任务！”在武汉的这段时间里，让智彩霞最高兴的事，就是看到患者治愈出院。2月15日，武汉市硚口区体育馆方舱医院首批6名患者治愈出院。

驰援武汉抗击疫情出征仪式

50岁的刘宏斌，是中铁三局集团中心医院的一名内科医生，从业已有20余年。2月15日凌晨两点，他接到紧急电话，通知他立刻出发赴鄂。他说，在递交支援一线的请愿书之后，他便时刻准备着，随时出发奔赴抗“疫”战场。他说，作为一名党员，自己有责任、有义务为祖国、为人民奉献自己的力量，在危难时刻挺身而出。据了解，2001年青藏铁路建设时，刘宏斌曾作为医疗队员，随中铁三局青藏铁路施工队伍一同前往建设一线进行医疗支援，在青藏高原日夜奋战了整整5年的时间。刘宏斌表示，此次新冠肺炎疫情肆虐，他时刻都在关注武汉和全国疫情的发展情况，他有自信、有决心在疫情一线贡献自己的经验与才智，不论报酬、不计生死，尽全力救助更多患者。

2月18日，刘宏斌在日记中写道：“19点20分，刚得到消息，今天共接收92名患者！今天的饮食有所改善，据说是从上海调过来的，但还是凉，老办法，就着开水吃下去！我们不是来旅游的，既然选择了奉献就要有吃苦的准备，没事儿的，坚持到底，一定胜利！”

刘宏斌工作的方舱内部共设置床位 840 张，最多可收住 900 名患者。初次来到这里，“看到早已整齐摆好了的冰冷的床铺，有一种悲壮的感觉”。刘宏斌说：“不管现在形势如何，终究武汉不会亡，湖北不会垮，中国还要前进，困难是暂时的，我们能够战胜疫情，我们必须战胜疫情！国家有难，匹夫有责！”

共同战“疫”，我们在行动

中铁三局建安公司武汉项目位于疫情重灾区。为打赢疫情防控阻击战，全面贯彻落实习近平总书记重要指示精神和各级工作部署，项目部按照公司对防疫工作的总体要求，强化使命担当、主动作为，奋楫前行，积极投身抗疫一线，在疫情防控阻击战中当先锋、作表率，用行动书写担当。

2 月 15 日 19 时 10 分，在接到武汉地铁集团发布的援建“武汉朱家河方舱医院”（即长江新城方舱医院）的紧急通知后，由中铁三局建安公司武汉项目经理部牵头，迅速调集项目部值守人员组成援建小分队，第一时间抵达武汉朱家河方舱医院援建地点待命。

武汉项目部援建小分队主要负责安装固定隔离板及封闭外窗的任务。经过简要的工作部署后，援建小分队成员立刻投入紧张的工作中。大家有条不紊、干劲十足，在与时间赛跑的战“疫”一线，小组全体人员都在为生命争分夺秒。

2 月 16 日早上 6 点，经过 11 小时的连夜奋战，这支援建小分队顺利完成了 50 个隔离板安装和整个仓库内 16 个外窗封闭的施工任务。面对危情中的紧急任务，武汉项目部克服人员少、物资紧缺的困难，值守人员主动请战，没有半点退缩和迟疑，用实际行动诠释了坚决打赢防疫攻坚战的信心和投身防疫工作的使命担当。

选自中国网，2020 年 4 月

抗疫援建彰显“铁军”本色

——中铁三局援建石家庄黄庄公寓集成房屋隔离场所纪实

山菊　华言

岁末年初，河北省石家庄市藁城区突然发生聚集性疫情，一时间上升为高风险地区，形势严峻。为有效阻断疫情传播，石家庄市决定在正定与藁城交界处开建黄庄公寓集成房屋隔离场所。

中铁三局第一时间火速驰援，成为中国中铁参与援建的 13 个单位中进驻现场最快、投入人员最多、抢建任务最多、完成任务最早的单位。420 人的援建队伍，24 小时轮班作业，7 天内完成全部 364 套隔离板房整体安装任务，比中国中铁股份公司要求的时间节点提前 12 个小时，社会赞誉如潮。

使命召唤勇争先

疫情如火，责任如山。2021 年 1 月 13 日上午，中铁三局驻石家庄的二公司接到援建通知后，立即成立抗疫援建工作领导小组，快速完成对接。根据预案，公司紧急在内部征召援建志愿者，公司领导班子、机关和周边单位党员干部及广大员工主动请缨、踊跃报名，3 小时内，一支 150 余人的先期援建队伍组建完成，同时，成立了施工作业组、后勤保障组、物资设备筹备组和宣传报道组等工作组。

中铁三局援建将士舍小家、为大家，逆流而上，为抗疫作着自己力所能及的贡献。其中，中铁三局石家庄地铁项目职工张东及其家人就上演了一家三口人分隔三地共同抗疫的感人故事。张东的妻子和年迈的父亲作为医护人员，早在 1 月 2 日石家庄出现新冠病毒感染确诊患者以来，便坚守在最危险的抗疫一线。妻子和父亲的举动深深激励和感染着张东，因此在公司发出援建征召通知后，他第一时间报了名。中铁三局援建队伍以最快的速度赶赴援建现场，

争分夺秒建设黄庄公寓集成房屋隔离场所

成为第一批赶赴援建现场的队伍之一。此外，三局医院再次应声出征，作为中国中铁援建现场唯一一支医疗队，为保障现场卫生防疫、人员健康提供了坚强的后盾。

争分夺秒拼命干

中国中铁共承担黄庄公寓隔离点 2、3、4 区共计 1752 套房屋的援建任务，其中中铁三局负责 1 号工作营及 2 区 3 排、4 排共 364 套房屋的骨架拼装、布线吊顶及面板和门窗安装。面对天气冷、时间紧、任务重、场地有限、供料急、交叉作业多的巨大挑战，中铁三局援建将士无惧严寒，不畏困难，全力以赴与时间赛跑，争分夺秒抢出援建新速度。

进驻现场后，公司主要领导零距离坚守现场指挥，所有援建将士吃住在一线。在现场，建设进度以小时计算，建设者们顾不上洗脸刷牙，也不分昼夜，顶着零下七八摄氏度的严寒天气，以“品质担当、知行合一，尚优至善、永争第一”的企业理念为引领，不断掀起大干高潮。装卸物料、骨架拼装倒运、墙板门窗安装，一项项作业如流水线般有条不紊地紧张进行着。

一组特殊的“家庭档”组合，成为现场的焦点。他们是同样来自中铁三局石家庄地铁项目的民工王玉平及其丈夫、父亲，为了能给家乡抗疫作出贡献，王玉平没有顾及自己的女性身份，克服现场的不便以及对孩子的不舍，与丈夫、父亲一起来到黄庄参与援建工作。他们发挥自身特长，相互支持，密切配合。

在援建现场，每天连续作业十六七个小时是常态，困了就在车上打个盹儿。所有人都不顾疲劳，连续作战，提前攻下了一个又一个任务节点。三局人辛勤的付出赢得了宝贵时间，展现了三局速度、三局力量和三局风采。

服务大局敢担当

在中铁三局援建队伍中，党员人数占了三分之一，成为援建的绝对骨干。他们率先垂范、吃苦在前，用实际行动诠释着共产党员的先锋本色。令人动容的是，有许多超过 55 岁的老党员满怀抗疫热情主动要求参战。在党员的带领下，大家齐心协力，拧成一股绳，为早一天把隔离点建成团结奋战。

在这场同舟共“冀”、共克“石”艰的抗疫阻击战中，中铁三局始终以大局为重，积极承担和履行央企责任。关键时刻，彰显出三局人“召之即来、来之能战、战之能胜”的“铁军”本色。在“党员突击队”和公司职工的共同拼搏下，原本 3 天的工作量，硬是用 1 天时间抢完，有力地保障了施工进度。

中铁三局援建黄庄公寓集成房屋隔离点现场总指挥张远征，身先士卒，20 多天的时间里始终坚守现场，用“废寝忘食”4 个字形容毫不为过。他带领三局援建将士们抢出了三局加速度，出色地完成了各项援建任务。而这已经是张远征第二次面临疫情大考。早在湖北暴发疫情时，张远征就在湖北黄冈，作为中铁三局黄黄高铁项目负责人身处现场积极部署指挥抗疫，同时组织复工复产，保证项目顺利度过了各个艰难时刻。

在援建现场，中铁三局主动作为，在抢先完成自有任务的同时，积极拼抢出额外 564 套房屋骨架拼装，助力中国中铁走在黄庄公寓各援建支援队伍前列。临近交工日期，三局人再次挺身而出，向河北建工、中铁北京局和中铁二局支援 130 人，为黄庄公寓隔离场所整体节点的完成作出了积极贡献。

短短几天时间，荒地变公寓。中铁三局援建将士们秉承着“不畏艰苦，敢打硬仗”的光荣传统，以“三局加速度”提前完成抗疫援建任务，建起一座座守护生命的“诺亚方舟”，为河北早日驱散疫情阴霾作出了积极贡献，全面展现了央企的责任与担当。

选自中国中铁股份有限公司主编：《战疫担当》，企业管理出版社 2021 年版

鏖战方舱显初心

——中铁三局中心医院普外科护士长智彩霞抗疫事迹

怡宣

自新冠肺炎疫情发生以来，中铁三局集团公司党委高度重视，坚定不移把党中央各项决策部署落到实处。广大党员干部以对自己负责、对家人负责、对企业负责、对全社会负责的态度，积极投身疫情防控阻击战，做到守土有责、守土担责、守土尽责，组织凝聚广大员工构筑起联防联控的严密防线。中铁三局中心医院普外科护士长智彩霞正是这次抗击新冠肺炎疫情的战役中涌现出的英雄人物之一。

临危受命勇担当

庚子年春，新冠肺炎疫情突发并迅速蔓延。面对这场严峻斗争，习近平总书记号召全国党员在危难时刻挺身而出、英勇奋斗、扎实工作，坚决打赢疫情防控阻击战。作为一名工作了 12 年的老护士、老党员，智彩霞主动向医院党委提交了请战书："我有责任尽到一个医务工作者治病救人的职责，如果党和人民需要，我愿意随时前往人民最需要的地方，随时听从安排，竭尽全力，保护生命，一起努力赢得这场无硝烟的战争。"

2020 年 2 月 9 日凌晨两点，智彩霞接到驰援武汉的紧急通知，光荣地成为山西省第四批援鄂医疗队队员之一。从接到电话开始，一夜未眠，当时智彩霞的脑子是蒙的，但情绪却是亢奋的。因为她不知道去了以后会怎么样。武汉的情况到底有多糟？病人是什么状况？各种问题都盘旋在脑海中。当她得知医院只派了她一个人去的时候，她的内心反而更坚定了，无论困难有多大，都必须完成任务，绝不能当逃兵。

有人问智彩霞："你害怕吗？""说实话，不害怕那是假的，谁无爹娘，谁无爱侣，谁无麟儿，谁又生而无畏？"她从来没有想过退缩。也许有人不能理解，但她坚定地认为，自己是一名中国中铁医务人员，更是一名受党教育多年的党员，祖国有难，自己有责任有义务冲锋在前，没有比祖国需要、比人民生命更重要的事情！

临行前，听到最多的就是“平安去，平安归”的嘱咐，智彩霞哭了，她开始理解“成长的道路千万条，爱国大义第一条”这句话含义的深重。中铁三局集团公司党委郝刚书记的一席暖心话让她感受到企业的关心和爱护，感受到肩上的责任与担当。当300人的医疗队在机场郑重举起右拳，喊出“勇于担当，不负重托，用生命守护生命，坚决完成任务”时，那是300颗勇敢的心跳动在一起，300个无畏的生命汇聚在一起！

鏖战方舱显初心

由山西医疗队149人接管的硚口区武体方舱，舱内病人均为确诊病例。医护人员从学习穿脱防护服的流程、顺序以及了解各种院感知识，到正式进入方舱医院，只有短短一天时间。智彩霞反复默默练习，练到成为条件反射，身体本能，烂熟于心。“一共5层衣服，外加手套3层、帽子3层、一个N95口罩、一个外科口罩。”智彩霞说：“这是进舱装备，也是自己生命的保障。大家都知道，如果我们在方舱里防护服出现任何破损、裂缝，眼罩没有戴严密，口罩有漏气，对我们来说是十分危险的，如果还没有上战场就倒下了，那就是对自己不负责任，对国家不负责任！在医疗队里只有0和300这两个数字，只要有1人感染，300人全体隔离，事关自己和战友们的安危，大意不得。”

方舱内，面对的是新冠肺炎确诊患者，更需要医护人员传递无尽的温暖和关怀。虽然隔着厚厚的防护服，却隔不断晋鄂之间的爱。查房、护理、心理疏导……一切是那么地熟悉，一切又是那么地陌生。谁能想象在舱内工作6个多小时，戴两层口罩的窒息感、护目镜的模糊感、被汗水浸透的防护服以及头晕、恶心的那种感觉，这是一种难以想象的身体极限挑战。因为怕浪费防护服，智彩霞坚持过10小时不吃不喝。就是这样，她一边坚强，一边成长。她觉得自己不是人们口中的英雄，只是对于责任有一份担当。

“在方舱二楼的正北面悬挂着一面鲜红的国旗，每当疲惫时、无以应对脾气暴躁的病人时，都会抬头望向国旗，她就是我们的精神支柱，是我们拼命的动力！”智彩霞经常暗暗地

给自己加油鼓劲。因为当时接收的病人都是从社区隔离点转运来的，好多都是一家人感染住进方舱。出于对新冠肺炎的未知以及恐惧，他们特别焦虑，情绪波动极大。有一位大爷之前是在协和医院治疗，但是住进方舱后大夫对他重新进行了病情评估，给他调整了治疗方案，但他觉得可能对他的治疗无效，几度提出意见，甚至引得整个方舱的患者都情绪不稳定，医护人员一时都不知道该如何去安慰他们。就在这时，一个队员高喊：“中国加油，武汉加油！”整个方舱突然安静了。

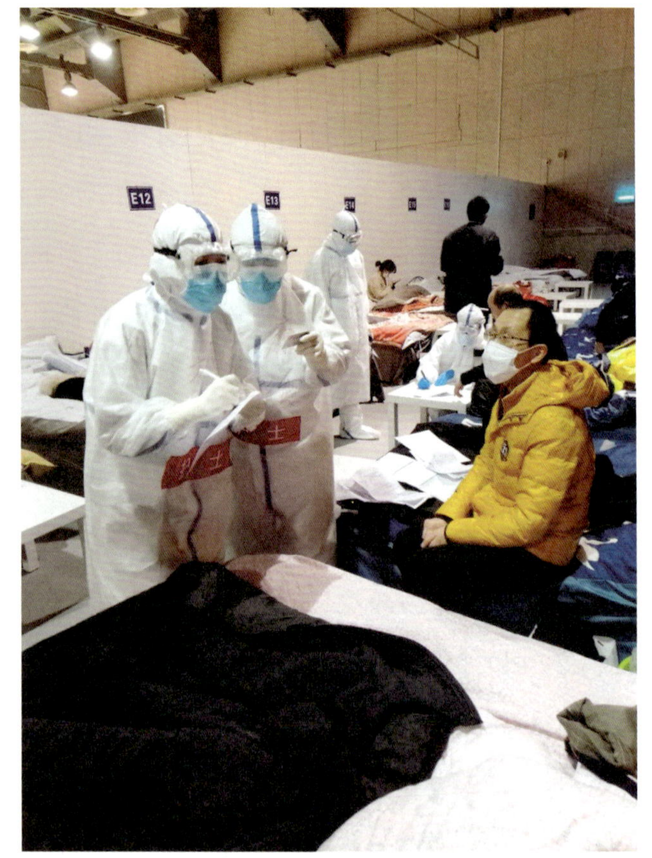

智彩霞在武汉方舱医院了解病患病情

其实，正是因为全中国人民的众志成城，全国医务人员的无畏精神，武汉人民的大力配合，才能实现疫情的有效防控。之后，方舱里的志愿者越来越多，他们帮助医护人员发餐，安抚患者情绪，还成立了患者临时党支部。大家的斗志也越来越强，真正做到了拧成一股绳。

进舱的日子是在和死神较量、和命运搏斗，是用意志在坚持，就连轮休的日子也是无比忙碌的。医疗队成立了临时党支部，大家利用休息时间开展支部活动，讲述工作中遇到的感人事迹，也一起讨论应对困难的办法。除了救治病人外，队员们还承担了队里的其他工作，收垃圾、发餐、发物资、消杀、大堂值班等，多种角色的扮演也是各种能力的提升。虽然很忙很累，但是队友之间建立了深厚的感情。收垃圾时，又脏又臭，数十包半人高的垃圾，都要一趟趟清运，但是大家总是欢声笑语，斗志昂扬，仿佛打包送走的不仅仅是垃圾，还有瘟秽，送走它们能够还武汉一个清爽干净的春天！

创造奇迹奏凯旋

智彩霞所在的硚口武体方舱的治愈成绩在武汉市 15 家方舱医院中排名第一。支援 21 天后，在 3 月 1 日这天，硚口武体方舱正式休舱，所有队员都带着无比喜悦与放松的状态，等待着即将到来的休整。可是还没等大家从喜悦中回过神来，第二天就接到了新任务，接管蔡甸袁家台医院。3 月 3 日开始正式工作，因地方的特殊性，他们每个人都签下了工作需要的保密协议。这次任务远比想象中的艰难。可就算这样，所有人没有半点怨言，大家相互“擂战鼓、聚士气，弘扬正能量”，用集体的智慧和力量圆满完成上级交付的任务。

智彩霞说驰援武汉期间，自己无时无刻不在感动中，感动于组织的关怀，感动于亲人和同事的关心，感动于人与人之间的真诚互助，同时更感动于祖国的强大。没有祖国强有力的后盾作保障，这么多的患者在短时间内无法得到救治，疫情的蔓延趋势也不会在这么短的时间内得到遏制。“此次援鄂经历让我更加热爱我的祖国。为这个职业、这份执着，我愿意牺牲和奉献自己的一切，这就是我毕生的信念和追求！”智彩霞动情地说。

一个国家、一个民族总要有一批心忧天下、勇于担当的人，总要有一批从容淡定、奋发进取的人，总要有一批任劳任怨、矢志不渝的人。中铁三局医院以及全国千千万万个像智彩霞一样的医护人员，他们在国家与小家之间，在大家与个人之间，亮明党员身份，无怨无悔，不惧生死，不计得失，义无反顾地选择国家与人民，为共同筑起阻击疫情的坚不可摧的钢铁长城而奋勇拼搏。他们是真正的“中华民族的脊梁”。

选自中央企业抗疫先进个人事迹材料

人的一生究竟有多长？多少辉煌成为记忆，多少瞬间成为永恒。从炮火硝烟到莽莽林海，从戈壁荒野到黄沙漫漫，70 年间，严寒酷暑，刀风剑雨，多少人的亲历、感悟，多少人的感动、感情，迸发于心田，畅流于笔端。那一页页青春的字符，点燃了时空的火种，催生出多少感人至深的记忆和故事。

家/国/情/怀

>>

中铁三局赋

吴铭

壮哉！红色基因，壮阔征途。中铁三局1952年4月1日创立，林海雪原诞生，太行山脉崛起。宵衣旰食，风雨兼程。总以共和国骄子姿态，驰骋于华夏大地，开拓至亚非疆场。

犹忆新中国成立之初，百废待举。峥嵘岁月，三局健儿，抗美援朝镀盔甲，汾水长流洗征衣。逢山开路歌声动，遇水架桥白云牵。

抢运木材奋战林海雪原，大庆油田专线再建奇功，晋煤外运凿通太行吕梁，跨海援坦铁路誉满非洲。红旗辉耀日月，篝火点燃星光，汗水热血挥洒。披荆斩棘，集筑路之大成。

华北大地，铁臂劲舞万米轨；江南水乡，壮志彩绘百丈桥；京九会战，扬起国脉龙头；青藏高原，勇闯生命禁区，树三局精神丰碑；兵集京沪高铁，赶超世界一流，尽显劲旅风采。

披荆斩棘，铁肩勇挑央企大任，妙手绘就世纪彩虹。架桥机挥臂，天堑变通途；盾构机长驱，地底起龙庭；塔吊千寻，高楼大厦如春笋。公路铁路竞海帆，浩浩乎，映江山之壮美，熠熠哉，衬强盛之国运。

伟哉！逢山开路，遇水架桥。三局策马扬鞭。揽雄才，任贤良，敞开博大胸襟；巧运筹，调机制，激活力，一贯勇谋善断。体制创新、科技创新、管理创新，胆撼天宇挂标兵。人才战略、文化战略，践行百年愿景，秉承"品质担当、知行合一，尚优至善、永争第一"之精神理念，打造中国建筑业界之翘楚，全球最具价值创造力之集团。

美哉！三局企业，倚"黑土文化"蕴豪情，凭"晋商精神"著辉煌，行有其道，塑企业管理之形，盛科技领先之荣，润利其民，达投资经营之愿。为顺其势，创智能建造之范，部优国优；如圭如璋，乃峥乃嵘。

乐哉！家国情怀，兴企惠民。肩负社会责任，公益捐赠，大爱绵延；抗震救灾，支教扶贫。仁为兴企之怀，爱为固企之道。尚优至善，企业方能恩泽久远；永争第一，产品方能生花入妙。

嗟夫！三局之胜，发展居功。美丽画卷，试看妙手丹青；辉煌未来，更待奋发图强。享天时，兴地利，聚人和，乘机遇，恰是奋斗时光。

盛哉三局，济济英才绘四海山河；

雄哉三局，泱泱俊彦描九州蓝图！

噫嘻乎！千秋伟业，百年长歌。怀天地无限之畅想兮，颂发展之磅礴。登高望远，遥视三局明朝，居高声自远，卓立五百强。金杯灿然，长传鲁班魂魄，四海称誉，交响建筑华章。

抚今追昔，炫骄人之业绩；瞩目未来，获璀璨之勋功。东风扶惠，与日月齐晖；放笔赋愿，同天地共荣。

选自中铁三局集团公司企业展厅

清川江上的英雄壮歌

张德顺

我于 1950 年跨过鸭绿江参加抗美援朝战争。几十年来每当回忆起那段抗美援朝的艰苦岁月，一桩桩往事记忆犹新。对那些在战斗中牺牲的同志和战友，总是有一种感伤和怀念之情，他们的不朽功绩将永远留在人们的记忆里。

为了使后来者知道当年抗美援朝战争的残酷情景，我把记忆中铁路职工抢修清川江大桥的英雄事迹介绍给大家。

清川江大桥是朝鲜铁路的第一特大桥梁。这座特大桥梁是抗美援朝战争中敌机主要的轰炸目标。它位于清川江下游距黄海约 5 公里的京义铁路线上，与我国东北的沈丹铁路紧紧相连，被称为我军后方补给运输线的“生命桥”。

1951 年 2 月，在敌机的连续疯狂轰炸中，清川江大桥正桥已经被炸断，这等于拦腰切断了一条主要的钢铁运输线。为使火车尽快通过大桥，我们立即投入抢修，打桩，立排架，架设工字梁，干部、战士齐上阵，昼夜不停地连续作业。我们见到打桩机司机上桥打桩时有些胆怯，我就在现场跟钢梁队长阴士林、副队长王寿鹏一合计，我们带头上去。于是我开起了打桩机，他们两个人立桩木、定位。总队政委田志周、总队工会主席周月中，则甩开了膀子，穿着棉衣下江抬枕木，这样一来工程进度明显加快，几天的功夫，便桥就伸到了江心。那时候正值隆冬时节，江水冰冷刺骨，浸透了棉裤，很快结成了冰，可是大家的高涨情绪，像是能把江水烤热似的，工地上热火朝天。

4 月 1 日这天中午，正当我们干得起劲的时候，猛听得一片轰鸣声由远而近，顷刻间一个机群飞到大桥工地上空。这是当时敌人吹嘘的号称“空中堡垒”的 B29 重型轰炸机群。数不清的炸弹，冰雹一样黑压压地落了下来。一时间烟雾弥漫，爆炸声如天崩地裂，水柱迭起，弹片横飞。我和阴士林、王寿鹏三人离散了，无法联系，我在桥上指挥队伍待避。接着第二

铁道工程总队抢修大桥现场

批、第三批、第四批相继而来的敌机连续投弹轰炸，天昏地暗的半小时过去后，敌机飞走了。我当时被炸弹的气浪吹掉了帽子，身体被炸起来的土埋上了一半，黑烟熏黑了脸。我找到了帽子，拍掉身上的土爬出防空壕，急忙找这两位队长联系，想不到，他们两个人抱在一起躺在岸下冰土相接的土窝窝里，已经永远不能再与我联系了。当时，我以万分悲痛的心情，把他们两人的衣服盖好。我迈着沉痛的脚步巡视工地，看看现场，工地上弹坑密布，土丘林立。我发现小队长王朝贵、模范支部书记车进新、技术员蔡汉镇等几十名同志都牺牲了，许多战友被炸得血肉模糊，无法辨认。我压制着复仇的怒火，召集轻伤的同志和幸免于难的同志，通知他们立即清点现场，把不幸牺牲的同志的遗体集中起来掩埋好。我们的职工从防空壕里，从各种掩体里爬出来，拍打一下身上的土回到驻地，休整了 3 天，又继续开工了。沿江两岸和邻近的土地上的定时炸弹陆陆续续地响了两三天，我们根本不去理会它们，权当给我们高喊加油干的口号而已。不久，我们的军列，一列一列地从我们修好的便桥上通过。汽笛悲壮的鸣叫声，在清川江的江面传得异常深透，异常悠远。

这是自 1950 年底过江，1951 年初遇到的第一次轰炸。在维护、抢修清川江便桥的两个

多月里，敌机对这一便桥除了2月27日那天没有轰炸外，持续攻击。特别是在2月11日、17日、24日及3月1日的4次重型轰炸中，破坏便桥长405米，抢修工作延续14天之多，其工程量及使用人力超过新修同长之便桥。这期间，一直处于炸了修，修了炸，再修、再炸、再修的不断循环之中。

为了保证这座“生命桥”铁路运输不中断，抗美援朝总队、大队领导一直坚守在抢修第一线，组织指挥，与战士同呼吸、共命运。鉴于敌机频繁轰炸，交通运输困难，运到朝鲜战场的生活物资严重匮乏，指战员们吃的是每天一斤多点的高粱米饭，喝的是盐汤，有时是一把炒面、一把雪。严寒、饥苦、敌机轰炸，没有使各级指战员退缩。他们用智慧、汗水、鲜血甚至生命顽强拼搏、战斗，并克服重重困难，终于实现了“第二便桥建成之前，第一便桥不垮”的目标，为我军第四战役的军运提供了坚强的运输保障。

选自2002年《纪念建局五十周年征文集》

初到库图段

缪松元

那是 1946 年 8 月，我考入唐山铁道学院土木系。1951 年 4 月临近毕业的时候，铁道部号召我们毕业班的同学参加抗美援朝，我同其他 59 名同学被批准参加铁道部援朝工程队。5 月入朝，接受了血与火的洗礼。12 月，全体同学奉命调回国，继续未完成的学业。1952 年 4 月末，大学学业结束，校方安排我们到北京听候铁道部的分配。根据铁道部安排，我们全班同学参加了“五一”游行，在天安门广场接受了党和国家领导人的检阅。接着，铁道部公布分配名单，我和李潘川一起被分配到库图段铁路工程处，到牙克石报到。

库图段铁路工程处坐落在牙克石二道街一个南北向的院落里，院子面积约有 2000 平方米，建有土墙瓦顶平房。南侧的一排是工程处的业务科室。工程处处长的办公室在大门东侧的一间平房里。我们从唐山到牙克石，穿的是单衣。白天还没有感到在气温上有什么异样，可是一入夜，阵阵寒气袭人，我们把带来的行李全部盖上，也是辗转难眠，好不容易才熬过了这一夜。5 月 9 日，人事科要我们去设计科。当时的设计科科长是从铁道部设计局调来的谭荫洪同志，谭科长要我们先熟悉一下情况。设计科占了一间大屋，室内摆满了办公桌，有十多人办公，年龄大都在 40 岁以上，其中还有两名日本籍工程师。年龄最小的是负责桥梁设计的李家威工程师，据说是李鸿章的重孙。

同事们介绍，库图段铁路是由库都尔到图里河的一条森林铁路，全长 70 公里，由工程处自行测量、设计与施工。当时测量、设计正在进行，施工尚未正式开始，前方正在做一些准备工作，等待调入的施工队伍。牙克石到库都尔段过去是由俄国侨民修建，与滨州线相连的铁路支线，全长 136 公里，但与滨州线不实行联运。

在设计科只待了几天，谭科长就指派我和李潘川到测量队工作，他告诉我们测量队队部在岭顶，可以坐火车到库都尔第一工程段。我们背上行李到牙克石上了车。车厢是俄制旧式

车厢，有硬座和卧铺车。车内没有电灯，以蜡烛照明，光线昏暗。我们按同事指点，直接到卧铺车打开行李就睡了。整整一夜，列车走走停停，有时还感到正在进行调车作业。第二天一早，我们发现列车仍停靠在牙克石北站。列车员通知旅客要等到晚上重新发车，无奈之中，我们只好下车又等了一天。第三天早上，列车停靠在乌尔其汗车站，停站时间较长，我们随着其他旅客下车，找到一家小饭店吃了一碗面条，怕误了车，又急忙返回车上。中午时分，列车到达库都尔。我们找到第一工程段，人们正在忙碌，好不容易才在一间房后找到了工程段的张副段长。张副段长告诉我们当天走不了，安排我们次日启程。工程段没有住宿的地方，他嘱咐我们在一处木工房暂住一宿。木工房是一间临时搭建的板房，房顶透亮，晚上月光明亮，可到了半夜却下起了雪，雪花飘进屋，把我们惊醒，幸而雪很快就停了。第四天下午，工程段派了一辆马车，把我们送到距库都尔约 19 公里处的新帐房。由于连日困顿，我们在新帐房一夜好睡，清早起来，阵阵凉风吹来，顿觉神清气爽。车老板已经套好马车，告诉我们从新帐房到岭顶有 40 多里地，晌午以后可以赶到测量队。

出了新帐房，我们坐着马车，一路上只有三人一车，看不见炊烟、民舍，听不到鸟叫虫鸣。环顾四周，面前一片灰黄的草地，偶尔见到一些嫩绿，马车道顺直延伸。远处地势开始起伏，有参差不齐的杂树林，其中特别醒目的是“亭亭玉立”的白桦树，再远处是青色和深绿色的原始森林。车老板说：“这是松树林，高挺的是落叶松，它是大兴安岭的象征。听说这次修铁路就是为了采伐落叶松，运出去搞建设。”面对蕴藏着丰富林木资源的原始森林，想到即将投身祖国森林铁路建设，我们两个不禁兴奋起来，大声唱起了“五月的鲜花开遍了原野……”。

突然，马车道消失了，一大片枯黄的草地横在面前。草地看似平坦，走近了才发现那是由一个草墩连着一个草墩组成的，墩与墩之间有些空隙。车老板告诉我们，那是塔头塘。当车轮轧过塔头间的空隙时，车身就颠簸起来，人坐不稳，只好把住捆在车上的行李，防止被甩到车下。

马车终于走完了塔头塘，重新上了马车道，地势渐渐高了起来，路两侧出现了杂树。再往上走，淙淙水流四处横溢，水色深黄，像茶水。山坡上满铺着陈年的落叶，有的随水漂流，有的已经腐烂，林中不时可见倒下的枯干。树越来越密，落叶松伟岸挺拔，很是壮观。忽然，不远处隐现一些空地和房屋，接着看到房前堆着花杆、木桩等测量用品。随着车老板的几声吆喝，房里出来几个人，他们是测量队的刘幼愚、施锡祉以及一位姓潘的工程师，他们热情地把我们让进房子里休息。房子面积不小，两侧是大通铺，中间排长条桌，桌子上摆满了图纸，看来他们正在紧张地工作。

当天晚上我们住在木房旁边的帐篷里。床是用粗细不等的桦木杆铺成的，虽然高低不平，但我和李潘川还是在对新工作的憧憬中很快入睡了。第二天，一轮朝阳升起。从此，我开始迈出参加铁路建设的第一步。

选自《山菊》2002 年第 1 期

牙林线 7 年

马智谕

在纪念中铁三局建局五十周年之际，回想走过的历程，心里久久难以平静。尤其是在内蒙古大兴安岭林区修建牙林中、西、东线铁路时施工的艰难情景，至今历历在目……

牙林铁路位于内蒙古自治区呼伦贝尔盟北部，以滨洲线的牙克石站为起点，分中、西、东 3 条线。中线经库都尔、图里河、伊图里河、根河、金河、牛耳河至满归，长 446 公里。其中牙克石至库都尔长 114 公里，是原帝国主义俄国为掠夺中国林区资源而建的专用线。西线从中线的朝中站出岔，经得耳布尔至莫尔道嘎，长 76 公里。东线从中线的伊图里河站向东经甘河、阿里河至加格达奇与嫩林铁路接轨，长 213 公里。牙林铁路全长 735 公里，其中 144 公里为既有线技术改造，新建铁路 591 公里。由原中铁三局二处施工完成的约占一半。

牙林铁路地处北纬 50 度以北，气候严寒，最低气温零下 50℃，年平均气温零下 3℃。9 月下旬至次年“五一”降雪结冰，7 月、8 月为雨季。原始森林、荒无人烟，河谷洼地、积水满地，只能踩着塔头草艰难步行。这样的地理环境和自然条件，给我们进场建点带来了许多困难。

我是 1958 年 8 月从武（昌）大（冶）线随队调到二处的。当时处机关、机械厂、汽车队、材料厂等单位正在建点，处机关附近成了一个热闹的工地，人来车往，一派紧张忙碌的景象。第二天，送我们的工程汽车到了甘河，因便桥没有修好过不了河，我们就在河边宿营等待。支起行军锅，淘米做饭，用随车带来的土豆加上在草地上采的蘑菇炖肉，大家吃得还挺香的。当晚，用枕木搭床，铺上芦苇，打开行李，就算有安身之处了。

8 月下旬的大兴安岭白天倒还暖和，到了夜晚却很凉，露天睡觉还真吃不消，大家就想办法用帆布架在枕木垛上，挡住寒气和露水。次日过河步行到达 115 工点，当时工地上先期到达的职工正在平场地、搭帐篷、修便道，我们放下行李就投入了紧张的建点劳动。第二天，下起了雨，汽车进不来，粮食供不上，队里就组织大家步行十多公里到另一工点去背粮。脚蹬长筒胶鞋，身背一袋白面，走在坑坑洼洼的便道上，我这样体质较弱的人已经感到有些累了，但工友们互相帮助、鼓励，又说又笑，驱走了劳累和倦意。

紧张的建点工作结束后，我们立即投入了正线施工，主要任务是修建桥涵，在东线一直干到 1959 年 5 月，转到卓伊段岭顶工地。不久，我被组织上安排到哈尔滨工程学校劳资班学习。那时，国家正处于三年困难时期，职工思想波动很大。工地上粮食不够吃，副食又供不上，有的单位职工吃苞米原粮，喝酱油汤、盐水汤，吃不上青菜，不少人出现水肿，干不了活儿。在这种形势下，为了稳定职工情绪，克服困难，渡过难关，上级领导十分重视干部的作风建设，要求干部与职工实行“三同”，即同吃、同住、同劳动；还要求“书记下伙房，政治进食堂”，千方百计帮助基层搞好职工生活，切切实实把思想政治工作和帮助职工解决实际问题结合起来，从而稳定了职工的情绪，调动了职工的生产积极性。

有一次，我随处领导到一段的一个队去蹲点，我们工作组的领导和每一个同志一样，白天和工人一起推小车运土方，收工回来和工人一样到食堂排队买饭，晚上分头到各工棚和工人一样睡大通铺，谈心、交朋友、了解职工思想。工人们说：“国家有困难，我们能体谅。只要干部和我们同甘共苦，就没有克服不了的困难。”

牙林线的 7 年，就是战胜恶劣环境和三年困难时期的 7 年，也是建成牙林铁路，为开发大兴安岭的林区资源而艰苦奋斗的 7 年。这 7 年，也是我个人得到锻炼、逐步成长的 7 年。7 年的时间是短暂的，但在这 7 年中所形成的艰苦创业、敢打硬仗的精神，已成为一笔宝贵的精神财富，鼓舞我们在以后的岁月里，不断克服一个又一个困难，夺取一个又一个胜利。

选自 2002 年《纪念建局五十周年征文集》

京承线记事

赵德宝

1957 年 8 月，我和 30 多名同学一起，离开天津铁路工程学校，来到一个当时对我来讲很陌生的城市——承德，这就是中铁三局的前身东北森林铁路工程处所在地。当时工程处下属 3 个段，一段在鹰手营子，二段在邯郸，三段在伊图里河。我来到鹰手营子段部报到后，先是被分配到一工区实习。一工区原是个隧道工区，隧道建成后，负责下台子至小柏树两个区间的养路工作。

京承线上板城至鹰手营子段，群山环抱，沟壑纵横，我们的工区就在杨树底隧道外面路基下一个相对平坦的地方。错落有致的几顶帐篷就是宿舍和工区办公室。帐篷都是单层的，冬天冷夏天热。帐篷内是用木桩支起两排通铺，一顶帐篷里住 20 多个人。冬天在每顶帐篷中间用大油桶搭起两个大炉子，夜间由烧炉工值班，炉火烧得通红，离炉子近的人头顶被烤得挺热，而脚底下却是冰冷的。我年轻，住在把头靠门处，为防风吹，只好在睡觉时也把棉帽子戴在头上。但是脚底下的问题还是解决不了，尽管把被子掩了又掩，还是挡不住寒冷，每天睡觉都不敢伸腿，只好当“团长”。有位老师傅教我一个办法：晚上睡觉前把两块砖放在火炉上烤热，然后稍凉一凉，待温度适中时用旧衣服包上放在脚下，保准一夜不冷。老师傅说他原来在牙林线沟里，那里比这儿冷得多，冬天零下三十七八摄氏度，这办法就是在那儿想出来的。我按照老师傅说的做，果然效果很好，感到浑身充满了温暖，再不觉得寒冷。

那时食堂的饭菜也很简单，主食以粗粮为主，副食一般都是炖菜，俗称“大灶伙”，只有到礼拜日或节假日才有炒菜。就是在这样的条件下，职工们却都充满着乐观，充满着生气。每天都是以班为单位排着整齐的队伍上班，喊着口号劳动，干起活儿来争先恐后，各不相让。业余时间谈笑风生，好像有说不尽的话题，讲不完的故事，而在他们的话题中从来听不到一个“苦”字。我一下子就爱上了这个集体。

当时一工区管段的线下主体工程已经完成，而且已经铺轨，并正在进行紧张的上砟养路和整修路基、水沟等工作。根据上级要求，实习生首先要参加劳动，边劳动边了解和熟悉技术工作。我参加劳动的第一项内容就是上砟养路，和工班的工人一起，每天早晨扛上洋镐、铁锹、撬棍，排着整齐的队伍走向工地。装砟、卸砟起道、拨道捣固，工作是紧张繁重的。带领我们干活儿的是一位老班长，他是个老线路工，对线路的起、拨、改等整套工作真是得心应手。在他的指挥下，原来高低不平、曲曲弯弯的轨道，很快就成了型，达到了标准。大家虽然每天抡洋镐、扳撬棍，手上都磨出了血泡，但看到通过自己的劳动修成的整齐美观的铁道，人人都有一种成功的喜悦，谁也不感到苦和累。

在工班劳动的日子过得真快，一晃几个月就过去了。由于技术室人手少，工作忙不开，因此我被抽出来搞线路复测。紧接着，工区又接受了修建土城头隧道的新任务。土城头位于兴隆与密云之间，修通这座隧道是贯通全线的关键工程之一。这里的地形很奇特，本来走得很顺的山脉到这儿突然拐了一个 90 度的大弯，形成了一个类似英文字母“e”的形状。山体是刀切斧砍一般的悬崖峭壁，山顶上有一块平地，平地的一端有一个突起的高台，传说这是隋末河北农民起义军领袖窦建德的点将台。在字母“e”的顶端与对面山体中间形成一个约有二三十米宽的峡谷，从上游绵延而下的河水和沿河的道路都须从这里绕道而过。然而我们的铁路不能跟着它们绕来绕去，必须在点将台下修一座隧道，这就是我们即将开工的土城头隧道。

开工之前，崔迪基带领我和两名测工先期到达工地，我们沿着陡峭的山路登上了山顶，用那台最小读数为 20 秒的老资格经纬仪，测定了基准线和每一个控制点。没几天，测量工作完成，施工队伍陆续到达，山下支起一排帐篷，在山坡上搭建了空压机、发电机房，在距离较远的山沟里修建了炸药库，各项准备工作就绪后施工开始了。

首先是开山放炮刷坡打出洞门，然后开始进洞。这时我来到王万福的青年突击班参加劳动。王万福是一个 20 多岁的小伙子，粗壮的中等身材，看上去浑身有使不完的劲儿，两只炯炯闪亮的眼睛透出一种灵气，他就是全段闻名的革新能手、先进生产者。我是第一次参加隧道施工，打起风钻来，那震耳欲聋的响声使人头昏脑涨，而且全身都跟着风钻的振动而抖动，一个班儿下来浑身像散了架似的，躺在床上脑袋里还在嗡嗡直响。都说打隧道就怕石质软，不怕石质硬，殊不知硬也有硬的难处。进洞不久，我们就遇上了一种特别坚硬的岩石，白花花的石英岩。这种石质一般很少见，看上去十分漂亮，但却给开挖带来了难度，打眼很费力，爆破效果也不好，残留炮眼较多。于是，王万福班长开动了脑筋，他一方面提出改进钢钎的锻造工艺，提高钢钎的强度；另一方面反复研究如何提高爆破效果。他一次次地改进炮眼布置图，细心观察每一次放炮后的情况，最后终于得出了每个炮眼的最佳位置、最佳角度和最适宜的深度，并对导火线的长短作出合理安排，从而控制各炮位的起爆顺序。这项成果实施后，既消灭了残留炮眼，又提高了爆破效果，有效加快了工程进度。

1958 年夏，我段承担了滦河钢铁厂专用线的建设任务。这条专用线虽然只有 10 多公里，但工作内容却很全面。既要搞测量、设计，又要搞施工生产；既要搞线路和中、小桥涵施工，又要完成一座 500 多米长的滦河大桥；既要搞路基的下部工程，又要负责铺轨架梁、上碴养路，直至全部建成交付使用。

滦河工地的施工场面是火热的。时至今日，我的脑海里还能清晰地记得几个难忘的场面。场面之一是桥头路基大填方。当时的土方施工一部分已经实现了“车子化”，一辆接一辆的独轮小车川流不息，一个个小伙子推起车来不是在走而是在跑，那场面真像当年的淮海战役；而另一部分还没有脱离“一扛俩豆儿”（一条扁担两只土篮），“一列挑土法”有如一条舞动的长龙。我为“车子法”这种运输方法的进步叫好，也为“一列挑土法”的铁肩膀们那种吃大苦耐大劳的精神而赞叹。场面之二是人工铺轨。老班长带领一班人，用平板车把钢轨运到前方，指挥大家把钢轨抱起、拉下，那动作之整齐、协调，组织之严密、有序，再加上那雄壮优美的劳动号子，简直就像一首交响乐章。还有钉道的场面更是令人叫绝：钉道工师傅先把道钉栽到预定位置上，然后把大锤抡起来好像在空中画了一个圆弧，只听“叮、叮、哨”3 下，一颗道钉就乖乖就位了。这种技艺在今天也许不需要了，但我还是要赞美他们娴熟的技艺和忘我的工作热情。场面之三是滦河大桥的施工。随着基础承台的完成，一个接一个墩身拔地而起，紧接着就开始了架梁。段里派来桥梁专家阴飞龙工程师担任架梁的技术指导。装吊工师傅们硬是靠千斤顶、滑轮、滚杠等简单工具，把一片片几十吨重的钢筋混凝土梁装上车送到架桥机下，然后架桥机的巨大悬臂把梁稳稳当当吊起来，准确地安放就位。成百上千的老乡跑来观看这难得一见的情景，个个交口称赞：“铁道部真有能人！”

在滦河工地，不仅施工生产“热气腾腾”，工程搞得又快又好，而且广大干部职工中的学习风气和思想要求进步的风气也很浓厚。党团组织的工作十分活跃，思想政治工作深入细致。工地就像一所大学校，它教人成长，催人奋进。我就是在这里，在党的培养教育下，于1959年6月加入了中国共产党。从那天开始我在工作和学习上，又走上了新的里程。

选自《山菊》2001年第2期

光荣啊“七〇”号

弃土

岁月匆匆，风雨几度，2000 年 2 月，我们“七〇”号在中铁三局已经干了整整 30 年了。当年风华正茂的大姑娘、小伙子，如今都已两鬓斑白。回眸一瞥，30 年来，筑路生涯坎坎坷坷，几经磨难。没有人记得我们，也不曾有人提起我们，更不会有人为我们写点什么。写一写“七〇”号这个群体是我多年来的一个心愿，权且把它作为一份小小的礼物，献给那些同为“七〇”号的兄弟姐妹。

1970 年 2 月，庚戌年的爆竹声还在耳边回响，酸菜馅的饺子还没吃完，一伙操着“老侉”方言的陌生人出现在黑龙江省的望奎、绥化、海伦一带，他们说自己是中铁三局的，要在这儿招收一批铁路工人到北京去修铁路。当时我们对铁路工人的概念就是跟手提号志灯、头戴大盖帽的李玉和似的，每日的工作就是扳扳道岔。招工人员说他们是工程队的，工作是修铁路，不是扳道岔。但这丝毫不会影响我们对参加铁路工作的热情和向往。于是，1000 多名青年男女争先恐后地报了名。被录取后，这些 20 岁上下的男女青年，第一次离开家乡，从祖国的东北边境出发，一路走走停停，其间不断有新的战友陆续加入进来。也不知跑了多少天，列车终于在京郊的一个小站停下了。下车后，我们来到了即将开启新的人生的第一站——工程队。刚到工程队，所有人一下子都蒙了：怎么，就是这儿？关里竟然还有如此荒凉偏僻的地方？抬头望光秃秃的高山遮天蔽日，低头看哗啦啦的小河奔流不息，天哪，他们不是说带我们上北京吗？

队里原有的职工分别是 1958 年和 1963 年被招来的，被称作“五八”号和“六三”号，那我们自然就是“七〇”号了。队领导先组织我们学习时事政治，有空时我们便会三五成群到附近的镇上去转一转。当时看到周围的一切都觉得稀罕，当地人说我们是“土老帽儿”，笑话我们说话时总带着“嗯哪、嗯哪”的大碴子味儿。走到街上，时常有人围着我们观看，就像观看“稀有动物”一样，令人尴尬。刚开始的工作和生活是非常艰苦紧张的，工程队是严格的军事化管理，不允许任何一个人掉链子。我们这支来自北国的筑路新军，能经得起这艰苦生活的考验吗？当时有不少人对我们持的是一种怀疑的态度。面对这种怀疑和考验，我们没有一个人退却。毛主席说我们是八九点钟的太阳，朝气蓬勃，正处在兴旺时期，那我们就该像一团火一样，迸发出火一般的工作热情和干劲，用自己不怕苦不怕累的实际行动，干出个样儿来。

人生第一战便是修筑丰沙复线。原有的丰沙线全长105公里，沿途有60多座隧道，40多座桥梁，施工条件十分艰苦。面对困难，那些“五八”号、“六三”号老工人冲锋在前，用吃苦耐劳的实干精神鼓舞着我们。于是，我们这些“七〇”号挑土篮、推小车、轧石夯、抡大镐，样样活计抢着干。双手震满了血口子，肩膀上鼓起馒头大的包，嘴唇干裂淌着血，双腿像灌了铅一样的沉重，但大家咬紧牙关硬是挺着干。生病了揣着假条不吭声，受伤了包扎一下接着上。为了不影响施工进度和保证工程质量，人人争先恐后，班组展开竞赛，每个施工点都是一条龙式的流水作业，如果有一个环节跟不上，就会影响整个工程进展。当时没有一个人叫苦，也没有一个人退缩，我们“七〇”号以自己出色的表现，赢得了处、段、队领导们的肯定和老师傅们的一致好评。

在工地，当时最值得一提的是那支娘子军——“女工连”，这支从连排长到炊事员清一色是女同志的队伍，每天和男同志一样，开山放炮打灰运料，吃在工地、住在工地，昼夜三班倒，换人不停机。超强的体力劳动，每天都使得她们疲惫到了极点。为了洗头方便，这些处在爱美年龄的姑娘，不得不剪掉自己心爱的大辫子。为了完成每天的定额任务，她们不知克服了多少男人难以想象的生理方面的困难，女孩子的全部美丽和青春都被包裹在那宽大的工作服里面。她们那种吃大苦耐大劳的敬业精神，超出那一个个瘦弱身体的体能，这种潜在的能量所迸发出来的干劲，常常令人惊叹不已。

记得我们这些“七〇”号第一次拿到自己的工资时，心里都乐开了花。刚开始拿的是普工最低级别，数额是33元6角6分，大家诙谐地把它叫作“咪咪啦啦”。拿到第一笔工资以后，大家相约进城，到向往已久的北京城里走了一趟，在天安门前留了影。女孩子选购了雪花膏、小镜子等一些物件，男孩子买了香烟，学着吧嗒吧嗒抽起来，更多的人是把钱寄到自己那个

还很贫困的家里，让家人共同品尝一下自己的劳动果实。

后来，两条钢轨穿过一座座高山、跨越一条条河流，丰沙复线终于按期竣工通车了，这是我们“七〇”号向党和人民交出的第一份答卷。

看着风驰电掣般行驶的列车，听着铿锵有力的车轮轰鸣，我们这些“七〇”号欢呼雀跃。但在激动之时，我们也不会忘记那些因工牺牲和因病去世的兄弟姐妹，如孙秀芝、焦海成等人，当时他们还都不满20岁，美好的人生才刚刚开始。没有人称他们是英雄，他们也没有被上级追认为烈士，但他们献出来的是对党的忠诚，对人民的热爱，对工作的极度负责。他们年轻的生命永远定格在20岁，并永远长眠于路基旁，成为丰沙线上的永久卫士。

选自《山菊》2001年第1期

接受毛主席的检阅

董南

在丰沙复线会战最紧张的时期，喜讯传来，在庆祝新中国成立 21 周年之际，参加丰沙铁路复线会战的员工，将会有 2300 名代表同首都人民一起在天安门前，接受伟大领袖毛主席的检阅。28 名代表登上观礼台，还有 5 名代表将出席由周总理主持的盛大国庆招待会。在这一幸福的时刻里，二处五营七连代表、共产党员、老工人裴安魁同志的心情特别激动。他两眼含着激动的泪花说："吃过黄连再吃蜜，更加热爱毛主席。"

裴安魁出生在一个贫农家庭里，人生第一次端的就是要饭碗，第一次用的就是讨饭棍。刚记事，他就跟着父母从河北讨饭流浪到东北，旧社会流不尽的是穷人的血和泪……裴安魁站在红色的观礼台上，思如潮涌。

三处一营二连代表女工刘霞，当她离开工地去接受毛主席检阅时，战友们送她一程又一程，有多少人的深情厚谊托她向毛主席表达……当她把这一特大喜讯告诉在黑龙江的父母时，全家人兴奋不已。妹妹从遥远的黑龙江寄来一封信，信中写道："姐姐呀，最幸福的姐姐，听说你见到毛主席，你真是我们全家最幸福的人了……"

站在观礼台上二处医院的王凤霞、五处五营一连女工杨兴全、四营一连工人单士勇、四处材料厂老工人刘文和、丰沙铁路复线指挥部司机袁以仁等 28 名代表，万分激动地代表全体参建员工向毛主席表决心："我们战斗在丰沙线上的 4 万名筑路工人，坚决听党中央的话，听您的话，一定以气吞山河的英雄气概，决战丰沙线，争取提前通车向您报捷。"

毛主席的检阅、周总理的盛大国庆招待会，极大地激发起全线 4 万名参战员工大干快上的热情。

幽州隧道群是全线施工的重点工程。为夺取幽州隧道群施工的胜利，丰沙铁路复线指挥部把办公室搬到 33 号流沙洞的洞口。战斗在 32 号隧道里的员工们斗顽石，顶气浪，日夜鏖战，硬是打出月单口成洞151.33米的全线最新纪录。在滴水成冰的12月，在洞里装车抢出碴，个个光着脊梁还出汗。洞里灌注混凝土缺少模型板，眼看要停工，大家争先恐后献出自己睡的床板。经过5个多月的艰苦奋战，合计搬走了119座山头，填平106条深谷，把过去11年没有打通的隧道和没有建成的桥，全部打通和建成，为全线最后顺利铺轨架桥铺平了道路。

中铁三局职工在天安门广场接受检阅后合影留念

在铺轨架桥的决战时刻，敬爱的周总理亲自打来电话了解会战情况，并向会战大军问好。周总理的亲切问候，给全体参战员工又带来了巨大的精神鼓舞和力量。指挥部各级领导跟着钢轨走，钢轨铺到哪里，他们就跟到哪里，他们和普通员工一样，多少天都没脱衣服睡过一个安稳觉。全体参战员工更是眼熬红了，嗓子喊哑了，齐心协力，终于在1970年12月29日确保全线胜利接轨通车。

选自《山菊》1997年第1、2期合刊

太焦记忆　中铁三局参战“3202”工程

曹俊

1970年，为加快“三线”建设，铁道部按照中央铁路工作会议精神，决定由铁道部第三工程局负责华北地区铁路网建设，太焦线（3202）工程由铁道部第三工程局承建。

太焦铁路，北起山西修文，经榆社、武乡、沁县、襄垣、长治、高平、晋城，到河南月山、焦作，全长397公里。

当时流传这样一个说法：因为这条铁路是由铁道部第三设计院第二设计队为山西省设计的第二项工程，故编号为“3202”。该设计院当时为山西设计的第一项工程是北京到原平的战备线，编号为“3201”；第三项工程是太原到岚县的太岚线，编号为“3203”；第四项工程是太原到军渡的太军线，编号是“3204”。其实，太焦铁路立项，保密性质极严。当时不叫太焦线，而叫詹东线，以“3202”为工程代号。这个工程代号是国务院为修筑战备线统一编排的号码。

当时，中铁三局各工程处正在丰沙线、“3201”京原线奋战，接到指令后，从1971年4月起，迅速对既有工程进行收尾，各路人马陆续赴晋，义无反顾地奔赴山西。

中铁三局进驻太焦铁路沿线时，正处于计划经济年代，包括职工家属在内的数万人，分别从北国边陲和丰沙线迁往内陆山西，选址、住宿、吃粮、设备、子弟入学就业，无疑都是不易解决的大难题。山西省以革命老区的宽大胸怀，张开双臂欣然接纳了中铁三局数以万计的职工及家属。从此，中铁三局机关就在山西省会太原驻扎了下来。

中铁三局是流动单位，大部分职工都已习惯了“四海为家”的“迁徙游击”。铁路修到哪里，中铁三局施工队伍就搬到哪里，其家属也就跟到哪里。那时候职工们的家当不多，往往把几个铺盖一卷，锅碗瓢盆一端，马上就可以出发。到了施工区段，单身职工均集体住在临时搭建的工棚或帐篷里。可带着家属的职工如何安置，成为摆在地方政府面前的重要议题。

修建中的太焦线特大桥

经过协商，在距太原铁路局机关大院不远处的“赛马场”，盖起十几排平房，作为中铁三局机关办公和中铁三局机关干部的家属基地。随着中铁三局大批职工的进驻，职工子女入托、上学问题迫在眉睫。筑路沿线各个县市乡村学校，无条件接纳了大批中铁三局职工子弟。他们有的正在适龄段，有的已经超龄，只好当了插班生。一时间，原本乡音十足的各个学校，增添了许多“南腔北调”。

随着工程进度不断加快，施工拉运量随之增大，配备的车辆已满足不了施工现场需求。1971 年 1 月，为加快工程建设，榆社县下达了《关于急调马车支援 3202 工程的通知》，不到半个月，各公社、生产大队的近百辆马车全部汇集到了县城西大街车马店内。一时间，各个工地上尽是汽车的鸣笛声、车把式呵斥牲畜声，不时还传出开山排炮声，混响成一片，此起彼伏，蔚为壮观。战争年代老区人民支援前线时那人欢马叫的场景，又在这块热土上重现了。

铺设轨枕需要大量石砟，原定从襄垣、修文等地石料场供应的石砟，一时供不过来。榆社、武乡、沁县学习借鉴焦枝线铁路铺设的经验，充分发挥广大民兵和沿线群众的积极性，大打修筑铁路的“人民战争”，沿线各学校统一组织师生敲打石砟。

修建太焦铁路，是一场全民齐上阵、千里太行摆战场的“人民战争”。沿线各市、县，从政府机关到企事业厂矿，从城镇到乡村，从白发苍苍的老人到十多岁的孩童，男女老少齐动员，修路基、捣石砟、运物资，用尽一切力所能及的方式，积极参与太焦铁路的工程建设，涌现出许许多多先进人物，留下了许许多多感人至深的故事。仅就中铁三局而言，太焦铁路修建的 8 年，每一米都浸透着三局人的汗水和鲜血。209 公里，留下了 80 多位英魂，他们的英雄壮举，将与太焦线永存，与太行山永在，人们永远不会忘记他们。

选自网络报告文学《太焦记忆》

回忆当放映员的日子

于景龙

1970年11月，我所在的连要推荐人到处机械厂，连里的军代表找到我说：“你想不想去机械厂？”我说：“当然想去。”当时我是一个排的排长（一个30多人的大工班），我以为是板上钉钉的事。可军代表说：“连里不让你去了。”我一下子傻了，半天回不过神儿来。军代表又说：“准备让你到处电影队。”我简直不敢相信自己的耳朵。那时候，当个机械工人，是我们刚参加工作的年轻人的最大梦想。而当放映员，则从来想都不敢想。当上放映员后，我写下《我是一名放映员》小诗一首：我是一名放映员，豪情激荡壮怀间。洞口桥头铺画卷，欢歌笑语入云天。

当上放映员以后，我开始到三家店至沙城的丰沙线百余公里沿线的工点巡回放映。工点大都地处偏僻，下了班，人们无处可去。当时又没有电视，文化生活十分单调，于是我们成了工程队最受欢迎的人。但当时处于“文化大革命”时期，“文化大革命”前的影片大多被视为“毒草”，只有8个样板戏、几部战斗片和新闻简报翻来覆去地播。后来，又多了几部翻译片，如《看不见的战线》《摘苹果的时候》等。看得多了，以至许多人都能背下片中大段的台词。

当时，在许多人眼里，放映员的工作既轻松又潇洒，还老看电影。其实，放映员也是一个挺辛苦的差事。流动巡回，又是露天放映，场地条件大多很差。春秋总有大风光顾，夏天常遭雨袭，冬天要在寒冷中煎熬。一次，我们在安家庄工点放映。在放映过程中，一阵暴雨袭来，观众霎时作鸟兽散，我与同伴收拾机器、银幕，结果浑身上下都湿透了。当时还曾留下一段顺口溜：放映途中暴雨袭，霎时观众奔东西。待将机器收拾尽，笑看两只落汤鸡。

冬天是我们最难熬的日子。那时好像比现在冷得多。坐在卡车上面，尽管有大衣裹得严严的，但仍旧抵挡不住严寒的侵袭。如遇到大雪，天冷路滑。那份艰险，真让人担惊受怕。一次归途，车行至郭堡水库边上，一边是峭壁，一边是几十米深的悬崖。风雪中，突然

车轮向悬崖边上滑去，司机忙朝峭壁一面打方向盘，车子扭来扭去，我们来不及多想，慌乱之中跳下车。好在车终于停下，然而，一个后轮却滑出了悬崖，悬在了那里。

还有一次，我们从工地连夜返回，汽车抛锚在半路上。司机师傅鼓捣了半天，说半轴坏了，没法走了。此地前不着村后不着店，荒山野岭，秋夜风急。车上坐了五六个人，还有放映机，怎么办？最后，司机和另一个人留在汽车里，我们几个人摸黑走了2里多路，找到一个小村。说是小村，其实只有七八户人家。幸好一家有间装柴草的空房，虽无被褥，也可遮风避雨。

1974年，单位担负抢建太焦线月山至晋城段任务，参加施工的民工队伍来自晋东南地区的晋城、平顺、陵川、阳城等县。春节前，处领导带我们到这些县去拜年、慰问。一路披星戴月，日夜兼程，走了七八个县。到平顺县时已是腊月廿九。让人意想不到的是，我们见到了两个人，一位是李顺达，一位是申纪兰。他们是农业合作化时期的著名全国劳模。他们的事迹，我在小学时就知道。久仰大名，一朝见面，我们十分激动。两位英雄，衣着朴素，平易近人。那时的平顺很穷，我们住的县招待所条件很差，屋里很冷。马上就是大年除夕，我们难以入睡。当时，工程队的生活条件十分有限，只有工程段才有简易的招待所。在工地巡回放映，我们放映后常常住在工班里。队上的人看哪个人出差或回家，就把我们安排到这个人的铺去睡。被褥干净的、脏的都有。住在工班，听工人师傅插科打诨讲故事，也长了不少见识，还认识了更多的人。

电影队的几个年轻人，当时都是单身，总是盼望春节的来临，好回千里之外的东北老家探亲。可是，电影队是越逢年节越忙。领导要求节日期间“别人放假我不放假”。所以，我们又害怕春节的到来。从1970年到1977年家搬到石家庄前的7年间，我有3个春节是在工地过的。1976年春节期间，我被留在工地，独自到白羊墅工地放映，听着远处家家户户传来的鞭炮声，心里十分难受，写下了一首词《西江月·春节》，至今读来还让我唏嘘不已。词是这样写的：“空中银幕高挂，北风扑面严寒。家家户户过新年，听取鞭声一片。三五雪花飘落，六七观众身边。灯光闪烁夜阑珊，照得乡心纷乱。”这恰恰是我当时生活和心境的写照。

选自《山菊》1997年第2期

父亲一生最美的“铁路年华”

于子桐

说到修建铁路，你能想到什么？是成吨的钢材、水泥、土方和石砟，还是成千上万筑路人的心血汗水。其实，每一段路基、每一座桥墩、每一根枕木、每一节钢轨，都凝聚着成千上万铁路建设者顽强拼搏的精神，凝聚着他们默默无闻的奉献和付出。

我的父亲于启利就是这筑路大军中的一员。1993年9月，他进入哈尔滨铁路工程学校学习。4年学习生活结束后，他被分配到了山西榆次的中铁三局五处机械厂。当时，为满足东部地区用煤需求，国家开始筹建朔黄铁路，根据组织安排，父亲被调到朔黄项目工作，这也是他参与的第一个铁路大线施工。随着国家铁路建设按下了“加速键”，父亲成了“空中飞人”，全国各地到处跑。印象最深的是2005年开始修建的石太客专，是国家“四纵四横”客运专线的重要“一横”——青太客运专线的重要组成部分，是一条沟通华东和华北的交通动脉。他在这个项目干了3年，吃在工地，住在工地，其间回家的次数少之又少，在家待上两三天就马不停蹄地赶回工地……

多年后，特别是参加工作以后，我同样对这条铁路印象深刻。小时候常听父亲说起的这条让他吃不好、睡不好、日夜操心的石太客专，竟是我每年从山西回山东老家的必经之路。自那以后，每当坐车行走在这条铁路上时，我总觉得十分兴奋，总有一种异样的感觉。心里总是想，这可是我父亲他们亲手修建的铁路啊，这也让我真正体会到了一种作为铁路子女特有的幸福感和自豪感。

如今，父亲已经在铁路岗位上工作多年了。他从一个小技术员到助理工程师、工程师、高级工程师，如今是一名基层项目党支部书记。在平凡的工作岗位上，我的父亲并不算什么大人物，也没有做出过什么惊天动地的大事迹，同身边许多普普通通的铁路建设者一样，一辈子脚踏实地、默默无闻。然而，一条条路基的铺就、一座座桥梁的建成，不正是需要

千千万万像我父亲一样，既普普通通又兢兢业业的人吗？

当我写完这篇文章的时候，父亲正在云南建水“滇中引水”项目的工地上施工。他打来电话说，所建的一条隧洞提前打通了，这让他和身边的人都高兴得哭了……

选自《山菊》2009 年第 1 期

难忘的一次采访

王学哲

第一次采访“全国先进铁路党组织”“全国铁路党支部十面红旗”“全国五一劳动奖章”获得者——铁道部第三工程局第六工程处第十一工程队的时候，这支英雄的队伍正在承担着京九铁路 4 隧 7 桥 11 涵和 4.2 公里线路的施工任务。

京九铁路是纵贯我国南北的三条长大干线中最长的一条。过去，作为普通的铁路旅客，要是有人问我铁路是用什么修成的，我会毫不犹豫地回答：钢铁、木材、水泥、土石方。如今，我在铁路大军中已生活了 20 多年，要是再有人问我铁路是用什么修成的，我还会毫不犹豫地回答，但答案却不同了。我真切地看到了，铁路实际上是由万千铁路大军用智慧、汗水、青春、鲜血甚至生命修成的！每一座隧道，每一座桥梁中都浇注着铁路建设者忘我工作的故事、无私奉献的精神。每一立方米土石方中都堆垒着铁路建设者奋斗的泪泉、牺牲的血雨。

中铁三局六处十一队铸就了 40 年的铁路施工战史。两间房子大的工程队荣誉室里，挂满了来自国家、省、铁道部和局、处的锦旗、奖状，摆放着各种各样的奖杯——景泰蓝的、珐琅质的、镀金的……

“还有许多，工地搬来搬去搬得找不到了。怨我们的工作做得不细。”工程队领导如是说，语调和表情中不乏愧疚。这有什么好愧疚的呢？他们最大的荣誉原本是献给人民的一件又一件硕大宏伟的作品，这些作品早已镶嵌在我们共和国的大地上。这样的荣誉与天地共存，与日月同辉，是永远不会丢失的。

在邯长铁路，人们说他们是“开路先锋”。

在阳涉铁路，人们说他们是“开山凿洞，威震太行”。

京九铁路，他们一个工程队担负了过去一个工程段才能如期完成的工程任务。甲方监理说：“从没有见过这样的施工队伍！”

原铁道部部长韩杼滨说他们是“真正的英雄”。

原铁道部副部长孙永福说他们是“战斗堡垒，开路先锋”。

真正的英雄，当之不易，颂之亦难！仅采访就很困难。队部的干部们，好像素来就不懂得上班与下班中间有个界限。他们除了吃饭、睡觉，只要睁着眼睛便是工作。而他们的睡觉，又不是通常意义上的完整的睡眠和安静的休息。几乎所有的干部没有零点钟以前能上床的。入眠后又动辄被喊醒，这时候他们会心惊肉跳：一定是工地上出事故了！当知道不是安全上出事而是另外的事亟须处理，他们的心跳频率才渐渐恢复正常，呼吸才渐渐匀整。他们的吃饭也不是通常意义上的那种定时定量的吃饭，常常是饱一顿饥一顿，有时候三顿并作了两顿。

纵横千条线，都穿一根针。工程队作为最基层的施工生产单位，队领导们的事多得有时候让人头皮发麻。当过工程队领导干部的读者毕竟是少数，多数读者兴许会认为作者在这里拿“头皮发麻”来故弄玄虚。咱们不妨拣一些他们必须解决和处理的问题罗列出来，您就会品出一些个中滋味——

地亩问题，临时用地的租赁问题，拆迁问题，生产生活用水问题，电的问题，通信联络的问题，接受调拨材料的运输问题，材料的来源问题，向设计院催要图纸的问题，施工便道问题，施工机具问题，几百号人的吃喝拉撒问题，路地关系问题，与建设单位即甲方的关系问题，与监理的关系问题……

他们有时候忙得与我一两天打不上照面。最困难的是，好不容易逮住他们有点空闲了，他们又不说自己的战绩，总是平静地笑笑说：“都是平常的工作，没什么好宣扬的。”

有什么样的领导，就有什么样的兵。我采访老工人，老工人大多温厚地笑道：“没什么好说的，领导让干啥咱就干好啥。天天这么干，年年这么干。反正一辈子交给铁路了，就老老实实地好好干呗。”我采访青年工人，青年工人大多不好意思：“刚来这个队没几年，谈不上啥成绩。组织上把咱放到这儿了，反正就是听领导的话，跟党走，向老师傅学习，好好干呗。”

写十一队还有一难——

十一队人没有董存瑞、黄继光那样辉煌的动人心魄的瞬间；没有詹天佑、茅以升那样显赫的举世钦敬的功勋；没有使五星红旗在国歌中升起的中国体坛健将们那样为国争光的伟绩。

他们像石砟和道钉那般普通，他们像晴空中的白云那般纯净和质朴，他们像耕牛一般默默无闻。

第一次采访，我接触的第一个十一队人是小车司机王凤德。他受领导委派从驻地——广东省和平县上陵镇下陵区到广州来接我们。他前一天晚上 11 点才抵达广州，第二天连早饭也没顾上吃，就钻到车底下去整万向节。

我说："不用急，啥时候整好啥时候走。"

他说："不急还行？车不出毛病也得跑 8 个小时。不赶早走，晚饭前准到不了。"

他生性活泼，爱说话，一路上大家都不寂寞。

一辆又一辆高级轿车从我们身边像箭一样窜过去——奥迪、现代、凯迪拉克……偶尔还有"子弹头"。王凤德就埋怨自己这辆"黎明"："咱这破车说啥也开不快，一到 80 迈全身都颤抖，除了喇叭不响哪儿都响——"为了证明他的话是真的，他调整油门。车速明显地快了些。果然，当速度表的指针对着"80"的时候，车身就突突突地抖起来。

我们都笑了。"你们笑？这就不错了。前两年工程队长还坐不上这车呢！"

"那出去开会、办事，坐什么车？"

"客货。要么就是解放大板。说实在的，住几天你们就知道了，咱们堂堂国有企业的领导，还赶不上人家个体老板呢。承包工程的老板，一个人就两辆'三菱'吉普，你说牛不牛？"

"小车司机的活儿，在队里算最'神仙'的了吧？"

"活儿是不错，不错也遭罪。全队需要办的事那么多，这车没有一天喘气的功夫。我不管前半夜回来还是后半夜回来，第二天早晨准又得出车。"

"这么干，人能受得了吗？"

"受不了咋办？人手紧，倒不开。再说了，那些头儿不也都这么不要命似的忙乎吗？现场工人那就更苦了。大家都受得了，我有啥受不了的？我要受不了，那开解放大板的弟兄们该是啥样子？开大车是真受罪呀，夏天里边像蒸笼似的，你就是光着膀子干，汗也把身上该淹的地方都淹了，屁股上成片的小红疙瘩，又痒又痛，一见椅垫子就不想坐。"

"这地方生活还可以吧？"

"这地方，光蚊子、耗子就让人讨厌死了。这地方蚊子才厉害呢，叮人不叫唤，不像北方的蚊子预先打个招呼。这地方蚊子不怕风，你坐电风扇底下，它都叮你。有时候穿着裤子，腿都被叮一溜疤，你就不知道它从哪儿下的口。”

“耗子是胆儿太大。有时候睡着觉就钻你被窝里去了，你说下半截的觉还咋睡？为了治这耗子，头儿说打死一只奖励一毛钱。我们炊事班的一个哥们儿在库房里下了电猫，一个月就领了 70 元的奖金。你说这耗子该有多少？”

“你多长时间没回家了？”

“自打上京九线就没回去过。快到两年了。”

“想孩子吗？”

“真是的，这还用问吗？谁没有父母兄弟？谁没有妻子儿女？”一位学者认为人生有十大乐事，其中第一乐便是天伦之乐。牺牲天伦之乐的，何止王师傅一人！

后来在采访中我的感受更深：有的干部和老工人在谈到如何想念父母和妻子儿女的时候，或泪挂双腮，或泣不成声。在每个人的心里都深埋着一本对至亲骨肉的永远还不清的感情账！

可敬的是，每个人都把这种账目深深地埋在心底。

选自王学哲主编：《穿山剑》，北岳文艺出版社 1999 年版

施工走过的那些地方

韩殿卿

3201

在放飞理想的意念中，我的生命注定要像一朵云，装着鸟儿腾飞的翼，被轻微与重量夹裹，飘忽不可蔑视的抉择。尽管陈家沟与团城子已成遥远的回忆，但那里有我投身3201铁路建设的最初脚步，从隧道里推出的每一锹石砟，都见识过我身上的每一条筋骨。

一个激情而奋发的年代，用一串简单的符号，将一个雄浑之梦挥写在山水之间，也将奋发与拼搏之志，刻在了我的额间。

陈家沟隧道

陈家沟隧道坐落在晋西北，40年后又一次目睹，让我感受到生命中的辉煌。1969年夏，双月双百米掘进在“三线建设要抓紧”的号令下夜以继日。“兄弟你别哭！”在洞口，大两岁的鼓励小两岁的这样说。当年我们还小，还未经受过心与力的磨炼。

哭鼻子只是想家。渐渐地，我们将想家的念头注入手中的风钻和一切可以表现我们大干的工具，一心为祖国三线建设争抢时间。那是真切的忘我啊，一切皆以力相拼！只要能为工班里争得一份表扬，全班人的脸上就有读不完的光彩。

武乡

将所有乡情都敞在乡野。你看，红枣、雪花梨，还有八路杨，喂马河甩出了城关，甩出

一个关河水库。

没谁拿我们当外人，太焦线正在为老区与外界搭一条彩虹。房东大娘见了我们就笑，说她地里有的是菜，孩子你们摘吧！我和新婚妻子一摘，就摘了满怀欢乐。

离开武乡的时日，房东大娘仍爱用她 3 个手指，捂她豁去的牙，一次次将淳朴之情，慈祥在我和妻的梦里。

邯长线

秦晋之好是老掉牙的故事。当年，我们是用现代人的情怀，构筑晋冀通道。汗水早已融入路基，载着隆隆车轮，往返于昨天与未来。

粒粒道砟都嵌有我们的名，一个穿有小帆布工装的群体，用情操与汗水承载起晋煤外运的渴望。尽管立在工地的口号会变，但“抢时间”永远是我们铁路建设者执意追求的主题。

星空下每一场电影，都让我们感受到了报捷时的兴奋。

义东沟

白羊墅货栈像条巨大的鲸，每天要大量吞吐黑白黄。它的摇篮出自义东沟，一个充满自信而勇于创新的群体——上百辆车轮穿梭于同一组蓝图。

山西阳泉偏东的一处山沟，二十几幢油毡作顶的房屋中，住着一群南腔北调的人，做过“邻居”的松鼠与路过的蝴蝶，谁也没能听懂这些人说了些啥。可人们一提起白羊墅货栈，就念起了当年那个吃苦能干的中铁三局。

记忆中走过的村庄

我的记忆中铭刻着很多村庄，如神堂坪、胡家铺、龙岗、田家窑、西店、闫家店、吴家堡、海会寺、柳湾……当然还有很多。打开记忆之门，这些村庄就会沿着我筑路的脚步，清晰浮现在我修过的每一条线路上。3201 线、3202 线、邯长线、胶济复线、沙黄复线、大秦线、济南北外环线、阳电专用线、神延线……

天南地北，真实着我与村庄相伴的时光。

与村庄相伴，即与艰苦相随。但我感受到了天的湛蓝，星总一闪一闪。望一眼村边小溪，心纯净而悠远。闻一闻乡间泥土，情厚重而浓郁。一个个春夏秋冬，勤劳、质朴的山乡，总能让我在不惜流汗中，享受到线路通车时的感动。

选自《山菊》2010 年第 1 期

感悟青藏铁路精神

崔喜利

在昆仑山口，我们冒雪来到书写“昆仑山”3个大红字的石碑下，迎着佛教徒悬挂的经幡，在这海拔4767米的地方合影留念。在我们到了海拔4500米、4600米、4800米、5231米的高度时，青藏高原用它那强大的“内功”，慢慢地消耗着我们的体力，逐渐地发起了全面进攻。汽车走着走着，突然莫名其妙地熄火，原来它是得了“高原病”。司机告诉我们，这是因为青藏高原海拔高、气压低、含氧量少，汽车行进中所需的氧不够造成的。怪不得在高原上跑的车不是缸数多就是涡轮增压。

汽车缺氧还出现毛病，那人呢？一上昆仑山，大家首先感觉到的就是胸闷气短，呼吸频率加快，心脏感觉往上提；过了五道梁，头皮发紧，好像是唐僧给孙悟空念了紧箍咒似的。临近傍晚时分，终于到达青藏前线指挥部——长江源兵站。

长江源头——从各拉丹冬雪山而来的沱沱河在晚霞映照下，一日千里地奔向东方。我捧起冰凉扎手又养育了中华民族的“乳汁”时，心里是百感交集，顿时更加感到青藏高原的神奇和伟大。

晚餐，在指挥部人员的热情鼓动下，虽有不许饮酒的规定，但大家还是小酌了几口，说是压压惊。工地医院的医生怕我们身体吃不消，给大家都测了血压，拿了止痛、安定的药品。这时才感到胸闷、气短、头痛、腿软，高原症状都上来了。医生把我们强行塞进高压氧舱，果然奏效，大家的嘴唇从紫变红，从萎靡不振到心情舒畅。

到青藏高原，是奔着做英勇无畏的工程建设者来的。但首先感受到的是这里的自然生态环境。铁路沿线自然条件极其恶劣，空气稀薄，气压低，人烟稀少，紫外线辐射强烈。中铁三局集团公司管段正是处在这样的条件下：终年冻土地带，是几百公里的无人区；年平均气温在 −5℃左右，最低温度可达 −40℃左右；年平均气压为海平面的55%—72%，空气中的氧含量比海平面少30%—50%。

恶劣环境对人的折磨，不到高原你是感知不到的。再聪明的人，到了高原也会反应迟钝。干什么都要慢，说话要慢、走路要慢、吃饭要慢，甚至解手也要慢。在内地每天风风火火地干事，要慢下来还真不容易。我们的领导上山后给基层一线指挥官们讲话："3个月120天要完成主体工程……"身边人员提醒说3个月不是120天，才醒悟过来，原来是大脑缺氧。员工们已摸索出一套高原生活的规律：洗脸不能蹲在地上洗，要不然就会头晕、气短、眼前发黑，有栽倒的危险；走路、说话、干活儿不能太快，因为氧气供不上；吃饭不香，嗅觉不灵，不能完全分辨出食物的味道来。由于高原对人的伤害，凡是在这里生活时间较长的人，都有嘴唇发紫、体重减轻、心情烦躁的情况。

员工在高压氧舱吸氧

由于职业的需要，我们必须走访每个作业队，必须深入到每个重点工程，拍摄、采访需要的都是第一感受。在青藏第三作业队的曲水河大桥工地，看到对面山上有两个小点在晃动，书记李锡华告诉我，那是我们的技术人员在抄平、放线，就是在这荒无人烟的大漠上晃动的两个点，给我的心灵带来巨大的震撼。看到在恶劣自然环境下依然辛勤劳作的员工，我的心里顿时对"海拔高、意志更高的青藏铁路精神"有了更深的感悟和理解。

选自《山菊》2003年第2期

难以割舍的铁路情结

刘园

未曾想过，我一生跟铁路的缘分居然会结得如此深厚。

记得小的时候，家门口有条铁路，每天看着运煤的火车冒着黑烟呼啸而过，那是我最开心的时刻。我拍着小手，然后欢呼雀跃地扳着手指，数着这列火车有多少节，直到目送着火车渐渐消失在视线里，才极其不情愿地离去，仿佛这火车拉走了我的快乐、我的好奇和童年的梦。

那时，我常常看着过往的列车好奇，好奇车里的人们在干什么，火车为什么会跑起来，到什么时候才会停……太多太多的疑惑解不开。我便开始央求妈妈："妈妈我想坐火车。"妈妈说："你还小，等你长大了就能坐火车了。"于是，我迫切地希望我能一夜长大，好坐上火车看看铁轨的尽头是什么。那时爸爸妈妈每天上班工作都很忙，我常常独自一人在家，不过我并不会感到寂寞，因为我常常会约上小伙伴到铁道边上的护坡去采野花，捉小虫，斗蛐蛐，并目送一列列火车远去。于是，童年的时光不知不觉地过去了。

上中学的时候，看着大哥哥大姐姐考上大学后，都是坐着火车去上学，于是我单纯地认为，只有考上大学才能坐上火车。冥冥之中，不经意间，铁路成了我朝思暮想的"好朋友"。每当我遇到什么高兴的事，就会沿着铁道使劲地跑上一段，一边跑还一边喊，喊什么不重要，重要的是能让铁道知道我很快乐。心情不好的时候，我也会来到铁道边，看着火车一趟一趟地驶过，带走我的烦恼，直到所有的心绪都平静下来为止。从此，我青春时期所有的梦想和愿望，便和铁路有了千丝万缕的联系，而能够坐一坐火车，一直成为内心最向往最神圣的事情。

高中毕业，通过自己的努力，我考上了外省的一所大学，到了一个离家很远的城市念书。这下，如愿以偿，幸福突然降临，我骄傲地坐上了通往外省的火车。

平生第一次坐火车，真的很兴奋。看着月台上妈妈送我上车的表情，突然忍不住哭了，突然感到有一点小失落，因为从小到大都没有离开过妈妈，这一次我居然离家2000多公里了。但是，这种伤感的情绪，很快就随着车轮的缓缓启动而消减，心里立刻快乐起来。看着那些重叠的山峰，迎面向我扑来，看着那神秘莫测的景色变化，我感到十分好奇。渐渐地我学会了适应，适应着异地的风土人情，适应着离开父母独自生活。

我爱上了坐火车，喜欢上了车轮“哐当、哐当”地压在铁轨上，发出那种最自然、最纯粹的金属之声。喜欢听火车汽笛的鸣叫，喜欢坐在火车上看窗外流动的风景，喜欢一觉醒来看未知的一切。而每年寒暑假，往返于学校和家之间，我都义无反顾地选择乘坐火车，这是最便捷最安全也是令我最高兴的事了。后来参加工作，成了家，火车还是我的最爱，因为在火车铁轨的另一头，多了一个家，多了一份牵挂，铁路线把我与生命中最重要的人紧紧地联系在一起，促使我长年累月地奔波在铁路线上。

我是一个很恋旧的人，一旦喜欢上了就很难忘怀。对人这样，对火车的感觉也一样，一旦爱上便不轻易舍弃。经常挂在嘴边的话是衣不如新、人不如故。从小就有的铁路情结，随着年纪的增长不但没变淡，反而越来越深厚。我喜欢乘坐火车进行贴近地面的旅行，憧憬的西藏、新疆、黑龙江这些美丽的地方，一直在我的灵魂深处向我招手，梦里不知有过多少回，火车把我拉到那片神奇的土地上，让我且歌且舞，流连忘返。但一觉醒来，腮旁仍残留一行幸福的泪痕。

选自《山菊》2009年第1期

最爱是工装

鲁宏

从拥有属于自己的第一套工装开始，已经有 30 个年头了。其间历经从最初的蓝、灰，到今天的色彩斑斓；从开始的长衣、肥裤，到今天的合体时尚，我们感受着工装的变化，更能从工装的变化中看到企业快速发展的脚步。

记得是在上技校的第一年，我拥有了属于自己的第一套工装。那是一套劳动布的深蓝色工装，那时几乎所有的工装都是这个模样。这套工装伴随着我度过了 3 年的技校生活。每隔一个星期的实习课，我们这群十六七岁的少男少女便会穿着肥大的工装出现在实习场地。也就是从那时开始，我便感觉到了这套工装的好处。它宽松肥大、质地厚实。工作时，它是你的防护服；休息时，你可以穿着它席地而坐。记得我刚学滑旱冰时，摔跤是常有的事，摔得重了，衣服会摔破。于是我便穿着这身工装去学滑旱冰，穿着它，既结实又耐摔，轻易是摔不破的。每到周末，我们学校的学生都穿着这身工装去旱冰场，放眼望去，是一片深蓝色海洋，成为旱冰场里一道独特的风景。

毕业后参加了工作，我收到的是那套土灰色的、袖口带有中铁三局标志的工装，还有一件墨绿色同样带有中铁三局标志的劳保大衣。这套工装无论是质地还是样式都比以前的那种劳动服工装有了很大的变化。首先面料变成了斜纹的卡其布，样式也变得时尚了许多。而那件墨绿色的劳保大衣，更是比以前的劳保大衣好看了许多。在当时物质条件还不是很好的情况下，这两套工装不仅是大家的工作服，也成了大家日常生活中最得意、最阔气的服饰。

记得有一次我们几个伙伴一起逛街，大家都穿着那件劳保大衣，一个路人羡慕地说：“看，三局的，穿着‘三局棉猴’呢。”从此，这件墨绿色的劳保大衣有了一个特别响亮的名字——“三局棉猴”。那时，无论在驻地周围还是在回家探亲的路上，总能看见和我们一样穿着“三局棉猴”的人，因为有了三局的标志，我们知道这些人都是三局的同事，虽然彼此间并不认识，但一种天然的亲切感，便会油然而生。

再后来，我们的工装变得更加丰富多彩了，变得更加实用、美观，也更加时尚了。现在的工装，早已不再是过去那种单调的蓝、灰色了，样式也随着时代的发展变得更加时尚。工装上的标志，不仅有中国中铁的元素和中铁三局的元素，各子分公司也把自己单位简称或专业特点展现在工装上。现在的工装，也不仅仅是一件工作服，更是体现企业文化，宣传企业形象的一个标识。无论是在项目开工、竣工仪式，还是在一些大型晚会的演出现场，特别是在央视大型赈灾捐款的直播现场，都能清楚地看见我们中铁员工穿着统一工装的潇洒身姿，无不展现着我们中铁员工和企业崭新的精神风貌、企业形象。今天，尽管我们的生活水平有了极大的提高，服饰样式也千变万化，但三局工装永远是我心中的最爱。

选自《山菊》2010 年第 2 期

工地上的“女儿情”

李颖

为人女

“什么事这么高兴？”“我爸来了！”这是上班以来，我头一次见这个女孩这么高兴。她平时性格内向，不善言谈，但是今天格外兴奋。因为今天她爸爸特地来工地看她。她告诉我，自己已经一年多没有回家了。说起家人，说起父母，她的眼圈开始微微泛红。其实她家离单位并不远，坐车也就三四个小时，为什么这么久没有回家呢？她说，项目刚开始时，她想多学点东西，不忙时，也想回家。可是看到项目其他同事不分昼夜、没有假日地工作，她也不甘落后。后来项目上越来越忙，回家的事情也一拖再拖。我问她，想家吧？她直点头。

哪能不想家？只身一人在异地他乡，尤其是过节的时候，看到别人全家团聚，那种孤独与寂寞可能每个筑路人都有体会。

不是不想家，每次她打电话都能听见她兴高采烈地说着单位发生的事情，挂了电话又泪水涟涟。明天有检查，后天要报材料……工作需要她，企业需要她。

想到自己也很久没回家，我心里也泛起酸楚。同样为人女，我们却没有守在父母身边，陪他们聊聊天，为他们分忧愁。每次回家，看到父亲脸上的皱纹又深了一些，母亲头上的白发又多了几根，心里的痛苦是无法用语言表达的。

我父亲有一次给我打电话，他急切而又兴奋地告诉我：“我出差的路上，一路看到中铁三局的牌子，有你们单位修的桥，还有你们单位盖的房子，我告诉同事：‘看，我姑娘就在中铁三局，那是他们单位建的！’孩子你要好好干！”我把在报纸上发表的文章拿回家给父母看，他们细细看了好几遍。我再一次回到家时，看到那张已经被翻旧的报纸，压在玻璃板下。母亲说：“有客人来了，就让他们看看。”

多日的坚强瞬间崩塌，转脸泪水滂沱。父母要求的并不多，作为三局人，我们用另一种方式展示了儿女之爱。

为人母

“给我儿子买的衣服，好看吗？”“要回去看儿子？”她和丈夫两地分居，因为工作繁忙就把儿子送回老家，由父母照看。孩子从小没有带在身边，她作为母亲总觉得有所亏欠，每次回老家看孩子，总是大包小包地买东西。

在我眼里，她是一个雷厉风行的人，好像性格中多了几分男人的强悍，少了几分女子的柔情。可每次她给儿子打电话时，总是细声软语，问长问短，不论儿子说什么她都耐心地听。有一次，孩子生病了，电话那头孩子哭着要妈妈，她在电话这边安慰孩子，告诉他自己很快就回去。放下电话，这个平时刚毅的女子，却再也没有往日的刚强，泪水就这样肆无忌惮地流了下来。

事后她说，每次回家看孩子，最发愁的就是离别。小小的人儿，每次都哭得撕心裂肺。他宁愿不要玩具，不穿新衣，就想让妈妈多陪两天。她也曾经徘徊，也曾犹豫，为什么别人都可以全家团圆共享天伦，而自己却要让一个不谙世事的孩子承担过多的痛楚与辛酸。

“即便再艰难，也从不后悔。”她说，“看着自己参与的项目多次获奖，作为一个女性，能挑起施工单位的大梁，被企业重用，这种骄傲与喜悦，无法替代”。

这些工地上的女人，不是不喜欢亮丽的衣装，也不是不愿意打扮自己，更不是希望孩子成长的道路上缺少自己的陪伴。只是因为一个选择，一个信念。在不平凡的工作岗位上，诠释别样人生的意义。于是，这些柔情女子，变得异常刚烈，刚烈得就像造桥的钢筋混凝土，撑得住大桥，也撑得住整个世界；刚烈得就像钢筋混凝土里的水，少了它钢筋混凝土就成了一盘散沙。

长长的公路伸向远方，美丽的长虹飞架两岸。既然选择了三局，选择了筑路，工地上的女人，你就倾注一片热爱；既然选择了三局，选择了筑路，工地上的女人，你就付出一生的心血，只管风雨兼程。

选自《铁路工程报》2022 年 3 月 25 日第 4 版

话三局　说发展　看变化

赵润山

我是 1987 年走进中铁三局大门的。这么多年来，我亲眼看到了社会的繁荣进步，亲眼看到了企业的发展变化，印象最深的，体现在“吃、住、行、干”4 个方面。

第一，说说“吃”。记得刚上班那会儿，在工程队食堂吃饭，几百人排队到窗口买饭，手拿饭票、按量打饭。食堂主食一般是馒头、米饭，细粮不够时，偶尔配些粗粮窝头。菜基本上是“一荤三素”，花样少、单份买，仅仅能保证员工劳累一天后填饱肚子。再看看今天，项目食堂荤素搭配、营养均衡，主食除了馒头、米饭，增加了饺子、包子、烙饼、杂粮馒头、面条、红薯、玉米等，菜的品种花样繁多，每周基本上鸡鸭鱼肉一应俱全，还配有各种水果。饭菜可以根据自己的喜好选择，可以说几十年来的变化在“吃”上体现得最明显，在饭菜数量、质量、花样、营养等方面都有了质的飞跃。

第二，说说“住”。当年参加工作，进入工程队的大门，映入眼帘的是一排排简易房屋。听老师傅们讲，这种房子叫板房，用纤维板制作而成，用完可以拆装移走。但这种板房，不住不知道，一住才体会到房子的简易。夏天热得像蒸笼，冬天四处进风。十几个人挤在一个大房子里，待也没法待，睡也睡不好。再看看如今项目的住宿条件，真的是今非昔比，鸟枪换炮。有的项目租住的是楼房，有的项目是自己盖的彩钢房，办公房间宽敞明亮，每个房间都配备了空调，宿舍有电视、网络，统一配床上用品，可以说过去的板房跃升到了楼房，过去的吊扇换成了空调，过去的透风漏气演变成了冬暖夏凉，无论是项目办公条件还是住宿条件，都得到了极大的改善。

第三，说说“行”。当年到工程队报到，我们几个实习生在河南月山火车站下车后，是被单位的“解放大板”接回去的。一路上尘土飞扬、上下颠簸，享受了半小时的“汽车探戈”才到了工程队。印象里，那时单位拥有一辆吉普车和一辆客货，解放大板车还是段修配所的。工人上班从驻地到工地都是徒步，有的去隧道工地还要翻山越岭，肩扛撬棍、铁锹等工具来回走几公里，辛苦自不必说。受限于当时交通工具的缺乏，就连员工回家探亲也要从项目所在地走到火车站，再挤绿皮火车，几百公里的路程，一路上要耗费十几个小时。现如今，除了项目配备的交通车辆（如轿车、越野车、皮卡、面包车）外，很多个人还拥有了私家车，出行更加方便快捷。员工回家探亲，再也不用发愁坐车难，几百公里乃至上千公里，坐上高铁几个小时就到家了。可以说，这几年，中国普通百姓出行方式的改变，是中国经济发展、社会进步、改革开放带来的最显著的“红利”和成果。

第四，说说“干”。过去那个年代，铁路施工时工人干活儿基本上是凭着一双手，人拉肩扛。抬轨枕、铲石碴、抱钢轨、起道拨道、混凝土拌和等都是用人力操作，唯一有点机械的，是机械队的土方施工，配备老式的“东方红”推土机、铲运机和小型翻斗车，有时拖拉机也加入到了施工当中。再转回来看看如今的施工场面，放眼望去，路基施工时有大型先进的挖掘机、装载机、平地机、推土机、震动压路机来回穿梭；地铁施工时配备大型盾构机；大桥施工时有钻孔机、塔吊和架桥机，线上施工完全实现了机械化，就连铺轨、起道、拨道、养护等，都是由各类大型专业设备来完成的。而混凝土施工变成了拌和站搅拌、混凝土罐车运输、混凝土输送泵浇筑等“一条龙”。钢筋加工再也不用人工操作了，换成了各种先进的数据机械钢筋弯曲机、钢筋笼成型机和数控钢筋切断机等设备。

企业的发展、社会的进步，真是日新月异。从这简单的4个方面，我就真切感受到了国家“天翻地覆慨而慷”的磅礴之力和企业“旧貌换新颜”的变化之巨。真可谓：忆往昔，沧海巨变，七十年国家变迁路，敢叫河山换新颜；看今朝，日新月异，新时代企业腾飞梦，高擎旗帜写华章。

选自《中铁三局“学党史、庆百年”征文选》

我与三局的“两个缘”

冀人

“学”缘

我出生在冀中大平原一个叫衡水的小城，1976年跨入中铁三局邯郸铁路技工学校的大门，从此成为中铁三局大家庭中的一员。我所学专业是当时较为“吃香”的内燃修理专业，当时社会上盛传着这样一句话：紧车工，慢电工，不紧不慢修理工。还有人说“吊儿郎当是修理工”。但不管怎么说，平生第一次走出农门，穿上印有“三局”字样的工作服，当时真有一种“土包子开花”的感觉，心里甭提多高兴啦。

但凡有点生活经历的人都应该记得，1976年对每个国人来说，实在是一个具有特殊记忆和重大影响的一年。这一年，重大事件的发生改变并影响了一个国家和民族的未来发展走向。而对我来讲，个人命运也发生了历史性的改变，因为我历史性地赶上了招收最后一批“工农兵学员”，并经“层层选拔”踏入三局邯郸技校的大门，从而实现了人生命运的重大转折。

其实，在迈入邯郸铁路技工学校的大门之前，中铁三局这个“金字招牌”对我就极具影响和吸引力。因为在我小的时候，我所生活的城镇大街上每天就跑着不少印有“三局”字样的汽车，每天吸引着小城人们的眼球。后来我才弄明白，这些人、这些车原来都隶属三局二处机械厂和二处四段，这在我少年时期的憧憬和记忆中，刻下了深深的烙印。

此外，还有一件令我刻骨铭心的事，对我选择并投身三局也起了关键的作用和影响。那是在20世纪60年代，为响应伟大领袖毛主席“一定要根治海河”的伟大号召，不少铁路施工单位集结到我家附近的海河两岸，修筑近万米长的“滏阳新桥”。在施工中的某天，一根枕木从桥上滚落下来，眼看着就要砸向正在基坑中施工的工友。在这千钧一发之际，一个职工奋不顾身冲了上去，用自己的血肉之躯挡住了滚木，别的工友得救了，而他年轻的生命却永远定格在了那个救人的瞬间。当时这个英雄的事迹在社会上激起了强烈的反响。记得当时全县人民为他举行了声势浩大的追悼大会，老师也带领我们参加了这个追悼大会，从此，这个英雄的事迹在我心中留下了不可磨灭的印象。在他身上，集中反映和折射出三局人无私无畏、舍己救人的崇高品格和英雄气概。多年后，我竟意外地在原五处三段二队见到了这个舍己救人英雄的遗孀和女儿，心中更是热血沸腾、感慨万千。正是这些人和事，促使我在 1976 年的人生十字路口，毫不犹豫地选择了三局，开始了走南闯北的筑路人生。

后来，经过两年的学习，我走出校门，先是被分配到七处机筑队，待七处解散后又被分到了五处一段五队。青春的足迹从白山黑水，走到胶东半岛。在这期间，全国掀起了“全民学习英语热”，一下子又激起了我强烈的学习欲望和热情。苦学几年后，经参加全国成人统一考试，1982 年我又考入局哈尔滨职工大学，开始了在北国冰城 3 年的英语学习生活。

抚今追昔，如果没有早年萌动在心中的对三局的那份情意，也许我就不会来到三局；如果没有在三局学校的不断学习、深造，我的人生之路也许就是另一种模样。感谢三局，给我提供了一个人生的大舞台，并在这个大舞台上演绎 “酸甜苦辣咸”的人生连续剧。

多年以后，我因公出差有机会重返这两所母校，看到曾经熟悉或不熟悉的老师或同学的面孔，心头竟有莫名的激动和感慨。特别让我欣慰的是，当年的母校现在早已桃李满园。当年的莘莘学子现在早已褪尽稚嫩，走向社会和企业的各个岗位，有不少已经成为国家和企业的栋梁之材。回顾以往，饮水思源，每个学子不要忘记今天所取得的成绩，其实都来自母校的教诲和栽培。

“情”缘

有人说，回忆是一种回想、一种感念。而我认为，回忆是一种幸福和甜蜜。20 世纪 70 年代，我有幸走进了三局大门，但那时的我，充其量只是半个“三局人”。而只有到了 80 年代在三局找到了人生的“另一半”，我才成了一个完完全全、“货真价实”的“三局人”。

在这个世界上，没有谁可以孤立地活下去。只有拉起“另一半”的手，与她相依相偎、共沐阳光，共同走过人生这条悲喜交加的长路，才能感受到生命中最本质的温暖和幸福。

记得看过一部名为《微观世界》的法国电影，影片中有一个场景：两只蜗牛某天在路上相遇。一只蜗牛伸出触角向对面的蜗牛轻轻舞动了一下，另一只也做出同样的回应。接着，两只蜗牛都从壳里探出头来，一点一点地接近，在明亮的阳光下，它们洁白透明的脖颈缠在一起，像久别重逢的恋人。这幅画面让我感受到生命与生命、心灵与心灵的依偎。

当然，在现实生活中，我的爱情故事远没有这对蜗牛浪漫，但也有这对蜗牛般的温情。我与我的爱人相识原是经别人牵线搭桥，“连线”后两人的感情就开始一点一点地升温。两颗心越来越贴近，最后也就像这对蜗牛一样，找到了一种生命与生命、心灵与心灵之间的依偎。于是，在茫茫人海中，原来两个素昧平生、素不相识的人，竟从相识、相知、相爱直到最后结婚、生子，组建了一个小家庭。也许是500年前的一个回眸，成就了今世这段美满婚姻。

童话中说每个家都是一辆南瓜车，它在生活的道路上奔跑着。一种叫作缘的魔法支持着它，缘是联系家与人的一种力量。如果南瓜车需要一个车夫，那么他必定是一个有情的人，他必将经历爱情，爱情是南瓜车的缔造者，它不只等于玫瑰与浪漫，也不只代表甜蜜与巧克力，爱情是缘的宠儿；如果南瓜车需要一个车夫，他必定是一个有心的人，他必将沐浴着亲情，亲情不仅是妻子的细语，也不单是孩子的笑颜，亲情是缘的纽带和根。

结婚以后，两个相依相靠的人走到一起才慢慢体会出，家庭最重要的是要有一种“情缘”，两人要做到彼此相亲相爱，这是非常重要的“感情联机”。而对众多筑路人的家庭来讲，那种吉普赛式的流浪，浪打浮萍式的漂泊，注定婚后的小日子既没有花前月下式的浪漫，更没有朝朝暮暮式的相守，有的只能是“牛郎织女式”的两地分居，或聚少离多，或风风雨雨，或坎坎坷坷。每个筑路人的婚姻、家庭故事，注定会充满艰辛、苦涩和几分离愁。在此，我以自己多年来对家庭、婚姻生活的理解和感悟，对所有已经承担和将要承担家庭责任的男士说一句：与你所爱的女士共同度过这漫长又短暂的婚姻时光吧，因为上天赐给你的这个女人，是你一生一世得到的最好礼物。

选自2002年《纪念建局五十周年征文集》

永远的三局　永远的老家

张凡

老家，一般是指我们在那里出生，在那里长大，离别之后让人牵肠挂肚的地方。

我们这一代生长在工程单位的很多人，自幼就以工程单位为家乡，没有老家的概念。老家在何方？给工程人平添不少疑问和迷茫。

我的父亲是抗美援朝时期中国人民志愿军铁八师战地卫生员，抗美援朝结束后，转到了东北铁路局三处，后来又划归中铁三局。他先后参加过东北牙林线、哈佳线、3201线、风沙线、太焦线、兰烟线等铁路工程建设，直至1986年退休。父亲是辽宁人，年轻时当兵出来以后就再也没有回到家乡。有了我们这一代之后，家就像一叶扁舟、一片树叶，随着铁路工地的转移而漂动。随着家乡老人的故去，我们这一代回乡的路也就在现实中模糊起来。

我们这一代除了大哥当兵出去得早，余下的兄妹都在三局这块土地上中规中矩地成长，后来也都娶妻、嫁人，生儿育女。三局，就成了我们这一代子女们心中的故乡。

在中铁三局，类似情况的家庭有很大一部分。20世纪八九十年代外招的毕业生工作后，在单位与老三局“土著”家庭结为亲戚，彻底地融入三局这个大家庭，三局就成了他们的第二故乡。可到了他们的下一代，哪里又是故乡呢？

三局这个令两代老三局人魂牵梦萦的梦中老家，使两代铁路工程人健康地成长，也让老三局人的家庭跟随着这个老企业一同茁壮成长。

记得七八十年代修太焦铁路时，工地运送沙石料还是人拉肩扛，有的单位还有马车运送材料；职工们的三餐主要还是粗粮；住的是简易泥巴房、大通铺；工资是十元面额的纸币，一个月下来也就五六张。一个处级单位的年产值只有两三千万元。

我们这代人，见证了三局的企业升级、企业改制，见证了企业在市场经济大潮的冲击下迎难而上，生产经营从一次次滑坡、增长的交替中走向今天的辉煌，亲身感受过职工吃穿住

行的变化。这种变化不是一朝一夕能改变的，是三局这个老企业的人不畏艰苦、开拓创新、爱岗敬业、无私奉献的结果；是企业净化自我、励精图治、知行合一、永争第一的结果；是三局这个老企业凤凰涅槃，由三代三局人共同创造的成果。

我们这一代三局人，也到了退休的年岁，我们的下一代有许多人毕业后又回到三局这块故土，成为三局这列高铁列车上的“回乡”新成员。

我们这一代人，跟随父辈南征北战，出生、入学、工作都生活在三局这个故乡里。从生活习惯、居住小区、风俗到红白喜事都深受三局的“惯例”和企业文化的影响。在语言方面，三局内部东南西北的人都有，一到了三局这个“圈子”，经过一段时间磨合就基本上使用起了“三局的方言”。尤其是三局的第三代人，在语言上既有父辈家乡话的部分韵味，又有当地的一些语言特色，最后都划归到“三局的方言”上来，那就是变异后的老家话加上非标准的普通话，特点就是简练、直接、干脆。无论你到哪个三局职工住宅小区，都能听到这嘎巴溜脆的“三局话”。

老家，应有小桥流水、蜿蜒的山路、田野、炊烟、外婆、一碗面、一瓢粥……而我的三局老家，是精神的故乡，是心灵的故乡，那就是一处院、一家人、一段工作经历、一个工地……那就是养育、培育我们，并为我们提供人生平台的中铁三局！

选自 2002 年《纪念建局五十周年征文集》

老院情深

王新平

院里几棵粗壮的杨树长得早已超过了楼顶，夕阳下依旧繁密的枝叶，在红砖墙上投下了斑驳的树影。

这是个老院了，10 余栋楼房都是 30 多年前修建的。那时院子外面还是农田、菜地、果园，周边几乎没有什么楼房。通往市区的道路也很窄，仅有的 7 路公共汽车的站点离院子还有两站地。不过院子里有粮店、卫生所和供应站（企业自办的商店），院子西侧就是子弟学校，所以生活在院子里的人们，好像并没有觉得有什么不方便的地方。而对于我们这些常年在工地奔波、一直住着活动板房的人来说，能在基地老院拥有这样一套尽管不大的房子，那简直老牛了，感觉真是无比的幸福和荣耀。

当然，如今院子里的人也没有什么太大的变化，只是岁月不仅在一栋栋楼房的墙体上雕琢了痕迹，更在楼房主人的脸上刻上了道道皱纹。一些红砖的包浆开始脱落，许多人的头发早就染霜。不过老院的生活气息依旧浓郁，伸出凉台的扶桑花开得红艳艳的，晾衣架上挂着的鸟笼里时时传来的鸟鸣照旧清脆悦耳。院子里的人三五成群，或打牌下棋，或散步聊天，一整天都人流不断，悠闲自得。

外面来的人从院子里走过，总会觉得院子里老人比较多。的确，现在院子里居住的绝大多数是退休的老人和家属。不过这些一辈子翻山越岭、走南闯北、为铁路建设奋斗终生的老人，骨子里却有着与一般老人不同的形象、气质，他们豁达乐观，执着坚定。也许是因为经历过艰苦岁月的磨炼，也许是因为对曾经的职业生涯充满自豪，他们即便是打牌，也要在娱乐中论个输赢，耳朵上夹着的纸条，就是决出胜负高低的象征。而象棋桌前更是热闹非凡，总能吸引人们的目光。那些围观者，似乎也不太遵守“观棋不语真君子”的古训，总是在不知不觉中指手画脚，无形中就成了对立的两派。也许棋盘上的楚河汉界，压根儿就没有被他们承

认过。

院里的老人相处都很和睦，邻里之间有个什么事，大家都会相互照料和关照。比如，老张生病了，老李、老王、老刘等一群老伙伴都会去看望，不管是谁家的儿孙办喜事，白头发的老人们都会兴高采烈地去喝顿喜酒。一方面是因为原本都是一个单位的，几十年在一起居住，彼此之间既熟悉，又都结下了深厚的情感；另一方面是因为他们延续了筑路人的职业习惯，铺路架桥、开山凿洞的那股团结奋进、互帮互助的劲头，已经在心目中无法抹去了。当然，他们在一起也会争吵，争吵的内容似乎也总是离不开铁路建设，比如对于央视播放的纪录片《成昆铁路》，他们会对自己亲手修建的、至今仍保持着中国跨度最大纪录的铁路石拱桥——“一线天”大桥施工中的每个细节进行一一对证，认定“十八排险勇士”都有谁，凿石头的钢钎子有多长，工班里谁的酒量最大，等等。他们都能清楚地记得，当年居住在“两山夹一沟”深谷下面的队部大门上的那副对联，上联：深居一线天，下联：心胸比海宽，横批：乐在其中。但唯一让他们感到遗憾的是，这座大桥获得国家科技进步特等奖以后，竟没有一个人跟他们说一声。

也许早已离开工作岗位的他们，早就不再关心什么名利，也许他们从来也没有估算过自身的“黄金身价”。不过这些始终对自己职业生涯充满自豪的老人，当年也有着自己独特的“计价”方式，就是喜欢用工程名称、工地所在地的地名，给自己的孩子取名，所以，这个老院里的孩子，叫“宝成、成昆、喜德、德昌”名字的人特别多。如今这些宝成、喜德也已人到中年，许多子承父业，或是高铁建设的干将和栋梁，或已身居要职走上了重要的领导岗位。

现在的老院的确老了，周围的农田、菜地、果园，早已被林立的高楼大厦所取代。随着国家经济适用房政策的出台和旧房改造步伐的加快，据说这个老院很快就要被改造了。对老院的人来说，这的确是个好消息，但同时又让人有一丝情感上的不舍。虽然这个老院不是什么古建文物，但老院在人们心中寄托的情感已经很深很深。不管怎样，那伸出凉台的扶桑花，依旧开得鲜艳；那晾衣架上挂着的鸟笼，依旧传出一阵阵悦耳的鸟鸣。

选自2002年《纪念建局五十周年征文集》

萌宝“西成”的故事

桥宣

我是网络上特别火的“萌宝”，我叫张西成，今年3岁了。我的爸爸妈妈是张延峰和赵旭辉，他们都是中铁三局桥隧公司的员工，又都是西成客专的建设者。

说起来，为什么我的名字跟一条高铁线路的名字一样呢？这是因为我的爸爸妈妈相识于西成客专，而历时5年建成通车的西成高铁，不仅见证了爸爸妈妈的爱情，也见证了我的诞生和成长。

妈妈说：“我们老一辈三局人有个传统，就是在哪儿修铁路，新出生的孩子，就以哪条铁路的名字命名。我和孩子他爸相识相恋在西成，工作、生活在西成，西成高铁是我们一家三口幸福的起点，所以我们宝宝的名字就叫‘西成’了。”

爸爸说：“为了不耽误工作，‘西成’出生没多久，我们就把他送回了老家，我和爱人一道进入西成高铁的全面攻坚奋战。2017年1月17日，西成高铁铺轨工程顺利进入中铁三局管段，已经两岁半的‘西成’才被接回我们身边。”

萌宝“西成”和爸爸妈妈

萌宝“西成”的爸妈同是中铁三局西成高铁站前10标的职工。他们所在的标段位于川陕交界处，穿越大巴山区，毗邻汶川地震带。工程建设集山区艰险与高铁技术难点于一体，29公里长的标段，桥隧比高达89%，是西成高铁陕西段施工工程最多、风险最大、工程种类最齐全的一个标段。

时光到了2017年12月6日，万众瞩目的西成高铁正式开通，张延峰和赵旭辉作为建设者代表坐上西安始发的第一辆列车，他们的宝宝张西成成为列车上年龄最小的乘客。当高速列车急速驶出有着“川陕咽喉”之称的棋盘关隧道时，曾在这里洒下无数心血、汗水的张延峰夫妻都心潮澎湃，他们说：“这5年的攻坚，换来安全平稳的‘贴地飞行’，多少努力都值了！今天我们带着‘小西成’修西成高铁，等他长大了，还要带他修更多的高铁，我们要让他亲眼去见证中国高铁一个又一个新的奇迹！”

选自三局微视（微信公众号）2017年12月7日

梨花风起思母恩

马保民

清明时节我曾先后两次梦见我娘。

第一次梦见娘，感觉我还在沪汉蓉或者牡绥铁路建设施工现场。因为很长时间没有看到娘了，内心非常焦急，急切地找到家门钥匙，推门而入，看到娘正头朝东躺着。见到了娘，我的心立刻放松了很多，我走过去给她翻一下身，看到娘正笑意盈盈地看着我，那笑充满温暖和慈爱。

第二次梦见娘，我看见娘正坐在椅子上，桌子上摆着很多的肉串，娘好像饿了很久一样，拿起来就吃。但是娘的岁数大了，嚼也嚼不动，吃也吃不了，那一刻我的心像被针扎一般地疼，我感觉到我的心都空了。

娘的离世是因为多年疾病的折磨。娘得了脑血栓、糖尿病、阿尔茨海默症，最后偏瘫卧床，子女们小心服侍，日夜的守护还是没能留住娘的笑脸。

娘的一生坎坷多舛，从小就失去了父爱母爱，中年因病失去了爱人。

她从小带着妹妹弟弟，三人在姥爷姥姥的关爱下长大，刚强、自立、懂事。

娘是一位裹着小脚、身高不足一米五的平凡人，但在我心里她一直是一位坚韧、挺拔、善良、乐观、勇敢的伟大母亲。感谢娘把我们带到世上，一路领着我们走了半个多世纪，领着我们这个四男一女的大家庭，壮大到五世同堂。

失去娘的每一个日夜都是如此地煎熬。娘不善言辞，可是她给予我们子女的教育永远都充满了哲理。娘说：“人到什么时候也不能忘了本，善良是我们做人的本性，工作生活中即使有时遇到点困难，但心都要往好处想，没有过不去的坎儿。”

娘走时，我内心的痛苦难以言表，痛得没有眼泪，痛得忘了任何表情，痛得不知道做任何动作，有时内心更怕打扰了睡着的娘。娘太累了，娘，走了，走了。我把对娘的思念写成

文字发至微信亲戚群里。舅家三女儿华姐说："写的是事实，让人心疼，落泪。我奶奶去世得早，没有成年的我大姑带着 4 岁的弟弟和妹妹给我奶奶上坟，一次听到墓地有动静吓得拉起弟弟妹妹飞跑，从此再也不敢上坟。老弟你多发一下你写的文章，让后代记住她老人家，同时让后代了解你姐弟俩作为从小没得到过父爱的人还有我大姑是怎么熬过来的。"

参加工作 30 年来，我先后在北京西客站西长线、潍莱路、株六复线、北京地铁 13 号线、北同蒲、沪汉蓉、牡绥铁路等参加铁路、公路施工建设，常年在施工一线，与娘聚少离多，平时只能用电话保持着联系。

娘走后，我利用休假时间回祖籍山东看望我的二位从没有见过面的姑姑。三姑已经 90 岁了，历经风霜的脸庞难掩见到我的喜悦。她像个孩子似的，两手死死攥着我的手。她用老家方言一遍遍地问我，在铁路干什么工作，都做什么，每天累不累？她说："我还记得，当初我哥哥嫂子离开山东老家去东北，我还以为再也见不到你们了。"说到这里三姑突然哽咽，哭着说："听说我嫂子走了。"四姑也已经 86 岁了，她颤颤巍巍地把我领到屋里，告诉我，她在兄弟姐妹里边排行最小，她和我大哥只相差 10 岁。

这次回到祖籍见到二位姑姑，让我对祖籍又多了一份亲切和怀念。见到姑姑们后，从她们握着我的手的兴奋里、说不完的话里，我更加深切地感受到了人世间的那一份骨肉情深。

人间四月芳菲尽，梨花风起思母恩。记得老舍先生曾说过，人一旦失去了慈母便像花插在瓶子里，虽然还有色有香，却失去了根。

虽然娘已经离我远去了，但是她的音容笑貌一直印在我的脑海里，成为激励我一生不断前行的无尽动力和爱的珍藏。

选自《铁路工程报》2021 年 4 月 10 日第 4 版

我的三局我的梦

黄玉龙

我出生在渝东地区一户普通的农民家庭。小时候，每当夏夜，我总是喜欢仰望星空，听着爷爷讲述看到的大千世界，幻想着有一天可以亲见天安门的雄伟、上海滩的繁华、西湖雷峰塔下压着的白娘子……可是星罗棋布的丘陵、层峦叠嶂的秦巴大山却轻易阻断了出川的路途，让出行变得异常艰难，更阻断了我想要四处游历的梦想！“蜀道之难，难于上青天”，千百年前的慨叹依然让人无奈。

于是，我的心里埋下一颗种子，以后一定要修条铁路，让爷爷奶奶、爸爸妈妈都能坐上火车去外边看看。

时光荏苒，转眼大学毕业。儿时的种子生根发芽，我也如愿来到中铁三局线桥公司，成为一名筑路人，怀揣着一腔热忱，到了当时的广珠项目部。七八月的广东，烈日炎炎，火一样炙烤，很快就脱掉一层皮。施工现场条件有限，吃饭喝水等后勤保障也跟不上去，再加上赶工期，经常白天晚上连轴转，使得我瘦弱的身体很快吃不消。

然而，更大的考验还在后面。因当时的 DP450 轮轨式运梁车设计不够完善，每运一片梁，都有不同程度的损坏，经常导致架桥机不能正常作业，极大地制约了架梁进度。因为所学的是机械专业，我与另外一名见习生被安排维修这辆“老爷车”。两个没有什么经验的“职场小白”，带着两位农民工，一头扎进了这场“修车大考”，其中的艰难可想而知。白天在烈日下汗流浃背，夜晚在困顿中不眠不休。别人被晒脱了皮，晒黑了脸，我被磨破了手，熬出深深的黑眼圈。有时找不到维修方法，还急出一身臭汗，恨不得自己能变成那根经常损坏的轴，或者是那个损坏的齿轮，能够代替它们正常工作。一天下来，经常是连说话吃饭的力气都没有，回去后倒头便睡，直到醒来后才勉强有力气吃饭。

那时候，工作间隙，偶尔仰望星空，再无当年的天真烂漫；俯瞰大地，满脑子都是工作

环境的艰苦，收入的微薄，身心的疲倦。一时间，身体的疲惫和酸痛不停地消磨着我的意志，好几次都快坚持不下去了，甚至想到放弃。但是，出于筑路人的责任和对圆梦来之不易的珍惜，我支撑着不能倒下，再苦再累，也要坚强。在大家的共同努力下，“老爷车”终于修好，如期投入施工。一瞬间，感觉所有的苦和累都值了！蓦然回首，那些忙碌的日子，都变成了让自己热泪盈眶的记忆；那些彷徨四顾和艰难，成为我逐梦路上的豪情和前行的动力。

后来，我在蒙华项目部负责物资和机械管理，在没有成手可用、没有物资管理经验的情况下，一切从零开始，编制管理制度，成立项目管理实验室，积极组织物资机械进场，优化提梁机和架桥机组装方案，比原计划提前15天完成组装调试，顺利实现了蒙华全线首架，并创造了单机月架梁140孔的佳绩，得到了蒙华业主的认可。所在物机部获得“优秀部门”称号，工区被评为“优秀工区”，我个人也获得了“先进工作者”称号，并得到组织认可，成为机械分公司副经理，实现了自己作为筑路人的梦想。

选自《中铁三局“学党史、庆百年”征文选》

在三局我用青春写华章

张炎

翻开中国近代史，几多沧桑、几多磨难、几多屈辱、几多抗争。180多年前，西方列强用坚船利炮撞开了古老中国的大门，从此，在这片美丽的国土上，财富任人掠夺、人民任人宰割。但面对山河破碎、国将不国的现实，多少志士仁人前赴后继地寻找富国强民之路。

穿越血与火的历史烟云，1921年，在一个杨柳轻拂的7月，终于从碧波荡漾的嘉兴南湖传来一个振奋人心的消息——中国共产党成立了！党的诞生，犹如在黑沉沉的神州大地树起了一支熊熊燃烧的火炬，给古老的中华民族带来了光明与希望。这支火炬带领中国人民前赴后继，以无数先烈的英勇牺牲，换来了新中国的庄严诞生。

沧海桑田，神州巨变，100年征程岁月峥嵘，100年征程金光灿烂。如今，一座座现代化的城市迅速崛起，一条条钢铁大道贯通大江南北。于是，我们驯服了野性的江河，拦腰筑起如山的大坝；我们在蛮荒高原的生命禁区，铺起千里通天的铁路，让雪岭云头响起欢乐的车笛；我们在沿海建起一座座新港，和五大洲滨海的灯火对话；我们在荒原燃起篝火，簇簇都是映透未来的旗帜。

历史的尘烟，掩盖不住世纪的风雨，星星之火可以燎原，无数先驱者已将希望的种子撒向人间，绽开了一片烂漫的红色。作为一名新时代的铁路青年，昨天，我还在听着父辈们讲他们年轻时的故事。今天，我已经成为他们讲述的故事中的一员。

作为中铁三局大家庭中的后来者，我把能为祖国铁路建设出一份力当作无上的荣光，当作一种义不容辞的责任。我深信，从今天开始，秉承“品质担当、知行合一，尚优至善、永争第一”的企业理念，我们必能克服重重困难，创造更多工程奇迹，为创造企业美好的明天，书写最美丽的青春故事。

选自《中铁三局“学党史、庆百年”征文选》

筑路畅想曲

刘志兴

十里长街，百里长桥，千里长隧，万里铁路线，
迎春花开，杨柳吐绿，天呈丹霞，鸟鸣天地间。
蘸着五月的花香，抒发四月的陶醉，展示四月的狂欢，
踏着春的节拍，吟诵春的旋律，擂动催春的鼓点。
架桥机在创造一个又一个新的组合，新的对接，新的企盼，
铺轨机在交织一个又一个新的路网，新的连接，新的信念。
风压机里涌动着春的生机，春的激情，春的浪漫，
手中的风钻开拓着春的坦途，春的家园，春的驿站。

从北国莽莽的林海雪原，到南国椰风阵阵的红土地，
我们以高山为鼓以江河为弦，演奏五十年铁血行程；
从明珠璀璨的东海之滨，到铁路大会战的雪域高原，
我们以大海为墨以草原为绢，描绘五十年的辉煌五十年的烽烟，
描绘我们的昨天，我们的今天，我们前程似锦的明天。
描绘我们的爱情，我们的理想，我们震撼心灵的苦辣酸甜。
于是，关于风的故事，雨的故事，被阳光缝缀成历史的经典，
于是，关于冰的故事，雪的故事，被时间浓缩成传世的名篇。

兴安岭上的每一片岩石，每一株松柏，每一条小溪，
你们可曾记得，那一把把锹镐，一只只土筐，一根根扁担，

那一座座隧道，那一座座桥涵，那一条条铁路，
那绿色的帐篷，那夜战的灯盏，那青春的火焰，
那第一声汽笛，那第一次狂欢，那第一缕炊烟；
浊漳河畔的每一座村庄，每一位乡亲，每一块梯田，
你们可曾忘记，那座融合了美学、力学的斜腿刚构桥，
是敢于拼搏的三局人，用心血和汗水创造？

于是，我们伟大的祖国啊，有了第一座气吞山河的桥，
于是，我们年轻的共和国啊，有了新的自豪，新的荣耀；
于是，法兰西的圣密舍尔，荷兰的哈姆森不敢再孤芳自傲，
于是，我们开始书写一个又一个科技的捷报，创新的捷报，
于是，我们开始与“第一”牵手，与“第一”结缘；
于是，我们开始孕育美学的骄子，力学的天才，
于是，我们开始与国字号奖杯、奖旗、奖章拥抱。

为了更多的“第一”，我们的造桥专家日夜编织人生坦途，
为了更多的奖杯，我们的隧道精英书写关于征服大山的经典，
为了更多的奖章，我们的铁路将士攻克一道道难关，
为了更多的荣耀，我们的爆破之星创造一个又一个历史的惊叹。

于是，我们向极限挑战，用青春和生命去构筑共和国的辉煌，
于是，我们向科学进军，用聪明和才智去铺就钢铁大道；
于是，在遥远的三江源，第一次响起三局人铿锵的脚步声，
于是，在孤寂的雪城高原，响起三局人坚定的筑路誓言。

还有那巍巍武陵满山的杜鹃，为我们举行欢迎的礼仪，
还有那滔滔乌江的问候，洁白的浪花为我们欢腾；
还有那浓郁的竹林，还有那欢快的乡音，山村悠扬的芦笛，
还有那唱不完的山歌，道不完的祝福，流不尽的溪水，
还有那洞中长明的灯光，江上闪烁的渔火，梦里重现的胜利。

看铁路伸向天涯海角，火车正在等待跨海鸣笛，运送新的希冀，
地下列车正在地下排遣春日喧闹，秋日繁忙，冬日的沉寂，
看公路，总有千条万条，从北京出发连着每一座高山，
每一条大河，每一个希望，每一次欣喜，
连到拉萨，连到东海，连到港澳，连到乌鲁木齐，
一张巨大的公路网，祖国的脉管啊，向未来向明天伸展。

这铁路，这公路，哪一条没有我们三局人的足迹，
这地铁，这桥梁，哪一处没有我们三局人的荣耀和辉煌?
从太原那座灯火辉煌的大楼，到建筑工地每一场夜战的灯火，
我们中铁三局人啊，正为国民经济的发展打下根基；
我们拨动钢铁音符，弹奏着澎湃的时代乐章，
我们高唱着一首春天的旋律，向着美好的明天全速进发。

选自《山菊》2002 年第 1 期

我骄傲　我是三局人

傅俊凯

我骄傲，我是三局人。
尽管，做一个三局人，
命里注定要风餐露宿、跋山涉水，
时光，过早在我们额上刻下皱纹；
尽管，做一个三局人，
很难体会到小家庭的温馨。
工程大篷车远行千里，
千里牵挂着家人关注的眼神。

但是，我们并不后悔。
因为我们有自己的追求与自信。
风钻，把我们的生命，
镌刻在古老的岩层，
大山常绿，
我们便有了永不凋谢的青春；
架桥机，把我们的信念，
雕塑在奔腾的江心，
江水长流，
日夜歌唱着我们高尚的灵魂。

双脚走千里，牵一条钢铁飞龙，
谁有我们这样的胆魄；
穿山越水，开千条四通八达的道路，
谁有我们这样的豪情。

也许，在灯红酒绿醉生梦死的人，
要嘲笑我们是二十世纪的痴男怪女；
也许，在风花雪月悠闲自得的人，
会讽刺我们是九十年代的苦行僧。

但是，我们并不惶恐，
更不会，因此松懈我们的意志，
放弃我们的责任。
因为，我们深知——
祖国需要我们，
时代需要我们。

世纪的脚步里，祖国，
在披荆斩棘奋勇前行。
我们，逢山开路的开路先锋，
理所当然，要踏出最强的鼓音。
世界的竞技里，民族，
在自强的山上攀登。
我们，这些民族的骄子，
怎能不献出全部的爱和自尊？

请我们的家人原谅吧，
八月中秋的明月，
独照着他们思念的幽梦。
架桥机的长臂，也难送去我们一片深情。

请我们的家人原谅吧，
年三十的晚上，
凛冽的寒风中他们倚门而望，
隧道里的炮声，权当我们寄给远方的爆竹。

是的，要说愧疚，
我们仅仅，仅仅是面对自己的家人；
是的，要说成功，
我们难忘，难忘是家人同我们一起建立功勋。

我们，从铁马金戈的岁月走来，
我们，向金光灿烂的明天走去。
我骄傲，无论你我他，
我们都是光荣的三局人。

选自王树梅、祝新宏主编：《穿越诗的旋律》，北岳文艺出版社 1995 年版

筑路人之歌

杨丽丽

在你的眼里，
铁路就是一把硕大的古筝。
你用砂子，石砟，钢轨演奏，
色彩斑斓的曲调，
弹奏时代最强音。

安全帽，工作鞋，一身素色工装，
就像春天里的一缕清风。
用厚重的钢轨，无穷的力量，
铺就千座桥万条路的壮观。

每一根钢轨，都是坚硬的语言；
每一粒砂石，都是绵延的希望；
从山峦到戈壁，从平原到荒漠，
从一只手到另一只手，
钢轨的灵魂蔓延向远方的长路。

沙砾钢轨，因为多彩的梦想，
闪烁着晶亮的光芒；
无数黑夜和白昼里，

一双双挥汗如雨的翅膀，

在铁轨上高高飞翔。

没有豪言壮语，

不沉湎于昨天的华章，

凭着顽强和坚毅，

让希望在钢轨上一点一点前行。

选自《中铁三局“学党史、庆百年”征文选》

铺在心底的铁路

长弓

跟随一条逆流的河，

在荒芜的土地上种植一节节铁路。

山在目光里越长越高，

水在脚边越流越长。

路，是荒野舒展筋骨的动脉，

桥，是城市凌空跃起的彩虹。

一个个坚实的足迹，
一道道岁月镌刻的印痕，
一曲曲荡气回肠的壮歌，
穿透铁路的筋骨，
化为一颗颗向下生长的道钉，
牢牢植入祖国纵横交织的版图。

一道道彩虹横跨南北，
地火流动的血脉，
叩响大地的琴弦。
年轻的梦，
在每次搬迁新工地之前，
都腾飞征服的渴望。
所有承载风雨的温柔与坚强，
所有青春无悔的拼搏与成长，
都在被汗水一一润泽之后
绽放生命的灿烂和狂想。

用风骨弹拨大地的琴弦，
路是躺下的碑，碑是站立的路。
凝固的历史，凝固的雕塑，
凝聚建设者一生修路报国的豪情。

风雨砥砺，岁月如歌。
一生究竟有多长，
从炮火硝烟到莽莽林海，

从戈壁荒野到黄沙漫漫，
万水千山走过，
一生的艰辛，背负岁月的沉重，
充满血与火的生命演绎，
一路写满荣耀，写满诗和远方。

在崇山峻岭间跋涉，
在高天流云间行走，
目光穿越一条条沟壑，
明媚的月光，
映照远处的河流和群山。
跌宕起伏的劳动号子，
一次次扣动心弦，
写就一段段人生传奇，
一路铺展一段段锦绣人生。

哦，追忆走南闯北的铁色行程，
曾有多少辉煌成为记忆，
曾有多少瞬间成为永恒。
那一座座腾空而起的桥梁，
那一条条宛如巨龙的路基，
纵横驰骋于历史和未来之间，
铭刻一代代筑路人
永恒的誓言、青春和理想。

选自《山菊》2009 年第 1 期

后　记

值此纪念中铁三局成立70周年之际，我们将记录中铁三局70年改革发展辉煌历程的《足迹》一书，呈现给集团公司全体干部员工及离退休老同志。

1952年4月1日，伴随着共和国初生的朝阳，中铁三局这支筑路劲旅、开路先锋，在大兴安岭林海深处用简陋的生产工具，建成了中国境内唯一穿越森林与草原、驶过永久冻土地带的森林铁路，谱写了中国森林铁路建设史上一段精彩的乐章。

70年来，这支队伍转战长城内外、大江南北、异国他乡，在崇山峻岭之间，在茫茫荒漠之中，在城市地底深处，留下了一个个坚实的足迹。他们打通大山和沟壑，将天堑化作通途，为祖国的社会主义经济和现代化建设立下了汗马功劳。

70年来，中铁三局人始终饱含着对祖国和人民的深情，无私奉献，无怨无悔，一路走过严冬酷暑、走过春华秋实。

中铁三局70年的发展史，是一部开拓创新、风雨兼程、蓬勃发展的编年史、奋斗史。70个春秋承载着企业由小到大、由弱到强、砥砺奋进的光辉印记，承载着企业科技创新和工程创优的不懈追求。

歌德说："历史给我们最好的东西就是它所激起的热情。"站在中铁三局成立70周年的历史节点，用文字记录企业的发展历程，是对老一辈三局人创业初心的重温，也是纪念中铁三局成立70周年、凝心聚力再出发的现实需要。对于中铁三局来说，历史留给三局人的是关于那些远去时代往事的丰富记忆，而这本书，则是中铁三局踔厉奋发、辉煌发展的重要见证。

《足迹》一书共有40多万字，上百幅图片。全书力求文以图彰，图以文显，图文并茂。

全书由山旭鸿统筹策划，共分四个部分，第一部分"开路先锋"由王远庆整理，第二部分"先进风采"由薛继明整理，第三部分"责任担当"由孙清华整理，第四部分"家国情怀"

由张安全整理。全书由杨晓峰、徐建军统稿；图片由任丽君、康雅薇征集和遴选。书中大部分材料来自《铁道部第三工程局志》《铁路工程报》《山菊》及其他新闻媒体。

本书的编写一直受到全公司上下的普遍关注。在编写过程中，公司各级领导和各部门、各单位给予了大力支持和帮助。故值此本书出版之际，特向各级领导、各部门、各单位及各位编辑人员道一声辛苦，说一句感谢，同时也向一直以来关心和支持中铁三局改革发展的各级领导和社会各界朋友表示衷心的感谢。

本书从资料收集到编辑出版，由于时间紧、任务重，加之水平所限，我们深知这些文字和图片，不可能完美地还原和再现中铁三局发展的历史全貌，在反映中铁三局 70 年的发展征程中，其疏漏、谬误之处在所难免，诚请各位领导和读者海涵。

编者

2022 年 4 月 1 日